# 僧伽儀軌
## 승가의궤

# 僧伽儀軌
## 승가의궤

釋 普 雲 纂

혜안

# 새롭게 찬집纂輯을 시작하면서

굵은 빗줄기를 뿌리면서 지루한 여름을 이끌던 날씨도 어느덧 한걸음 물러났고, 가을의 끝자락을 마주한 시간을 인식하지 못하고서 율장의 번역에 묻혀서 지냈던 한해도 지나갔다. 여전히 약해진 건강은 많은 일상을 제약하였고 하루하루를 약물에 의지하면서 걸어왔던 걸음걸이는 승가의 구성원으로서 고통의 세월과 수행에 접목하여 존재의 의미를 성찰하고자 몸부림쳤던 시간이었으리라. 승가의 구성원으로 존재하면서 많은 시간을 승가의 작법에 관심을 가져왔고, 생명의 남은 시간을 기약할 수 없었던 까닭으로 다급하게 전년도에 찬집하였던 의례의 문헌을 다시 검토하면서 여러 인연으로 일어났던 오류를 인지할 수 있었다. 따라서 삼장(三藏)에 대한 폭넓은 이해와 세밀한 고증의 시간이 부족하였던 점을 참회하면서 다시 여러 문헌을 다시 검토해야 하는 시간이다.

승가의 의례에 관련된 문헌을 찬집하고자 노력하던 과정에서 지속적으로 마음의 한 부분을 차지하고 있던 관념을 돌이켜본다. 한국에서 현재에 사용하는 작법은 어느 시대부터 대중들에게 유통되었고, 경장에 의지하여 편찬되었는가? 무슨 까닭으로 조선시대 이전의 자료는 많이 산실이 되었더라도 확인하는 것이 어려운가? 이 나라에 정착되고 전승된 불교문화에서 의식이 차지하였던 역할은 무엇이었는가? 현재와 같이 대중적으로 사용되었는가? 어떤 관점에서는 무의미한 물음일지라도 나의 마음을 짓누르는 감정은 무엇인가?

이전에도 많은 스님들과 학자들에 의하여 이러한 관념은 일으켰고 연구되었던 자료도 많이 존재한다. 의례는 부처님의 당시의 상황을 기록하고 있는 율장에 서술된 건도부에서 부분적으로 살펴볼 수 있어 매우 긴 역사를 지닌 것 같다. 이전의 여러 문헌을 살펴보면 현재 한국에서 설행(設行)되는 의례에 나타난 내용들은 중국의 위·진남북조와 수·당시대의 경장 및 주석, 이후에 명·청시대의 경장 및 주석, 일제강점기에 편입되었던 문헌, 조선후기에 자생적으로 발전된 것으로 추정되는 문헌 등이 혼재되어 유통되고 있다. 이러한 개별적인 사례를 종합적으로 검토할 필요성을 오래 전부터 사유하고 있었다.

간절한 생각과 발원은 구체적인 실천을 일으키는 주춧돌이다. 세속과는 떨어진 삶의 의무를 지닌 출가한 사문으로서 부처님께 세웠던 여러 발원의 가운데에서 의례집의 찬집도 하나였고, 이곳을 구체화 시키고자 전년도의 의례를 찬집하였다. 당시에는 관자재보살을 의례의 중심으로 인식하여 찬집하였으나, 지금은 새로운 관점으로 제불의 관점으로 중심을 옮겨가고자 한다. 또한 전년도의 찬집에서 실담문자와 구절의 이해와 번역에서 다수의 오류가 발견되고 있으므로 지금 이러한 문제들을 참회하고서 다시 수정하고자 한다.

율장의 번역과 찬집 등에 매달렸던 집필의 시간도 7년을 지나서 8년으로 접어들고 있다. 전년에 절박하였던 마음보다 현재는 건강이 많이 약해진 까닭으로 이번의 찬집을 원만히 회향할 수 있는가의 의심도 일어나고 있으나, 부처님께 대한 발원이 남은 삶의 불꽃을 태우는 것보다 더욱 중요한 불사이다. 계절은 겨울을 향하여 성큼성큼 나아가고 있고, 산자락에 비친 나무들의 모습도 내일을 기약하며 다른 모양새를 보여주고 있다.

번역과 찬집의 시간은 사문의 삶에서 존재의 의미를 일깨운 소중한 시간이었고, 사문으로서 위의와 현실의 접목을 위한 실천방향을 점검하였던 성찰의 과정이었다. 문헌을 펼치면서 눈앞을 바라보니 원만한 보름달이 산자락을 가득 채우고 있는데, 의궤로 완성되는 때에는 따스한 계절로 변하여 있을 것이다. 부처님과 승가와 시주들의 은혜를 깊이 생각하면서 참회의 마음과 발원을 향한 열정으로 삼장을 펼친다. 오늘 밤은 차가운 계곡의 바람이 내 몸을 스칠지라도 내일은 부처님의 따스한 손길이 나의 얼굴을 어루만지리라.

불기 2564년(2020) 10월 밤의 끝자락에
서봉산 자락의 죽림불교문화연구원에서 사문 보운이 삼가 적다.

# 목차

# V. 시식의 施食儀    367

## 출처문헌 出處文獻

### 【 乾隆大藏經 】

『五百羅漢尊號』(乾隆藏 161), 宋 嘉興 素斗光 手錄.

### 【 房山石經 】

『金剛界大神變千鉢聖曼殊室利童眞大菩薩一百八名陁羅尼』(房山石經 28), 行琳 集.

『多羅菩薩除業障陁羅尼』(房山石經 28), 行琳 集.

『文殊師利最勝根本心王陁羅尼』(房山石經 28), 行琳 集.

『梵本般若波羅蜜多心經』(房山石經 27), 唐 不空 譯.

『梵本般若波羅蜜多心經』(房山石經 27), 宋 慈賢 譯.

『普賢菩薩根本陁羅尼』(房山石經 28), 行琳 集.

『普賢菩薩法界心陁羅尼』(房山石經 28), 行琳 集.

『不空羂索自在王陁羅尼』(房山石經 28), 行琳 集.

『佛說如來定力瑠璃光陁羅尼』(房山石經 28), 行琳 集.

『聖觀自在菩薩廣大圓滿無礙大悲心大陀羅尼』(房山石經 28), 行琳 集.

『聖觀自在菩薩大力威德馬首明王大心陁羅尼』(房山石經 28), 行琳 集.

『聖觀自在菩薩成就一切事業脫衆病難隨心願陀羅尼』(房山石經 28), 行琳 集.

『藥師瑠璃光如來大陁羅尼』(房山石經 28), 行琳 集.

『藥師瑠璃光如來陁羅尼』(房山石經 28), 行琳 集.

『一切如來白傘蓋大佛頂陀羅尼』(房山石經 27), 唐 不空 譯.

『一切如來白傘蓋大佛頂陀羅尼』(房山石經 27), 宋 慈賢 譯.

『地藏菩薩廣大心陁羅尼』(房山石經 28), 行琳 集.

『地藏菩薩陁羅尼』(房山石經 28), 行琳 集.

『青頸大悲觀自在菩陀羅尼』(房山石經 28), 行琳 集.

『七俱胝准提大身陁羅尼』(房山石經 28), 行琳 集.


## 【 大正新修大藏經 】

『加句靈驗佛頂尊勝陀羅尼記』(大正藏 21), 唐 武徹 述.

『甘露軍荼利菩薩供養念誦成就儀軌』(大正藏 21), 唐 不空 譯.

『建立曼荼羅護摩儀軌』(大正藏 18), 失譯.

『堅牢地天儀軌』(大正藏 21), 唐 善無畏 譯.

『供養護世八天法』(大正藏 21), 唐 法全 集.

『觀世音菩薩祕密藏如意輪陀羅尼神呪經』(大正藏 20), 唐 實叉難陀 譯.

『觀自在菩薩隨心呪經』(大正藏 20), 唐 智通 譯.

『觀自在菩薩如意輪念誦儀軌』(大正藏 18), 唐 不空 譯.

『極樂願文』(大正藏 19), 淸 達喇嘛嘎卜楚薩木丹達爾吉 譯.

『金剛藥叉瞋怒王息災大威神驗念誦儀軌』(大正藏 21), 唐 金剛智 譯.

『金剛王菩薩祕密念誦儀軌』(大正藏 20), 唐 不空 譯.

『金剛頂經瑜伽觀自在王如來修行法』(大正藏 19), 唐 金剛智 譯.

『金剛頂經瑜伽文殊師利菩薩供養儀軌』(大正藏 19), 唐 不空 譯.

『金剛頂蓮華部心念誦儀軌』(大正藏 18), 唐 不空 譯.

『金剛頂瑜伽中略出念誦經』(大正藏 18), 唐 金剛智 譯.

『金剛頂瑜伽護摩儀軌』(大正藏 18), 唐 不空 譯.

『金剛頂一切如來眞實攝大乘現證大敎王經』(大正藏 18), 唐 不空 譯.

『金光明最勝王經』(大正藏 16), 唐 義淨 譯.

『奇特最勝金輪佛頂念誦儀軌法要』(大正藏 19), 失譯.

『陀羅尼集經』(大正藏 18), 唐 阿地瞿多 譯.

『唐梵翻對字音般若波羅蜜多心經』(大正藏 8), 失譯.

『大輪金剛修行悉地成就及供養法』(大正藏 21), 失譯.

『大方廣十輪經』(大正藏 13), 失譯.

『大寶廣博樓閣善住祕密陀羅尼經』(大正藏 19), 唐 不空 譯.

『大寶積經』(大正藏 11), 唐 菩提流志 譯.

『大佛頂大陀羅尼』(大正藏 19), 失譯.

『大佛頂如來密因修證了義諸菩薩萬行首楞嚴經』(大正藏 19), 唐 般剌蜜帝 譯.

『大佛頂如來放光悉怛多鉢怛囉陀羅尼』(大正藏 19), 唐 不空 譯.

『大毘盧遮那經廣大儀軌』(大正藏 18), 唐 善無畏 譯.

『大毘盧遮那佛說要略念誦經』(大正藏 18), 唐 菩提金剛 譯.

『大毘盧遮那成佛神變加持經蓮華胎藏菩提幢標幟普通眞言藏廣大成就瑜伽』(大正藏 18), 唐 法全 集.

『大毘盧遮那成佛神變加持經』(大正藏 18), 唐 善無畏, 一行 共譯.

『大悲心陀羅尼修行念誦略儀』(大正藏 20), 唐 不空 譯.

『大乘大集地藏十輪經』(大正藏 13), 唐 玄奘 譯.

『大乘瑜伽金剛性海曼殊室利千臂千鉢大敎王經』(大正藏 20), 唐 不空 譯.

『大日經持誦次第儀軌』(大正藏 18), 失譯.

『大日如來劍印』(大正藏 18), 失譯.

『大慈大悲救苦觀世音自在王菩薩廣大圓滿無礙自在靑頸大悲心陀羅尼』(大正藏 20), 唐 不空 譯.

『大虛空藏菩薩念誦法』(大正藏 20), 唐 不空 譯.

『馬頭觀音心陀羅尼』(大正藏 20), 失譯.

『牟梨曼陀羅呪經』(大正藏 19), 失譯.

『妙吉祥平等祕密最上觀門大敎王經』(大正藏 20), 宋 慈賢 譯.

『無量壽如來觀行供養儀軌』(大正藏 19), 唐 不空 譯.

『文殊師利寶藏陀羅尼經』(大正藏 20), 唐 菩提流志 譯.

『拔一切業障根本得生淨土神呪』(大正藏 12), 劉宋 求那跋陀羅 重譯.

『百千印陀羅尼經』(大正藏 21), 唐 實叉難陀 譯.

『寶樓閣經梵字眞言』(大正藏 20), 失譯.

『菩提場所說一字頂輪王經』(大正藏 19), 唐 不空 譯.

『菩提場莊嚴陀羅尼經』(大正藏 18), 唐 不空 譯.

『寶星陀羅尼經』(大正藏 13), 唐 波羅頗蜜多羅 譯.

『北斗七星護摩法』(大正藏 21), 唐 一行 撰.

『北方毘沙門多聞寶藏天王神妙陀羅尼別行儀軌』(大正藏 21), 唐 不空 譯.

『不空羂索毘盧遮那佛大灌頂光眞言』(大正藏 19), 唐 不空 譯.

『不空羂索神變眞言經』(大正藏 20), 唐 菩提流志 譯.

『佛說戒德香經』(大正藏 2), 東晋 曇無蘭 譯.

『佛說觀藥王藥上二菩薩經』(大正藏 20), 劉宋 彊良耶舍 譯.

『佛說洛叉陀羅尼經』(大正藏 21), 宋 法賢 譯.

『佛說大孔雀呪王經』(大正藏 19), 唐 義淨 譯.

『佛說大摩里支菩薩經』(大正藏 19), 宋 天息災 譯.

『佛說大乘觀想曼拏羅淨諸惡趣經』(大正藏 19), 宋 法賢 譯.

『佛說大威德金輪佛頂熾盛光如來消除一切災難陀羅尼經』(大正藏 19), 失譯.

『佛說妙吉祥最勝根本大敎經』(大正藏 21), 宋 法賢 譯.

『佛說無能勝大明王陀羅尼經』(大正藏 21), 宋 法天 譯.

『佛說無量壽經』(大正藏 12), 曹魏 康僧鎧 譯.

『佛說無量壽佛化身大忿迅俱摩羅金剛念誦瑜伽儀軌法』(大正藏 20), 唐 金剛智 譯.

『佛說百佛名經』(大正藏 14), 隋 那連提耶舍 譯.

『佛說普賢菩薩陀羅尼經』(大正藏 20), 宋 法天 譯.

『佛說不空羂索陀羅尼儀軌經』(大正藏 20), 師子國 阿目佉 譯.

『佛說佛頂尊勝陀羅尼經』(大正藏 19), 唐 義淨 譯.

『佛說祕密三昧大教王經』(大正藏 18), 宋 施護等 譯.

『佛說施餓鬼甘露味大陀羅尼經』(大正藏 21), 唐 跋馱木阿 譯.

『佛說如意輪蓮華心如來修行觀門儀』(大正藏 21), 宋 慈賢 譯.

『佛說一切如來安像三昧儀軌經』(大正藏 21), 宋 施護 譯.

『佛說一切如來眞實攝大乘現證三昧大教王經』(大正藏 18), 宋 施護等 譯.

『佛說地藏菩薩陀羅尼經』(大正藏 20), 失譯.

『佛說熾盛光大威德消災吉祥陀羅尼經』(大正藏 19), 唐 不空 譯.

『佛說七俱胝佛母心大准提陀羅尼經』(大正藏 20), 唐 地婆訶羅 譯.

『佛說七俱胝佛母准提大明陀羅尼經』(大正藏 20), 唐 金剛智 譯.

『佛說迴向輪經』(大正藏 19), 唐 尸羅達摩 譯.

『佛頂尊勝陀羅尼』(大正藏 19), 失譯.

『佛頂尊勝陀羅尼經』(大正藏 19), 唐 佛陀波利 譯.

『佛頂尊勝陀羅尼經』(大正藏 19), 唐 杜行顗 譯.

『佛頂尊勝陀羅尼念誦儀軌法』(大正藏 19), 唐 不空 譯.

『佛頂尊勝陀羅尼注義』(大正藏 21), 唐 不空 譯.

『佛頂尊勝陀羅尼眞言』(大正藏 19), 失譯.

『毘沙門儀軌』(大正藏 21), 唐 不空 譯.

『毘沙門天王經』(大正藏 21), 唐 不空 譯.

『釋迦如來涅槃禮讚文』(大正藏 46), 宋 仁岳 撰.

『聖觀自在菩薩一百八名經』(大正藏 20), 宋 天息災 譯.

『聖者文殊師利發菩提心願文』(大正藏 20), 元 智慧 譯.

『成就妙法蓮華經王瑜伽觀智儀軌』(大正藏 19), 唐 不空 譯.

『蘇悉地羯囉經』(大正藏 18), 唐 輸波迦羅 譯.

『蘇悉地羯羅供養法』(大正藏 18), 唐 善無畏 譯.

『受菩提心戒儀』(大正藏 18), 唐 不空 譯.

『守護國界主陀羅尼經』(大正藏 19), 唐 般若共牟尼室利 譯.

『勝軍不動明王四十八使者祕密成就儀軌』(大正藏 21), 唐 遍智 集.

『施諸餓鬼飲食及水法』(大正藏 21), 唐 不空 譯.

『十一面觀自在菩薩心密言念誦儀軌經』(大正藏 20), 唐 不空 譯.

『十一面神呪心經』(大正藏 20), 唐 玄奘 譯.

『十八契印』(大正藏 18), 唐 惠果 造.

『阿彌陀佛說呪』(大正藏 12), 失譯.

『阿闍梨大曼荼攞灌頂儀軌』(大正藏 18), 失譯.

『阿閦如來念誦供養法』(大正藏 19), 唐 不空 譯.

『阿吒薄俱元帥大將上佛陀羅尼經修行儀軌』(大正藏 21), 唐 善無畏 譯.

『阿吒婆拘鬼神大將上佛陀羅尼經』(大正藏 21), 失譯.

『藥師琉璃光如來消災除難念誦儀軌』(大正藏 19), 唐 一行 撰.

『藥師琉璃光王七佛本願功德經念誦儀軌供養法』(大正藏 19), 元 沙囉巴 譯.

『藥師琉璃光七佛本願功德經』(大正藏 14), 唐 玄奘 譯.

『藥師如來觀行儀軌法』(大正藏 19), 唐 金剛智 譯.

『藥師儀軌一具』(大正藏 19), 失譯.

『藥師七佛供養儀軌如意王經』(大正藏 19), 清 工布查布 譯.

『歷代法寶記』(大正藏 51), 失譯.

『如意輪陀羅尼經』(大正藏 20), 唐 菩提流志 譯.

『蓮華部心念誦儀軌』(大正藏 18), 失譯.

『焰羅王供行法次第』(大正藏 21), 唐 阿謨伽 撰.

『穢跡金剛禁百變法經』(大正藏 21), 唐 阿質達霰 譯.

『穢跡金剛說神通大滿陀羅尼法術靈要門』(大正藏 21), 唐 阿質達霰 譯.

『瑜伽集要救阿難陀羅尼焰口軌儀經』(大正藏 21), 唐 不空 譯.

『瑜伽集要焰口施食儀』(大正藏 21), 失譯.

『一切如來大祕密王未曾有最上微妙大曼拏羅經』(大正藏 18), 宋 天息災 譯.

『慈氏菩薩略修愈誐念誦法』(大正藏 20), 唐 善無畏 譯.

『淨土五會念佛略法事儀讚』(大正藏 47), 唐 法照 述.

『淨土五會念佛誦經觀行儀』(大正藏 85), 唐 法照 撰.

『諸佛境界攝眞實經』(大正藏 18), 唐 般若 譯.

『尊勝佛頂脩瑜伽法儀軌』(大正藏 19), 唐 善無畏 譯.

『持誦金剛經靈驗功德記』(大正藏 85), 失譯.

『讚揚聖德多羅菩薩一百八名經』(大正藏 20), 宋 天息災 譯.

『千手千眼觀世音菩薩廣大圓滿無礙大悲心陀羅尼經』(大正藏 20), 唐 伽梵達摩 譯.

『千手千眼觀世音菩薩大悲心陀羅尼』(大正藏 20), 唐 不空 譯.

『千手千眼觀世音菩薩姥陀羅尼身經』(大正藏 21), 唐 菩提流志 譯.

『千手千眼觀自在菩薩廣大圓滿無礙大悲心陀羅尼呪本』(大正藏 20), 唐 金剛智 譯.

『青頸觀自在菩薩心陀羅尼經』(大正藏 20), 唐 不空 注.

『請觀世音菩薩消伏毒害陀羅尼呪經』(大正藏 20), 晉 難提 譯.

『七俱胝佛母所說准提陀羅尼經』(大正藏 20), 唐 不空 譯.

『七佛俱胝佛母心大准提陀羅尼法』(大正藏 20), 唐 善無畏 譯.

『胎藏梵字眞言』(大正藏 18), 失譯.

『八大菩薩曼荼羅經』(大正藏 20), 唐 不空 譯.

『吽迦陀野儀軌』(大正藏 22), 唐 金剛智 譯.


【 卍新纂大日本續藏經 】

『法界聖凡水陸大齋普利道場性相通論』(卍續藏經 74), 清 咫觀 述.

『法界聖凡水陸勝會修齋儀軌』(卍續藏經 74), 宋 志磐謹 撰, 明 袾宏 重訂.

『釋迦降生禮讚文』(卍續藏經 74), 宋 仁岳 撰.

『修設瑜伽集要施食壇儀』(卍續藏經 59), 清 法藏 著.

『修設瑜伽集要施食壇儀註』(卍續藏經 59), 明 袾宏 補註.

『十六大羅漢因果識見頌』(卍續藏經 2), 唐 闍那多迦 譯.

『瑜伽燄口註集纂要儀軌』(卍續藏經 59), 清 寂暹 纂.

『瑜伽集要施食儀軌』(卍續藏經 59), 明 袾宏 重訂.


## 【 韓國佛教全書 】

『懶翁和尙語錄』(韓佛全 6), 高麗 懶翁 慧勤 著.

『釋門家禮抄』(韓佛全 8), 朝鮮 懶庵 眞一 著.

『釋門喪儀抄』(韓佛全 8), 朝鮮 碧巖 覺性 著.

『說禪儀』(韓佛全 7), 朝鮮 淸虛 休靜 著.

『僧家禮儀文』(韓佛全 8), 朝鮮 虛白 明照 著.

『五種梵音集』(韓佛全 12), 朝鮮 智禪 著.

『作法龜鑑』(韓佛全 10), 朝鮮 白坡 亘璇 著.

『天地冥陽水陸齋儀梵音刪補集』(韓佛全 11), 朝鮮 智還 著.

『淸珠集』(韓佛全 11), 朝鮮 幻空 治兆 著.

## 🕉 일러두기 ───────────────────────

1. 본 찬집의 저본(底本)은 『고려대장경(高麗大藏經)』, 『대정신수대장경(大正新修大藏經)』, 『방산석경(房山石經)』, 『건륭대장경(乾隆大藏經)』, 『만신찬대일본속장경(卍新纂大日本續藏經)』, 『한국불교전서(韓國佛敎全書)』 등을 참조하여 찬집하였다.

2. 원문을 인용하면서 필요한 경우에는 부분적인 언어의 변화가 이루어졌고 본문에 부분적인 추가와 생략이 이루어졌다.

3. 여러 진언 등을 번역하면서 출처를 밝히고자 미주로 처리하였으며 원문의 실담문자를 한글로 음사하여 수록하였다.

4. 진언(다라니)을 번역하면서 인도와는 다른 한국의 언어체계를 인연하여 로마나이즈로서 실담(悉曇)문자나 데바나가리의 원어를 번역하였으나 문자로 전달하는 방법에 문제는 존재하였다. 이러한 까닭으로 모음에서 a와 ā는 (a, 아)로, i와 ī는 (i, 이)로, u와 ū는 (u, 우)로서 번역하였고, 자음에서 b와 bh는 (b, ㅂ)으로, c와 ch 및 cch는 (c, ㅊ)으로, d와 dh 및 ḍ는 (d, ㄷ)으로, g와 gh는 (g, ㄱ)으로, j와 jh는 (j, ㅈ)으로, k와 kh는 (k, ㅋ)으로, n과 ñ는 (n, ㄴ)으로, l과 r 및 ṛ은 (r, ㄹ)로, p과 ph는 (p, ㅍ)으로, s와 ś 및 ṣ는 (s, ㅅ)으로, t와 th 및 ṭ는 (t, ㅌ)으로 한국의 음운과 비슷하게 번역하였다.

5. 본문의 불, 보살, 존자 명호 뒤 표시된 [ ], 〈 〉의 번호는 원문에는 없으나 편의상 편자가 붙인 것이다.

# I.

# 예경의

## 禮敬儀

# 1. 주불전예경 主佛殿禮敬

## 1) 조석예경 朝夕禮敬

계향 정향 혜향 해탈향 해탈지견향 이차광명편법계
戒香 定香 慧香 解脫香 解脫知見香 以此光明遍法界

공양시방무량불 문향보변증적정 계수일체출세간
供養十方無量佛 聞香普邊證寂精 稽首一切出世間

삼계최승공덕해 정혜능소무명장 일념아금귀의계
三界最乘功德海 定慧能燒無明藏 一念我今歸依戒

지심귀명례 상주삼세 정묘법계 청정법신 비로자나불
至心歸命禮 常住三世 淨妙法界 淸淨法身 毘盧遮那佛

지심귀명례 상주삼세 정묘법계 원만보신 노사나불
至心歸命禮 常住三世 淨妙法界 圓滿報身 盧舍那佛

지심귀명례 상주삼세 정묘법계 백억화신 석가모니불
至心歸命禮 常住三世 淨妙法界 百億化身 釋迦牟尼佛

지심귀명례 진시방연화세계 불가설미진찰토회중
至心歸命禮 盡十方蓮花世界 不可說微塵刹土會中

상주대원만 일체제불타
常住大圓滿 一切諸佛陀

지심귀명례 진시방연화세계 불가설미진찰토회중
至心歸命禮 盡十方蓮花世界 不可說微塵刹土會中

상주묘각성취 미륵존불
常住妙覺成就 彌勒尊佛

지심귀명례 진시방연화세계 불가설미진찰토회중
至心歸命禮 盡十方蓮花世界 不可說微塵刹土會中

상주대원각 일체제달마
常住大圓覺 一切諸達磨

지심귀명례 진시방연화세계 불가설미진찰토회중
至心歸命禮 盡十方蓮花世界 不可說微塵刹土會中

상주대서원 일체제보살
常住大誓願 一切諸菩薩

지심귀명례 진시방사바세계 불가설미진찰토회중
至心歸命禮 盡十方娑婆世界 不可說微塵刹土會中

상주수승원 일체제연각
常住秀勝願 一切諸緣覺

지심귀명례 진시방사바세계 불가설미진찰토회중
至心歸命禮 盡十方娑婆世界 不可說微塵刹土會中

상주수승원 일체제성문
常住秀勝願 一切諸聲聞

지심귀명례 진시방사바세계 불가설미진찰토회중
至心歸命禮 盡十方娑婆世界 不可說微塵刹土會中

상주청정행 일체제승가
常住淸淨行 一切諸僧伽

유원 시방자존호념지 급아일체제유정 속득죄장즉제멸
唯願 十方慈尊護念知 及我一切諸有情 速得罪障則除滅

속득본유발보리 홍진광도제육취 필경성취무상해탈도
速得本有發菩提 弘盡廣度諸六趣 必竟成就無上解脫道

## 〈찬탄게 讚歎偈〉[1]

아금귀명례 시방일체불 보살성문중 대선천안자
我今歸命禮 十方一切佛 菩薩聲聞衆 大仙天眼者

역례보리심 원리제악도 능득생천상 내지증열반
亦禮菩提心 遠離諸惡道 能得生天上 乃至證涅槃

약아작소죄 수심지소생 금대제불전 참회영제멸
若我作少罪 隨心之所生 今對諸佛前 懺悔令除滅

아금신구의 소집제공덕 원작보리인 당성무상도
我今身口意 所集諸功德 願作菩提因 當成無上道

시방국토중 공양여래자 급불무상지 아금진수희
十方國土中 供養如來者 及佛無上智 我今盡隨喜

유죄실참회 시복개수희 아금례제불 원성무상지
有罪悉懺悔 是福皆隨喜 我今禮諸佛 願成無上智

시방대보살 증어십지자 아금계수례 원속증보리
十方大菩薩 證於十地者 我今稽首禮 願速證菩提

득증보리이 최복어마군 전청정법륜 요익중생류
得證菩提已 摧伏於魔軍 轉淸淨法輪 饒益衆生類

24

상원주세간 무량구지겁 격우대법고 도탈고중생
常願住世間 無量俱胝劫 擊于大法鼓 度脫苦衆生

아몰어욕니 탐승지소계 종종다전박 원불수관찰
我沒於欲泥 貪繩之所繫 種種多纏縛 願佛垂觀察

중생수구중 제불불염사 원이대자비 도탈생사해
衆生雖垢重 諸佛不厭捨 願以大慈悲 度脫生死海

현재제세존 과거미래불 소행보살도 아금원수학
現在諸世尊 過去未來佛 所行菩薩道 我今願修學

구족바라밀 성취육신통 도탈제중생 증어무상도
具足波羅蜜 成就六神通 度脫諸衆生 證於無上道

요지제법공 무상무자성 무주무표시 불생역불멸
了知諸法空 無相無自性 無住無表示 不生亦不滅

우여대선존 선요어무아 무보특가라 내지무수자
又如大仙尊 善了於無我 無補特伽羅 乃至無壽者

어제보시사 부집아아소 위안락중생 시여무간린
於諸布施事 不執我我所 爲安樂衆生 施與無慳悋

원아소시물 불가공용생 관찰요지공 구시바라밀
願我所施物 不假功用生 觀察了知空 具施波羅蜜

지계무결감 득불정시라 이무소주고 구계바라밀
持戒無缺減 得佛淨尸羅 以無所住故 具戒波羅蜜

인욕여사대 불생분별심 이무진에고 구인바라밀
忍辱如四大 不生分別心 以無瞋恚故 具忍波羅蜜

원이신심력 발기대정진 견고무해태 구근바라밀
願以身心力　發起大精進　堅固無懈怠　具勤波羅蜜

이여환여화 급용맹정진 금강등삼매 구선바라밀
以如幻如化　及勇猛精進　金剛等三昧　具禪波羅蜜

원증삼명지 입어삼탈문 요삼세평등 구혜바라밀
願證三明智　入於三脫門　了三世平等　具慧波羅蜜

제불묘색신 광명대위덕 보살정진행 원아개원만
諸佛妙色身　光明大威德　菩薩精進行　願我皆圓滿

미륵명칭자 근수여시행 구육바라밀 안주어십지
彌勒名稱者　勤修如是行　具六波羅蜜　安住於十地

## 2) 석가여래강탄예경 釋迦如來降誕禮敬 [2]

일심봉청 감인세계 시현강생 석가모니불
一心奉請　堪忍世界　示現降生　釋迦牟尼佛

천상천하무여불 시방세계역무비 세간소유아진견 일체무
天上天下無如佛　十方世界亦無比　世間所有我盡見　一切無

유여불자
有如佛者

일심정례 연등불소 수능인기별시신 석가모니불
一心頂禮　然燈佛所　受能仁記莂時身　釋迦牟尼佛

과거구행보살도 이시치불호연등 증위마납봉자비 인여구
過去久行菩薩道 爾時値佛號然燈 曾爲摩納奉慈悲 因與瞿

이수공양 포발엄니승족하 산화성개주공중 종자법인득무
夷修供養 布髮掩泥承足下 散華成蓋住空中 從茲法忍得無

생 친수석가문불기 고아일심귀명정례
生 親受釋迦文佛記 故我一心歸命頂禮

일심정례 도솔천상 시일생보처시신 석가모니불
一心頂禮 兜率天上 示一生補處時身 釋迦牟尼佛

일생당증능인과 보처원승희락천 기초욕지재공거 시위로
一生當證能仁果 補處爰升喜樂天 既超欲地在空居 時爲勞

생담정법 겁화막능분차계 호광잉득조제선 저관기숙하생
生談正法 劫火莫能焚此界 毫光仍得照諸禪 佇觀機熟下生

래 보사맹명개혜안
來 普使盲冥開慧眼

일심정례 가유위국 탁마야회임시신 석가모니불
一心頂禮 迦維衛國 託摩耶懷妊時身 釋迦牟尼佛

탁식후비명대술 유광중인속가유 응몽잠통옥상형 처태진
託識后妃名大術 流光中印屬迦維 應夢潛通玉象形 處胎眞

시금륜종 시월이선성밀교 제천선견상엄신 인현겁내대공
是金輪種 十月已宣聲密敎 諸天先見相嚴身 仁賢劫內大空

허 장경담화시일현
虛 將慶曇華時一現

일심정례 무우수하 탄왕비우협시신 석가모니불
一心頂禮 無憂樹下 誕王妃右脇時身 釋迦牟尼佛

성후입원반수차 이연우협산금구 재행칠보현수상 부지이
聖后入園攀樹次 怡然右脇産金軀 遶行七步現殊祥 復指二

의칭최승 천우세향개윤택 지개복장실정명 진중아이백세
儀稱最勝 天雨細香皆潤澤 地開伏藏悉精明 珍重阿夷百歲

인 점언상호당성불
人 占言相好當成佛

일심정례 동궁수직 현납비염욕시신 석가모니불
一心頂禮 東宮受職 現納妃厭欲時身 釋迦牟尼佛

태자묘년방치학 부왕구빙득야수 수장오욕매구견 단견제
太子玅年方齒學 父王求娉得耶輸 雖將五欲每勾牽 但見諸

근상적정 연생탁수심원정 금재홍로체막투 도증보원진상
根常寂靜 蓮生濁水心元淨 金在紅爐體莫渝 徒增寶媛鎮相

수 종피지도규애망
隨 終被智刀刲愛網

일심정례 사문유관 도무상락도시신 석가모니불
一心頂禮 四門遊觀 覩無常樂道時身 釋迦牟尼佛

엄가사문관사상 정거천자화제도 시봉쇠로탄무상 후견진
嚴駕四門觀四相 淨居天子化諸塗 始逢衰老歎無常 後見眞

승흔유도 성의기존행락사 공성유찬출진연 지복류신사부
僧欣有道 聖意豈存行樂事 空聲唯贊出塵緣 指腹留娠嗣父

왕　일심지대리궁실
王　一心秖待離宮室

일심정례　춘궁오야　유국성출속시신　석가모니불
一心頂禮　春宮午夜　踰國城出俗時身　釋迦牟尼佛

천어출가시이지　변연왕국지타산　중소금달자연개　천리신
天語出家時已至　便捐王國指他山　中宵禁闥自然開　千里神

구초홀거　거닉환궁미원도　야수회자수공유　만승추종경불
駒超忽去　車匿還宮迷遠道　耶輸懷子守空帷　萬乘追蹤竟不

회　번령정반요첨례
迴　翻令淨飯遙瞻禮

일심정례　가야산내　수육년고행시신　석가모니불
一心頂禮　伽耶山內　修六年苦行時身　釋迦牟尼佛

오인시위개중지　육재수행차외구　설령무춘임고한　주안미
五人侍衛皆中止　六載修行且外求　雪嶺無春任苦寒　朱顏未

로동초췌　마맥충기영시도　단상습정역비진　사위방편화중
老同顦顇　麻麥充飢寧是道　斷常習定亦非眞　斯爲方便化衆

생　점인사도귀정각
生　漸引邪徒歸正覺

일심정례　니련하반　수난타시식시신　석가모니불
一心頂禮　尼連河畔　受難陀施食時身　釋迦牟尼佛

대권장응인천공　선수난타헌유미　보살수자묘색신　차나기
大權將應人天供　先受難陀獻乳糜　菩薩雖資妙色身　遮那豈

가진수미 낙발이귀도리주 전의원자음광사 행간도수근보
假珍羞味 落髮已歸忉利主 傳衣元自飮光師 行看道樹近菩

리 보보방여개진동
提 步步方輿皆震動

일심정례 금강좌상 항천마성도시신 석가모니불
一心頂禮 金剛座上 降天魔成道時身 釋迦牟尼佛

적초결부과영야 원성삼십사심시 구지진로기단제 육천마
籍草結跏過永夜 圓成三十四心時 九地塵勞旣斷除 六天魔

사구항복 대범저문감로고 군생래근자금산 유시수의전법
事俱降伏 大梵佇聞甘露鼓 羣生來覲紫金山 由是隨宜轉法

륜 인도우금함수사
輪 人到于今咸受賜

원아자범지성 차계타방 편어유불지시 함도강령지상 초문
願我自凡至聖 此界他方 徧於有佛之時 咸觀降靈之相 初聞

음교변입어대승 돈출진로즉등어피안
音敎便入於大乘 頓出塵勞卽登於彼岸


## 3) 석가여래열반예경 釋迦如來涅槃禮敬[3]

일심정례 열반교주 감인세존 현성광집중시신 석가모니불
一心頂禮 涅槃敎主 堪忍世尊 現聲光集衆時身 釋迦牟尼佛

길하견수생초일 영요선음편시방 위소군생문후의 시언대
吉河堅樹生初日 靈耀仙音遍十方 爲召群生問後疑 示言大

각귀원적 세계보엄여락토 인신혈현사사화 천공운진단묵
覺歸元寂 世界寶嚴如樂土 人身血現似奢華 天供雲臻但默

연 일시계수회우뇌 고아일심귀명정례
然 一時稽首懷憂惱 故我一心歸命頂禮

일심정례 열반교주 감인세존 수순타시식시신 석가모니불
一心頂禮 涅槃敎主 堪忍世尊 受純陀施食時身 釋迦牟尼佛

여래구증차나체 권현림종응공의 능여모단변화신 수자화씨
如來久證遮那體 權現臨終應供儀 能與毛端變化身 受玆華氏

갱량식 육진수위공무상 오과당지결유연 아금추원봉자성
粳糧食 六塵雖謂空無相 五果當知結有緣 我今追遠奉粢盛

원증진상동묘의 고아일심귀명정례
願證眞常同妙義 故我一心歸命頂禮

일심정례 열반교주 감인세존 와보상현병시신 석가모니불
一心頂禮 涅槃敎主 堪忍世尊 臥寶床現病時身 釋迦牟尼佛

부촉문수전정법 아연배질시중생 곡굉우협류영아 수시무언
付囑文殊傳正法 俄然背疾示衆生 曲肱右脅類嬰兒 收視無言

여병자 정중임청가섭문 종용유대세왕래 재기유광촉대천
如病者 鄭重任聽迦葉問 從容猶待世王來 再起流光燭大千

만중군고개소탕 고아일심귀명정례
滿中群苦皆消蕩 故我一心歸命頂禮

일심정례 열반교주 감인세존 입월애삼매시신 석가모니불
一心頂禮 涅槃敎主 堪忍世尊 入月愛三昧時身 釋迦牟尼佛

대비부념아사세 수순기바발선심 예좌중서월애광 곤의돈각
大悲俯念阿闍世 隨順耆婆發善心 覽座重舒月愛光 袞衣頓覺

신창유 귀불시지사도오 문경방료역연공 이란총리출전단
身瘡愈 歸佛始知邪道誤 聞經方了逆緣空 伊蘭叢裏出栴檀

기재취비무근신 고아일심귀명정례
奇哉取譬無根信 故我一心歸命頂禮

일심정례 열반교주 감인세존 시인천상호시신 석가모니불
一心頂禮 涅槃敎主 堪忍世尊 示人天相好時身 釋迦牟尼佛

수거법복서신상 승강허공사육회 욕입니원적정문 금관자마
手祛法服舒身相 昇降虛空四六迴 欲入泥洹寂靜門 今觀紫磨

장엄취 미구갈보수인덕 진겁난봉출세연 유교은근촉미래
莊嚴聚 麋軀曷報修因德 塵劫難逢出世緣 遺敎殷勤囑未來

귀의삼보개당수 고아일심귀명정례
歸依三寶皆當受 故我一心歸命頂禮

일심정례 열반교주 감인세존 관세간적정시신 석가모니불
一心頂禮 涅槃敎主 堪忍世尊 觀世間寂定時身 釋迦牟尼佛

응물이증개비장 환원상차근중소 우방광명호열반 편유선정
應物已曾開祕藏 還源相次近中宵 又放光明號涅槃 遍遊禪定

함초월 종지막비관실상 유정영면견무상 신진임당화멸시
咸超越 種智莫非觀實相 有情寧免見無常 薪盡臨當火滅時

아난어시심미란 고아일심귀명정례
阿難於是心迷亂 故我一心歸命頂禮

일심정례 열반교주 감인세존 입사선멸도시신 석가모니불
一心頂禮 涅槃敎主 堪忍世尊 入四禪滅度時身 釋迦牟尼佛

중입사선휴고명 변어삼매시운망 쌍림변학복금관 대지여뢰
重入四禪休顧命 便於三昧示云亡 雙林變鶴覆金棺 大地如雷

진사계 석범루진애탄게 마사료해전쟁우 혜일자광파조림
震沙界 釋梵累陳哀歎偈 魔邪聊解戰爭憂 慧日慈光罷照臨

무명장야하당효 고아일심귀명정례
無明長夜何當曉 故我一心歸命頂禮

일심정례 열반교주 감인세존 입금관백첩시신 석가모니불
一心頂禮 涅槃敎主 堪忍世尊 入金棺白疊時身 釋迦牟尼佛

국인상문다비법 천제친전촉루언 비순륜왕소화의 영생범중
國人相問茶毘法 天帝親傳囑累言 俾順輪王所化儀 令生梵衆

무강복 세첩천중주성체 보관칠잡요선성 재이향천관목시
無疆福 細疊千重周聖體 寶棺七匝繞仙城 再以香泉灌沐時

함도묘엄신불괴 고아일심귀명정례
咸睹妙嚴身不壞 故我一心歸命頂禮

일심정례 열반교주 감인세존 시음광재구시신 석가모니불
一心頂禮 涅槃敎主 堪忍世尊 示飮光在柩時身 釋迦牟尼佛

존자음광거취령 출선지불이귀진 요망구시도보래 정치도유
尊者飮光居鷲嶺 出禪知佛已歸眞 遙望拘尸徒步來 正値闍維

양사일 구중선현신금색 배차잉회족폭륜 최후능수애모심
襄事日 柩中先現身金色 拜次仍迴足輻輪 最後能隨哀慕心

시위평등자비상 고아일심귀명정례
是爲平等慈悲相 故我一心歸命頂禮

일심정례 열반교주 감인세존 입향루화화시신 석가모니불
一心頂禮 涅槃敎主 堪忍世尊 入香樓火化時身 釋迦牟尼佛

만자흉중류성화 중향루상설진구 옥상금자경부존 상면소첩
卍字胸中流聖火 衆香樓上爇眞軀 玉相金姿竟不存 霜綿素疊

환여고 사리정형분국토 탑파고현시인천 아등참생상법여
還如故 舍利晶熒分國土 塔婆高顯示人天 我等慚生像法餘

공찬당시유화사 고아일심귀명정례
空讚當時遺化事 故我一心歸命頂禮

서향차신수반야 상관아불주니원 불리인연소기심 즉견공중
誓向此身修般若 常觀我佛住泥洹 不離因緣所起心 卽見空中

무상체 약효설산서수석 혹어전리거전제 보원유여묘길상
無相體 若效雪山書樹石 或於田里擧筌蹄 普願猶如妙吉祥

구시명료여래성
俱時明了如來性

# 2. 전각예경 殿閣禮敬

## 1) 관음전 觀音殿

〈헌향진언 獻香眞言〉

옴 마하 미가 스프라나 시라 두폐 스바하[4](3번)

지심귀명례 청정법계 보문행원 대자비존 관세음보살
至心歸命禮 淸淨法界 普門行願 大慈悲尊 觀世音菩薩

지심귀명례 일체법계 원통회주 대자대비 관세음보살
至心歸命禮 一切法界 圓通會主 大慈大悲 觀世音菩薩

지심귀명례 사바세계 구고구난 대자대비 관세음보살
至心歸命禮 娑婆世界 救苦求難 大慈大悲 觀世音菩薩

유원 소유여래삼계주 임반무여열반자 아개권청영구주
唯願 所有如來三界主 臨般無餘涅槃者 我皆勸請令久住

불사비원구세간 고아일심귀명정례[5]
不捨悲願救世間 故我一心歸命頂禮

## 2) 지장전 地藏殿(一名 명부전 冥府殿)

〈헌향진언 獻香眞言〉

옴 마하 미가 스프라나 시라 두폐 스바하(3번)

지심귀명례 나락세계 유명회주 대원본존 지장보살
至心歸命禮　奈落世界　幽冥會主　大願本尊　地藏菩薩

지심귀명례 사바세계 구호인취 대원자존 지장보살
至心歸命禮　娑婆世界　救護人趣　大願慈尊　地藏菩薩

지심귀명례 중유세계 광도서원 대원자존 지장보살
至心歸命禮　中有世界　廣度誓願　大願慈尊　地藏菩薩

유원 무진지혜존 능생무갈변 여지제유정 소의일부단
唯願　無盡智慧尊　能生無竭辯　如地諸有情　所依一不斷

견혜비민장 고아일심귀명정례[6]
堅慧悲愍藏 故我一心歸命頂禮

## 3) 약사전 藥師殿

〈헌향진언 獻香眞言〉

옴 마하 미가 스프라나 시라 두페 스바하(3번)

지심귀명례 동방무우세계 무우무량 약사유리광여래불
至心歸命禮 東方無憂世界 無憂無量 藥師琉璃光如來佛

지심귀명례 동방유리세계 좌보처 일광변조보살
至心歸命禮 東方琉璃世界 左補處 日光遍照菩薩

지심귀명례 동방유리세계 우보처 월광변조보살
至心歸命禮 東方琉璃世界 右補處 月光遍照菩薩

유원 약사광불묘중중 이어팔난생무난 숙명주지장엄신
唯願 藥師光佛妙衆中 離於八難生無難 宿命住智莊嚴身

원리우미구비지 사무애변십자재 육통제선실원만
遠離愚迷具悲智 四無礙辨十自在 六通諸禪悉圓滿

고아일심귀명정례[7]
故我一心歸命頂禮

## 4) 무량수전 無量壽殿 (一名 아미타전 阿彌陀殿)

### 〈헌향진언 獻香眞言〉

옴 마하 미가 스프라나 시라 두폐 스바하 (3번)

지심귀명례 극락장엄 정토세계 구품도사 무량수여래불
至心歸命禮 極樂莊嚴 淨土世界 九品導師 無量壽如來佛

지심귀명례 극락장엄 정토세계 좌보처 대세지보살
至心歸命禮 極樂莊嚴 淨土世界 左補處 大勢至菩薩

지심귀명례 극락장엄 정토세계 우보처 관세음보살
至心歸命禮 極樂莊嚴 淨土世界 右補處 觀世音菩薩

아원세세무량수 친위호지대승사 어불찬탄도리중
我願世世無量壽 親爲護持大乘師 於佛讚歎道理中

찰나지한무퇴타 기사중생위자리 분별지심역불생
刹那之閑無退惰 棄舍衆生爲自利 分別之心亦不生

수리타리무몽매 방편지교후리타 고아일심귀명정례[8]
修利他理無蒙昧 方便智巧厚利他 故我一心歸命頂禮

## 5) 나한전 羅漢殿(一名 응진전 應眞殿)

〈헌향진언 獻香眞言〉

옴 마하 미가 스프라나 시라 두페 스바하(3번)

지심귀명례 제루이진 소작이판 연화세계 제대아라한
至心歸命禮 諸漏已盡 所作已辦 蓮華世界 諸隊阿羅漢

지심귀명례 체득이리 단제유결 사바세계 제대아라한
至心歸命禮 逮得已利 斷諸有結 娑婆世界 諸隊阿羅漢

지심귀명례 광조장엄 수습진제 장엄세계 제대아라한
至心歸命禮 光照莊嚴 修習眞諦 莊嚴世界 諸隊阿羅漢

유원 불성문중급연각 설피교문진고도 수학처사동범행
唯願 佛聲聞衆及緣覺 說彼敎門盡苦道 授學處師同梵行

일체물회훼만심 선관시의소당작 고아일심귀명정례9)
一切勿懷毀慢心 善觀時宜所當作 故我一心歸命頂禮

# 3. 불공 佛供

## 1) 삼보통청 三寶通請

### 〈정삼업진언 淨三業眞言〉

옴 스바 바바 슈다 사르바 다르마 사르다 슈도 함(3번)[10]

### 〈가람제신진언 伽藍諸神眞言〉

나모 사만타 부다남 옴 파라바 라타니 자리 사만타 아다 아다
아도 아도 프르티비 프르티비예 스바하(3번)[11]

### 〈대결계진언 大結界眞言〉

나모 사만타 부다남 사르바 트라 누가테 반다야 시맘 마하
사마야 니르자테 스마라네 아프라티 하테 다카다카 카라카라
반다반다 다자디잠 사르바 다타가타 아누나테 프라바라 다르
마 라브다 비자예 바가바티 비쿠루 비쿠레 레리 푸리 스바하
(3번)[12]

### 〈정법계진언 淨法界眞言〉

나모 사만타 부다남 다르마 다투 스바 바바코 함(3번)[13]

## 〈작단진언 作壇眞言〉

옴 난다난다 다티다티 난다 바리 스바하(3번)[14]

## 〈쇄정진언 灑淨眞言〉

나모 사만타 부다남 아프라티 사메 가가나 사메 사만타 아누가
테 프라크르티 비슈데 다르마 다투 비쇼다니 스바하(3번)[15]

## 〈지지진언 持地眞言〉

제불자민유정자　유원존념어아등　아금청백제현성
諸佛慈愍有情者　唯願存念於我等　我今請白諸賢聖

견뢰지신병권속　일체여래급불자　불사비원실강림
堅牢地神幷眷屬　一切如來及佛子　不捨悲願悉降臨

아수차지구성취　위작증명가호아[16]
我受此地求成就　爲作證明加護我

나모 사만타 부다남 다르마 다타가타 티스타나 티스티테
아차레 비마레 스마라네 프라크르티 파리 슈데 스바하(3번)[17]

## 〈개단진언 開壇眞言〉

아금의법이선설　금강계대만다라　피금강계평등상
我今依法而宣說　金剛界大曼拏羅　彼金剛界平等相

차설명위금강계 만다라위청정이 본존대인이섭수
此說名爲金剛界 曼拏羅位淸淨已 本尊大印而攝受

여시보편관찰이 무수지송작성취[18]
如是普遍觀察已 無數持誦作成就

옴 바즈라 드다로 우드가타야 삼마야 프라베 자야 훔(3번)[19]

〈보례진언 普禮眞言〉

귀명발보리 계수어행체 유원법왕존 애민호념아[20]
歸命發菩提 稽首於行體 惟願法王尊 哀愍護念我

옴 사르바 다타가타 파다 반다남 카로미(3번)[21]

〈예청삼보 禮請三寶〉

나모 진허공편법계 불가설미진찰토 상주제불타
南無 盡虛空遍法界 不可說微塵刹土 常住諸佛陀

나모 진허공편법계 불가설미진찰토 상주제달마
南無 盡虛空遍法界 不可說微塵刹土 常住諸達磨

나모 진허공편법계 불가설미진찰토 상주제승가
南無 盡虛空遍法界 不可說微塵刹土 常住諸僧伽

〈소청성중진언 召請聖衆眞言〉

계수일체불보살 연각성문제성중 시방진섭법륜전
稽首一切佛菩薩 緣覺聲聞諸聖衆 十方盡攝法輪轉

구호일체면전주 구경발어보리심 일체유정작이익
救護一切面前住 究竟發於菩提心 一切有情作利益

윤회유정지피안 치심진심본자성 간탐공고본자성
輪廻有情至彼岸 癡心瞋心本自性 慳貪貢高本自性

시종금일지보리 미증중간불부조 악업탐진개사리
始從今日至菩提 未證中間不復造 惡業貪瞋皆捨離

제학의항항환희 수희정각해소행 자기항시소수선
制學依行恒歡喜 隨喜正覺解所行 自己恒時所修善

시고강림차도량[22]
是故降臨此道場

나모 사만타 부다남 아 사르바 트라프라티 하테
타다가토 쿠자 보디차르야 파리푸 라카 스바하(3번)[23]


〈참회게 懺悔偈〉

유차작례진실언 즉능편례시방불 우슬착지합조장
由此作禮眞實言 卽能遍禮十方佛 右膝著地合爪掌

사유설회선죄업 아유무명소적집 신구의업조중죄
思惟說悔先罪業 我由無明所積集 身口意業造衆罪

탐욕에치부심고 어불정법현성승 부모이사선지식
貪慾恚癡覆心故 於佛正法賢聖僧 父母二師善知識

급이무량중생소 무시생사유전중 구조극중무량죄
及以無量衆生所 無始生死流轉中 具造極重無量罪

친대시방현재불 실개참회불부작[24)]
親對十方現在佛　悉皆懺悔不復作

옴 사르바 파파 스파투다 하나 바즈라야 스바하(3번)[25)]

## 〈찬탄게 讚歎偈〉

제불보살행원중　금강삼업소생복　연각성문급유정
諸佛菩薩行願中　金剛三業所生福　緣覺聲聞及有情

소집선근진수희　일체세등좌도량　각안개부조삼유
所集善根盡隨喜　一切世燈坐道場　覺眼開敷照三有

아금호궤선권청　전어무상묘법륜　소유여래삼계주
我今胡跪先勸請　轉於無上妙法輪　所有如來三界主

임반무여열반자　아개권청영구주　불사비원구세간
臨般無餘涅槃者　我皆勸請令久住　不捨悲願救世間

찬탄권청수희복　원아불실보리심　제불보살묘중중
讚歎勸請隨喜福　願我不失菩提心　諸佛菩薩妙衆中

상위선우불염사　원리팔난생무난　숙명주지상엄신
常爲善友不厭捨　遠離八難生無難　宿命住智相嚴身

원리우미구비지　실능만족바라밀　부락풍요생승족
遠離愚迷具悲智　悉能滿足波羅蜜　富樂豐饒生勝族

권속광다항치성　사무애변십자재　육통제선실원만[26)]
眷屬廣多恒熾盛　四無礙辯十自在　六通諸禪悉圓滿

〈헌향진언 獻香眞言〉

나모 사만타 부다남 다르마 다트바 누가테 스바하(3번)[27]


〈헌화진언 獻華眞言〉

나모 사만타 부다남 마하 마이트르야 부드가테 스바하(3번)[28]


〈헌다진언 獻茶眞言〉

나모 사만타 부다남 가가나 사마 사마 스바하(3번)[29]


〈헌등진언 獻燈眞言〉

나모 사만타 부다남 타타가타 아르치 스파라나 바바사나 가가
나 아우다르야 스바하(3번)[30]


〈헌공진언 獻供眞言〉

나모 사만타 부다남 아라라 카라라 바림 다다미 바림 다니
마하 바리 스바하(3번)[31]


〈예경공양 禮敬供養〉

지심정례공양 상주삼세 정묘법계 청정법신 비로자나불
至心頂禮供養 常住三世 淨妙法界 淸淨法身 毘盧遮那佛

지심정례공양 상주삼세 정묘법계 원만보신 노사나불
至心頂禮供養　常住三世　淨妙法界　圓滿報身　盧舍那佛

지심정례공양 상주삼세 정묘법계 백억화신 석가모니불
至心頂禮供養　常住三世　淨妙法界　百億化身　釋迦牟尼佛

지심정례공양 진시방연화세계 불가설미진찰토회중
至心頂禮供養　盡十方蓮花世界　不可說微塵刹土會中

상주대원만 일체제불타
常住大圓滿　一切諸佛陀

지심정례공양 진시방연화세계 불가설미진찰토회중
至心頂禮供養　盡十方蓮花世界　不可說微塵刹土會中

상주묘각성취 미륵존불
常住妙覺成就　彌勒尊佛

지심정례공양 진시방연화세계 불가설미진찰토회중
至心頂禮供養　盡十方蓮花世界　不可說微塵刹土會中

상주대원각 일체제달마
常住大圓覺　一切諸達磨

지심정례공양 진시방연화세계 불가설미진찰토회중
至心頂禮供養　盡十方蓮花世界　不可說微塵刹土會中

상주대서원 일체제보살
常住大誓願　一切諸菩薩

지심정례공양 진시방사바세계 불가설미진찰토회중
至心頂禮供養　盡十方娑婆世界　不可說微塵刹土會中

상주수승원  일체제연각
常住秀勝願  一切諸緣覺

지심정례공양  진시방사바세계  불가설미진찰토회중
至心頂禮供養  盡十方娑婆世界  不可說微塵刹土會中

상주수승원  일체제성문
常住秀勝願  一切諸聲聞

지심정례공양  진시방사바세계  불가설미진찰토회중
至心頂禮供養  盡十方娑婆世界  不可說微塵刹土會中

상주청정행  일체제승가
常住淸淨行  一切諸僧伽

이능요익제세간  시고물생사리심  상응무간이계념
以能饒益諸世間  是故勿生捨離心  常應無間而繫念

피등광대제공덕  수기력분상응사  실개승봉이공양
彼等廣大諸功德  隨其力分相應事  悉皆承奉而供養

불성문중급연각  설피교문진고도  수학처사동범행
佛聲聞衆及緣覺  說彼敎門盡苦道  授學處師同梵行

일체물회훼만심  선관시의소당작  화경상응이급시[32]
一切勿懷毁慢心  善觀時宜所當作  和敬相應而給侍


〈귀의진언 歸依眞言〉

나모시방삼세불  삼종상신정법장  승원보리대심중
南無十方三世佛  三種常身正法藏  勝願菩提大心衆

아금개실정귀의　정보리심승원보　아금기발제군생
我今皆悉正歸依　淨菩提心勝願寶　我今起發濟群生

생고등집소전요　급여무지소해신　구섭귀의영해탈
生苦等集所纏繞　及與無知所害身　救攝歸依令解脫

상당이익제함식
常當利益諸含識

옴 사르바 부다 보디사트밤 사라남 가차미 바즈라 다르마
흐리(3번)[33]


〈회향게 回向偈〉

아석소조제악업　개유무시탐진치　종신어의지소생
我昔所造諸惡業　皆由無始貪嗔癡　從身語意之所生

일체아금개참회　시방소유제중생　이승유학급무학
一切我今皆懺悔　十方所有諸衆生　二乘有學及無學

일체여래여보살　소유공덕개수희　시방소유세간등
一切如來與菩薩　所有功德皆隨喜　十方所有世間燈

최초성취보리자　아금일체개권청　전어무상묘법륜
最初成就菩提者　我今一切皆勸請　轉於無上妙法輪

제불개욕시열반　아실지성이권청　유원구주찰진겁
諸佛皆欲示涅槃　我悉志誠而勸請　唯願久住利塵劫

이락일체제중생　소유예찬공양복　청불주세전법륜
利樂一切諸衆生　所有禮讚供養福　請佛住世轉法輪

수희참회제선근 회향중생급불도[34]
隨喜懺悔諸善根 回向衆生及佛道


〈보회향진언 普回向眞言〉

옴 스마라 스마라 비마나 사라 마하 차크라 바 훔(3번)[35]


〈원성취진언 願成就眞言〉

나모 사만타 부타남 삼부타 암감 잠남 남맘 스바하(3번)[36]


〈보궐진언 補闕眞言〉

옴 후루 후루 자야 무케 스바하[37](3번)


〈정근 精勤〉

나모 시방삼세 정묘법계 평등상주 광도유정 시아본사
南無 十方三世 淨妙法界 平等常住 廣度有情 是我本師

석가모니불 석가모니불 석가모니불 ⋯⋯⋯⋯
釋迦牟尼佛 釋迦牟尼佛 釋迦牟尼佛 ⋯⋯⋯⋯

⋯⋯⋯⋯ 천상천하무여불 시방세계역무비 세간소유아진견
⋯⋯⋯⋯ 天上天下無如佛 十方世界亦無比 世間所有我盡見

일체무유여불자
一切無有如佛者

〈법계회향게 法界回向偈〉

원멸 사생육도 법계유정 다겁생래제업장 아금참회계수례
願滅 四生六道 法界有情 多劫生來諸業障 我今懺悔稽首禮

원제죄장실소제 세세상행보살도(3번)
願除罪障悉消除 世世上行菩薩道

이후 축원 以後 祝願


## 2) 관음청 觀音請

〈정삼업진언 淨三業眞言〉

옴 바즈라 카르마 비쇼다야 사르바 바라 나니 부다 사비에나
삼마야 훔(3번)[38]


〈가람제신진언 伽藍諸神眞言〉

나모 사만타 부다남 프르티비예 스바하(3번)[39]


〈결계진언 結界眞言〉

나모 사만타 부다남 레리 푸리 비쿠루 비쿠레 스바하(3번)[40]


50

〈정법계진언 淨法界眞言〉

나모 사만타 부다남 다르마 다투 스바 바바코 함(3번)


〈작단진언 作壇眞言〉

옴 난다난다 다티다티 난다 바리 스바하(3번)


〈쇄정진언 灑淨眞言〉

나모 사만타 부다남 아프라티 사메 가가나 사메 사만타 누가테
프라크르티 비슈데 다르마 다투 비쇼다니 스바하(3번)


〈지지진언 持地眞言〉

나모 사만타 부다남 다르마 다타가타 티스타나 티스티테 아차
레 비마레 스마라네 프라크르티 파리 슈데 스바하(3번)


〈개단진언 開壇眞言〉

옴 비푸라 아모가 마하 두바라 비슈데 시리시리 스바하(3번)


〈보례진언 普禮眞言〉

귀명발보리 계수어행체 유원관음존 애민호념아
歸命發菩提 稽首於行體 惟願觀音尊 哀愍護念我

옴 사르바 다타가타 파다 반다남 카로미(3번)

## 〈청관음 請觀音〉

나모 원통회상 백억응신 관세음보살
南無　圓通會上　百億應身　觀世音菩薩

나모 사바세계 대자비존 관세음보살
南無　娑婆世界　大慈悲尊　觀世音菩薩

나모 결계도량 안락존주 관세음보살
南無　結界道場　安樂尊主　觀世音菩薩

## 〈소청진언 召請眞言〉

수유박복자 당만일체원 주시적삼매 위리제유정
誰有薄福者　當滿一切願　住是寂三昧　爲利諸有情

여시보살류 개주어등인 종연화태장 방천묘광명
如是菩薩類　皆住於等引　從蓮花胎藏　放千妙光明

개위리중생 단바라밀등 편입제삼매 이취선교문
皆爲利衆生　檀波羅蜜等　遍入諸三昧　理趣善巧門

옴 두루 두루 훔[41](3번)

## 〈참회진언 懺悔眞言〉

제불보살행원중 금강삼업소생복 연각성문급유정
諸佛菩薩行願中　金剛三業所生福　緣覺聲聞及有情

소집선근진수희 일체세등좌도량 각안개부조삼유
所集善根盡隨喜　一切世燈坐道場　覺眼開敷照三有

아금호궤선권청 전어무상묘법륜 소유여래삼계주
我今胡跪先勸請 轉於無上妙法輪 所有如來三界主

임반무여열반자 아개권청영구주 불사비원구세간
臨般無餘涅槃者 我皆勸請令久住 不捨悲願救世間

참회수희권청복 원아불실보리심[42]
懺悔隨喜勸請福 願我不失菩提心

옴 사르바 파파 스파투다 하나 바즈라야 스바하(3번)


〈찬탄게 讚歎偈〉

일체불흥세 안락중생고 이구각각신 단좌금강좌
一切佛興世 安樂衆生故 異口各各身 端坐金剛座

구출오색광 연화엽형설 찬탄대비자 조어사자법
口出五色光 蓮華葉形舌 讚歎大悲者 調御師子法

호세관세음 필정소독해 정어삼독근 성불도무의[43]
護世觀世音 畢定消毒害 淨於三毒根 成佛道無疑


〈헌향진언 獻香眞言〉

옴 마하 미가 스파라나 시라 두페 스바하(3번)


〈헌화진언 獻華眞言〉

나모 사만타 부다남 마하 마이트르야 부드가테 스바하(3번)

## 〈헌다진언 獻茶眞言〉

나모 사만타 부다남 가가나 사마 사마 스바하(3번)


## 〈헌등진언 獻燈眞言〉

나모 사만타 부다남 타타가타 아르치 스파라나 바바사나 가가 나 아우다르야 스바하(3번)


## 〈헌공진언 獻供眞言〉

나모 사만타 부다남 아라라 카라라 바림 다다미 바림 다니 마하 바리 스바하(3번)


## 〈예경공양 禮敬供養〉

지심정례공양 청정법계 보문행원 대자비존 관세음보살
至心頂禮供養 淸淨法界 普門行願 大慈悲尊 觀世音菩薩

지심정례공양 일체법계 원통회주 대자대비 관세음보살
至心頂禮供養 一切法界 圓通會主 大慈大悲 觀世音菩薩

지심정례공양 사바세계 구고구난 대자대비 관세음보살
至心頂禮供養 娑婆世界 救苦求難 大慈大悲 觀世音菩薩

제불보살묘중중 상위선우불염사 이어팔난생무난
諸佛菩薩妙衆中 常爲善友不厭捨 離於八難生無難

숙명주지상엄신　원리우미구비지　실능만족바라밀
宿命住智相嚴身　遠離愚迷具悲智　悉能滿足波羅蜜

부락풍요생승족　권속광다항치성　사무애변십자재
富樂豐饒生勝族　眷屬廣多恒熾盛　四無礙辯十自在

육통제선실원만[44]
六通諸禪悉圓滿


〈귀의게 歸依偈〉

최승혜자소주처　열승포지비조림　능속멸제생사유
最勝慧者所住處　劣乘怖之比稠林　能速滅除生死有

아금귀의최승법　능제탐에치사독　이혜득출생사택
我今歸依最勝法　能除貪恚癡蛇毒　以慧得出生死宅

기대비심각오자　경례귀명중중존[45]
起大悲心覺悟者　敬禮歸命衆中尊

옴 사르바 부다 보디사트밤 사라남 가차미 바즈라 다르마 흐리(3번)


〈회향게 回向偈〉

법계중생익생사　윤회육도무귀처　서원함도지보리
法界衆生溺生死　輪迴六道無歸處　誓願咸度至菩提

자리이타영만족　아의여래대지주　일체중생보원동
自利利他令滿足　我依如來大智住　一切衆生普願同

상당수집복덕집  영리업장제번뇌  아등원등제일락
常當修集福德集  永離業障諸煩惱  我等願登第一樂

실지무애득원성  내외청정묘장엄  구족종신편유출
悉地無礙得圓成  內外淸淨妙莊嚴  具足從身遍流出

이시인연성취고  중생소원개영만[46]
以是因緣成就故  衆生所願皆令滿


〈보회향진언 普回向眞言〉

옴 스마라 스마라 비마나 사라 마하 차크라 바 훔(3번)


〈원성취진언 願成就眞言〉

옴 아모카 사르바 타라 차타야 시베 훔(3번)[47]


〈보궐진언 補闕眞言〉

옴 후루 후루 자야 무케 스바하(3번)


〈정근 精勤〉

나모 보문행원  원통회주  구고구난  대자대비  관세음보살
南無 普聞行願  圓通會主  求苦求難  大慈大悲  觀世音菩薩

관세음보살 …………  관조자재최상존  보편관찰대승주
觀世音菩薩 …………  觀照自在最上尊  普遍觀察大勝主

위세광명이세간 계수귀명세자재 고아일심귀명정례⁴⁸⁾
爲世光明利世間　稽首歸命世自在　故我一心歸命頂禮


〈법계회향게 法界回向偈〉

원멸 사생육도 법계유정 다겁생래제업장 아금참회계수례
願滅　四生六道　法界有情　多劫生來諸業障　我今懺悔稽首禮

원제죄장실소제 세세상행보살도(3번)
願除罪障悉消除　世世上行菩薩道


이후 축원 以後　祝願




## 3) 지장전 地藏殿


〈정삼업진언 淨三業眞言〉

옴 바즈라 카르마 비쇼다야 사르바 바라 나니 부다 사비에나
삼마야 훔(3번)


〈가람제신진언 伽藍諸神眞言〉

나모 사만타 부다남 프르티비예 스바하(3번)

〈결계진언 結界眞言〉

나모 사만타 부다남 레리 푸리 비쿠루 비쿠레 스바하(3번)


〈정법계진언 淨法界眞言〉

나모 사만타 부다남 다르마 다투 스바 바바코 함(3번)


〈작단진언 作壇眞言〉

옴 난다난다 다티다티 난다 바리 스바하(3번)


〈쇄정진언 灑淨眞言〉

나모 사만타 부다남 아프라티 사메 가가나 사메 사만타 누가테
프라크르티 비슈데 다르마 다투 비쇼다니 스바하(3번)


〈지지진언 持地眞言〉

나모 사만타 부다남 다르마 다타가타 티스타나 티스티테 아차
레 비마레 스마라네 프라크르티 파리 슈데 스바하(3번)


〈개단진언 開壇眞言〉

옴 비푸라 아모가 마하 두바라 비슈데 시리시리 스바하(3번)

## 〈보례진언 普禮眞言〉

귀명발보리 계수어행체 유원지장존 애민호념아
歸命發菩提 稽首於行體 惟願地藏尊 哀愍護念我

옴 사르바 다타가타 파다 반다남 카로미(3번)


## 〈영청 迎請〉

나모 유명세계 제도응현 대원본존 지장보살
南無 幽冥世界 濟度應現 大願本尊 地藏菩薩

나모 중음세계 천도응현 대원자존 지장보살
南無 中陰世界 薦度應現 大願慈尊 地藏菩薩

나모 사바세계 구도화현 대비자존 지장보살
南無 娑婆世界 求道化現 大悲慈尊 地藏菩薩


## 〈소청진언 召請眞言〉

여본수습보리시 서원불사일중생 무불변주시계인
汝本修習菩提時 誓願不捨一衆生 無不便住施戒忍

정진선정수지혜 상능어피말세중 구어무상승보리
精進禪定修智惠 常能於彼末世中 求於無上勝菩提

시고구세어미겁 속득무상최승도[49]
是故救世於未劫 速得無上最勝道

옴 바즈라 사마 자 자(3번)[50]

## 〈참회진언 懺悔眞言〉

제불보살행원중 　 금강삼업소생복 　 연각성문급유정
諸佛菩薩行願中 　 金剛三業所生福 　 緣覺聲聞及有情

소집선근진수희 　 일체세등좌도량 　 각안개부조삼유
所集善根盡隨喜 　 一切世燈坐道場 　 覺眼開敷照三有

아금호궤선권청 　 전어무상묘법륜 　 소유여래삼계주
我今胡跪先勸請 　 轉於無上妙法輪 　 所有如來三界主

임반무여열반자 　 아개권청영구주 　 불사비원구세간
臨般無餘涅槃者 　 我皆勸請令久住 　 不捨悲願救世間

참회수희권청복 　 원아불실보리심
懺悔隨喜勸請福 　 願我不失菩提心

옴 사르바 파파 스파투다 하나 바즈라야 스바하 (3번)

## 〈찬탄게 讚歎偈〉

본원욕도탁악세 　 성취일체제중생 　 능생견고근정진
本願欲度濁惡世 　 成就一切諸衆生 　 能生堅固懃精進

초과무량제고행 　 상수난행공포처 　 초과무량제난행
超過無量諸苦行 　 常修難行恐怖處 　 超過無量諸難行

보시지계인정진 　 수습선정여지혜 　 무수제불보살등
布施持戒忍精進 　 修習禪定與智慧 　 無數諸佛菩薩等

성문대중개공양 　 충급기갈병탕약 　 구도일체제계박51)
聲聞大衆皆供養 　 充給飢渴病湯藥 　 救度一切諸繫縛

60

〈헌향진언 獻香眞言〉

옴 마하 미가 스파라나 시라 두폐 스바하(3번)


〈헌화진언 獻華眞言〉

나모 사만타 부다남 마하 마이트르야 부드가테 스바하(3번)


〈헌다진언 獻茶眞言〉

나모 사만타 부다남 가가나 사마 사마 스바하(3번)


〈헌등진언 獻燈眞言〉

나모 사만타 부다남 타타가타 아르치 스파라나 바바사나 가가
나 아우다르야 스바하(3번)


〈헌공진언 獻供眞言〉

나모 사만타 부다남 아라라 카라라 바림 다다미 바림 다니
마하 바리 스바하(3번)


〈예경공양 禮敬供養〉

지심귀명례 나락세계 유명교주 대원본존 지장보살
至心歸命禮 奈落世界 幽冥教主 大願本尊 地藏菩薩

지심귀명례 중유세계 광도서원 대원자존 지장보살
至心歸命禮 中有世界 廣度誓願 大願慈尊 地藏菩薩

지심귀명례 사바세계 구호인취 대비자존 지장보살
至心歸命禮 娑婆世界 救護人趣 大悲慈尊 地藏菩薩

여본수습보리시 서원불사일중생 무불변주시계인
汝本修習菩提時 誓願不捨一衆生 無不便住施戒忍

정진선정수지혜 상능어피말세중 구어무상승보리
精進禪定修智惠 常能於彼末世中 求於無上勝菩提

시고구세어미겁 속득무상최승도 조복악마야차등
是故救世於未劫 速得無上最勝道 調伏惡魔夜叉等

제악용신급여인 유여금강단제결 실능안주제성도52)
諸惡龍神及與人 猶如金剛斷諸結 悉能安住諸聖道

〈귀의게 歸依偈〉

최승혜자소주처 열승포지비조림 능속멸제생사유
最勝慧者所住處 劣乘怖之比稠林 能速滅除生死有

아금귀의최승법 능제탐에치사독 이혜득출생사택
我今歸依最勝法 能除貪恚癡蛇毒 以慧得出生死宅

기대비심각오자 경례귀명중중존53)
起大悲心覺悟者 敬禮歸命衆中尊

옴 사르바 부다 보디사트밤 사라남 가차미 바즈라 다르마
흐리(3번)

〈회향게 回向偈〉

법계중생익생사 윤회육도무귀처 서원함도지보리
法界衆生溺生死 輪迴六道無歸處 誓願咸度至菩提

자리리타영만족 아의여래대지주 일체중생보원동
自利利他令滿足 我依如來大智住 一切衆生普願同

상당수집복덕집 영리업장제번뇌 아등원등제일락
常當修集福德集 永離業障諸煩惱 我等願登第一樂

실지무애득원성 내외청정묘장엄 구족종신편유출
悉地無礙得圓成 內外淸淨妙莊嚴 具足從身遍流出

이시인연성취고 중생소원개영만[54]
以是因緣成就故 衆生所願皆令滿


〈보회향진언 普回向眞言〉

옴 스마라 스마라 비마나 사라 마하 차크라 바 훔(3번)


〈원성취진언 願成就眞言〉

옴 아모카 사르바 타라 차타야 시베 훔(3번)


〈보궐진언 補闕眞言〉

옴 후루 후루 자야 무케 스바하(3번)

〈정근 精勤〉

나모 중음세계 제도응현 구호인취 대원본존 지장보살
南無 中陰世界 濟度應現 救護人趣 大願本尊 地藏菩薩

……… 본원욕도탁오세 성취일체제중생 능생견고근정진
……… 本願欲度濁惡世 成就一切諸衆生 能生堅固懃精進

초과무량제고행 고아일심귀명정례[55]
超過無量諸苦行 故我一心歸命頂禮


〈법계 회향게 法界回向偈〉

원멸 사생육도 법계유정 다겁생래제업장 아금참회계수례
願滅 四生六道 法界有情 多劫生來諸業障 我今懺悔稽首禮

원제죄장실소제 세세상행보살도(3번)
願除罪障悉消除 世世上行菩薩道

이후 축원 以後 祝願


## 4) 약사전 藥師殿

〈정삼업진언 淨三業眞言〉

옴 바즈라 카르마 비쇼다야 사르바 바라 나니 부다 사비에나
삼마야 훔(3번)

〈가람제신진언 伽藍諸神眞言〉

나모 사만타 부다남 프르티비예 스바하(3번)


〈결계진언 結界眞言〉

나모 사만타 부다남 레리 푸리 비쿠루 비쿠레 스바하(3번)


〈정법계진언 淨法界眞言〉

나모 사만타 부다남 다르마 다투 스바 바바코 함(3번)


〈작단진언 作壇眞言〉

옴 난다난다 다티다티 난다 바리 스바하(3번)


〈쇄정진언 灑淨眞言〉

나모 사만타 부다남 아프라티 사메 가가나 사메 사만타 누가테
프라크르티 비슈데 다르마 다투 비쇼다니 스바하(3번)


〈지지진언 持地眞言〉

나모 사만타 부다남 다르마 다타가타 티스타나 티스티테
아차레 비마레 스마라네 프라크르티 파리 슈데 스바하(3번)

<개단진언 開壇眞言>

옴 비푸라 아모가 마하 두바라 비슈데 시리시리 스바하(3번)


<보례진언 普禮眞言>

귀명발보리 계수어행체 유원약사존 애민호념아
歸命發菩提 稽首於行體 惟願藥師尊 哀愍護念我

옴 사르바 다타가타 파다 반다남 카로미(3번)


<영청 迎請>

나모 승불본비원 인천개경앙 약사유리광여래불
南無 承佛本悲願 人天皆敬仰 藥師琉璃光如來佛

나모 보약향종자 제소재장엄 약사유리광여래불
南無 寶藥香種子 除消災莊嚴 藥師琉璃光如來佛

나모 출리병고위 순설제재난 약사유리광여래불
南無 出離病苦爲 順說除災難 藥師琉璃光如來佛


<소청진언 召請眞言>

생일체복덕 멸일체죄장 능영제유정 견문획안락
生一切福德 滅一切罪障 能令諸有情 見聞獲安樂

차칭양찬탄 본존지공덕 귀명만월계 정묘유리존
次稱揚讚歎 本尊之功德 歸命滿月界 淨妙琉璃尊

법약구인천 인중십이원 자비홍서광 원도제함생<sup>56)</sup>
法藥救人天　因中十二願　慈悲弘誓廣　願度諸含生

옴 후루후루 칸다리 마타브기 스바하(3번)<sup>57)</sup>

〈참회진언 懺悔眞言〉

귀명시방정등각 최승묘법보리중 이신구의청정업
歸命十方正等覺　最勝妙法菩提衆　以身口意淸淨業

은근합장공경례 무시윤회제유중 신구의업소생죄
殷勤合掌恭敬禮　無始輪迴諸有中　身口意業所生罪

여불보살소참회 아금진참역여시<sup>58)</sup>
如佛菩薩所懺悔　我今陳懺亦如是

옴 사르바 파파 스파타다 하나 바즈라야 스바하(3번)

〈찬탄게 讚歎偈〉

동방무승세계중 선명칭불무량중 원리번뇌원만원
東方無勝世界中　善名稱佛無量衆　遠離煩惱圓滿願

위리시주원강림 동방묘보장엄국 보월지엄무량중
爲利施主願降臨　東方妙寶莊嚴國　寶月智嚴無量衆

견제산란투쟁고 위리시주원강림 동방원만보적국
蠲除散亂鬪諍故　爲利施主願降臨　東方圓滿寶積國

금색보광무량중 연수림종획수기 위리시주원강림<sup>59)</sup>
金色寶光無量衆　延壽臨終獲授記　爲利施主願降臨

〈헌향진언 獻香眞言〉

옴 마하 미가 스파라나 시라 두페 스바하(3번)


〈헌화진언 獻華眞言〉

나모 사만타 부다남 마하 마이트르야 부드가테 스바하(3번)


〈헌다진언 獻茶眞言〉

나모 사만타 부다남 가가나 사마 사마 스바하(3번)


〈헌등진언 獻燈眞言〉

나모 사만타 부다남 타타가타 아르치 스파라나 바바사나 가가
나 아우다르야 스바하(3번)


〈헌공진언 獻供眞言〉

나모 사만타 부다남 아라라 카라라 바림 다다미 바림 다니
마하 바리 스바하(3번)


〈예경공양 禮敬供養〉

지심귀명례 동방무우세계 무우무량 약사유리광여래불
至心歸命禮 東方無憂世界 無憂無量 藥師琉璃光如來佛

지심귀명례 동방유리세계 좌보처 일광변조보살
至心歸命禮 東方琉璃世界 左補處 日光遍照菩薩

지심귀명례 동방유리세계 우보처 월광변조보살
至心歸命禮 東方琉璃世界 右補處 月光遍照菩薩

제불보살묘중중 상위선우불염사 이어팔난생무난
諸佛菩薩妙衆中 常爲善友不厭捨 離於八難生無難

숙명주지장엄신 원리우미구비지 실능만족바라밀
宿命住智莊嚴身 遠離愚迷具悲智 悉能滿足波羅蜜

이차공덕시중생 복덕지혜소적취 복덕지혜소발생
以此功德施衆生 福德智慧所積聚 福德智慧所發生

획득최묘이승신 일약능치제고난 일체안락발생지
獲得最妙二勝身 一藥能治諸苦難 一切安樂發生地

원득공양급공경 성교영원상주세 제불보살섭수력
願得供養及恭敬 聖敎永遠常住世 諸佛菩薩攝授力

인연불상진실력 병이아신청정력 일체소원개원만[60]
因緣不爽眞實力 倂以我信淸淨力 一切所願皆圓滿

〈귀의게 歸依偈〉

최승혜자소주처 열승포지비조림 능속멸제생사유
最勝慧者所住處 劣乘怖之比稠林 能速滅除生死有

아금귀의최승법 능제탐에치사독 이혜득출생사택
我今歸依最勝法 能除貪恚癡蛇毒 以慧得出生死宅

기대비심각오자　경례귀명중중존
起大悲心覺悟者　敬禮歸命衆中尊

옴 사르바 부다 보디사트밤 사라남 가차미 바즈라 다르마
흐리(3번)


〈회향게 回向偈〉

법계중생익생사　윤회육도무귀처　서원함도지보리
法界衆生溺生死　輪迴六道無歸處　誓願咸度至菩提

자리이타영만족　아의여래대지주　일체중생보원동
自利利他令滿足　我依如來大智住　一切衆生普願同

상당수집복덕집　영리업장제번뇌　아등원등제일락
常當修集福德集　永離業障諸煩惱　我等願登第一樂

실지무애득원성　내외청정묘장엄　구족종신편유출
悉地無礙得圓成　內外淸淨妙莊嚴　具足從身遍流出

이시인연성취고　중생소원개영만[61]
以是因緣成就故　衆生所願皆令滿


〈보회향진언 普回向眞言〉

옴 스마라 스마라 비마나 사라 마하 차크라 바 훔(3번)


〈원성취진언 願成就眞言〉

옴 아모카 사르바 타라 차타야 시볘 훔(3번)


70

〈보궐진언 補闕眞言〉

옴 후루 후루 자야 무케 스바하(3번)


〈정근 精勤〉

나모 동방순정유리세계 무제고뇌 업장항마 약사여래불
南無　東方純淨琉璃世界　無諸苦惱　業障降魔　藥師如來佛


……… 약사여래불 약사여래불 약사여래불
……… 藥師如來佛　藥師如來佛　藥師如來佛


대비세존평등섭 문명즉식악취고 제삼독병약사불
大悲世尊平等攝　聞名卽息惡趣苦　除三毒病藥師佛


유리광불아경례 고아일심귀명정례(62)
琉璃光佛我敬禮　故我一心歸命頂禮


〈법계회향게 法界回向偈〉

원멸 사생육도 법계유정 다겁생래제업장 아금참회계수례
願滅　四生六道　法界有情　多劫生來諸業障　我今懺悔稽首禮


원제죄장실소제 세세상행보살도(3번)
願除罪障悉消除　世世上行菩薩道


이후 축원 以後　祝願

## 5) 무량수전 無量壽殿

〈정삼업진언 淨三業眞言〉

옴 바즈라 카르마 비쇼다야 사르바 바라 나니 부다 사비에나
삼마야 훔(3번)

〈가람제신진언 伽藍諸神眞言〉

나모 사만타 부다남 프르티비예 스바하(3번)

〈결계진언 結界眞言〉

나모 사만타 부다남 레리 푸리 비쿠루 비쿠레 스바하(3번)

〈정법계진언 淨法界眞言〉

나모 사만타 부다남 다르마 다투 스바 바바코 함(3번)

〈작단진언 作壇眞言〉

옴 난다난다 다티다티 난다 바리 스바하(3번)

〈쇄정진언 灑淨眞言〉

나모 사만타 부다남 아프라티 사메 가가나 사메 사만타 누가테
프라크르티 비슈데 다르마 다투 비쇼다니 스바하(3번)

〈지지진언 持地眞言〉

나모 사만타 부다남 다르마 다타가타 티스타나 티스티테 아차
레 비마레 스마라네 프라크르티 파리 슈데 스바하(3번)


〈개단진언 開壇眞言〉

옴 비푸라 아모가 마하 두바라 비슈데 시리시리 스바하(3번)


〈보례진언 普禮眞言〉

귀명발보리 계수어행체 유원무량수존 애민호념아
歸命發菩提 稽首於行體 惟願無量壽尊 哀愍護念我

옴 사르바 다타가타 파다 반다남 카로미(3번)


〈영청 迎請〉

나모 극락장엄 정토세계 구품도사 무량수여래불
南無 極樂莊嚴 淨土世界 九品導師 無量壽如來佛

나모 극락정토세계 좌보처 대세지보살
南無 極樂淨土世界 左補處 大勢至菩薩

나모 극락정토세계 우보처 관세음보살
南無 極樂淨土世界 右補處 觀世音菩薩

〈소청진언 召請眞言〉

아원세세무량수　친위호지대승사　어불찬탄도리중
我願世世無量壽　親爲護持大乘師　於佛讚歎道理中

찰나지한무퇴타　기사중생위자리　분별지심역불생
剎那之閑無退惰　棄舍衆生爲自利　分別之心亦不生

수리타리무몽매　방편지교후리타[63]
修利他理無蒙昧　方便智巧厚利他

옴 아로리카 에헤 에히 스바하(3번)[64]


〈참회진언 懺悔眞言〉

귀명무량수　원이공덕력　속득초실지　광발홍서원
歸命無量壽　願以功德力　速得超悉地　廣發弘誓願

차응례제불　급제대보살　진설삼업죄　아종과거세
次應禮諸佛　及諸大菩薩　陳說三業罪　我從過去世

윤전어생사　금대대성존　진심이참회[65]
輪轉於生死　今對大聖尊　盡心而懺悔

옴 사르바 파파 스파타다 하나 바즈라야 스바하(3번)


〈찬탄게 讚歎偈〉

아미타불회상중　보살연각성문중　역견시방제찰토
阿彌陀佛會上中　菩薩緣覺聲聞衆　亦見十方諸刹土

단득몽견어시방　관음이위가피호　변여해제무간죄
但得夢見於十方　觀音而爲加被護　便與解除無間罪

당생당득불공왕　구족신통이성취　수등천년복무량
當生當得不空王　具足神通而成就　壽等天年福無量

종종독약독충등　일체귀신원수포　당자진실득제멸[66]
種種毒藥毒蟲等　一切鬼神怨讐怖　當自盡悉得除滅

〈헌향진언 獻香眞言〉

옴 마하 미가 스파라나 시라 두폐 스바하 (3번)

〈헌화진언 獻華眞言〉

나모 사만타 부다남 마하 마이트르야 부드가테 스바하 (3번)

〈헌다진언 獻茶眞言〉

나모 사만타 부다남 가가나 사마 사마 스바하 (3번)

〈헌등진언 獻燈眞言〉

나모 사만타 부다남 타타가타 아르치 스파라나 바바사나 가가
나 아우다르야 스바하 (3번)

〈헌공진언 獻供眞言〉

나모 사만타 부다남 아라라 카라라 바림 다다미 바림 다니
마하 바리 스바하(3번)


〈예경공양 禮敬供養〉

지심귀명례 극락장엄 정토세계 구품도사 무량수여래불
至心歸命禮 極樂莊嚴 淨土世界 九品導師 無量壽如來佛

지심귀명례 정토세계 좌보처 대세지보살
至心歸命禮 淨土世界 左補處 大勢至菩薩

지심귀명례 정토세계 우보처 관세음보살
至心歸命禮 淨土世界 右補處 觀世音菩薩


〈귀의게 歸依偈〉

최승혜자소주처 열승포지비조림 능속멸제생사유
最勝慧者所住處 劣乘怖之比稠林 能速滅除生死有

아금귀의최승법 능제탐에치사독 이혜득출생사택
我今歸依最勝法 能除貪恚癡蛇毒 以慧得出生死宅

기대비심각오자 경례귀명중중존
起大悲心覺悟者 敬禮歸命衆中尊

옴 사르바 부다 보디사트밤 사라남 가차미 바즈라 다르마
흐리(3번)

〈회향게 回向偈〉

법계중생익생사　윤회육도무귀처　서원함도지보리
法界衆生溺生死　輪迴六道無歸處　誓願咸度至菩提

자리이타영만족　아의여래대지주　일체중생보원동
自利利他令滿足　我依如來大智住　一切衆生普願同

상당수집복덕집　영리업장제번뇌　아등원등제일락
常當修集福德集　永離業障諸煩惱　我等願登第一樂

실지무애득원성　내외청정묘장엄　구족종신편유출
悉地無礙得圓成　內外淸淨妙莊嚴　具足從身遍流出

이시인연성취고　중생소원개영만[67]
以是因緣成就故　衆生所願皆令滿


〈보회향진언 普回向眞言〉

옴 스마라 스마라 비마나 사라 마하 차크라 바 훔(3번)


〈원성취진언 願成就眞言〉

옴 아모카 사르바 타라 차타야 시베 훔(3번)


〈원성취진언 願成就眞言〉

나모 사만타 부타남 삼부타 암감 잠남 남맘 스바하(3번)

〈보궐진언 補闕眞言〉

옴 후루 후루 자야 무케 스바하(3번)


〈정근 精勤〉

나모 극락장엄 정토세계 응현수특신 일체환제식 천인함애경
南無 極樂莊嚴 淨土世界 應現殊特身 一切患除息 天人咸愛敬

다문성총지 무량수여래불 무량수여래불 무량수여래불
多聞成總持 無量壽如來佛 無量壽如來佛 無量壽如來佛

……… 이아미념존명호 소제침범죄업과 전성풍족안락인
……… 以我微念尊名號 消諸侵犯罪業果 轉成豐足安樂因

직보상승지계제 불자해탈미작조 멸진보살행지수
直步上乘之階梯 佛子解脫微作兆 滅盡菩薩行之祟

일체용도개풍순 어의미사실원성 고아일심귀명정례(68)
一切用度皆豐順 於意微思悉圓成 故我一心歸命頂禮


〈법계 회향게 法界回向偈〉

원멸 사생육도 법계유정 다겁생래제업장 아금참회계수례
願滅 四生六道 法界有情 多劫生來諸業障 我今懺悔稽首禮

원제죄장실소제 세세상행보살도(3번)
願除罪障悉消除 世世上行菩薩道

이후 축원 以後 祝願

## 6) 나한청 羅漢請

〈정삼업진언 淨三業眞言〉

옴 스바 바바 슈다 사르바 다르마 사르다 슈도 함(3번)

〈가람제신진언 伽藍諸神眞言〉

나모 사만타 부다남 프르티비예 스바하(3번)

〈정법계진언 淨法界眞言〉

나모 사만타 부다남 다르마 다투 스바 바바코 함(3번)

〈작단진언 作壇眞言〉

옴 난다난다 다티다티 난다 바리 스바하(3번)

〈쇄정진언 灑淨眞言〉

나모 사만타 부다남 아프라티 사메 가가나 사메 사만타 누가테
프라크르티 비슈데 다르마 다투 비쇼다니 스바하(3번)

〈지지진언 持地眞言〉

제불자민유정자 유원존념어아등 아금청백제현성
諸佛慈愍有情者 唯願存念於我等 我今請白諸賢聖

견뢰지신병권속 일체여래급불자 불사비원실강림
堅牢地神幷眷屬 一切如來及佛子 不捨悲願悉降臨

아수차지구성취 위작증명가호아
我受此地求成就 爲作證明加護我

나모 사만타 부다남 다르마 다타가타 티스타나 티스티테 아차
레 비마레 스마라네 프라크르티 파리 슈데 스바하(3번)


〈개단진언 開壇眞言〉

아금의법이선설 금강계대만다라 피금강계평등상
我今依法而宣說 金剛界大曼拏羅 彼金剛界平等相

차설명위금강계 만다라위청정이 본존대인이섭수
此說名爲金剛界 曼拏羅位淸淨已 本尊大印而攝受

여시보편관찰이 무수지송작성취
如是普遍觀察已 無數持誦作成就

옴 비푸라 아모가 마하 두바라 비슈데 시리시리 스바하(3번)


〈보례진언 普禮眞言〉

귀명발보리 계수어행체 유원나한중 애민호념아
歸命發菩提 稽首於行體 惟願羅漢衆 哀愍護念我

옴 사르바 다타가타 파다 반다남 카로미(3번)

## 〈예청나한 禮請羅漢〉

나모 제루이진 소작이판 연화세계 제대아라한
南無 諸漏已盡 所作已辦 蓮華世界 諸隊阿羅漢

나모 체득이리 단제유결 사바세계 제대아라한
南無 逮得已利 斷諸有結 娑婆世界 諸隊阿羅漢

나모 광조장엄 수습진제 장엄세계 제대아라한
南無 光照莊嚴 修習眞諦 莊嚴世界 諸隊阿羅漢


## 〈소청성중진언 召請聖衆眞言〉

계수일체불보살 연각성문제성중 시방진섭법륜전
稽首一切佛菩薩 緣覺聲聞諸聖衆 十方盡攝法輪轉

구호일체면전주 구경발어보리심 일체유정작이익
救護一切面前住 究竟發於菩提心 一切有情作利益

윤회유정지피안 치심진심본자성 간탐공고본자성
輪迴有情至彼岸 癡心瞋心本自性 慳貪貢高本自性

시종금일지보리 미증중간불부조 악업탐진개사리
始從今日至菩提 未證中間不復造 惡業貪瞋皆捨離

제학의행항환희 수회정각해소행 자기항시소수선
制學依行恒歡喜 隨喜正覺解所行 自己恒時所修善

시고강림차도량[69]
是故降臨此道場

나모 사만타 부다남 아 사르바 트라프라티 하테 타다가토
쿠자 보디 차르야 파리푸 라카 스바하(3번)


〈참회진언 懺悔眞言〉

유차작례진실언　즉능편례시방불　우슬착지합조장
由此作禮眞實言　卽能遍禮十方佛　右膝著地合爪掌

사유설회선죄업　아유무명소적집　신구의업조중죄
思惟說悔先罪業　我由無明所積集　身口意業造衆罪

탐욕에치부심고　어불정법현성승　부모이사선지식
貪慾恚癡覆心故　於佛正法賢聖僧　父母二師善知識

급이무량중생소　무시생사유전중　구조극중무량죄
及以無量衆生所　無始生死流轉中　具造極重無量罪

친대시방현재불　실개참회불부작70)
親對十方現在佛　悉皆懺悔不復作

옴 사르바 파파 스파타다 하나 바즈라야 스바하(3번)


〈찬탄게 讚歎偈〉

제불보살행원중　금강삼업소생복　연각성문급유정
諸佛菩薩行願中　金剛三業所生福　緣覺聲聞及有情

소집선근진수희　일체세등좌도량　각안개부조삼유
所集善根盡隨喜　一切世燈坐道場　覺眼開敷照三有

아금호궤선권청　　전어무상묘법륜　　소유여래삼계주
我今胡跪先勸請　　轉於無上妙法輪　　所有如來三界主

임반무여열반자　　아개권청영구주　　불사비원구세간
臨般無餘涅槃者　　我皆勸請令久住　　不捨悲願救世間

찬탄권청수희복　　원아불실보리심　　제불보살묘중중
讚歎勸請隨喜福　　願我不失菩提心　　諸佛菩薩妙衆中

상위선우불염사　　원리팔난생무난　　숙명주지상엄신
常爲善友不厭捨　　遠離八難生無難　　宿命住智相嚴身

원리우미구비지　　실능만족바라밀　　부락풍요생승족
遠離愚迷具悲智　　悉能滿足波羅蜜　　富樂豐饒生勝族

권속광다항치성　　사무애변십자재　　육통제선실원만
眷屬廣多恒熾盛　　四無礙辯十自在　　六通諸禪悉圓滿


〈헌향진언 獻香眞言〉

나모 사만타 부다남 다르마 다트바 누가테 스바하(3번)


〈헌화진언 獻華眞言〉

나모 사만타 부다남 마하 마이트르야 부드가테 스바하(3번)


〈헌다진언 獻茶眞言〉

나모 사만타 부다남 가가나 사마 사마 스바하(3번)

〈헌등진언 獻燈眞言〉

나모 사만타 부다남 타타가타 아르치 스파라나 바바사나 가가 나 아우다르야 스바하(3번)


〈헌공진언 獻供眞言〉

나모 사만타 부다남 아라라 카라라 바림 다다미 바림 다니 마하 바리 스바하(3번)


〈예경공양 禮敬供養〉

지심정례공양 상주삼세 정묘법계 청정법신 비로자나불
至心頂禮供養 常住三世 淨妙法界 淸淨法身 毘盧遮那佛

지심정례공양 상주삼세 정묘법계 원만보신 노사나불
至心頂禮供養 常住三世 淨妙法界 圓滿報身 盧舍那佛

지심정례공양 상주삼세 정묘법계 백억화신 석가모니불
至心頂禮供養 常住三世 淨妙法界 百億化身 釋迦牟尼佛

지심정례공양 진시방연화세계 불가설미진찰토회중
至心頂禮供養 盡十方蓮花世界 不可說微塵刹土會中

상주대원만 일체제불타
常住大圓滿 一切諸佛陀

지심정례공양 진시방연화세계 불가설미진찰토회중
至心頂禮供養 盡十方蓮花世界 不可說微塵刹土會中

상주묘각성취 미륵존불
常住妙覺成就 彌勒尊佛

지심정례공양 진시방연화세계 불가설미진찰토회중
至心頂禮供養 盡十方蓮花世界 不可說微塵刹土會中

상주대원각 일체제달마
常住大圓覺 一切諸達磨

지심정례공양 진시방연화세계 불가설미진찰토회중
至心頂禮供養 盡十方蓮花世界 不可說微塵刹土會中

상주대서원 일체제보살
常住大誓願 一切諸菩薩

지심정례공양 진시방사바세계 불가설미진찰토회중
至心頂禮供養 盡十方娑婆世界 不可說微塵刹土會中

상주수승원 일체제연각
常住秀勝願 一切諸緣覺

지심정례공양 진시방사바세계 불가설미진찰토회중
至心頂禮供養 盡十方娑婆世界 不可說微塵刹土會中

상주수승원 일체제성문
常住秀勝願 一切諸聲聞

지심정례공양 진시방사바세계 불가설미진찰토회중
至心頂禮供養 盡十方娑婆世界 不可說微塵刹土會中

상주청정행 일체제승가
常住清淨行 一切諸僧伽

이능요익제세간　시고물생사리심　상응무간이계념
以能饒益諸世間　是故勿生捨離心　常應無間而繫念

피등광대제공덕　수기력분상응사　실개승봉이공양
彼等廣大諸功德　隨其力分相應事　悉皆承奉而供養

불성문중급연각　설피교문진고도　수학처사동범행
佛聲聞衆及緣覺　說彼教門盡苦道　授學處師同梵行

일체물회훼만심　선관시의소당작　화경상응이급시71)
一切勿懷毀慢心　善觀時宜所當作　和敬相應而給侍


〈귀의진언 歸依眞言〉

나모시방삼세불　삼종상신정법장　승원보리대심중
南無十方三世佛　三種常身正法藏　勝願菩提大心衆

아금개실정귀의　정보리심승원보　아금기발제군생
我今皆悉正歸依　淨菩提心勝願寶　我今起發濟群生

생고등집소전요　급여무지소해신　구섭귀의영해탈
生苦等集所纏繞　及與無知所害身　救攝歸依令解脫

상당이익제함식
常當利益諸含識

옴 사르바 부다 보디사트밤 사라남 가차미 바즈라 다르마
흐리(3번)

86

## 〈회향게 回向偈〉

아석소조제악업 개유무시탐진치 종신어의지소생
我昔所造諸惡業 皆由無始貪嗔癡 從身語意之所生

일체아금개참회 시방소유제중생 이승유학급무학
一切我今皆懺悔 十方所有諸衆生 二乘有學及無學

일체여래여보살 소유공덕개수희 시방소유세간등
一切如來與菩薩 所有功德皆隨喜 十方所有世間燈

최초성취보리자 아금일체개권청 전어무상묘법륜
最初成就菩提者 我今一切皆勸請 轉於無上妙法輪

제불개욕시열반 아실지성이권청 유원구주찰진겁
諸佛皆欲示涅槃 我悉志誠而勸請 唯願久住刹塵劫

이락일체제중생 소유예찬공양복 청불주세전법륜
利樂一切諸衆生 所有禮讚供養福 請佛住世轉法輪

수희참회제선근 회향중생급불도[72)]
隨喜懺悔諸善根 回向衆生及佛道


## 〈보회향진언 普回向眞言〉

옴 스마라 스마라 비마나 사라 마하 차크라 바 훔(3번)


## 〈원성취진언 願成就眞言〉

나모 사만타 부타남 삼부타 암감 잠남 남맘 스바하(3번)

〈보궐진언 補闕眞言〉

옴 후루 후루 자야 무케 스바하(3번)


〈정근 精勤〉

나모 영산회상 육통삼명 제근조복 구족위덕 제루진멸
南無 靈山會上 六通三明 諸根調伏 具足威德 諸漏盡滅

상주법신 불위팔염 제대아라한 제대성중 제대성중
常住法身 不爲八染 諸隊阿羅漢 諸隊聖衆 諸隊聖衆

……… 응진승지제근조 여교동유구주세 유통불법작양호
……… 應眞勝智諸根調 與敎同有久住世 流通佛法作攘護

제대성중아경례 고아일심귀명정례<sup>73)</sup>
諸隊聖衆我敬禮 故我一心歸命頂禮


〈법계회향게 法界回向偈〉

원멸 사생육도 법계유정 다겁생래제업장 아금참회계수례
願滅 四生六道 法界有情 多劫生來諸業障 我今懺悔稽首禮

원제죄장실소제 세세상행보살도(3번)
願除罪障悉消除 世世上行菩薩道

이후 축원 以後 祝願

## 7) 신중청 神衆請

〈정삼업진언 淨三業眞言〉

옴 스바 바바 슈다 사르바 다르마 사르다 슈도 함(3번)

〈결계진언 伽藍諸神眞言〉

옴 사라 사라 바즈라 프라카라 훔 파트(3번)[74]

〈허공결계진언 虛空結界眞言〉

옴 비스푸라 드라크사 바즈라 팜자라 훔 파트(3번)[75]

〈정법계진언 淨法界眞言〉

나모 사만타 부다남 다르마 다투 스바 바바코 함(3번)

〈작단진언 作壇眞言〉

옴 난다난다 다티다티 난다 바리 스바하(3번)

〈보례진언 普禮眞言〉

구수아비옥 경어무량겁 시내당득출 수어아귀고
具受阿鼻獄 經於無量劫 始乃當得出 受於餓鬼苦

경어천만겁 부타방생중 부중상수고 어후득인신
經於千萬劫 復墮傍生中 負重常受苦 於後得人身

육근불구족 상처빈궁가 의복불개형 기손추삽미
六根不具足 常處貧窮家 衣服不蓋形 饑飡麤澁味

상수기갈고 부요다질병 무인구료치 사인수고보
常受饑渴苦 復饒多疾病 無人救療治 斯人受苦報

제천팔부중 일체함응지[76]
諸天八部衆 一切咸應知

옴 가타 훔 나디니 스바하 (3번)[77]


〈예청신중 禮請神衆〉

나모 금강회상 일체호법 장엄세계 팔부제신중
南模 金剛會上 一切護法 莊嚴世界 八部諸神衆

나모 호법회상 호세옹호 사바세계 상주제신중
南模 護法會上 護世擁護 娑婆世界 常住諸神衆

나모 범천회상 옹호제법 천상세계 상주제천중
南模 梵天會上 擁護諸法 天上世界 常住諸天衆


〈보소청진언 普召請眞言〉

제석상속래 범천여권속 급락변화천 급여화자재
帝釋尙速來 梵天與眷屬 及樂變化天 及餘化自在

정거구경천 병대위덕자 찰나이집래 어피성취인
淨居究竟天 并大威德者 刹那而集來 於彼成就人

소유제천룡 화피영조복 피천찰나경 실우종종화
所有諸天龍 化彼令調伏 彼天刹那頃 悉雨種種華

내지무간옥 실개득청량[78]
乃至無間獄 悉皆得淸涼

나모 라트나 트라야야 나마 라트나 바르다 나테 에히 에히

수루 수루 자라 사야 나프리야 라야 스바하(3번)[79]


### 〈찬탄게 讚歎偈〉

불처자비대해중 방백천광이조요 비여수미출거해
佛處慈悲大海中 放百千光而照耀 譬如須彌出巨海

제천의주방광명 당주해탈선정중 자재광명조일체
諸天依住放光明 當住解脫禪定中 自在光明照一切

비여삼천대범주 적정광초제범천 공덕지혜이엄심
譬如三千大梵主 寂靜光超諸梵天 功德智慧以嚴心

보상엄신광보조 여제석광급지혜 초과일체도리천
寶相嚴身光普照 如帝釋光及智慧 超過一切忉利天

대자비의자장엄 안립중생어성도[80]
大慈悲意自莊嚴 安立衆生於聖道

## 〈헌향화진언 獻香華眞言〉

옴 마나르타 파리 프라라 카야 스바하(3번)[81]


## 〈헌등진언 獻燈眞言〉

옴 바페 티레 스바하(3번)[82]


## 〈예배공양 禮拜供養〉

지심정례공양 금강회상 일체호법 팔부제신중
至心頂禮供養 金剛會上 一切護法 八部諸神衆

지심정례공양 호법회상 호세옹호 상주제신중
至心頂禮供養 護法會上 護世擁護 常住諸神衆

지심정례공양 범천회상 옹호제법 상주제천중
至心頂禮供養 梵天會上 擁護諸法 常住諸天衆

일체귀신함귀복 염부중생역부연 능어육도발고뇌
一切鬼神咸歸伏 閻浮衆生亦復然 能於六道拔苦惱

함개사지령쾌락 약유중생문기명 임종지시불경포[83]
咸皆使之令快樂 若有衆生聞其名 臨終之時不驚怖


## 〈보공양진언 普供養眞言〉

나모 자테 바파 사라테타 바파 타라타나 라얌 야자 스바하

(3번)[84]

〈원성취진언 願成就眞言〉

나모 사만타 부다남 옴 캄 잠람 밤 아 스바하(3번)[85]

〈보궐진언 補闕眞言〉

옴 후루후루 자야 무케 스바하(3번)

〈회향게 回向偈〉

대천자재위신력 능만중생무량원 영소구자원개성
大天自在威神力　能滿衆生無量願　令所求者願皆成

영구증영급부요[86]
令求增榮及富饒

〈항복마진언 降伏魔眞言〉

나모 사만타 부다남 마하 바라바티 다사 바로드바베 마하
마이트르야 아비 우드가테 스바하(3번)[87]

〈범본 마하반야바라밀다심경 梵本 摩訶般若波羅密多心經〉

아르야바로키테 스바로 보디사트보 감비람 프라자 파라미타
차리얌 차라 마노 브야바로카티 스마 팜차 스칸다 사타즈
카 스바바바 주니암 파샤티 스마 이하 사리푸트라 루팜 주니암
슈냐타 이바 루팜 루판 나 프리타 주냐타 주냐타야 나 프리타

사 루팜 야드 루팜 사 주냐타 야드 주냐타 사 루팜 에밤 이바 베다나 삼자 삼스카라 비즈남 이하 사리푸트라 사르바 다르마 주냐타 라크샤나 아누트판나 아니루다 아비마라 아 노나 아파 리푸르나 타스마이 사리푸트라 주냐타얌 나 루팜 나 베다나 나 삼자 나 삼스카라 나 비자남 나 차크슈 즈로트라 그라나 지흐바 카야 마남시 나 루파 자브다 간다 라사 사프라 스타브야 다르마 나 차크슈 다투 르야바 나 마노 비자남 다투 나 비드야 나 비드야 나 비드야 크샤요 나 비드야 크샤요 야반 자라 마라남 나 자라 마라나 크샤요 나 두카 사무다야 니로다 마리자 나 자남 나 프라프티 나 아비 스마라 타스마이 나 프라피트바 보디사트바남 프라자 파라미탐 아즈리트야 비하라트야 치타 바라 나 비드야 크샤요 나 비드야 크샤요 야 바라 자라 마라남 나 자라 마라나 크샤요 나 두카 사마이다야 니로다 마르자나 나 자남 나 프라프티 나 아비 스마라 스마이다 프라프티 트바 보디사트바남 프라자 파라미탐 아스리트야 비하라트야 치타 바라 나 치타 바라나 아스티트바 나 트리스토 비파르야 사티크 란토 니스타 니르바남 트르야드바 브야바스티타 사르바 부다 프라자 파라미탐 아즈리티 아누타람 삼먁삼보딤 아비 삼 부다 타스마이 자타브얌 프라자 파라미타 마하 만트라 마하 비드야 만트라 아누타라 만트라 아사마 사마티 만트라 사르바 두카 프라샤마나 사트얌 아미 찬르야트바 프라자 파라미타 얌 우크 토 만트라

타댜타 가테 가테 파라가테 파라삼가테 보디 스바하(3번)

나모 금강회상 호세인천 옹호불법 팔부신중 팔부신중
南模 金剛會上 護世人天 擁護佛法 八部神衆 八部神衆

········· 제유청도래지차 혹재지상혹거공 상어인세기자심
········· 諸有聽徒來至此 或在地上或居空 常於人世起慈心

일야자신의법주 고아일심귀명정례[88]
日夜自身依法住 故我一心歸命頂禮

이후 축원 以後 祝願

# Ⅱ.
# 참법의
## 懺法儀

# 1. 백불참법 百佛懺法

〈정삼업진언 淨三業眞言〉

옴 스바바바 슈다 사르바 다르마 사르다 슈도 함(3번)


〈대결계진언 大結界眞言〉

나모 사만타 부다남 사르바 트라 누가테 반다야 시맘 마하
사마야 니르자테 스마라네 아프라티 하테 다카다카 카라카라
반다반다 다자디잠 사르바 다타가타 누나테 프라바라 다르마
라브다 비자예 바가바티 비쿠루 비쿠레 레리 푸리 스바하(3번)


〈정법계진언 淨法界眞言〉

나모 사만타 부다남 다르마 다투 스바 바바코 함(3번)


〈여래좌진언 如來座眞言〉

나모 사만타 부다남 아(3번)[89]

약능지차불명자 차인불위도소상 독불능해화불소
若能持此佛名者　此人不爲刀所傷　毒不能害火不燒

역불타어팔난중 득견대지금색광 삼십이상제법왕
亦不墮於八難中　得見大智金色光　三十二相諸法王

기득견어제불이  무량공양피제불  기목불맹불적황
旣得見於諸佛已  無量供養彼諸佛  其目不盲不赤黃

신불구곡불일안  득나라연대력신  수지불명보여시
身不傴曲不一眼  得那羅延大力身  受持佛名報如是

상득천룡급야차  건달바등소공양  원가악인불능해
常得天龍及夜叉  乾闥婆等所供養  怨家惡人不能害

수지불명보여시[90]
受持佛名報如是


〈참회멸죄진언 懺悔滅罪眞言〉

옴 사르바 파파 스파투다 하나 바즈라야 스바하(3번)

지심귀명례  월광불            지심귀명례  아촉불
　　　　　　月光佛[1]         　　　　　　阿閦佛[2]

지심귀명례  대장엄불          지심귀명례  다가라향불
　　　　　　大莊嚴佛[3]      　　　　　　多伽羅香佛[4]

지심귀명례  상조요불          지심귀명례  전단덕불
　　　　　　常照曜佛[5]      　　　　　　栴檀德佛[6]

지심귀명례  최상불            지심귀명례  연화당불
　　　　　　最上佛[7]        　　　　　　蓮花幢佛[8]

지심귀명례  연화생불          지심귀명례  보취불
　　　　　　蓮華生佛[9]      　　　　　　寶聚佛[10]

지심귀명례 아가루향불 　 지심귀명례 대정진불
阿伽樓香佛 [11] 　 大精進佛 [12]

지심귀명례 전단덕불 　 지심귀명례 해불
栴檀德佛 [13] 　 海佛 [14]

지심귀명례 거해불 　 지심귀명례 당덕불
巨海佛 [15] 　 幢德佛 [16]

지심귀명례 범덕불 　 지심귀명례 대향불
梵德佛 [17] 　 大香佛 [18]

지심귀명례 대생불 　 지심귀명례 보망불
大生佛 [19] 　 寶網佛 [20]

지심귀명례 아미타불 　 지심귀명례 대시덕불
阿彌陀佛 [21] 　 大施德佛 [22]

지심귀명례 대금주불 　 지심귀명례 대념불
大金柱佛 [23] 　 大念佛 [24]

지심귀명례 언무진불 　 지심귀명례 상산화불
言無盡佛 [25] 　 常散花佛 [26]

지심귀명례 대애불 　 지심귀명례 사자향승불
大愛佛 [27] 　 師子香勝佛 [28]

지심귀명례 양덕불 　 지심귀명례 제석화염불
養德佛 [29] 　 帝釋火炎佛 [30]

지심귀명례 상락덕불 　 지심귀명례 사자화덕불
常樂德佛 [31] 　 師子華德佛 [32]

지심귀명례 적멸당불
寂滅幢佛 [33]

지심귀명례 계왕불
戒王佛 [34]

지심귀명례 보덕불
普德佛 [35]

지심귀명례 보덕상불
普德像佛 [36]

지심귀명례 무우덕불
無憂德佛 [37]

지심귀명례 우바라향불
優波羅香佛 [38]

지심귀명례 대지불
大地佛 [39]

지심귀명례 대룡덕불
大龍德佛 [40]

지심귀명례 청정왕불
淸淨王佛 [41]

지심귀명례 광념불
廣念佛 [42]

지심귀명례 연화덕불
蓮花德佛 [43]

지심귀명례 사화불
捨花佛 [44]

지심귀명례 용덕불
龍德佛 [45]

지심귀명례 화취불
花聚佛 [46]

지심귀명례 향상불
香象佛 [47]

지심귀명례 상관불
常觀佛 [48]

지심귀명례 정작불
正作佛 [49]

지심귀명례 선주불
善住佛 [50]

지심귀명례 니구로타왕불
尼瞿嚧陀王佛 [51]

지심귀명례 무상왕불
無上王佛 [52]

지심귀명례 월덕불
月德佛 [53]

지심귀명례 전단림불
栴檀林佛 [54]

지심귀명례 일장불
日藏佛 [55]

지심귀명례 덕장불
德藏佛 [56]

지심귀명례 수미력불
須彌力佛 [57]

지심귀명례 마니장불
摩尼藏佛 [58]

지심귀명례 금강왕불
金剛王佛 [59]

지심귀명례 위덕불
威德佛 [60]

지심귀명례 무괴불
無壞佛 [61]

지심귀명례 선견불
善見佛 [62]

지심귀명례 정진덕불
精進德佛 [63]

지심귀명례 대해불
大海佛 [64]

지심귀명례 복사라수불
覆娑羅樹佛 [65]

지심귀명례 발차덕불
跋瑳德佛 [66]

지심귀명례 불천불
佛天佛 [67]

지심귀명례 사자당불
師子幢佛 [68]

지심귀명례 비두덕불
毘頭德佛 [69]

지심귀명례 무변덕불
無邊德佛 [70]

지심귀명례 덕지불
德智佛 [71]

지심귀명례 후덕불
厚德佛 [72]

지심귀명례 화당불
花幢佛 [73]

지심귀명례 상덕불
象德佛 [74]

지심귀명례 정진덕불
精進德佛 [75]

지심귀명례 용덕불
龍德佛 [76]

지심귀명례 덕생불　　　　지심귀명례 보취불
　　　　　德生佛[77]　　　　　　　　寶聚佛[78]

지심귀명례 덕바차자불　　지심귀명례 논의불
　　　　　德婆瑳子佛[79]　　　　　　論義佛[80]

지심귀명례 보견불　　　　지심귀명례 보다라불
　　　　　普見佛[81]　　　　　　　　寶多羅佛[82]

지심귀명례 보사불　　　　지심귀명례 대공양덕불
　　　　　普捨佛[83]　　　　　　　　大供養德佛[84]

지심귀명례 대망불　　　　지심귀명례 보덕불
　　　　　大網佛[85]　　　　　　　　普德佛[86]

지심귀명례 단일체중생의왕불
　　　　　斷一切衆生疑王佛[87]

지심귀명례 보개불　　　　지심귀명례 대개불
　　　　　普蓋佛[88]　　　　　　　　大蓋佛[89]

지심귀명례 승덕불　　　　지심귀명례 천공양불
　　　　　勝德佛[90]　　　　　　　　千供養佛[91]

지심귀명례 보련화분신불 지심귀명례 후덕불
　　　　　寶蓮花奮迅佛[92]　　　　　厚德佛[93]

지심귀명례 지당불　　　　지심귀명례 보월덕불
　　　　　智幢佛[94]　　　　　　　　寶月德佛[95]

지심귀명례 니구로타바차왕불
　　　　　尼瞿嚧陀婆瑳王佛[96]

지심귀명례 상덕불　　　　지심귀명례 보련화불
　　　　常德佛[97]　　　　　　　普蓮花佛[98]

지심귀명례 평등덕불　　　지심귀명례 용호구제불[91]
　　　　平等德佛[99]　　　　　　龍護救濟佛[100]


〈법계회향게 法界回向偈〉

원멸 사생육도 법계유정 다겁생래제업장 아금참회계수례
願滅 四生六道 法界有情 多劫生來諸業障 我今懺悔稽首禮

원제죄장실소제 세세상행보살도(3번)
願除罪障悉消除 世世上行菩薩道

# 2. 삼천불참법 三千佛懺法

〈정삼업진언 淨三業眞言〉

옴 스바바바 슈다 사르바 다르마 사르다 슈도 함(3번)

〈대결계진언 大結界眞言〉

나모 사만타 부다남 사르바 트라 누가테 반다야 시맘 마하
사마야 니르자테 스마라네 아프라티 하테 다카다카 카라카라
반다반다 다자디잠 사르바 다타가타 누나테 프라바라 다르마
라브다 비자예 바가바티 비쿠루 비쿠레 레리 푸리 스바하(3번)

〈정법계진언 淨法界眞言〉

나모 사만타 부다남 다르마 다투 스바 바바코 함(3번)

〈여래좌진언 如來座眞言〉

계수석가모니불 개부정안여청련 아의대일경왕설
稽首釋迦牟尼佛　開敷淨眼如靑蓮　我依大日經王說

공양소자중의궤 여피당득속성취 연초자타이성취
供養所資衆儀軌　如彼當得速成就　然初自他利成就

무상지원지방편 발기실지유신해 일체여래승생자
無上智願之方便　發起悉地由信解　一切如來勝生子

피등불신진언형 소주종종인위의 수승진언소행도
彼等佛身眞言形 所住種種印威儀 殊勝眞言所行道

급방광승개제신 애민윤회육취중 수순요익고개연
及方廣乘皆諦信 哀愍輪迴六趣衆 隨順饒益故開演

응당공경결정의 역기근성심신심 지묘진언조복행
應當恭敬決定意 亦起勤誠深信心 知妙眞言調伏行

해료구연중지분 득수전교인가이 견여시사공경례
解了具緣衆支分 得受傳教印可已 見如是師恭敬禮

첨앙유여세도사 공양급시수소안 선순사의령환희
瞻仰猶如世導師 供養給侍隨所安 善順師意令歡喜

계수청승선서행 원존여응교수아 피사자재이건립
稽首請勝善逝行 願尊如應敎授我 彼師自在而建立

대비장등묘원단 의법소입만다라 수기수여삼매야
大悲藏等妙圓壇 依法召入曼茶羅 隨器授與三昧耶

도량교본진언인 친어존소구전수 수기력분상응사
道場敎本眞言印 親於尊所口傳授 隨其力分相應事

실개봉청이공양 수학처사동범행 일체물회훼괴심
悉皆奉請而供養 授學處師同梵行 一切勿懷毀壞心

차례관정전교존 청백진언소수업 지자몽사인가이
次禮灌頂傳敎尊 請白眞言所修業 智者蒙師印可已

의어지분소의처 여법건립만다라 우상구족감인혜
依於地分所宜處 如法建立曼茶羅 又常具足堪忍慧

정명선반혹무반　당여묘법경권구　자타현법작성취
淨命善伴或無伴　當與妙法經卷俱　自他現法作成就

불수여천무외의　구차명위량조반　피작성취처소이
不隨餘天無畏依　具此名爲良助伴　彼作成就處所已

매일선주어념혜　의법침식초기시　제제무진위장자
每日先住於念慧　依法寢息初起時　除諸無盡爲障者

성심사념시방불　당의본존소재방　오륜투지이작례
誠心思念十方佛　當依本尊所在方　五輪投地而作禮

귀명시방등정각　삼세일체구삼신　귀명일체대승법
歸命十方等正覺　三世一切具三身　歸命一切大乘法

귀명불퇴보리중　귀명제명비밀존　삼업청정공경례[92]
歸命不退菩提衆　歸命諸明祕密尊　三業淸淨恭敬禮

나모 사만타 부다남 아(3번)


〈참회멸죄진언 懺悔滅罪眞言〉

옴 사르바 파파 스파투다 하나 바즈라야 스바하(3번)

# 1) 과거장엄겁천불명호 過去莊嚴劫千佛名號

지심귀명례 인중존불
至心歸命禮 人中尊佛[1]

지심귀명례 사자보불
至心歸命禮 師子步佛[2]

지심귀명례 능인화불
能仁化佛[3]

지심귀명례 대염불
大焰佛[4]

지심귀명례 요성불
曜聲佛[5]

지심귀명례 무한광불
無限光佛[6]

지심귀명례 희견불
喜見佛[7]

지심귀명례 성취불
成就佛[8]

지심귀명례 최상위불
最上威佛[9]

지심귀명례 취안락불
趣安樂佛[10]

지심귀명례 보정견불
寶正見佛[11]

지심귀명례 공양광칭불
供養廣稱佛[11]

지심귀명례 사자음불
師子音佛[13]

지심귀명례 음시불
音施佛[14]

지심귀명례 묘향불
妙香佛[15]

지심귀명례 전등광불
電燈光佛[16]

지심귀명례 연화광불
蓮華光佛[17]

지심귀명례 대등광불
大燈光佛[18]

지심귀명례 정성불
淨聲佛[19]

지심귀명례 제호의불
除狐疑佛[20]

지심귀명례 무량위신불  지심귀명례 월면불
無量威神佛[21]              月面佛[22]

지심귀명례 무량광불    지심귀명례 희가위신불
無量光佛[23]               喜可威神佛[24]

지심귀명례 산의불      지심귀명례 덕개불
散疑佛[25]                 德鎧佛[26]

지심귀명례 선견불      지심귀명례 희가위불
善見佛[27]                 喜可威佛[28]

지심귀명례 부장부불    지심귀명례 무량장불
不藏覆佛[29]               無量藏佛[30]

지심귀명례 광유희불    지심귀명례 광칭불
光遊戲佛[31]               廣稱佛[32]

지심귀명례 사번불      지심귀명례 존비불
捨幡佛[33]                 尊悲佛[34]

지심귀명례 보견불      지심귀명례 막능승불
普見佛[35]                 莫能勝佛[36]

지심귀명례 위광불      지심귀명례 견고불
威光佛[37]                 堅固佛[38]

지심귀명례 희광칭불    지심귀명례 무량상불
憙廣稱佛[39]               無量像佛[40]

지심귀명례 대열불      지심귀명례 미의불
大悅佛[41]                 美意佛[42]

지심귀명례 부동용보불　　지심귀명례 무량정불
　　　　　　不動勇步佛[43]　　　　　　　無量淨佛[44]

지심귀명례 염취광불　　　지심귀명례 주각불
　　　　　　焰聚光佛[45]　　　　　　　住覺佛[46]

지심귀명례 견고불　　　　지심귀명례 회해탈불
　　　　　　堅固佛[47]　　　　　　　　懷解脫佛[48]

지심귀명례 무우질불　　　지심귀명례 보견사견불
　　　　　　無憂疾佛[49]　　　　　　　普見事見佛[50]

지심귀명례 대승도불　　　지심귀명례 보화불
　　　　　　大乘道佛[51]　　　　　　　普火佛[52]

지심귀명례 국공양불　　　지심귀명례 자재광불
　　　　　　國供養佛[53]　　　　　　　自在光佛[54]

지심귀명례 설최공경불　　지심귀명례 정광불
　　　　　　說最恭敬佛[55]　　　　　　淨光佛[56]

지심귀명례 사자분신불　　지심귀명례 제의불
　　　　　　師子奮迅佛[57]　　　　　　除疑佛[58]

지심귀명례 선견불　　　　지심귀명례 무종보불
　　　　　　善見佛[59]　　　　　　　　無終步佛[60]

지심귀명례 화광불　　　　지심귀명례 봉경칭불
　　　　　　火光佛[61]　　　　　　　　奉敬稱佛[62]

지심귀명례 섭근경열성불　지심귀명례 무능복운불
　　　　　　攝根敬悅聲佛[63]　　　　　無能伏運佛[64]

지심귀명례 무종성불　　　지심귀명례 사유중생불
　　　無終聲佛[65]　　　　　　思惟衆生佛[66]

지심귀명례 신족광불　　　지심귀명례 덕왕불
　　　神足光佛[67]　　　　　　德王佛[68]

지심귀명례 무량상불　　　지심귀명례 대력불
　　　無量像佛[69]　　　　　　大力佛[70]

지심귀명례 광요불　　　　지심귀명례 무애제견불
　　　廣曜佛[71]　　　　　　無崖際見佛[72]

지심귀명례 사자향불　　　지심귀명례 보견불
　　　師子香佛[73]　　　　　　普見佛[74]

지심귀명례 광시불　　　　지심귀명례 보현불
　　　廣施佛[75]　　　　　　普現佛[76]

지심귀명례 선상불　　　　지심귀명례 의칭불
　　　善像佛[77]　　　　　　意稱佛[78]

지심귀명례 보정불　　　　지심귀명례 상광불
　　　寶淨佛[79]　　　　　　上光佛[80]

지심귀명례 광보불　　　　지심귀명례 득정불
　　　廣步佛[81]　　　　　　得淨佛[82]

지심귀명례 결각불　　　　지심귀명례 혜당불
　　　決覺佛[83]　　　　　　慧幢佛[84]

지심귀명례 무동각불　　　지심귀명례 위의의불
　　　無動覺佛[85]　　　　　　威儀意佛[86]

지심귀명례 보상불
普像佛[87]

지심귀명례 제의불
諦意佛[88]

지심귀명례 광음성불
光音聲佛[89]

지심귀명례 선견불
善見佛[90]

지심귀명례 무량화광불
無量火光佛[91]

지심귀명례 희사유불
喜思惟佛[92]

지심귀명례 장칭불
藏稱佛[93]

지심귀명례 화덕불
華德佛[94]

지심귀명례 화광불
華光佛[95]

지심귀명례 난승불
難勝佛[96]

지심귀명례 수미력불
須彌力佛[97]

지심귀명례 마니주불
摩尼珠佛[98]

지심귀명례 금강왕불
金剛王佛[99]

지심귀명례 금상위불
金上威佛[100]

지심귀명례 미음성불
美音聲佛[101]

지심귀명례 선견불
善見佛[102]

지심귀명례 중생소의불
衆生所疑佛[103]

지심귀명례 대광불
大光佛[104]

지심귀명례 무감출불
無減出佛[105]

지심귀명례 열의불
悅意佛[106]

지심귀명례 미성불
美聲佛[107]

지심귀명례 화광불
火光佛[108]

지심귀명례  월등명불  지심귀명례  혜화불
月燈明佛[109]          慧華佛[110]

지심귀명례  덕정덕광불  지심귀명례  혜사불
德淨德光佛[111]         慧事佛[112]

지심귀명례  견유세서불  지심귀명례  회견불
見有世緖佛[113]         懷見佛[114]

지심귀명례  무량광불  지심귀명례  인음불
無量光佛[115]          人音佛[116]

지심귀명례  면광불  지심귀명례  계보불
綿光佛[117]           戒步佛[118]

지심귀명례  천중존불  지심귀명례  경회담불
天中尊佛[119]          敬懷談佛[120]

지심귀명례  무량광명불  지심귀명례  덕시불
無量光明佛[121]         德施佛[122]

지심귀명례  대수미불  지심귀명례  진열불
大須彌佛[123]          眞悅佛[124]

지심귀명례  현의불  지심귀명례  금상불
賢意佛[125]           金上佛[126]

지심귀명례  대청정불  지심귀명례  존의불
大淸淨佛[127]          尊意佛[128]

지심귀명례  의정불  지심귀명례  연화체불
意淨佛[129]           蓮華體佛[130]

지심귀명례 인승력사불
人乘力士佛[131]

지심귀명례 상승의불
常勝意佛[132]

지심귀명례 무량광불
無量光佛[133]

지심귀명례 사자성불
師子聲佛[134]

지심귀명례 승성불
勝聲佛[135]

지심귀명례 희해불
憙解佛[136]

지심귀명례 덕광불
德光佛[137]

지심귀명례 자광불
自光佛[138]

지심귀명례 상호불
相好佛[139]

지심귀명례 무탁리불
無濁利佛[140]

지심귀명례 존광불
尊光佛[141]

지심귀명례 성취의불
成就意佛[142]

지심귀명례 무번열불
無煩熱佛[143]

지심귀명례 제지중불
除地重佛[144]

지심귀명례 최염광불
最焰光佛[145]

지심귀명례 결사유불
決思惟佛[146]

지심귀명례 직제일불
直諦日佛[147]

지심귀명례 위광불
威光佛[148]

지심귀명례 부화광불
部華光佛[149]

지심귀명례 존상자재불
尊上自在佛[150]

지심귀명례 명칭당불
名稱幢佛[151]

지심귀명례 덕열불
德悅佛[152]

지심귀명례 법등명불　　　지심귀명례 위광열불
　　　　法 燈 明 佛 [153]　　　　　　威 光 悅 佛 [154]

지심귀명례 군장경상불　　지심귀명례 사자유보불
　　　　軍 將 敬 像 佛 [155]　　　　師 子 遊 步 佛 [156]

지심귀명례 사유중생불　　지심귀명례 해의불
　　　　思 惟 衆 生 佛 [157]　　　　海 意 佛 [158]

지심귀명례 연화체불　　　지심귀명례 개취불
　　　　蓮 華 體 佛 [159]　　　　　蓋 聚 佛 [160]

지심귀명례 살리수왕불　　지심귀명례 일광불
　　　　薩 梨 樹 王 佛 [161]　　　　日 光 佛 [162]

지심귀명례 해미불　　　　지심귀명례 멸근불
　　　　解 味 佛 [163]　　　　　　滅 根 佛 [164]

지심귀명례 일광불　　　　지심귀명례 화향불
　　　　日 光 佛 [165]　　　　　　華 香 佛 [166]

지심귀명례 수미광명불　　지심귀명례 월명불
　　　　須 彌 光 明 佛 [167]　　　　月 明 佛 [168]

지심귀명례 민보불　　　　지심귀명례 정안불
　　　　敏 步 佛 [169]　　　　　　正 眼 佛 [170]

지심귀명례 법광불　　　　지심귀명례 계열불
　　　　法 光 佛 [171]　　　　　　戒 悅 佛 [172]

지심귀명례 무량의불　　　지심귀명례 무량상불
　　　　無 量 意 佛 [173]　　　　無 量 像 佛 [174]

지심귀명례 견정진불
堅精進佛 [175]

지심귀명례 익천불
益天佛 [176]

지심귀명례 보해불
普解佛 [177]

지심귀명례 위광불
威光佛 [178]

지심귀명례 인중광불
人中光佛 [179]

지심귀명례 호덕불
好德佛 [180]

지심귀명례 견정진불
見精進佛 [181]

지심귀명례 명칭선불
名稱仙佛 [182]

지심귀명례 명칭번불
名稱幡佛 [183]

지심귀명례 염면불
焰面佛 [184]

지심귀명례 보열불
普悅佛 [185]

지심귀명례 대명불
大明佛 [186]

지심귀명례 결산불
決散佛 [187]

지심귀명례 존상덕불
尊上德佛 [188]

지심귀명례 조의불
調意佛 [189]

지심귀명례 애회경공양불
愛懷敬供養佛 [190]

지심귀명례 보섭불
普攝佛 [191]

지심귀명례 도열불
道悅佛 [192]

지심귀명례 사의불
思意佛 [193]

지심귀명례 출의불
出意佛 [194]

지심귀명례 산의불
山意佛 [195]

지심귀명례 잡색광불
雜色光佛 [196]

지심귀명례 뇌성불
雷聲佛[197]

지심귀명례 화광신불
火光身佛[198]

지심귀명례 덕엄불
德巖佛[199]

지심귀명례 사자후불
師子吼佛[200]

지심귀명례 무우회불
無憂懷佛[201]

지심귀명례 천계불
天界佛[202]

지심귀명례 사자무량음불
師子無量音佛[203]

지심귀명례 무량광불
無量光佛[204]

지심귀명례 견경회불
見敬懷佛[205]

지심귀명례 등왕불
燈王佛[206]

지심귀명례 조당불
調幢佛[207]

지심귀명례 보방문불
普方聞佛[208]

지심귀명례 경회명불
敬懷明佛[209]

지심귀명례 월당불
月幢佛[210]

지심귀명례 무외시불
無畏施佛[211]

지심귀명례 성왕불
星王佛[212]

지심귀명례 월중천불
月中天佛[213]

지심귀명례 광명일불
光明日佛[214]

지심귀명례 대명칭불
大名稱佛[215]

지심귀명례 희음불
喜音佛[216]

지심귀명례 설경회불
說敬懷佛[217]

지심귀명례 명칭체불
名稱體佛[218]

지심귀명례 천왕불
天王佛[219]

지심귀명례 미열불
美悅佛[220]

지심귀명례 묘락니불
妙樂尼佛[221]

지심귀명례 사의불
思意佛[222]

지심귀명례 회지불
懷地佛[223]

지심귀명례 기멸훼악불
棄滅毀惡佛[224]

지심귀명례 자조불
慈調佛[225]

지심귀명례 존중상불
尊中上佛[226]

지심귀명례 잡색광불
雜色光佛[227]

지심귀명례 보견불
普見佛[228]

지심귀명례 성왕불
星王佛[229]

지심귀명례 이외불
離畏佛[230]

지심귀명례 열의불
悅意佛[231]

지심귀명례 산의불
散疑佛[232]

지심귀명례 견월불
見月佛[233]

지심귀명례 제마존불
諸摩尊佛[234]

지심귀명례 대존상불
大尊上佛[235]

지심귀명례 사자유보불
師子遊步佛[236]

지심귀명례 의광불
意光佛[237]

지심귀명례 보섭불
普攝佛[238]

지심귀명례 조익유불
調益遊佛[239]

지심귀명례 광일불
光日佛[240]

지심귀명례 현신불
　現身佛[241]

지심귀명례 정의불
　淨意佛[242]

지심귀명례 향감불
　香感佛[243]

지심귀명례 열의불
　悅意佛[244]

지심귀명례 덕광불
　德光佛[245]

지심귀명례 일등명불
　日燈明佛[246]

지심귀명례 풍광불
　豊光佛[247]

지심귀명례 설경애불
　說敬愛佛[248]

지심귀명례 선사익불
　善思益佛[249]

지심귀명례 보견선불
　普見善佛[250]

지심귀명례 사자번불
　師子幡佛[251]

지심귀명례 보선불
　普仙佛[252]

지심귀명례 대유보불
　大遊步佛[253]

지심귀명례 요연화광불
　曜蓮花光佛[254]

지심귀명례 일광불
　日光佛[255]

지심귀명례 무량열불
　無量悅佛[256]

지심귀명례 무량상불
　無量像佛[257]

지심귀명례 천개불
　天蓋佛[258]

지심귀명례 보광불
　寶光佛[259]

지심귀명례 거승불
　車乘佛[260]

지심귀명례 선견불
　善見佛[261]

지심귀명례 감로미불
　甘露味佛[262]

지심귀명례 연화광불
蓮花光佛[263]

지심귀명례 일안불
日眼佛[264]

지심귀명례 무애안불
無礙眼佛[265]

지심귀명례 공유보불
共遊步佛[266]

지심귀명례 대등명불
大燈明佛[267]

지심귀명례 성장불
盛長佛[268]

지심귀명례 덕열불
德悅佛[269]

지심귀명례 덕체불
德體佛[270]

지심귀명례 법전불
法典佛[271]

지심귀명례 풍경불
風敬佛[272]

지심귀명례 무외경회불
無畏敬懷佛[273]

지심귀명례 혜번불
慧幡佛[274]

지심귀명례 위신광명불
威神光明佛[275]

지심귀명례 월시불
月施佛[276]

지심귀명례 덕위불
德威佛[277]

지심귀명례 무량광불
無量光佛[278]

지심귀명례 선사불
善事佛[279]

지심귀명례 명칭당불
名稱幢佛[280]

지심귀명례 광굴불
光屈佛[281]

지심귀명례 보덕불
普德佛[282]

지심귀명례 염당불
焰幢佛[283]

지심귀명례 인승역사불
人乘力士佛[284]

지심귀명례 보열불
寶悅佛[285]

지심귀명례 보사불
普思佛[286]

지심귀명례 선사의불
善思意佛[287]

지심귀명례 선의불
善意佛[288]

지심귀명례 무량광불
無量光佛[289]

지심귀명례 사자보불
師子步佛[290]

지심귀명례 광음불
光音佛[291]

지심귀명례 천왕불
天王佛[292]

지심귀명례 직정당불
直正幢佛[293]

지심귀명례 선주의불
善住意佛[294]

지심귀명례 무량천불
無量天佛[295]

지심귀명례 존화불
尊華佛[296]

지심귀명례 대단시불
大檀施佛[297]

지심귀명례 대당불
大幢佛[298]

지심귀명례 광중일불
光中日佛[299]

지심귀명례 법찬불
法讚佛[300]

지심귀명례 월광불
月光佛[301]

지심귀명례 선사불
善事佛[302]

지심귀명례 시천종불
施天種佛[303]

지심귀명례 견이도불
見以度佛[304]

지심귀명례 보광불
寶光佛[305]

지심귀명례 공작성불
孔雀聲佛[306]

지심귀명례 보복불
普伏佛 [307]

지심귀명례 풍광불
豊光佛 [308]

지심귀명례 무견사불
無見死佛 [309]

지심귀명례 명칭경애불
名稱敬愛佛 [310]

지심귀명례 선섭불
善攝佛 [311]

지심귀명례 천중열불
天中悅佛 [312]

지심귀명례 무종보불
無終步佛 [313]

지심귀명례 천취불
天聚佛 [314]

지심귀명례 심각불
深覺佛 [315]

지심귀명례 무량유보불
無量遊步佛 [316]

지심귀명례 월광불
月光佛 [317]

지심귀명례 명취불
明聚佛 [318]

지심귀명례 대중불
大重佛 [319]

지심귀명례 대유불
大遊佛 [320]

지심귀명례 승천불
勝天佛 [321]

지심귀명례 조익유보불
調益遊步佛 [322]

지심귀명례 월경회불
月敬懷佛 [323]

지심귀명례 사자성불
師子聲佛 [324]

지심귀명례 설열불
說悅佛 [325]

지심귀명례 혜광불
慧光佛 [326]

지심귀명례 화광불
華光佛 [327]

지심귀명례 화취불
華聚佛 [328]

지심귀명례 신족광명불　　지심귀명례 무량광명불
　　　　　神足光明佛[329]　　　　　　　無量光明佛[330]

지심귀명례 무량광명덕불　지심귀명례 조체불
　　　　　無量光明德佛[331]　　　　　調體佛[332]

지심귀명례 광칭불　　　　지심귀명례 보당불
　　　　　光稱佛[333]　　　　　　　　寶幢佛[334]

지심귀명례 대력광불　　　지심귀명례 일당불
　　　　　大力光佛[335]　　　　　　　日幢佛[336]

지심귀명례 대수미불　　　지심귀명례 다소요익불
　　　　　大須彌佛[337]　　　　　　　多所饒益佛[338]

지심귀명례 세청문불　　　지심귀명례 유신족불
　　　　　世聽聞佛[339]　　　　　　　遊神足佛[340]

지심귀명례 최상명칭불　　지심귀명례 조익유보불
　　　　　最上名稱佛[341]　　　　　　調益遊步佛[342]

지심귀명례 보정불　　　　지심귀명례 무능훼명칭불
　　　　　寶正佛[343]　　　　　　　　無能毀名稱佛[344]

지심귀명례 쾌광불　　　　지심귀명례 대등명불
　　　　　快光佛[345]　　　　　　　　大燈明佛[346]

지심귀명례 무첨의불　　　지심귀명례 독보불
　　　　　無諂意佛[347]　　　　　　　獨步佛[348]

지심귀명례 무애견불　　　지심귀명례 단의불
　　　　　無礙見佛[349]　　　　　　　斷疑佛[350]

지심귀명례 대호불
大護佛 [351]

지심귀명례 천당불
天幢佛 [352]

지심귀명례 무미보불
無迷步佛 [353]

지심귀명례 천계불
天界佛 [354]

지심귀명례 선열택불
善悅擇佛 [355]

지심귀명례 화광불
華光佛 [356]

지심귀명례 시광불
施光佛 [357]

지심귀명례 회천불
懷天佛 [358]

지심귀명례 해탈광불
解脫光佛 [359]

지심귀명례 지덕불
持德佛 [360]

지심귀명례 윤의불
潤意佛 [361]

지심귀명례 도광불
道光佛 [362]

지심귀명례 해각불
海覺佛 [363]

지심귀명례 도희불
道憙佛 [364]

지심귀명례 대천불
大天佛 [365]

지심귀명례 심각불
深覺佛 [366]

지심귀명례 법자재불
法自在佛 [367]

지심귀명례 대열불
大悅佛 [368]

지심귀명례 사의불
思意佛 [369]

지심귀명례 혜광불
惠光佛 [370]

지심귀명례 무미사불
無迷思佛 [371]

지심귀명례 덕상불
德上佛 [372]

지심귀명례 무첨명칭불　　　지심귀명례 대정불
　　　　　　無諂名稱佛[373]　　　　　　　　大淨佛[374]

지심귀명례 월광불　　　　　지심귀명례 천광명불
　　　　　　月光佛[375]　　　　　　　　　天光明佛[376]

지심귀명례 열섭불　　　　　지심귀명례 덕경불
　　　　　　悅攝佛[377]　　　　　　　　　德敬佛[378]

지심귀명례 사자의불　　　　지심귀명례 지열불
　　　　　　師子意佛[379]　　　　　　　　地悅佛[380]

지심귀명례 보광불　　　　　지심귀명례 잡광불
　　　　　　寶光佛[381]　　　　　　　　　雜光佛[382]

지심귀명례 월경애불　　　　지심귀명례 월개불
　　　　　　月敬哀佛[383]　　　　　　　　月蓋佛[384]

지심귀명례 보견불　　　　　지심귀명례 이구불
　　　　　　普見佛[385]　　　　　　　　　離垢佛[386]

지심귀명례 명칭상불　　　　지심귀명례 월안불
　　　　　　名稱上佛[387]　　　　　　　　月眼佛[388]

지심귀명례 용천불　　　　　지심귀명례 덕취불
　　　　　　龍天佛[389]　　　　　　　　　德聚佛[390]

지심귀명례 덕각불　　　　　지심귀명례 화상불
　　　　　　德覺佛[391]　　　　　　　　　華上佛[392]

지심귀명례 세경애불　　　　지심귀명례 무진수광불
　　　　　　世敬哀佛[393]　　　　　　　　無盡受光佛[394]

지심귀명례　제당불
帝幢佛[395]

지심귀명례　광일불
光日佛[396]

지심귀명례　무량광불
無量光佛[397]

지심귀명례　십력당불
十力幢佛[398]

지심귀명례　용자재왕불
龍自在王佛[399]

지심귀명례　범자재왕불
梵自在王佛[400]

지심귀명례　설경애불
說敬哀佛[401]

지심귀명례　적경애불
寂敬愛佛[402]

지심귀명례　지광불
地光佛[403]

지심귀명례　작덕불
作德佛[404]

지심귀명례　화취불
華聚佛[405]

지심귀명례　다덕불
多德佛[406]

지심귀명례　법등명불
法燈明佛[407]

지심귀명례　보광명불
普光明佛[408]

지심귀명례　정음불
淨音佛[409]

지심귀명례　대능불
大能佛[410]

지심귀명례　해탈일불
解脫日佛[411]

지심귀명례　견정진불
堅精進佛[412]

지심귀명례　각광불
覺光佛[413]

지심귀명례　덕명칭불
德名稱佛[414]

지심귀명례　선각불
善覺佛[415]

지심귀명례　무량정불
無量淨佛[416]

지심귀명례 사자갈애불 　　　　지심귀명례 덕보불
　　　　　師子渴愛佛[417]　　　　　　　德步佛[418]

지심귀명례 상천불 　　　　　　지심귀명례 현주불
　　　　　上天佛[419]　　　　　　　　現住佛[420]

지심귀명례 천소공경불 　　　　지심귀명례 전광불
　　　　　天所恭敬佛[421]　　　　　　電光佛[422]

지심귀명례 경애불 　　　　　　지심귀명례 수미번불
　　　　　敬愛佛[423]　　　　　　　　須彌幡佛[424]

지심귀명례 화광불 　　　　　　지심귀명례 상의불
　　　　　華光佛[425]　　　　　　　　上意佛[426]

지심귀명례 향시불 　　　　　　지심귀명례 덕보불
　　　　　香施佛[427]　　　　　　　　德步佛[428]

지심귀명례 지의불 　　　　　　지심귀명례 능선열불
　　　　　持意佛[429]　　　　　　　　能仙悅佛[430]

지심귀명례 보등명불 　　　　　지심귀명례 염광불
　　　　　寶燈明佛[431]　　　　　　　炎光佛[432]

지심귀명례 견중불 　　　　　　지심귀명례 경애주불
　　　　　見衆佛[433]　　　　　　　　敬愛住佛[434]

지심귀명례 환열사불 　　　　　지심귀명례 덕조체불
　　　　　歡悅事佛[435]　　　　　　　德調體佛[436]

지심귀명례 열견불 　　　　　　지심귀명례 위신력불
　　　　　悅見佛[437]　　　　　　　　威神力佛[438]

지심귀명례 정안불
淨眼佛[439]

지심귀명례 혜광불
慧光佛[440]

지심귀명례 불미보불
不迷步佛[441]

지심귀명례 존안불
尊眼佛[442]

지심귀명례 호해탈불
好解脫佛[443]

지심귀명례 대음불
大音佛[444]

지심귀명례 최상중불
最上衆佛[445]

지심귀명례 산광불
散光佛[446]

지심귀명례 상사불
上事佛[447]

지심귀명례 덕열불
德悅佛[448]

지심귀명례 광명명칭불
光明名稱佛[449]

지심귀명례 광명조불
光明照佛[450]

지심귀명례 친전불
親展佛[451]

지심귀명례 월현불
月賢佛[452]

지심귀명례 염음불
焰音佛[453]

지심귀명례 덕조불
德調佛[454]

지심귀명례 무착승불
無着勝佛[455]

지심귀명례 상왕불
相王佛[456]

지심귀명례 무번열의불
無煩熱意佛[457]

지심귀명례 존경불
尊敬佛[458]

지심귀명례 법대불
法臺佛[459]

지심귀명례 무진덕불
無盡德佛[460]

지심귀명례 무애승불
無礙勝佛[461]

지심귀명례 무진향불
無盡香佛[462]

지심귀명례 월광불
月光佛[463]

지심귀명례 뇌성불
雷聲佛[464]

지심귀명례 대선일불
大善日佛[465]

지심귀명례 지무외불
至無畏佛[466]

지심귀명례 경혜불
敬惠佛[467]

지심귀명례 무미의불
無迷意佛[468]

지심귀명례 민경불
敏敬佛[469]

지심귀명례 천자재불
天自在佛[470]

지심귀명례 신족열불
神足悅佛[471]

지심귀명례 무개불
無蓋佛[472]

지심귀명례 용광불
龍光佛[473]

지심귀명례 위신보불
威神步佛[474]

지심귀명례 법광불
法光佛[475]

지심귀명례 견생사중제불
見生死衆際佛[476]

지심귀명례 참괴면불
慙愧面佛[477]

지심귀명례 염색상불
炎色像佛[478]

지심귀명례 보명불
普明佛[479]

지심귀명례 덕광불
德光佛[480]

지심귀명례 월존상불
月尊上佛[481]

지심귀명례 상선사불
常禪思佛[482]

지심귀명례　덕당불
德幢佛[483]

지심귀명례　중생중존불
衆生中尊佛[484]

지심귀명례　무외우불
無畏友佛[485]

지심귀명례　지의불
持意佛[486]

지심귀명례　승원불
勝怨佛[487]

지심귀명례　유광보불
遊光步佛[488]

지심귀명례　조암불
調巖佛[489]

지심귀명례　일상광불
一相光佛[490]

지심귀명례　인승역사불
人乘力士佛[491]

지심귀명례　사자유보불
師子遊步佛[492]

지심귀명례　경계불
敬戒佛[493]

지심귀명례　세열염불
世悅焰佛[494]

지심귀명례　사자유보불
師子遊步佛[495]

지심귀명례　무탁의불
無濁意佛[496]

지심귀명례　명칭열불
名稱悅佛[497]

지심귀명례　결단의불
決斷意佛[498]

지심귀명례　제과불
除過佛[499]

지심귀명례　광왕불
光王佛[500]

지심귀명례　덕신불
德身佛[501]

지심귀명례　지의불
持意佛[502]

지심귀명례　광호희불
光好喜佛[503]

지심귀명례　직보불
直步佛[504]

지심귀명례 잡색불
雜色佛[505]

지심귀명례 보방광불
普放光佛[506]

지심귀명례 설열불
說悅佛[507]

지심귀명례 상인불
常忍佛[508]

지심귀명례 법개불
法蓋佛[509]

지심귀명례 무승불
無勝佛[510]

지심귀명례 윤천연화불
輪天蓮花佛[511]

지심귀명례 보광불
普光佛[512]

지심귀명례 월광불
月光佛[513]

지심귀명례 존위신불
尊威神佛[514]

지심귀명례 영리의불
盈利意佛[515]

지심귀명례 호왕불
護王佛[516]

지심귀명례 연화안불
蓮華眼佛[517]

지심귀명례 사명칭불
思名稱佛[518]

지심귀명례 수당불
樹幢佛[519]

지심귀명례 정호불
淨護佛[520]

지심귀명례 사자보불
師子步佛[521]

지심귀명례 덕열불
德悅佛[522]

지심귀명례 덕향열불
德香悅佛[523]

지심귀명례 지자찬불
智者讚佛[524]

지심귀명례 덕도불
德度佛[525]

지심귀명례 혜광불
慧光佛[526]

지심귀명례 혜등불
慧 燈 佛 [527]

지심귀명례 위력불
威 力 佛 [528]

지심귀명례 위광불
威 光 佛 [529]

지심귀명례 각희불
覺 憘 佛 [530]

지심귀명례 승원열불
勝 怨 悅 佛 [531]

지심귀명례 일체경애불
一 切 敬 愛 佛 [532]

지심귀명례 도중의불
度 衆 疑 佛 [533]

지심귀명례 선사유불
善 思 惟 佛 [534]

지심귀명례 대수미불
大 須 彌 佛 [535]

지심귀명례 존교수불
尊 敎 授 佛 [536]

지심귀명례 혜열불
慧 悅 佛 [537]

지심귀명례 지각불
持 覺 佛 [538]

지심귀명례 민음불
敏 音 佛 [539]

지심귀명례 대능불
大 能 佛 [540]

지심귀명례 사자오락불
師 子 娛 樂 佛 [541]

지심귀명례 파제군불
破 諸 軍 佛 [542]

지심귀명례 사자음불
師 子 音 佛 [543]

지심귀명례 명복불
明 伏 佛 [544]

지심귀명례 장중불
將 衆 佛 [545]

지심귀명례 인월불
人 月 佛 [546]

지심귀명례 태조불
泰 調 佛 [547]

지심귀명례 일광불
日 光 佛 [548]

지심귀명례 회견불　　　지심귀명례 보세괴불
　　　　　懷見佛 [549]　　　　　　　　普世壞佛 [550]

지심귀명례 지생사수음불 지심귀명례 보오락불
　　　　　至生死殊音佛 [551]　　　　普娛樂佛 [552]

지심귀명례 지적멸불　　 지심귀명례 지명칭불
　　　　　至寂滅佛 [553]　　　　　　持名稱佛 [554]

지심귀명례 범천소경불　 지심귀명례 이경불
　　　　　梵天所敬佛 [555]　　　　　以敬佛 [556]

지심귀명례 대굴불　　　 지심귀명례 경지혜불
　　　　　大屈佛 [557]　　　　　　　敬智慧佛 [558]

지심귀명례 무제원불　　 지심귀명례 세광불
　　　　　無際願佛 [559]　　　　　　世光佛 [560]

지심귀명례 호희견불　　 지심귀명례 대화불
　　　　　好熹見佛 [561]　　　　　　大華佛 [562]

지심귀명례 자성취의불　 지심귀명례 희광불
　　　　　自成就意佛 [563]　　　　　熹光佛 [564]

지심귀명례 쾌해불　　　 지심귀명례 시숙불
　　　　　快解佛 [565]　　　　　　　施宿佛 [565]

지심귀명례 견성불　　　 지심귀명례 보현불
　　　　　堅聲佛 [567]　　　　　　　普現佛 [568]

지심귀명례 월광불　　　 지심귀명례 최안색불
　　　　　月光佛 [569]　　　　　　　最顏色佛 [570]

지심귀명례 사선사불
思禪思佛 [571]

지심귀명례 유희덕불
遊戲德佛 [572]

지심귀명례 회최불
懷最佛 [573]

지심귀명례 난승불
難勝佛 [574]

지심귀명례 보관불
普觀佛 [575]

지심귀명례 월등명불
月燈明佛 [576]

지심귀명례 경최상불
敬最上佛 [577]

지심귀명례 월개불
月蓋佛 [578]

지심귀명례 도세불
度世佛 [579]

지심귀명례 희덕불
喜德佛 [580]

지심귀명례 상보불
上寶佛 [581]

지심귀명례 선어참괴불
善於慚愧佛 [582]

지심귀명례 희견불
喜見佛 [583]

지심귀명례 사자굴불
師子屈佛 [584]

지심귀명례 대보불
大步佛 [585]

지심귀명례 보회불
普懷佛 [586]

지심귀명례 음성기불
音聲器佛 [587]

지심귀명례 회상불
懷上佛 [588]

지심귀명례 보지불
普至佛 [589]

지심귀명례 보각불
普覺佛 [590]

지심귀명례 대유보불
大遊步佛 [591]

지심귀명례 월당불
月幢佛 [592]

지심귀명례 견고서불
堅固誓佛[593]

지심귀명례 정공양불
淨供養佛[594]

지심귀명례 천소경불
天所敬佛[595]

지심귀명례 성견고불
成堅固佛[596]

지심귀명례 최승불
最勝佛[597]

지심귀명례 일체공덕비구불
一切功德備具佛[598]

지심귀명례 견해불
堅解佛[599]

지심귀명례 적광불
寂光佛[600]

지심귀명례 대음성불
大音聲佛[601]

지심귀명례 극상음성불
極上音聲佛[602]

지심귀명례 대력불
大力佛[603]

지심귀명례 대보불
大步佛[604]

지심귀명례 회멸불
懷滅佛[605]

지심귀명례 각보불
覺步佛[606]

지심귀명례 의최성불
依最聲佛[607]

지심귀명례 위풍불
威豊佛[608]

지심귀명례 해보불
海步佛[609]

지심귀명례 대호불
大護佛[610]

지심귀명례 최상광불
最上光佛[611]

지심귀명례 적각불
寂覺佛[612]

지심귀명례 사자후불
師子吼佛[613]

지심귀명례 선보불
善寶佛[614]

지심귀명례 제주불　　　　지심귀명례 일광불
　　　　　諦住佛 [615]　　　　　　　　　日光佛 [616]

지심귀명례 주적멸불　　　지심귀명례 유입각불
　　　　　住寂滅佛 [617]　　　　　　　遊入覺佛 [618]

지심귀명례 승우불　　　　지심귀명례 회리불
　　　　　勝友佛 [619]　　　　　　　　懷利佛 [620]

지심귀명례 최보불　　　　지심귀명례 인중월불
　　　　　最步佛 [621]　　　　　　　　人中月佛 [622]

지심귀명례 위극상광명불　지심귀명례 보광명장불
　　　　　威極上光明佛 [623]　　　　　普光明藏佛 [624]

지심귀명례 보광명불　　　지심귀명례 대장엄불
　　　　　普光明佛 [625]　　　　　　　大莊嚴佛 [626]

지심귀명례 사자분신보불　지심귀명례 회향풍불
　　　　　師子奮迅步佛 [627]　　　　　懷香風佛 [628]

지심귀명례 희적멸불　　　지심귀명례 대보불
　　　　　喜寂滅佛 [629]　　　　　　　大步佛 [630]

지심귀명례 인음성불　　　지심귀명례 덕암불
　　　　　人音聲佛 [631]　　　　　　　德巖佛 [632]

지심귀명례 주월불　　　　지심귀명례 회명불
　　　　　珠月佛 [633]　　　　　　　　懷明佛 [634]

지심귀명례 광명칭불　　　지심귀명례 희최상불
　　　　　廣名稱佛 [635]　　　　　　　喜最上佛 [636]

지심귀명례　정각불
淨覺佛[637]

지심귀명례　보경불
寶敬佛[638]

지심귀명례　호안색광불
好顏色光佛[639]

지심귀명례　멸원불
滅怨佛[640]

지심귀명례　승군불
勝軍佛[641]

지심귀명례　제각불
諦覺佛[642]

지심귀명례　무종광불
無終光佛[643]

지심귀명례　상인욕불
常忍辱佛[644]

지심귀명례　승월상불
勝月上佛[645]

지심귀명례　상보불
象步佛[646]

지심귀명례　회지혜불
懷智慧佛[647]

지심귀명례　회제불
懷諦佛[648]

지심귀명례　연화향불
蓮花香佛[649]

지심귀명례　향상자재불
香上自在佛[650]

지심귀명례　금상불
金上佛[651]

지심귀명례　등서불
等誓佛[652]

지심귀명례　최위불
最威佛[653]

지심귀명례　대명불
大明佛[654]

지심귀명례　잡종설불
雜種說佛[655]

지심귀명례　도연불
度淵佛[656]

지심귀명례　무량안불
無量眼佛[657]

지심귀명례　해참괴불
解慙愧佛[658]

지심귀명례 상소경불
上所敬佛[659]

지심귀명례 잡음성불
雜音聲佛[660]

지심귀명례 덕유희불
德遊戲佛[661]

지심귀명례 정주불
淨住佛[662]

지심귀명례 호향훈불
好香熏佛[663]

지심귀명례 월광명불
月光明佛[664]

지심귀명례 계분불
戒分佛[665]

지심귀명례 각화불
覺華佛[666]

지심귀명례 최상의불
最上意佛[667]

지심귀명례 의수공양불
宜受供養佛[668]

지심귀명례 문광명불
門光明佛[669]

지심귀명례 희상불
喜上佛[670]

지심귀명례 잡색불
雜色佛[671]

지심귀명례 회각불
懷覺佛[672]

지심귀명례 경로불
敬老佛[673]

지심귀명례 승우불
勝憂佛[674]

지심귀명례 신통명불
神通明佛[675]

지심귀명례 위력불
威力佛[676]

지심귀명례 경상불
敬上佛[677]

지심귀명례 굴명칭불
屈名稱佛[678]

지심귀명례 해탈광불
解脫光佛[679]

지심귀명례 도의불
度疑佛[680]

지심귀명례 지시왕불
知時王佛 [681]

지심귀명례 취화불
聚華佛 [682]

지심귀명례 상화불
上華佛 [683]

지심귀명례 승투전불
勝鬪戰佛 [684]

지심귀명례 대천불
大天佛 [685]

지심귀명례 대명칭불
大名稱佛 [686]

지심귀명례 회보불
懷步佛 [687]

지심귀명례 무종보불
無終步佛 [688]

지심귀명례 일광불
日光佛 [689]

지심귀명례 월천성불
月天聲佛 [690]

지심귀명례 천당불
天幢佛 [691]

지심귀명례 정광명불
淨光明佛 [692]

지심귀명례 제운개불
除雲蓋佛 [693]

지심귀명례 견해불
堅解佛 [694]

지심귀명례 여수화불
如樹華佛 [695]

지심귀명례 상성불
上聲佛 [696]

지심귀명례 무종등불
無終燈佛 [697]

지심귀명례 사자음불
師子音佛 [698]

지심귀명례 덕천불
德天佛 [699]

지심귀명례 중지자재불
衆智自在佛 [700]

지심귀명례 보오락불
普娛樂佛 [701]

지심귀명례 무공외광불
無恐畏光佛 [702]

지심귀명례 등정각불
等正覺佛 [703]

지심귀명례 무위경성불
無爲磬聲佛 [704]

지심귀명례 대염불
大焰佛 [705]

지심귀명례 대명불
大明佛 [706]

지심귀명례 청채의불
聽採意佛 [707]

지심귀명례 무애사유불
無礙思惟佛 [708]

지심귀명례 멸사유불
滅思惟佛 [709]

지심귀명례 정진회불
精進懷佛 [710]

지심귀명례 계공경불
戒恭敬佛 [711]

지심귀명례 복원불
伏怨佛 [712]

지심귀명례 쾌사회불
快士懷佛 [713]

지심귀명례 각복도파불
覺伏濤波佛 [714]

지심귀명례 무멸혜불
無滅慧佛 [715]

지심귀명례 복욕극자불
伏欲棘刺佛 [716]

지심귀명례 범천소경불
梵天所敬佛 [717]

지심귀명례 화선불
華仙佛 [718]

지심귀명례 허공혜불
虛空慧佛 [719]

지심귀명례 사사유불
似思惟佛 [720]

지심귀명례 혜력불
慧力佛 [721]

지심귀명례 보견불
普見佛 [722]

지심귀명례 진외외성불
進巍巍聲佛 [723]

지심귀명례 보음불
普音佛 [724]

지심귀명례 정원불  
淨願佛 [725]

지심귀명례 무위성불  
無爲聲佛 [726]

지심귀명례 무결정진불  
無缺精進佛 [727]

지심귀명례 대정진성광불  
大精進盛光佛 [728]

지심귀명례 보덕불  
普德佛 [729]

지심귀명례 승외불  
勝畏佛 [730]

지심귀명례 천소경덕희불  
天所敬德喜佛 [731]

지심귀명례 법화불  
法華佛 [732]

지심귀명례 정성불  
淨盛佛 [733]

지심귀명례 월희불  
月喜佛 [734]

지심귀명례 회당불  
懷幢佛 [735]

지심귀명례 선의성불  
善意成佛 [736]

지심귀명례 무공외력불  
無恐畏力佛 [737]

지심귀명례 경음불  
磬音佛 [738]

지심귀명례 일화불  
日華佛 [739]

지심귀명례 징주사유불  
澄住思惟佛 [740]

지심귀명례 애회불  
愛懷佛 [741]

지심귀명례 월성불  
月盛佛 [742]

지심귀명례 무위성불  
無爲成佛 [743]

지심귀명례 무오아열의불  
無吾我熱意佛 [744]

지심귀명례 덕도불  
德度佛 [745]

지심귀명례 제취의불  
諸聚意佛 [746]

지심귀명례 보각불
普覺佛 [747]

지심귀명례 희락지견불
喜樂知見佛 [748]

지심귀명례 회명불
懷命佛 [749]

지심귀명례 회사불
懷思佛 [750]

지심귀명례 무번불
無煩佛 [751]

지심귀명례 승혜불
勝慧佛 [752]

지심귀명례 대사유불
大思惟佛 [753]

지심귀명례 회상불
懷像佛 [754]

지심귀명례 대정진회불
大精進懷佛 [755]

지심귀명례 무공외불
無恐畏佛 [756]

지심귀명례 명예음불
名譽音佛 [757]

지심귀명례 대성혜무결실불
大聲慧無缺失佛 [758]

지심귀명례 계부불
戒富佛 [759]

지심귀명례 위신불
威身佛 [760]

지심귀명례 안락광불
安樂光佛 [761]

지심귀명례 존광불
尊光佛 [762]

지심귀명례 이멸광불
以滅光佛 [763]

지심귀명례 도의불
度疑佛 [764]

지심귀명례 지혜불
智慧佛 [765]

지심귀명례 덕위불
德威佛 [766]

지심귀명례 월내불
月內佛 [767]

지심귀명례 정광불
淨光佛 [768]

지심귀명례 대정불
大淨佛 [769]

지심귀명례 희음불
喜音佛 [770]

지심귀명례 사시불
祠施佛 [771]

지심귀명례 제정진불
諦精進佛 [772]

지심귀명례 무량희광불
無量喜光佛 [773]

지심귀명례 광위불
光威佛 [774]

지심귀명례 회견불
懷見佛 [775]

지심귀명례 회광불
懷光佛 [776]

지심귀명례 출어니불
出淤泥佛 [777]

지심귀명례 손종종성불
損種種性佛 [778]

지심귀명례 법화불
法華佛 [779]

지심귀명례 대위불
大威佛 [780]

지심귀명례 선사유불
善思惟佛 [781]

지심귀명례 덕련화불
德蓮華佛 [782]

지심귀명례 천소경불
天所敬佛 [783]

지심귀명례 당광불
幢光佛 [784]

지심귀명례 승원불
勝怨佛 [785]

지심귀명례 무위화불
無爲華佛 [786]

지심귀명례 대승광불
大勝光佛 [787]

지심귀명례 무위광위불
無爲光威佛 [788]

지심귀명례 도위불
道威佛 [789]

지심귀명례 정사유법화불
淨思惟法華佛 [790]

지심귀명례 대정불
大淨佛 [791]

지심귀명례 세사자불
世師子佛 [792]

지심귀명례 최의불
最意佛 [793]

지심귀명례 수미최성불
須彌最聲佛 [794]

지심귀명례 자재회불
自在懷佛 [795]

지심귀명례 무위칭불
無爲稱佛 [796]

지심귀명례 정음불
淨音佛 [797]

지심귀명례 존의불
尊意佛 [798]

지심귀명례 대광명불
大光明佛 [799]

지심귀명례 제석당시왕불
帝釋幢十王佛 [800]

지심귀명례 사자보불
師子步佛 [801]

지심귀명례 무량향광명불
無量香光明佛 [802]

지심귀명례 현의불
賢意佛 [803]

지심귀명례 월중존불
月中尊佛 [804]

지심귀명례 희시불
憙施佛 [805]

지심귀명례 상호화불
相好華佛 [806]

지심귀명례 부사의광불
不思議光佛 [807]

지심귀명례 보비광계견시불
普飛廣戒堅視佛 [808]

지심귀명례 이원불
離願佛 [809]

지심귀명례 무위화불
無爲華佛 [810]

지심귀명례 급요불
及曜佛 [811]

지심귀명례 대등불
大燈佛 [812]

지심귀명례 유대음불　　　지심귀명례 결단음불
惟大音佛[813]　　　　　　決斷音佛[814]

지심귀명례 제삼도룡시불　지심귀명례 운뢰불
除三塗龍施佛[815]　　　　雲雷佛[816]

지심귀명례 덕광불　　　　지심귀명례 덕사불
德光佛[817]　　　　　　　德思佛[818]

지심귀명례 만월불　　　　지심귀명례 보미불
滿月佛[819]　　　　　　　寶味佛[820]

지심귀명례 십광불　　　　지심귀명례 잡광불
十光佛[821]　　　　　　　雜光佛[822]

지심귀명례 각무애음불　　지심귀명례 천화불
覺無礙音佛[823]　　　　　天華佛[824]

지심귀명례 등견불　　　　지심귀명례 월칭불
等見佛[825]　　　　　　　月稱佛[826]

지심귀명례 천상불　　　　지심귀명례 법의불
天像佛[827]　　　　　　　法意佛[828]

지심귀명례 대월불　　　　지심귀명례 위자력불
大月佛[829]　　　　　　　威慈力佛[830]

지심귀명례 월위광불　　　지심귀명례 취회불
月威光佛[831]　　　　　　趣懷佛[832]

지심귀명례 주선도불　　　지심귀명례 후정진불
住善度佛[833]　　　　　　厚精進佛[834]

지심귀명례 광용욕불
光勇欲佛 [835]

지심귀명례 보리혜용불
寶離慧勇佛 [836]

지심귀명례 보리불
菩提佛 [837]

지심귀명례 성영리불
成盈利佛 [838]

지심귀명례 열호불
悅好佛 [839]

지심귀명례 천소경불
天所敬佛 [840]

지심귀명례 각멸의불
覺滅意佛 [841]

지심귀명례 대정진불
大精進佛 [842]

지심귀명례 무박희상불
無縛憘像佛 [843]

지심귀명례 지혜불
持慧佛 [844]

지심귀명례 덕칭불
德稱佛 [845]

지심귀명례 수미산위불
須彌山威佛 [846]

지심귀명례 쾌안불
快眼佛 [847]

지심귀명례 대정진불
大精進佛 [848]

지심귀명례 무량사유불
無量思惟佛 [849]

지심귀명례 정계불
淨戒佛 [850]

지심귀명례 선도불
善度佛 [851]

지심귀명례 단서불
端緒佛 [852]

지심귀명례 보광불
寶光佛 [853]

지심귀명례 선광경불
善光敬佛 [854]

지심귀명례 세광불
世光佛 [855]

지심귀명례 세웅불
世雄佛 [856]

지심귀명례 정음불
淨音佛[857]

지심귀명례 위희불
威喜佛[858]

지심귀명례 선성취불
善成就佛[859]

지심귀명례 소노불
燒怒佛[860]

지심귀명례 사자신불
師子身佛[861]

지심귀명례 명칭불
名稱佛[862]

지심귀명례 붕우광도불
朋友光度佛[863]

지심귀명례 혜대불
慧臺佛[864]

지심귀명례 보보불
普寶佛[865]

지심귀명례 일광불
日光佛[866]

지심귀명례 대염불
大焰佛[867]

지심귀명례 쾌사열불
快士悅佛[868]

지심귀명례 염담사유불
恬惔思惟佛[869]

지심귀명례 선공양불
善供養佛[870]

지심귀명례 덕취위불
德聚威佛[871]

지심귀명례 열상불
悅相佛[872]

지심귀명례 대염취위불
大焰聚威佛[873]

지심귀명례 광당불
光幢佛[874]

지심귀명례 쾌응불
快應佛[875]

지심귀명례 계도불
戒度佛[876]

지심귀명례 최시불
最視佛[877]

지심귀명례 상광불
上光佛[878]

지심귀명례 대응불
大應佛 [879]

지심귀명례 광광명불
廣光明佛 [880]

지심귀명례 무위열불
無爲悅佛 [881]

지심귀명례 외외견불
巍巍見佛 [882]

지심귀명례 명칭시방불
名稱十方佛 [883]

지심귀명례 자재왕불
自在王佛 [884]

지심귀명례 혜무애불
慧無涯佛 [885]

지심귀명례 여천일위불
如千日威佛 [886]

지심귀명례 필의불
必意佛 [887]

지심귀명례 칭열불
稱悅佛 [888]

지심귀명례 상도불
上度佛 [889]

지심귀명례 가관불
可觀佛 [890]

지심귀명례 무량혜불
無量慧佛 [891]

지심귀명례 대광불
大光佛 [892]

지심귀명례 전단향불
栴檀香佛 [893]

지심귀명례 열견불
悅見佛 [894]

지심귀명례 덕왕불
德王佛 [895]

지심귀명례 섭근불
攝根佛 [896]

지심귀명례 사유해탈불
思惟解脫佛 [897]

지심귀명례 보열불
普悅佛 [898]

지심귀명례 여정왕불
如淨王佛 [899]

지심귀명례 난과상불
難過上佛 [900]

지심귀명례 막능승불　　　지심귀명례 묘견불
莫能勝佛[901]　　　　　　妙見佛[902]

지심귀명례 취자재불　　　지심귀명례 괴결발불
聚自在佛[903]　　　　　　壞結髮佛[904]

지심귀명례 무승상최보불 지심귀명례 무위광불
無勝象最步佛[905]　　　　無爲光佛[906]

지심귀명례 무위사유불　　지심귀명례 과도견불
無爲思惟佛[907]　　　　　過倒見佛[908]

지심귀명례 명칭왕불　　　지심귀명례 승근불
名稱王佛[909]　　　　　　勝根佛[910]

지심귀명례 일견불　　　　지심귀명례 덕취위광불
日見佛[911]　　　　　　　德聚威光佛[912]

지심귀명례 법력불　　　　지심귀명례 혜지군맹불
法力佛[913]　　　　　　　慧持群萌佛[914]

지심귀명례 자재열불　　　지심귀명례 자재불
自在悅佛[915]　　　　　　自在佛[916]

지심귀명례 혜의불　　　　지심귀명례 덕산불
慧意佛[917]　　　　　　　德山佛[918]

지심귀명례 이정음의불　　지심귀명례 사최존의불
以淨音意佛[919]　　　　　思最尊意佛[920]

지심귀명례 정덕불　　　　지심귀명례 계자재불
淨德佛[921]　　　　　　　戒自在佛[922]

지심귀명례 심후사유불
深䫻思惟佛[923]

지심귀명례 향상불
香像佛[924]

지심귀명례 적진사유불
寂進思惟佛[925]

지심귀명례 화광불
火光佛[926]

지심귀명례 근군맹향불
勤群萌香佛[927]

지심귀명례 적락불
寂樂佛[928]

지심귀명례 덕소지불
德所至佛[929]

지심귀명례 대정진문불
大精進文佛[930]

지심귀명례 이의불
離疑佛[931]

지심귀명례 결우불
決偶佛[932]

지심귀명례 수미산의불
須彌山意佛[933]

지심귀명례 정신불
淨身佛[934]

지심귀명례 존위불
尊威佛[935]

지심귀명례 상존불
上尊佛[936]

지심귀명례 대력불
大力佛[937]

지심귀명례 혜촌불
慧村佛[938]

지심귀명례 총철의불
聰徹意佛[939]

지심귀명례 여천열불
如天悅佛[940]

지심귀명례 사유도불
思惟度佛[941]

지심귀명례 월현불
月賢佛[942]

지심귀명례 대신불
大身佛[943]

지심귀명례 잡화불
雜華佛[944]

지심귀명례 존자재불
尊自在佛 [945]

지심귀명례 존상소경불
尊上所敬佛 [946]

지심귀명례 각선향훈불
覺善香熏佛 [947]

지심귀명례 존왕소경불
尊王所敬佛 [948]

지심귀명례 환열불
歡悅佛 [949]

지심귀명례 연화인불
蓮華人佛 [950]

지심귀명례 연화의불
蓮華意佛 [951]

지심귀명례 자재덕장불
自在德藏佛 [952]

지심귀명례 인열불
人悅佛 [953]

지심귀명례 존의등불
尊意燈佛 [954]

지심귀명례 위신소양불
威神所養佛 [955]

지심귀명례 제사유불
諦思惟佛 [956]

지심귀명례 해탈혜불
解脫慧佛 [957]

지심귀명례 제삼악도불
除三惡道佛 [958]

지심귀명례 택향우명불
澤香憂冥佛 [959]

지심귀명례 단도불
湍度佛 [960]

지심귀명례 월광불
月光佛 [961]

지심귀명례 의강자재불
意强自在佛 [962]

지심귀명례 무외오락불
無畏娛樂佛 [963]

지심귀명례 쾌각불
快覺佛 [964]

지심귀명례 살제욕불
殺諸欲佛 [965]

지심귀명례 승화취불
勝華聚佛 [966]

지심귀명례 대결계불　　지심귀명례 천자재육통음불
　　　　　　大結髻佛[967]　　　　　　　天自在六通音佛[968]

지심귀명례 여공불　　　지심귀명례 신력불
　　　　　　如空佛[969]　　　　　　　神力佛[970]

지심귀명례 인명칭유불　지심귀명례 각광불
　　　　　　人名稱柔佛[971]　　　　　覺光佛[972]

지심귀명례 최음성불　　지심귀명례 견의불
　　　　　　最音聲佛[973]　　　　　　堅意佛[974]

지심귀명례 역통불
　　　　　　力通佛[975]

지심귀명례 여연화취무위불
　　　　　　如蓮華趣無爲佛[976]

지심귀명례 쾌단의불　　지심귀명례 혜등불
　　　　　　快斷意佛[977]　　　　　　慧燈佛[978]

지심귀명례 희음성불　　지심귀명례 대사유불
　　　　　　喜音聲佛[979]　　　　　　大思惟佛[980]

지심귀명례 무열불　　　지심귀명례 의견불
　　　　　　無悅佛[981]　　　　　　　意見佛[982]

지심귀명례 강정진불　　지심귀명례 상광불
　　　　　　强精進佛[983]　　　　　　上光佛[984]

지심귀명례 덕취불　　　지심귀명례 구사유불
　　　　　　德聚佛[985]　　　　　　　垢思惟佛[986]

지심귀명례 취음불
聚音佛[987]

지심귀명례 무량원불
無量怨佛[988]

지심귀명례 공교사악취불
功巧捨惡趣佛[989]

지심귀명례 무위광풍불
無爲光豊佛[990]

지심귀명례 오락도불
娛樂度佛[991]

지심귀명례 단도불
湍渡佛[992]

지심귀명례 조변의불
調辯意佛[993]

지심귀명례 번교불
煩敎佛[994]

지심귀명례 의거불
意車佛[995]

지심귀명례 선광불
善光佛[996]

지심귀명례 견화불
堅華佛[997]

지심귀명례 취의불
聚意佛[998]

지심귀명례 니구류수왕불
尼拘類樹王佛[999]

지심귀명례 무상중왕불
無常中王佛[1000]

## 2) 현겁천불명호 賢劫千佛名號

지심귀명례 구류손불
至心歸命禮 拘留孫佛[1]

지심귀명례 구나함모니불
至心歸命禮 拘那含牟尼佛[2]

지심귀명례 가섭불
迦葉佛[3]

지심귀명례 석가모니불
釋迦牟尼佛[4]

지심귀명례 미륵불
彌勒佛[5]

지심귀명례 사자불
師子佛[6]

지심귀명례 명염불
明焰佛[7]

지심귀명례 모니불
牟尼佛[8]

지심귀명례 묘화불
妙華佛[9]

지심귀명례 화씨불
華氏佛[10]

지심귀명례 선숙불
善宿佛[11]

지심귀명례 도사불
導師佛[12]

지심귀명례 대비불
大臂佛[13]

지심귀명례 대력불
大力佛[14]

지심귀명례 숙왕불
宿王佛[15]

지심귀명례 수약불
修藥佛[16]

지심귀명례 명상불
名相佛[17]

지심귀명례 대명불
大明佛[18]

지심귀명례 염견불
焰肩佛[19]

지심귀명례 조요불
照曜佛[20]

지심귀명례 일장불
日藏佛[21]

지심귀명례 월씨불
月氏佛[22]

지심귀명례 중염불
衆焰佛[23]

지심귀명례 선명불
善明佛[24]

지심귀명례 무우불
無憂佛[25]

지심귀명례 제사불
提沙佛[26]

154

지심귀명례 명요불
明曜佛[27]

지심귀명례 지만불
持鬘佛[28]

지심귀명례 공덕명불
功德明佛[29]

지심귀명례 시의불
示義佛[30]

지심귀명례 등요불
燈曜佛[31]

지심귀명례 흥성불
興盛佛[32]

지심귀명례 약사불
藥師佛[33]

지심귀명례 선유불
善濡佛[34]

지심귀명례 백호불
白毫佛[35]

지심귀명례 견고불
堅固佛[36]

지심귀명례 복위덕불
福威德佛[37]

지심귀명례 불가괴불
不可壞佛[38]

지심귀명례 덕상불
德相佛[39]

지심귀명례 라후불
羅睺佛[40]

지심귀명례 중주불
衆主佛[41]

지심귀명례 범성불
梵聲佛[42]

지심귀명례 견제불
堅際佛[43]

지심귀명례 불고불
不高佛[44]

지심귀명례 작명불
作明佛[45]

지심귀명례 대산불
大山佛[46]

지심귀명례 금강불
金剛佛[47]

지심귀명례 장중불
將衆佛[48]

지심귀명례 무외불
無畏佛[49]

지심귀명례 진보불
珍寶佛[50]

지심귀명례 화일불
華日佛[51]

지심귀명례 군력불
軍力佛[52]

지심귀명례 향염불
香焰佛[53]

지심귀명례 인애불
仁愛佛[54]

지심귀명례 대위덕불
大威德佛[55]

지심귀명례 범왕불
梵王佛[56]

지심귀명례 무량명불
無量明佛[57]

지심귀명례 용덕불
龍德佛[58]

지심귀명례 견보불
堅步佛[59]

지심귀명례 불허견불
不虛見佛[60]

지심귀명례 정진덕불
精進德佛[61]

지심귀명례 선수불
善守佛[62]

지심귀명례 환희불
歡喜佛[63]

지심귀명례 불퇴불
不退佛[64]

지심귀명례 사자상불
師子相佛[65]

지심귀명례 승지불
勝知佛[66]

지심귀명례 법씨불
法氏佛[67]

지심귀명례 희왕불
喜王佛[68]

지심귀명례 묘어불
妙御佛[69]

지심귀명례 애작불
愛作佛[70]

지심귀명례 덕비불
德臂佛[71]

지심귀명례 향상불
香象佛[72]

지심귀명례 관시불
觀視佛[73]

지심귀명례 운음불
雲音佛[74]

지심귀명례 선사불
善思佛[75]

지심귀명례 선고불
善高佛[76]

지심귀명례 이구불
離垢佛[77]

지심귀명례 월상불
月相佛[78]

지심귀명례 대명불
大名佛[79]

지심귀명례 주계불
珠髻佛[80]

지심귀명례 위맹불
威猛佛[81]

지심귀명례 사자후불
師子吼佛[82]

지심귀명례 덕수불
德樹佛[83]

지심귀명례 환석불
歡釋佛[84]

지심귀명례 혜취불
慧聚佛[85]

지심귀명례 안주불
安住佛[86]

지심귀명례 유의불
有意佛[87]

지심귀명례 앙가타불
鴦伽陀佛[88]

지심귀명례 무량의불
無量意佛[89]

지심귀명례 묘색불
妙色佛[90]

지심귀명례 다지불
多智佛[91]

지심귀명례 광명불
光明佛[92]

지심귀명례 견계불
堅戒佛[93]

지심귀명례 길상불
吉祥佛[94]

지심귀명례 보상불
寶相佛[95]

지심귀명례 연화불
蓮華佛[96]

지심귀명례 나라연불
那羅延佛[97]

지심귀명례 안락불
安樂佛[98]

지심귀명례 지적불
智積佛[99]

지심귀명례 덕경불
德敬佛[100]

지심귀명례 범덕불
梵德佛[101]

지심귀명례 보적불
寶積佛[102]

지심귀명례 화천불
華天佛[103]

지심귀명례 선사의불
善思議佛[104]

지심귀명례 법자재불
法自在佛[105]

지심귀명례 명문의불
名聞意佛[106]

지심귀명례 낙설취불
樂說聚佛[107]

지심귀명례 금강상불
金剛相佛[108]

지심귀명례 구리익불
求利益佛[109]

지심귀명례 유희신통불
遊戲神通佛[110]

지심귀명례 이암불
離闇佛[111]

지심귀명례 명천불
名天佛[112]

지심귀명례 미루상불
彌樓相佛[113]

지심귀명례 중명불
衆明佛[114]

지심귀명례 보장불
寶藏佛[115]

지심귀명례 극고행불
極高行佛[116]

지심귀명례 금강순불
金剛楯佛[117]

지심귀명례 주각불
珠角佛[118]

지심귀명례 덕찬불
德讚佛[119]

지심귀명례 일월명불
日月明佛[120]

지심귀명례 일명불
日明佛[121]

지심귀명례 성숙불
星宿佛[122]

지심귀명례 청정의불
清淨義佛[123]

지심귀명례 위람왕불
違藍王佛[124]

지심귀명례 복장불
福藏佛[125]

지심귀명례 견유변불
見有邊佛[126]

지심귀명례 전명불
電明佛[127]

지심귀명례 금산불
金山佛[128]

지심귀명례 사자덕불
師子德佛[129]

지심귀명례 승상불
勝相佛[130]

지심귀명례 명찬불
明讚佛[131]

지심귀명례 견정진불
堅精進佛[132]

지심귀명례 구족찬불
具足讚佛[133]

지심귀명례 이외사불
離畏師佛[134]

지심귀명례 응천불
應天佛[135]

지심귀명례 대등불
大燈佛[136]

지심귀명례 세명불
世明佛 [137]

지심귀명례 묘음불
妙音佛 [138]

지심귀명례 지상공덕불
持上功德佛 [139]

지심귀명례 감신불
紺身佛 [140]

지심귀명례 사자협불
師子頰佛 [141]

지심귀명례 보찬불
寶讚佛 [142]

지심귀명례 중왕불
衆王佛 [143]

지심귀명례 유보불
遊步佛 [144]

지심귀명례 안은불
安隱佛 [145]

지심귀명례 법차별불
法差別佛 [146]

지심귀명례 상존불
上尊佛 [147]

지심귀명례 극고덕불
極高德佛 [148]

지심귀명례 사자음불
師子音佛 [149]

지심귀명례 낙희불
樂戲佛 [150]

지심귀명례 용명불
龍明佛 [151]

지심귀명례 화산불
華山佛 [152]

지심귀명례 용희불
龍喜佛 [153]

지심귀명례 향자재왕불
香自在王佛 [154]

지심귀명례 보염산불
寶焰山佛 [155]

지심귀명례 천력불
天力佛 [156]

지심귀명례 덕만불
德鬘佛 [157]

지심귀명례 용수불
龍首佛 [158]

지심귀명례 인장엄불
因莊嚴佛 [159]

지심귀명례 선행의불
善行意佛 [160]

지심귀명례 지승불
智勝佛 [161]

지심귀명례 무량일불
無量日佛 [162]

지심귀명례 실어불
實語佛 [163]

지심귀명례 지거불
持炬佛 [164]

지심귀명례 정의불
定意佛 [165]

지심귀명례 무량형불
無量形佛 [166]

지심귀명례 명조불
明照佛 [167]

지심귀명례 최승등불
最勝燈佛 [168]

지심귀명례 단의불
斷疑佛 [169]

지심귀명례 장엄신불
莊嚴身佛 [170]

지심귀명례 불허보불
不虛步佛 [171]

지심귀명례 각오불
覺悟佛 [172]

지심귀명례 화상불
華相佛 [173]

지심귀명례 산주왕불
山主王佛 [174]

지심귀명례 선위의불
善威儀佛 [175]

지심귀명례 편견불
遍見佛 [176]

지심귀명례 무량명불
無量名佛 [177]

지심귀명례 보천불
寶天佛 [178]

지심귀명례 멸과불
滅過佛 [179]

지심귀명례 지감로불
持甘露佛 [180]

지심귀명례 인월불
人月佛 [181]

지심귀명례 희견불
喜見佛 [182]

지심귀명례 장엄불
莊嚴佛 [183]

지심귀명례 주명불
珠明佛 [184]

지심귀명례 산정불
山頂佛 [185]

지심귀명례 도피안불
到彼岸佛 [186]

지심귀명례 법적불
法積佛 [187]

지심귀명례 정의불
定義佛 [187]

지심귀명례 시원불
施願佛 [189]

지심귀명례 보취불
寶聚佛 [190]

지심귀명례 주의불
住義佛 [191]

지심귀명례 만의불
滿意佛 [192]

지심귀명례 상찬불
上讚佛 [193]

지심귀명례 자덕불
慈德佛 [194]

지심귀명례 무구불
無垢佛 [195]

지심귀명례 범천불
梵天佛 [196]

지심귀명례 화명불
華明佛 [197]

지심귀명례 신차별불
身差別佛 [198]

지심귀명례 법명불
法明佛 [199]

지심귀명례 진견불
盡見佛 [200]

지심귀명례 덕정불
德淨佛 [201]

지심귀명례 월면불
月面佛 [202]

지심귀명례  보등불
　　　　　寶燈佛[203]

지심귀명례  보당불
　　　　　寶璫佛[204]

지심귀명례  상명불
　　　　　上名佛[205]

지심귀명례  작명불
　　　　　作名佛[206]

지심귀명례  무량음불
　　　　　無量音佛[207]

지심귀명례  위람불
　　　　　違藍佛[208]

지심귀명례  사자신불
　　　　　師子身佛[209]

지심귀명례  명의불
　　　　　明意佛[210]

지심귀명례  무능승불
　　　　　無能勝佛[211]

지심귀명례  공덕품불
　　　　　功德品佛[212]

지심귀명례  해혜불
　　　　　海慧佛[213]

지심귀명례  득세불
　　　　　得勢佛[214]

지심귀명례  무변행불
　　　　　無邊行佛[215]

지심귀명례  개화불
　　　　　開華佛[216]

지심귀명례  정구불
　　　　　淨垢佛[217]

지심귀명례  견일체의불
　　　　　見一切義佛[218]

지심귀명례  용력불
　　　　　勇力佛[219]

지심귀명례  부족불
　　　　　富足佛[220]

지심귀명례  복덕불
　　　　　福德佛[221]

지심귀명례  수시불
　　　　　隨時佛[222]

지심귀명례  경음불
　　　　　慶音佛[223]

지심귀명례  공덕경불
　　　　　功德敬佛[224]

지심귀명례 광의불
廣意佛 [225]

지심귀명례 선적멸불
善寂滅佛 [226]

지심귀명례 재천불
財天佛 [227]

지심귀명례 정단의불
淨斷疑佛 [228]

지심귀명례 무량지불
無量持佛 [229]

지심귀명례 묘락불
妙樂佛 [230]

지심귀명례 불부불
不負佛 [231]

지심귀명례 무주불
無住佛 [232]

지심귀명례 득차가불
得叉迦佛 [233]

지심귀명례 중수불
衆首佛 [234]

지심귀명례 세광불
世光佛 [235]

지심귀명례 다덕불
多德佛 [236]

지심귀명례 불사불
弗沙佛 [237]

지심귀명례 무변위덕불
無邊威德佛 [238]

지심귀명례 의의불
義意佛 [239]

지심귀명례 약왕불
藥王佛 [240]

지심귀명례 단악불
斷惡佛 [241]

지심귀명례 무열불
無熱佛 [242]

지심귀명례 선조불
善調佛 [243]

지심귀명례 명덕불
名德佛 [244]

지심귀명례 화덕불
華德佛 [245]

지심귀명례 용득불
勇得佛 [246]

지심귀명례 금강군불
金剛軍佛[247]

지심귀명례 대덕불
大德佛[248]

지심귀명례 적멸의불
寂滅意佛[249]

지심귀명례 무변음불
無邊音佛[250]

지심귀명례 대위광불
大威光佛[251]

지심귀명례 선주불
善住佛[252]

지심귀명례 무소부불
無所負佛[253]

지심귀명례 이의혹불
離疑惑佛[254]

지심귀명례 전상불
電相佛[255]

지심귀명례 공경불
恭敬佛[256]

지심귀명례 위덕수불
威德守佛[257]

지심귀명례 지일불
智日佛[258]

지심귀명례 상리불
上利佛[259]

지심귀명례 수미정불
須彌頂佛[260]

지심귀명례 정심불
淨心佛[261]

지심귀명례 치원적불
治怨賊佛[262]

지심귀명례 이교불
離憍佛[263]

지심귀명례 응찬불
應讚佛[264]

지심귀명례 지차불
智次佛[265]

지심귀명례 나라달불
那羅達佛[266]

지심귀명례 상락불
常樂佛[267]

지심귀명례 불소국불
不少國佛[268]

지심귀명례 천명불
天名佛 [269]

지심귀명례 운덕불
雲德佛 [270]

지심귀명례 심량불
甚良佛 [271]

지심귀명례 다공덕불
多功德佛 [272]

지심귀명례 보월불
寶月佛 [273]

지심귀명례 장엄정계불
莊嚴頂髻佛 [274]

지심귀명례 낙선불
樂禪佛 [275]

지심귀명례 무소소불
無所少佛 [276]

지심귀명례 유희불
遊戲佛 [277]

지심귀명례 덕보불
德寶佛 [278]

지심귀명례 응명칭불
應名稱佛 [279]

지심귀명례 화신불
華身佛 [280]

지심귀명례 대음성불
大音聲佛 [281]

지심귀명례 변재찬불
辯才讚佛 [282]

지심귀명례 금강주불
金剛珠佛 [283]

지심귀명례 무량수불
無量壽佛 [284]

지심귀명례 주장엄불
珠莊嚴佛 [285]

지심귀명례 대왕불
大王佛 [286]

지심귀명례 덕고행불
德高行佛 [287]

지심귀명례 고명불
高名佛 [288]

지심귀명례 백광불
百光佛 [289]

지심귀명례 희열불
喜悅佛 [290]

지심귀명례 용보불
龍步佛[291]

지심귀명례 의원불
意願佛[292]

지심귀명례 묘보불
妙寶佛[293]

지심귀명례 멸이불
滅已佛[294]

지심귀명례 법당불
法幢佛[295]

지심귀명례 조어불
調御佛[296]

지심귀명례 희자재불
喜自在佛[297]

지심귀명례 보계불
寶髻佛[298]

지심귀명례 이산불
離山佛[299]

지심귀명례 정천불
淨天佛[300]

지심귀명례 화관불
華冠佛[301]

지심귀명례 정명불
淨名佛[302]

지심귀명례 위덕적멸불
威德寂滅佛[303]

지심귀명례 애상불
愛相佛[304]

지심귀명례 다천불
多天佛[305]

지심귀명례 수염마불
須焰摩佛[306]

지심귀명례 천위불
天威佛[307]

지심귀명례 묘덕왕불
妙德王佛[308]

지심귀명례 보보불
寶步佛[309]

지심귀명례 사자분불
師子分佛[310]

지심귀명례 최존승불
最尊勝佛[311]

지심귀명례 인왕불
人王佛[312]

지심귀명례 전단운불
栴檀雲佛[313]

지심귀명례 감안불
紺眼佛[314]

지심귀명례 보위덕불
寶威德佛[315]

지심귀명례 덕승불
德乘佛[316]

지심귀명례 각상불
覺想佛[317]

지심귀명례 희장엄불
喜莊嚴佛[318]

지심귀명례 향제불
香濟佛[319]

지심귀명례 승혜불
勝慧佛[320]

지심귀명례 이애불
離愛佛[321]

지심귀명례 자상불
慈相佛[322]

지심귀명례 묘향불
妙香佛[323]

지심귀명례 견개불
堅鎧佛[324]

지심귀명례 위덕맹불
威德猛佛[325]

지심귀명례 주개불
珠鎧佛[326]

지심귀명례 인현불
仁賢佛[327]

지심귀명례 선서월불
善逝月佛[328]

지심귀명례 범자재불
梵自在佛[329]

지심귀명례 사자월불
師子月佛[330]

지심귀명례 관찰혜불
觀察慧佛[331]

지심귀명례 정생불
正生佛[332]

지심귀명례 고승불
高勝佛[333]

지심귀명례 일관불
日觀佛[334]

지심귀명례 보명불
寶名佛[335]

지심귀명례 대정진불
大精進佛[336]

지심귀명례 산광불
山光佛[337]

지심귀명례 덕취왕불
德聚王佛[338]

지심귀명례 공양명불
供養名佛[339]

지심귀명례 법찬불
法讚佛[340]

지심귀명례 시명불
施明佛[341]

지심귀명례 전덕불
電德佛[342]

지심귀명례 보어불
寶語佛[343]

지심귀명례 구명불
救命佛[344]

지심귀명례 선계불
善戒佛[345]

지심귀명례 선중불
善衆佛[346]

지심귀명례 견고혜불
堅固慧佛[347]

지심귀명례 파유암불
破有闇佛[348]

지심귀명례 선승불
善勝佛[349]

지심귀명례 사자광불
師子光佛[350]

지심귀명례 조명불
照明佛[351]

지심귀명례 보성취불
寶成就佛[352]

지심귀명례 이혜불
利慧佛[353]

지심귀명례 주월광불
珠月光佛[354]

지심귀명례 위광불
威光佛[355]

지심귀명례 불파론불
不破論佛[356]

지심귀명례 광명왕불
光明王佛 [357]

지심귀명례 주륜불
珠輪佛 [358]

지심귀명례 금강혜불
金剛慧佛 [359]

지심귀명례 길수불
吉手佛 [360]

지심귀명례 선월불
善月佛 [361]

지심귀명례 보염불
寶焰佛 [362]

지심귀명례 나후수불
羅睺守佛 [363]

지심귀명례 낙보리불
樂菩提佛 [364]

지심귀명례 등광불
等光佛 [365]

지심귀명례 지적멸불
至寂滅佛 [366]

지심귀명례 세최묘불
世最妙佛 [367]

지심귀명례 자재명불
自在名佛 [368]

지심귀명례 십세력불
十勢力佛 [369]

지심귀명례 희력왕불
喜力王佛 [370]

지심귀명례 덕세력불
德勢力佛 [371]

지심귀명례 최승정불
最勝頂佛 [372]

지심귀명례 대세력불
大勢力佛 [373]

지심귀명례 공덕장불
功德藏佛 [374]

지심귀명례 진행불
眞行佛 [375]

지심귀명례 상안불
上安佛 [376]

지심귀명례 금강지산불
金剛知山佛 [377]

지심귀명례 대광불
大光佛 [378]

지심귀명례 묘덕장불　　지심귀명례 광덕불
　　　　妙德藏佛[379]　　　　　　廣德佛[380]

지심귀명례 보망엄신불　지심귀명례 복덕명불
　　　　寶網嚴身佛[381]　　　　福德明佛[382]

지심귀명례 조개불　　　지심귀명례 성수불
　　　　造鎧佛[383]　　　　　　成手佛[384]

지심귀명례 선화불　　　지심귀명례 집보불
　　　　善華佛[385]　　　　　　集寶佛[386]

지심귀명례 대해지불　　지심귀명례 지지덕불
　　　　大海智佛[387]　　　　　持地德佛[388]

지심귀명례 의의맹불　　지심귀명례 선사유불
　　　　義意猛佛[389]　　　　　善思惟佛[390]

지심귀명례 덕륜불　　　지심귀명례 보광불
　　　　德輪佛[391]　　　　　　寶光佛[392]

지심귀명례 이익불　　　지심귀명례 세월불
　　　　利益佛[393]　　　　　　世月佛[394]

지심귀명례 미음불　　　지심귀명례 범상불
　　　　美音佛[395]　　　　　　梵相佛[396]

지심귀명례 중사수불　　지심귀명례 사자행불
　　　　衆師首佛[397]　　　　　師子行佛[398]

지심귀명례 난시불　　　지심귀명례 응공불
　　　　難施佛[399]　　　　　　應供佛[400]

지심귀명례 명위덕불
明威德佛[401]

지심귀명례 대광왕불
大光王佛[402]

지심귀명례 금강보엄불
金剛寶嚴佛[403]

지심귀명례 중청정불
衆淸淨佛[404]

지심귀명례 무변명불
無邊名佛[405]

지심귀명례 불허광불
不虛光佛[406]

지심귀명례 성천불
聖天佛[407]

지심귀명례 지왕불
智王佛[408]

지심귀명례 금강중불
金剛衆佛[409]

지심귀명례 선장불
善障佛[410]

지심귀명례 건자불
建慈佛[411]

지심귀명례 화국불
華國佛[412]

지심귀명례 법의불
法意佛[413]

지심귀명례 풍행불
風行佛[414]

지심귀명례 선사명불
善思明佛[415]

지심귀명례 다명불
多明佛[416]

지심귀명례 밀중불
密衆佛[417]

지심귀명례 광왕불
光王佛[418]

지심귀명례 공덕수불
功德守佛[419]

지심귀명례 이의불
利意佛[420]

지심귀명례 무구불
無懼佛[421]

지심귀명례 견관불
堅觀佛[422]

지심귀명례 주법불
住法佛[423]

지심귀명례 주족불
珠足佛[424]

지심귀명례 해탈덕불
解脫德佛[425]

지심귀명례 묘신불
妙身佛[426]

지심귀명례 수세어언불
隨世語言佛[427]

지심귀명례 묘지불
妙智佛[428]

지심귀명례 보덕불
普德佛[429]

지심귀명례 범재불
梵財佛[430]

지심귀명례 실음불
實音佛[431]

지심귀명례 정지불
正智佛[432]

지심귀명례 역득불
力得佛[433]

지심귀명례 사자의불
師子意佛[434]

지심귀명례 정화불
淨華佛[435]

지심귀명례 희안불
喜眼佛[436]

지심귀명례 화치불
華齒佛[437]

지심귀명례 공덕자재당불
功德自在幢佛[438]

지심귀명례 명보불
明寶佛[439]

지심귀명례 희유명불
希有名佛[440]

지심귀명례 상계불
上戒佛[441]

지심귀명례 이욕불
離欲佛[442]

지심귀명례 자재천불
自在天佛[443]

지심귀명례 범수불
梵壽佛[444]

지심귀명례 일체천불　　지심귀명례 요지불
　　　　　　　一切天佛 [445]　　　　　　　樂智佛 [446]

지심귀명례 가억념불　　지심귀명례 주장불
　　　　　　　可憶念佛 [447]　　　　　　　珠藏佛 [448]

지심귀명례 덕류포불　　지심귀명례 대천왕불
　　　　　　　德流布佛 [449]　　　　　　　大天王佛 [450]

지심귀명례 무박불　　　지심귀명례 견법불
　　　　　　　無縛佛 [451]　　　　　　　堅法佛 [452]

지심귀명례 천덕불　　　지심귀명례 범모니불
　　　　　　　天德佛 [453]　　　　　　　梵牟尼佛 [454]

지심귀명례 안상행불　　지심귀명례 근정진불
　　　　　　　安詳行佛 [455]　　　　　　　勤精進佛 [456]

지심귀명례 득상미불　　지심귀명례 무의덕불
　　　　　　　得上味佛 [457]　　　　　　　無依德佛 [458]

지심귀명례 담복화불　　지심귀명례 출생무상공덕불
　　　　　　　薝蔔華佛 [459]　　　　　　　出生無上功德佛 [460]

지심귀명례 선인시위불　지심귀명례 제당불
　　　　　　　仙人侍衞佛 [461]　　　　　　　帝幢佛 [462]

지심귀명례 대애불　　　지심귀명례 수만색불
　　　　　　　大愛佛 [463]　　　　　　　須蔓色佛 [464]

지심귀명례 중묘불　　　지심귀명례 가락불
　　　　　　　衆妙佛 [465]　　　　　　　可樂佛 [466]

지심귀명례 세력행불
勢力行佛[467]

지심귀명례 선정의불
善定義佛[468]

지심귀명례 우왕불
牛王佛[469]

지심귀명례 묘비불
妙臂佛[470]

지심귀명례 대거불
大車佛[471]

지심귀명례 만원불
滿願佛[472]

지심귀명례 덕광불
德光佛[473]

지심귀명례 보음불
寶音佛[474]

지심귀명례 광당불
光幢佛[475]

지심귀명례 부귀불
富貴佛[476]

지심귀명례 사자력불
師子力佛[477]

지심귀명례 정목불
淨目佛[478]

지심귀명례 관신불
觀身佛[479]

지심귀명례 정의불
淨意佛[480]

지심귀명례 지차제불
知次第佛[481]

지심귀명례 맹위덕불
猛威德佛[482]

지심귀명례 대광명불
大光明佛[483]

지심귀명례 일광요불
日光曜佛[484]

지심귀명례 정장불
淨藏佛[485]

지심귀명례 분별위불
分別威佛[486]

지심귀명례 무손불
無損佛[487]

지심귀명례 밀일불
密日佛[488]

지심귀명례  월광불
月光佛 [489]

지심귀명례  지명불
持明佛 [490]

지심귀명례  선적행불
善寂行佛 [491]

지심귀명례  부동불
不動佛 [492]

지심귀명례  대청불
大請佛 [493]

지심귀명례  덕법불
德法佛 [494]

지심귀명례  엄토불
嚴土佛 [495]

지심귀명례  장엄왕불
莊嚴王佛 [496]

지심귀명례  고출불
高出佛 [497]

지심귀명례  염치불
焰熾佛 [498]

지심귀명례  연화덕불
蓮華德佛 [499]

지심귀명례  보엄불
寶嚴佛 [500]

지심귀명례  고대신불
高大身佛 [501]

지심귀명례  상선불
上善佛 [502]

지심귀명례  보상불
寶上佛 [503]

지심귀명례  무량광불
無量光佛 [504]

지심귀명례  해덕불
海德佛 [505]

지심귀명례  보인수불
寶印手佛 [506]

지심귀명례  월개불
月蓋佛 [507]

지심귀명례  다염불
多焰佛 [508]

지심귀명례  순적멸불
順寂滅佛 [509]

지심귀명례  지칭불
智稱佛 [510]

지심귀명례 지각불
智覺佛 [511]

지심귀명례 공덕광불
功德光佛 [512]

지심귀명례 성류포불
聲流布佛 [513]

지심귀명례 만월불
滿月佛 [514]

지심귀명례 명칭불
名稱佛 [515]

지심귀명례 선계왕불
善戒王佛 [516]

지심귀명례 등왕불
燈王佛 [517]

지심귀명례 전광불
電光佛 [518]

지심귀명례 대염왕불
大焰王佛 [519]

지심귀명례 적제유불
寂諸有佛 [520]

지심귀명례 비사거천불
毘舍佉天佛 [521]

지심귀명례 화장불
華藏佛 [522]

지심귀명례 금강산불
金剛山佛 [523]

지심귀명례 신단엄불
身端嚴佛 [524]

지심귀명례 정의불
淨義佛 [525]

지심귀명례 위맹군불
威猛軍佛 [526]

지심귀명례 지염덕불
智焰德佛 [527]

지심귀명례 역행불
力行佛 [528]

지심귀명례 라후천불
羅睺天佛 [529]

지심귀명례 지취불
智聚佛 [530]

지심귀명례 사자출현불
師子出現佛 [531]

지심귀명례 여왕불
如王佛 [532]

지심귀명례 원만청정불　　지심귀명례 라후라불
　　　　　圓滿淸淨佛[533]　　　　　　　　羅睺羅佛[534]

지심귀명례 대약불　　　　지심귀명례 청정현불
　　　　　大藥佛[535]　　　　　　　　　清淨賢佛[536]

지심귀명례 제일의불　　　지심귀명례 덕수불
　　　　　第一義佛[537]　　　　　　　　德手佛[538]

지심귀명례 백광명불　　　지심귀명례 유포왕불
　　　　　百光明佛[539]　　　　　　　　流布王佛[540]

지심귀명례 무량공덕불　　지심귀명례 법장불
　　　　　無量功德佛[541]　　　　　　　法藏佛[542]

지심귀명례 묘의불　　　　지심귀명례 덕주불
　　　　　妙意佛[543]　　　　　　　　　德主佛[544]

지심귀명례 최증상불　　　지심귀명례 혜정불
　　　　　最增上佛[545]　　　　　　　　慧頂佛[546]

지심귀명례 승원적불　　　지심귀명례 의행불
　　　　　勝怨敵佛[547]　　　　　　　　意行佛[548]

지심귀명례 범음불　　　　지심귀명례 해탈불
　　　　　梵音佛[549]　　　　　　　　　解脫佛[550]

지심귀명례 뇌음불　　　　지심귀명례 통상불
　　　　　雷音佛[551]　　　　　　　　　通相佛[552]

지심귀명례 혜륭불　　　　지심귀명례 심자재불
　　　　　慧隆佛[553]　　　　　　　　　深自在佛[554]

지심귀명례 대지왕불
大地王佛[555]

지심귀명례 대우왕불
大牛王佛[556]

지심귀명례 이타목불
梨陀目佛[557]

지심귀명례 희유신불
希有身佛[558]

지심귀명례 실상불
實相佛[559]

지심귀명례 최존천불
最尊天佛[560]

지심귀명례 불몰음불
不沒音佛[561]

지심귀명례 보승불
寶勝佛[562]

지심귀명례 음덕불
音德佛[563]

지심귀명례 장엄사불
莊嚴辭佛[564]

지심귀명례 용지불
勇智佛[565]

지심귀명례 화적불
華積佛[566]

지심귀명례 화개불
華開佛[567]

지심귀명례 무상의왕불
無上醫王佛[568]

지심귀명례 덕적불
德積佛[569]

지심귀명례 상형색불
上形色佛[570]

지심귀명례 공덕월불
功德月佛[571]

지심귀명례 월등불
月燈佛[572]

지심귀명례 위덕왕불
威德王佛[573]

지심귀명례 보리왕불
菩提王佛[574]

지심귀명례 무진불
無盡佛[575]

지심귀명례 보리안불
菩提眼佛[576]

지심귀명례 신충만불
身充滿佛 [577]

지심귀명례 혜국불
慧國佛 [578]

지심귀명례 최상불
最上佛 [579]

지심귀명례 청정조불
淸淨照佛 [580]

지심귀명례 혜덕불
慧德佛 [581]

지심귀명례 묘음성불
妙音聲佛 [582]

지심귀명례 무애광불
無礙光佛 [583]

지심귀명례 무애장불
無礙藏佛 [584]

지심귀명례 상시불
上施佛 [585]

지심귀명례 대존불
大尊佛 [586]

지심귀명례 지세불
智勢佛 [587]

지심귀명례 대염불
大焰佛 [588]

지심귀명례 제왕불
帝王佛 [589]

지심귀명례 제력불
制力佛 [590]

지심귀명례 위덕불
威德佛 [591]

지심귀명례 월현불
月現佛 [592]

지심귀명례 명문불
名聞佛 [593]

지심귀명례 단엄불
端嚴佛 [594]

지심귀명례 무진구불
無塵垢佛 [595]

지심귀명례 위의불
威儀佛 [596]

지심귀명례 사자군불
師子軍佛 [597]

지심귀명례 천왕불
天王佛 [598]

지심귀명례 명성불
名聲佛 [599]

지심귀명례 수승불
殊勝佛 [600]

지심귀명례 대장불
大藏佛 [601]

지심귀명례 복덕광불
福德光佛 [602]

지심귀명례 범문불
梵聞佛 [603]

지심귀명례 출제유불
出諸有佛 [604]

지심귀명례 지정불
智頂佛 [605]

지심귀명례 상천불
上天佛 [606]

지심귀명례 지왕불
地王佛 [607]

지심귀명례 지해탈불
至解脫佛 [608]

지심귀명례 금계불
金髻佛 [609]

지심귀명례 라후일불
羅睺日佛 [610]

지심귀명례 막능승불
莫能勝佛 [611]

지심귀명례 모니정불
牟尼淨佛 [612]

지심귀명례 선광불
善光佛 [613]

지심귀명례 금제불
金齊佛 [614]

지심귀명례 종덕천왕불
種德天王佛 [615]

지심귀명례 법개불
法蓋佛 [616]

지심귀명례 용맹명칭불
勇猛名稱佛 [617]

지심귀명례 광명문불
光明門佛 [618]

지심귀명례 미묘혜불
美妙慧佛 [619]

지심귀명례 미의불
微意佛 [620]

지심귀명례 제위덕불　　지심귀명례 사자계불
　　　　　諸威德佛[621]　　　　　　　師子髻佛[622]

지심귀명례 해탈상불　　지심귀명례 혜장불
　　　　　解脫相佛[623]　　　　　　　慧藏佛[624]

지심귀명례 사라왕불　　지심귀명례 위상불
　　　　　娑羅王佛[625]　　　　　　　威相佛[626]

지심귀명례 단류불　　　지심귀명례 무애찬불
　　　　　斷流佛[627]　　　　　　　無礙讚佛[628]

지심귀명례 소작이판불　지심귀명례 선음불
　　　　　所作已辦佛[629]　　　　　　善音佛[630]

지심귀명례 산왕상불　　지심귀명례 법정불
　　　　　山王相佛[631]　　　　　　　法頂佛[632]

지심귀명례 무능영폐불　지심귀명례 선단엄불
　　　　　無能暎蔽佛[633]　　　　　　善端嚴佛[634]

지심귀명례 길신불　　　지심귀명례 애어불
　　　　　吉身佛[635]　　　　　　　愛語佛[636]

지심귀명례 사자리불　　지심귀명례 화루나불
　　　　　師子利佛[637]　　　　　　　和樓那佛[638]

지심귀명례 사자법불　　지심귀명례 법력불
　　　　　師子法佛[639]　　　　　　　法力佛[640]

지심귀명례 애락불　　　지심귀명례 찬불동불
　　　　　愛樂佛[641]　　　　　　　讚不動佛[642]

지심귀명례 중명왕불
衆明王佛[643]

지심귀명례 각오중생불
覺悟衆生佛[644]

지심귀명례 묘명불
妙明佛[645]

지심귀명례 의주의불
意住義佛[646]

지심귀명례 광조불
光照佛[647]

지심귀명례 향덕불
香德佛[648]

지심귀명례 영희불
令喜佛[649]

지심귀명례 일성취불
日成就佛[650]

지심귀명례 멸에불
滅恚佛[651]

지심귀명례 상색불
上色佛[652]

지심귀명례 선보불
善步佛[653]

지심귀명례 대음찬불
大音讚佛[654]

지심귀명례 정원불
淨願佛[655]

지심귀명례 일천불
日天佛[656]

지심귀명례 낙혜불
樂慧佛[657]

지심귀명례 섭신불
攝身佛[658]

지심귀명례 위덕세불
威德勢佛[659]

지심귀명례 찰리불
刹利佛[660]

지심귀명례 중회왕불
衆會王佛[661]

지심귀명례 상금불
上金佛[662]

지심귀명례 해탈계불
解脫髻佛[663]

지심귀명례 낙법불
樂法佛[664]

지심귀명례 주행불
住行佛 [665]

지심귀명례 사교만불
捨憍慢佛 [666]

지심귀명례 지장불
智藏佛 [667]

지심귀명례 범행불
梵行佛 [668]

지심귀명례 전단불
栴檀佛 [669]

지심귀명례 무우명불
無憂名佛 [670]

지심귀명례 단엄신불
端嚴身佛 [671]

지심귀명례 상국불
相國佛 [672]

지심귀명례 민지불
敏持佛 [673]

지심귀명례 무변덕불
無邊德佛 [674]

지심귀명례 천광불
天光佛 [675]

지심귀명례 혜화불
慧華佛 [676]

지심귀명례 빈두마불
頻頭摩佛 [677]

지심귀명례 지부불
智富佛 [678]

지심귀명례 대원광불
大願光佛 [679]

지심귀명례 보수불
寶手佛 [680]

지심귀명례 정근불
淨根佛 [681]

지심귀명례 구족론불
具足論佛 [682]

지심귀명례 상론불
上論佛 [683]

지심귀명례 불퇴지불
不退地佛 [684]

지심귀명례 법자재불허불
法自在不虛佛 [685]

지심귀명례 유일불
有日佛 [686]

지심귀명례 출니불
出泥佛[687]

지심귀명례 득지불
得智佛[688]

지심귀명례 상길불
上吉佛[689]

지심귀명례 모라불
謨羅佛[690]

지심귀명례 법락불
法樂佛[691]

지심귀명례 구승불
求勝佛[692]

지심귀명례 지혜불
智慧佛[693]

지심귀명례 선성불
善聖佛[694]

지심귀명례 망광불
網光佛[695]

지심귀명례 유리장불
琉璃藏佛[696]

지심귀명례 선천불
善天佛[697]

지심귀명례 이적불
利寂佛[698]

지심귀명례 교화불
敎化佛[699]

지심귀명례 보수순자재불
普隨順自在佛[700]

지심귀명례 견고고행불
堅固苦行佛[701]

지심귀명례 중덕상명불
衆德上明佛[702]

지심귀명례 보덕불
寶德佛[703]

지심귀명례 일체선우불
一切善友佛[704]

지심귀명례 해탈음불
解脫音佛[705]

지심귀명례 감로명불
甘露明佛[706]

지심귀명례 유희왕불
遊戱王佛[707]

지심귀명례 멸사곡불
滅邪曲佛[708]

지심귀명례 일체주불
一切主佛[709]

지심귀명례 담복정광불
薝蔔淨光佛[710]

지심귀명례 산왕불
山王佛[711]

지심귀명례 적멸불
寂滅佛[712]

지심귀명례 덕취불
德聚佛[713]

지심귀명례 구중덕불
具衆德佛[714]

지심귀명례 최승월불
最勝月佛[715]

지심귀명례 선시불
善施佛[716]

지심귀명례 주본불
住本佛[717]

지심귀명례 공덕위취불
功德威聚佛[718]

지심귀명례 지무등불
智無等佛[719]

지심귀명례 감로음불
甘露音佛[720]

지심귀명례 선수불
善手佛[721]

지심귀명례 집명거불
執明炬佛[722]

지심귀명례 사해탈의불
思解脫義佛[723]

지심귀명례 승음불
勝音佛[724]

지심귀명례 이타행불
梨陀行佛[725]

지심귀명례 선의불
善義佛[726]

지심귀명례 무과불
無過佛[727]

지심귀명례 행선불
行善佛[728]

지심귀명례 수묘신불
殊妙身佛[729]

지심귀명례 묘광불
妙光佛[730]

지심귀명례 낙설불
樂說佛[731]

지심귀명례 선제불
善濟佛[732]

지심귀명례 불가설불
不可說佛[733]

지심귀명례 최청정불
最淸淨佛[734]

지심귀명례 낙지불
樂知佛[735]

지심귀명례 변재일불
辯才日佛[736]

지심귀명례 파타군불
破他軍佛[737]

지심귀명례 보월명불
寶月明佛[738]

지심귀명례 상의불
上意佛[739]

지심귀명례 우안중생불
友安衆生佛[740]

지심귀명례 대견불
大見佛[741]

지심귀명례 무외음불
無畏音佛[742]

지심귀명례 수천덕불
水天德佛[743]

지심귀명례 혜제불
慧濟佛[744]

지심귀명례 무등의불
無等意佛[745]

지심귀명례 부동혜광불
不動慧光佛[746]

지심귀명례 보리의불
菩提意佛[747]

지심귀명례 수왕불
樹王佛[748]

지심귀명례 반타음불
槃陀音佛[749]

지심귀명례 복덕력불
福德力佛[750]

지심귀명례 세덕불
勢德佛[751]

지심귀명례 성애불
聖愛佛[752]

지심귀명례　세행불
勢行佛 [753]

지심귀명례　호박불
琥珀佛 [754]

지심귀명례　뇌음운불
雷音雲佛 [755]

지심귀명례　선애목불
善愛目佛 [756]

지심귀명례　선지불
善智佛 [757]

지심귀명례　구족불
具足佛 [758]

지심귀명례　화승불
華勝佛 [759]

지심귀명례　대음불
大音佛 [760]

지심귀명례　법상불
法相佛 [761]

지심귀명례　지음불
智音佛 [762]

지심귀명례　허공불
虛空佛 [763]

지심귀명례　사음불
祠音佛 [764]

지심귀명례　혜음차별불
慧音差別佛 [765]

지심귀명례　월염불
月焰佛 [766]

지심귀명례　성왕불
聖王佛 [767]

지심귀명례　중의불
衆意佛 [768]

지심귀명례　변재륜불
辯才輪佛 [769]

지심귀명례　선적불
善寂佛 [770]

지심귀명례　불퇴혜불
不退慧佛 [771]

지심귀명례　일명불
日名佛 [772]

지심귀명례　무착혜불
無着慧佛 [773]

지심귀명례　공덕집불
功德集佛 [774]

지심귀명례 화덕상불　　　지심귀명례 변재국불
　　　　　　華德相佛[775]　　　　　　　　辯才國佛[776]

지심귀명례 보시불　　　　지심귀명례 애월불
　　　　　　寶施佛[777]　　　　　　　　愛月佛[778]

지심귀명례 집공덕온불　　지심귀명례 멸악취불
　　　　　　集功德蘊佛[779]　　　　　　滅惡趣佛[780]

지심귀명례 자재왕불　　　지심귀명례 무량정불
　　　　　　自在王佛[781]　　　　　　　無量淨佛[782]

지심귀명례 등정불　　　　지심귀명례 불괴불
　　　　　　等定佛[783]　　　　　　　　不壞佛[784]

지심귀명례 멸구불　　　　지심귀명례 불실방편불
　　　　　　滅垢佛[785]　　　　　　　　不失方便佛[786]

지심귀명례 무요불　　　　지심귀명례 묘면불
　　　　　　無嬈佛[787]　　　　　　　　妙面佛[788]

지심귀명례 지제주불　　　지심귀명례 법사왕불
　　　　　　智制住佛[789]　　　　　　　法師王佛[790]

지심귀명례 대천불　　　　지심귀명례 심의불
　　　　　　大天佛[791]　　　　　　　　深意佛[792]

지심귀명례 무량불　　　　지심귀명례 무애견불
　　　　　　無量佛[793]　　　　　　　　無礙見佛[794]

지심귀명례 세공양불　　　지심귀명례 보산화불
　　　　　　世供養佛[795]　　　　　　　普散華佛[796]

지심귀명례 삼세공불
三世供佛[797]

지심귀명례 응일장불
應日藏佛[798]

지심귀명례 천공양불
天供養佛[799]

지심귀명례 상지인불
上智人佛[800]

지심귀명례 진계불
眞髻佛[801]

지심귀명례 신감로불
信甘露佛[802]

지심귀명례 불착상불
不着相佛[803]

지심귀명례 이분별해불
離分別海佛[804]

지심귀명례 보견명불
寶肩明佛[805]

지심귀명례 이타보불
梨陀步佛[806]

지심귀명례 수일불
隨日佛[807]

지심귀명례 청정불
淸淨佛[808]

지심귀명례 명력불
明力佛[809]

지심귀명례 공덕취불
功德聚佛[810]

지심귀명례 구족덕불
具足德佛[811]

지심귀명례 단엄해불
端嚴海佛[812]

지심귀명례 수미산불
須彌山佛[813]

지심귀명례 화시불
華施佛[814]

지심귀명례 무착지불
無着智佛[815]

지심귀명례 무변좌불
無邊座佛[816]

지심귀명례 애지불
愛智佛[817]

지심귀명례 반타엄불
槃陀嚴佛[818]

지심귀명례 청정주불 　지심귀명례 생법불
　　　　　 淸淨住佛[819] 　　　　　 生法佛[820]

지심귀명례 상명불 　　지심귀명례 사유락불
　　　　　 相明佛[821] 　　　　　 思惟樂佛[822]

지심귀명례 낙해탈불 　지심귀명례 지도리불
　　　　　 樂解脫佛[823] 　　　　　 知道理佛[824]

지심귀명례 다문해불 　지심귀명례 지화불
　　　　　 多聞海佛[825] 　　　　　 持華佛[826]

지심귀명례 불수세불 　지심귀명례 희중불
　　　　　 不隨世佛[827] 　　　　　 喜衆佛[828]

지심귀명례 공작음불 　지심귀명례 불퇴몰불
　　　　　 孔雀音佛[829] 　　　　　 不退沒佛[830]

지심귀명례 단유애구불 지심귀명례 위의제불
　　　　　 斷有愛垢佛[831] 　　　　 威儀濟佛[832]

지심귀명례 제천류포불 지심귀명례 수사행불
　　　　　 諸天流布佛[833] 　　　　 隨師行佛[834]

지심귀명례 화수불 　　지심귀명례 최상시불
　　　　　 華手佛[835] 　　　　　 最上施佛[836]

지심귀명례 파원적불 　지심귀명례 부다문불
　　　　　 破怨賊佛[837] 　　　　　 富多聞佛[838]

지심귀명례 묘국불 　　지심귀명례 치성왕불
　　　　　 妙國佛[839] 　　　　　 熾盛王佛[840]

지심귀명례 사자지불
師子智佛 [841]

지심귀명례 월출불
月出佛 [842]

지심귀명례 멸암불
滅闇佛 [843]

지심귀명례 무동불
無動佛 [844]

지심귀명례 차제행불
次第行佛 [845]

지심귀명례 음성치불
音聲治佛 [846]

지심귀명례 교담불
憍曇佛 [847]

지심귀명례 세력불
勢力佛 [848]

지심귀명례 신심주불
身心住佛 [849]

지심귀명례 상월불
常月佛 [850]

지심귀명례 각의화불
覺意華佛 [851]

지심귀명례 요익왕불
饒益王佛 [852]

지심귀명례 선위덕불
善威德佛 [853]

지심귀명례 지력덕불
智力德佛 [854]

지심귀명례 선등불
善燈佛 [855]

지심귀명례 견행불
堅行佛 [856]

지심귀명례 천음불
天音佛 [857]

지심귀명례 복덕등불
福德燈佛 [858]

지심귀명례 일면불
日面佛 [859]

지심귀명례 부동취불
不動聚佛 [860]

지심귀명례 계명불
戒明佛 [861]

지심귀명례 주계불
住戒佛 [862]

지심귀명례 보섭수불
普攝受佛 [863]

지심귀명례 견출불
堅出佛 [864]

지심귀명례 안사나불
安闍那佛 [865]

지심귀명례 증익불
增益佛 [866]

지심귀명례 향명불
香明佛 [867]

지심귀명례 위람명불
違藍明佛 [868]

지심귀명례 염왕불
念王佛 [869]

지심귀명례 밀발불
密鉢佛 [870]

지심귀명례 무애상불
無礙相佛 [871]

지심귀명례 지묘도불
至妙道佛 [872]

지심귀명례 신계불
信戒佛 [873]

지심귀명례 낙실불
樂實佛 [874]

지심귀명례 명법불
明法佛 [875]

지심귀명례 구위덕불
具威德佛 [876]

지심귀명례 대자불
大慈佛 [877]

지심귀명례 상자불
上慈佛 [878]

지심귀명례 요익혜불
饒益慧佛 [879]

지심귀명례 감로왕불
甘露王佛 [880]

지심귀명례 미루명불
彌樓明佛 [881]

지심귀명례 성찬불
聖讚佛 [882]

지심귀명례 광조불
廣照佛 [883]

지심귀명례 지수불
持壽佛 [884]

지심귀명례 견명불
見明佛 [885]

지심귀명례 선행보불
善行報佛 [886]

지심귀명례 선희불
善喜佛 [887]

지심귀명례 무멸불
無滅佛 [888]

지심귀명례 보명불
寶明佛 [889]

지심귀명례 구족명칭불
具足名稱佛 [890]

지심귀명례 낙복덕불
樂福德佛 [891]

지심귀명례 공덕해불
功德海佛 [892]

지심귀명례 진상불
盡相佛 [893]

지심귀명례 단마불
斷魔佛 [894]

지심귀명례 진마불
盡魔佛 [895]

지심귀명례 과쇠도불
過衰道佛 [896]

지심귀명례 불괴의불
不壞意佛 [897]

지심귀명례 수왕불
水王佛 [898]

지심귀명례 정마불
淨魔佛 [899]

지심귀명례 중상왕불
衆上王佛 [900]

지심귀명례 애명불
愛明佛 [901]

지심귀명례 복등불
福燈佛 [902]

지심귀명례 보리상불
菩提相佛 [903]

지심귀명례 대위력불
大威力佛 [904]

지심귀명례 선멸불
善滅佛 [905]

지심귀명례 범명불
梵命佛 [906]

지심귀명례　지희불
智喜佛 [907]

지심귀명례　신상불
神相佛 [908]

지심귀명례　여중왕불
如衆王佛 [909]

지심귀명례　종종색상불
種種色相佛 [910]

지심귀명례　애일불
愛日佛 [911]

지심귀명례　나후월불
羅睺月佛 [912]

지심귀명례　무상혜불
無相慧佛 [913]

지심귀명례　약사상불
藥師上佛 [914]

지심귀명례　지세력불
持勢力佛 [915]

지심귀명례　염혜불
焰慧佛 [916]

지심귀명례　희명불
喜明佛 [917]

지심귀명례　호음불
好音佛 [918]

지심귀명례　부동천불
不動天佛 [919]

지심귀명례　묘덕난사불
妙德難思佛 [920]

지심귀명례　선업불
善業佛 [921]

지심귀명례　의무류불
意無謬佛 [922]

지심귀명례　대시불
大施佛 [923]

지심귀명례　명찬불
名讚佛 [924]

지심귀명례　중상불
衆相佛 [925]

지심귀명례　해탈월불
解脫月佛 [926]

지심귀명례　세자재불
世自在佛 [927]

지심귀명례　무상왕불
無上王佛 [928]

지심귀명례 멸치불
滅癡佛[929]

지심귀명례 단언론불
斷言論佛[930]

지심귀명례 범공양불
梵供養佛[931]

지심귀명례 무변변상불
無邊辯相佛[932]

지심귀명례 이타법불
梨陀法佛[933]

지심귀명례 응공양불
應供養佛[934]

지심귀명례 도우불
度憂佛[935]

지심귀명례 낙안불
樂安佛[936]

지심귀명례 세의불
世意佛[937]

지심귀명례 애신불
愛身佛[938]

지심귀명례 묘족불
妙足佛[939]

지심귀명례 우발라불
優鉢羅佛[940]

지심귀명례 화영불
華瓔佛[941]

지심귀명례 무변변광불
無邊辯光佛[942]

지심귀명례 신성불
信聖佛[943]

지심귀명례 덕정진불
德精進佛[944]

지심귀명례 진실불
眞實佛[945]

지심귀명례 천주불
天主佛[946]

지심귀명례 낙고음불
樂高音佛[947]

지심귀명례 신정불
信淨佛[948]

지심귀명례 바기라타불
婆耆羅陀佛[949]

지심귀명례 복덕의불
福德意佛[950]

196

지심귀명례 불순불
不瞬佛[951]

지심귀명례 순선고불
順先古佛[952]

지심귀명례 취성불
聚成佛[953]

지심귀명례 사자유불
師子遊佛[954]

지심귀명례 최상업불
最上業佛[955]

지심귀명례 신청정불
信清淨佛[956]

지심귀명례 행명불
行明佛[957]

지심귀명례 용음불
龍音佛[958]

지심귀명례 지륜불
持輪佛[959]

지심귀명례 재성불
財成佛[960]

지심귀명례 세애불
世愛佛[961]

지심귀명례 제사불
提舍佛[962]

지심귀명례 무량보명불
無量寶名佛[963]

지심귀명례 운상불
雲相佛[964]

지심귀명례 혜도불
慧道佛[965]

지심귀명례 순법지불
順法智佛[966]

지심귀명례 허공음불
虛空音佛[967]

지심귀명례 선안불
善眼佛[968]

지심귀명례 무승천불
無勝天佛[969]

지심귀명례 주정불
珠淨佛[970]

지심귀명례 선재불
善財佛[971]

지심귀명례 등염불
燈焰佛[972]

지심귀명례 보음성불　　지심귀명례 인주왕불
　　　　　寶音聲佛[973]　　　　　　　人主王佛[974]

지심귀명례 부사의공덕광불 지심귀명례 수법행불
　　　　　不思議功德光佛[975]　　　　隨法行佛[976]

지심귀명례 무량현불　　지심귀명례 보명문불
　　　　　無量賢佛[977]　　　　　　　寶名聞佛[978]

지심귀명례 득리불　　　지심귀명례 세화불
　　　　　得利佛[979]　　　　　　　　世華佛[980]

지심귀명례 고정불　　　지심귀명례 무변변재성불
　　　　　高頂佛[981]　　　　　　　　無邊辯才成佛[982]

지심귀명례 차별지견불　지심귀명례 사자아불
　　　　　差別知見佛[983]　　　　　　師子牙佛[984]

지심귀명례 법등개불　　지심귀명례 목건련불
　　　　　法燈蓋佛[985]　　　　　　　目犍連佛[986]

지심귀명례 무우국불　　지심귀명례 의사불
　　　　　無憂國佛[987]　　　　　　　意思佛[988]

지심귀명례 법천경불　　지심귀명례 단세력불
　　　　　法天敬佛[989]　　　　　　　斷勢力佛[990]

지심귀명례 극세력불　　지심귀명례 멸탐불
　　　　　極勢力佛[991]　　　　　　　滅貪佛[992]

지심귀명례 견음불　　　지심귀명례 선혜불
　　　　　堅音佛[993]　　　　　　　　善慧佛[994]

지심귀명례 묘의불　　　　지심귀명례 애정불
　　　　妙義佛[995]　　　　　　　　愛淨佛[996]

지심귀명례 참괴안불　　　지심귀명례 묘계불
　　　　慚愧顔佛[997]　　　　　　　妙髻佛[998]

지심귀명례 욕락불　　　　지심귀명례 누지불
　　　　欲樂佛[999]　　　　　　　　樓至佛[1000]


## 3) 미래성수겁천불명호 未來星宿劫千佛名號

지심귀명례 용위불　　　　지심귀명례 화암불
　　　　龍威佛[1]　　　　　　　　　華巖佛[2]

지심귀명례 왕중왕불　　　지심귀명례 아수륜왕호불
　　　　王中王佛[3]　　　　　　　阿須輪王護佛[4]

지심귀명례 작길상불　　　지심귀명례 사자혜불
　　　　作吉祥佛[5]　　　　　　　師子慧佛[6]

지심귀명례 보의여래　　　지심귀명례 성판사불
　　　　寶意如來[7]　　　　　　　成瓣事佛[8]

지심귀명례 성판사견근원불 지심귀명례 종성화불
　　　　成瓣事見根原佛[9]　　　　　種姓華佛[10]

지심귀명례 고뢰음불　　　지심귀명례 무비변불
　　　　高雷音佛[11]　　　　　　　無比辯佛[12]

지심귀명례 지혜자재불
智慧自在佛[13]

지심귀명례 사자아불
師子牙佛[14]

지심귀명례 위회보불
威懷步佛[15]

지심귀명례 복덕광명불
福德光明佛[16]

지심귀명례 월등명불
月燈明佛[17]

지심귀명례 목건련성불
目揵連性佛[18]

지심귀명례 무우촌불
無憂村佛[19]

지심귀명례 사유지혜불
思惟智慧佛[20]

지심귀명례 의지여래
意智如來[21]

지심귀명례 제천공양법불
諸天供養法佛[22]

지심귀명례 용한여래
勇悍如來[23]

지심귀명례 무한력불
無限力佛[24]

지심귀명례 지혜화불
智慧華佛[25]

지심귀명례 강음여래
彊音如來[26]

지심귀명례 환락여래
歡樂如來[27]

지심귀명례 설의여래
說義如來[28]

지심귀명례 정회여래
淨懷如來[29]

지심귀명례 사자구불
師子口佛[30]

지심귀명례 호결여래
好結如來[31]

지심귀명례 상호여래
相好如來[32]

지심귀명례 월광여래
月光如來[33]

지심귀명례 무동여래
無動如來[34]

지심귀명례 대정여래
大淨如來 [35]

지심귀명례 향음여래
香音如來 [36]

지심귀명례 상광명불
常光明佛 [37]

지심귀명례 전단상호불
栴檀相好佛 [38]

지심귀명례 무한고불
無限高佛 [39]

지심귀명례 연화당불
蓮華幢佛 [40]

지심귀명례 연화화생불
蓮華化生佛 [41]

지심귀명례 보암여래
寶巖如來 [42]

지심귀명례 아갈류향불
阿竭留香佛 [43]

지심귀명례 대용여래
大勇如來 [44]

지심귀명례 전단상호불
栴檀相好佛 [45]

지심귀명례 해의여래
海意如來 [46]

지심귀명례 대해의불
大海意佛 [47]

지심귀명례 번당호불
幡幢好佛 [48]

지심귀명례 범왕덕불
梵王德佛 [49]

지심귀명례 대향훈불
大香熏佛 [50]

지심귀명례 대용현불
大勇現佛 [51]

지심귀명례 보륜여래
寶輪如來 [52]

지심귀명례 무량수불
無量壽佛 [53]

지심귀명례 대덕여래
大德如來 [54]

지심귀명례 금보옹불
金寶甕佛 [55]

지심귀명례 천망여래
天輞如來 [56]

지심귀명례 언종여래
言從如來 [57]

지심귀명례 상우화불
常雨華佛 [58]

지심귀명례 대호락불
大好樂佛 [59]

지심귀명례 사자상향불
師子上香佛 [60]

지심귀명례 마천상호불
魔天相好佛 [61]

지심귀명례 제석광명불
帝釋光明佛 [62]

지심귀명례 대상호불
大相好佛 [63]

지심귀명례 사자화호불
師子華好佛 [64]

지심귀명례 적멸당번불
寂滅幢幡佛 [65]

지심귀명례 지계왕불
持戒王佛 [66]

지심귀명례 상호익종불
相好翼從佛 [67]

지심귀명례 익종면수불
翼從面首佛 [68]

지심귀명례 무우상호불
無憂相好佛 [69]

지심귀명례 연화향불
蓮華香佛 [70]

지심귀명례 대지여래
大地如來 [71]

지심귀명례 대력용익종호불
大力龍翼從好佛 [72]

지심귀명례 정행왕불
淨行王佛 [73]

지심귀명례 대유희불
大遊戲佛 [74]

지심귀명례 연화위불
蓮華威佛 [75]

지심귀명례 방사화불
放捨華佛 [76]

지심귀명례 용위여래
龍威如來 [77]

지심귀명례 화암여래
華巖如來 [78]

지심귀명례 향상여래　　지심귀명례 상관여래
香象如來 [79]　　　　　　常觀如來 [80]

지심귀명례 작직행여래　지심귀명례 선주여래
作直行如來 [81]　　　　　善住如來 [83]

지심귀명례 니구류수왕불　지심귀명례 월위여래
尼俱類樹王佛 [83]　　　　月威如來 [84]

지심귀명례 무상중상불　지심귀명례 전단색불
無常中上佛 [85]　　　　　栴檀色佛 [86]

지심귀명례 일공여래　　지심귀명례 위상복불
日空如來 [87]　　　　　　威相腹佛 [88]

지심귀명례 수미산력불　지심귀명례 금강왕불
須彌山力佛 [89]　　　　　金剛王佛 [90]

지심귀명례 마니주복불　지심귀명례 난승인불
摩尼珠腹佛 [91]　　　　　難勝人佛 [92]

지심귀명례 난승복불　　지심귀명례 호관여래
難勝伏佛 [93]　　　　　　好觀如來 [94]

지심귀명례 용흥여래　　지심귀명례 대해여래
勇興如來 [95]　　　　　　大海如來 [96]

지심귀명례 익종수불　　지심귀명례 이우위불
翼從樹佛 [97]　　　　　　狸牛威佛 [98]

지심귀명례 천중천불　　지심귀명례 사자당불
天中天佛 [99]　　　　　　師子幢佛 [100]

지심귀명례 지혜위불 智慧威佛 [101]

지심귀명례 무저위불 無底威佛 [102]

지심귀명례 덕풍여래 德豐如來 [103]

지심귀명례 후덕여래 厚德如來 [104]

지심귀명례 덕비여래 德臂如來 [105]

지심귀명례 덕정진불 德精進佛 [106]

지심귀명례 덕암여래 德巖如來 [107]

지심귀명례 산덕여래 山德如來 [108]

지심귀명례 출현여래 出現如來 [109]

지심귀명례 보취여래 寶聚如來 [110]

지심귀명례 복덕여래 服德如來 [111]

지심귀명례 대강여래 大講如來 [112]

지심귀명례 보견여래 普見如來 [113]

지심귀명례 보수여래 寶樹如來 [114]

지심귀명례 보비여래 普悲如來 [115]

지심귀명례 덕양여래 德養如來 [116]

지심귀명례 대전여래 大轉如來 [117]

지심귀명례 절중생의왕불 絶衆生疑王佛 [118]

지심귀명례 보덕여래 寶德如來 [119]

지심귀명례 보개여래 普蓋如來 [120]

지심귀명례 대개여래 大蓋如來 [121]

지심귀명례 최덕여래 最德如來 [122]

지심귀명례 천근여래　　지심귀명례 보련화용불
　　千近如來 [123]　　　　　寶蓮華勇佛 [124]

지심귀명례 후덕여래　　지심귀명례 번당여래
　　厚德如來 [125]　　　　　幡幢如來 [126]

지심귀명례 보월정덕불　지심귀명례 승수왕불
　　寶月正德佛 [127]　　　　勝樹王佛 [128]

지심귀명례 존덕여래　　지심귀명례 보련화불
　　尊德如來 [129]　　　　　普蓮華佛 [130]

지심귀명례 등덕여래　　지심귀명례 용중밀불
　　等德如來 [131]　　　　　龍中密佛 [132]

지심귀명례 보정여래　　지심귀명례 무량보개불
　　寶淨如來 [133]　　　　　無量寶蓋佛 [134]

지심귀명례 무표지불　　지심귀명례 수미신불
　　無表識佛 [135]　　　　　須彌身佛 [136]

지심귀명례 허공암불　　지심귀명례 강칭왕불
　　虛空巖佛 [137]　　　　　彊稱王佛 [138]

지심귀명례 방광여래　　지심귀명례 무염탁불
　　放光如來 [139]　　　　　無染濁佛 [140]

지심귀명례 재화취덕불　지심귀명례 전단향불
　　在華聚德佛 [141]　　　　栴檀香佛 [142]

지심귀명례 이공의모불수불 지심귀명례 뇌목안불
　　離恐衣毛不竪佛 [143]　　　雷目眼佛 [144]

지심귀명례 보실여래    지심귀명례 향상여래
寶室如來 [145]      香象如來 [146]

지심귀명례 중존취불    지심귀명례 산왕신불
衆尊聚佛 [147]      山王身佛 [148]

지심귀명례 일개여래    지심귀명례 무능굴안불
一蓋如來 [149]      無能屈眼佛 [150]

지심귀명례 전단궁불    지심귀명례 섭근여래
旃檀宮佛 [151]      攝根如來 [152]

지심귀명례 광망여래    지심귀명례 홍련화불
光網如來 [153]      紅蓮華佛 [154]

지심귀명례 혜화보광멸불 지심귀명례 선현광불
慧華寶光滅佛 [155]      善現光佛 [156]

지심귀명례 산중외불    지심귀명례 수미신불
散衆畏佛 [157]      須彌身佛 [158]

지심귀명례 안왕여래    지심귀명례 법실여래
安王如來 [159]      法室如來 [160]

지심귀명례 출십광불    지심귀명례 과천광불
出十光佛 [161]      過千光佛 [162]

지심귀명례 혜광여래    지심귀명례 출현광불
慧光如來 [163]      出顯光佛 [164]

지심귀명례 무량광불    지심귀명례 무능굴성불
無量光佛 [165]      無能屈聲佛 [166]

지심귀명례 망광여래
網光如來 [167]

지심귀명례 보지여래
寶智如來 [168]

지심귀명례 무량정불
無量淨佛 [169]

지심귀명례 무량익종불
無量翼從佛 [170]

지심귀명례 연화덕불
蓮華德佛 [171]

지심귀명례 주혜여래
住慧如來 [172]

지심귀명례 능인선불
能仁仙佛 [173]

지심귀명례 혜칭여래
慧稱如來 [174]

지심귀명례 제수왕불
諸樹王佛 [175]

지심귀명례 보수여래
寶樹如來 [176]

지심귀명례 거승여래
車乘如來 [177]

지심귀명례 보실여래
寶實如來 [178]

지심귀명례 이우칭불
離愚稱佛 [179]

지심귀명례 덕현여래
德現如來 [180]

지심귀명례 명칭왕불
各稱王佛 [181]

지심귀명례 부당정진불
不唐精進佛 [182]

지심귀명례 향훈광불
香熏光佛 [183]

지심귀명례 무능굴향광불
無能屈香光佛 [184]

지심귀명례 중강왕불
衆彊王佛 [185]

지심귀명례 출수미산정불
出須彌山頂佛 [186]

지심귀명례 종보출덕불
從寶出德佛 [187]

지심귀명례 연화상불
蓮華上佛 [188]

지심귀명례 종보출불
從寶出佛 [189]

지심귀명례 향광여래
香光如來 [190]

지심귀명례 칭원방불
稱遠方佛 [191]

지심귀명례 장향자재불
藏香自在佛 [192]

지심귀명례 운뢰왕불
雲雷王佛 [193]

지심귀명례 무제광불
無際光佛 [194]

지심귀명례 무량혜성불
無量慧成佛 [195]

지심귀명례 종종무량행불
種種無量行佛 [196]

지심귀명례 무량덕광왕불
無量德光王佛 [197]

지심귀명례 존취여래
尊聚如來 [198]

지심귀명례 각화부덕불
覺華剖德佛 [199]

지심귀명례 각화부상왕불
覺華剖上王佛 [200]

지심귀명례 보체여래
寶體如來 [201]

지심귀명례 무당칭불
無唐稱佛 [202]

지심귀명례 공발의불
共發意佛 [203]

지심귀명례 장엄일체의불
莊嚴一切意佛 [204]

지심귀명례 개련화보불
蓋蓮華寶佛 [205]

지심귀명례 광륜성왕불
光輪成王佛 [206]

지심귀명례 덕왕광불
德王光佛 [207]

지심귀명례 과일체덕불
過一切德佛 [208]

지심귀명례 등광행불
燈光行佛 [209]

지심귀명례 성작광불
成作光佛 [210]

지심귀명례 강선여래  지심귀명례 무외여래
江仙如來 [211]  無畏如來 [212]

지심귀명례 연화덕불  지심귀명례 혜련화덕불
蓮華德佛 [213]  慧蓮華德佛 [214]

지심귀명례 보실여래  지심귀명례 무량안불
寶室如來 [215]  無量顏佛 [216]

지심귀명례 무량취회왕불  지심귀명례 보신여래
無量聚會王佛 [217]  寶身如來 [218]

지심귀명례 왕중왕불  지심귀명례 보광여래
王中王佛 [219]  寶光如來 [220]

지심귀명례 보명여래  지심귀명례 존취여래
寶明如來 [221]  尊聚如來 [222]

지심귀명례 무량덕등불  지심귀명례 세음여래
無量德燈佛 [223]  世音如來 [224]

지심귀명례 수미산광불  지심귀명례 과상보불
須彌山光佛 [225]  過上步佛 [226]

지심귀명례 유보련화덕불  지심귀명례 작제여래
由寶蓮華德佛 [227]  作際如來 [228]

지심귀명례 중생소희등불  지심귀명례 상보개불
衆生所憙燈佛 [229]  上寶蓋佛 [230]

지심귀명례 존취여래  지심귀명례 무량개불
尊聚如來 [231]  無量蓋佛 [232]

지심귀명례 익종여래　　　지심귀명례 월현덕불
　　　　　翼從如來[233]　　　　　　　月現德佛[234]

지심귀명례 즉발의능전륜불 지심귀명례 칭원방불
　　　　　卽發意能轉輪佛[235]　　　　稱遠方佛[236]

지심귀명례 이광야왕불　　지심귀명례 일륜광불
　　　　　離曠野王佛[237]　　　　　日輪光佛[238]

지심귀명례 보상여래　　　지심귀명례 혜공덕불
　　　　　寶上如來[239]　　　　　　慧功德佛[240]

지심귀명례 중생왕중립불 지심귀명례 무외여래
　　　　　衆生王中立佛[241]　　　　無畏如來[242]

지심귀명례 무능굴안불　　지심귀명례 혜취여래
　　　　　無能屈眼佛[243]　　　　　慧聚如來[244]

지심귀명례 무비등불　　　지심귀명례 광륜당덕왕불
　　　　　無比燈佛[245]　　　　　　光輪幢德王佛[246]

지심귀명례 인연조불　　　지심귀명례 인승역사불
　　　　　因緣助佛[247]　　　　　　人乘力士佛[248]

지심귀명례 정당여래　　　지심귀명례 금강소수용불
　　　　　淨幢如來[249]　　　　　　金剛所須用佛[250]

지심귀명례 혜정여래　　　지심귀명례 선구여래
　　　　　慧淨如來[251]　　　　　　善求如來[252]

지심귀명례 선토개불　　　지심귀명례 승복원불
　　　　　善討鎧佛[253]　　　　　　勝伏怨佛[254]

지심귀명례 연화덕불 지심귀명례 명칭력왕불
蓮華德佛[255] 名稱力王佛[256]

지심귀명례 무량광향불 지심귀명례 수미산왕불
無量光香佛[257] 須彌山王佛[258]

지심귀명례 종종화불 지심귀명례 무량광불
種種華佛[259] 無量光佛[260]

지심귀명례 항화남녀불 지심귀명례 최향덕불
降化男女佛[261] 最香德佛[262]

지심귀명례 보상왕불 지심귀명례 수미산왕불
寶上王佛[263] 須彌山王佛[264]

지심귀명례 가희중생각견불 지심귀명례 무상음성불
可喜衆生覺見佛[265] 無想音聲佛[266]

지심귀명례 혜덕여래 지심귀명례 음성무굴애불
慧德如來[267] 音聲無屈礙佛[268]

지심귀명례 일보무우불 지심귀명례 무동용불
一寶無憂佛[269] 無動勇佛[270]

지심귀명례 종성여래 지심귀명례 관제욕취불
種姓如來[271] 觀諸欲趣佛[272]

지심귀명례 거승여래 지심귀명례 성취여래
車乘如來[273] 成就如來[274]

지심귀명례 현덕여래 지심귀명례 명칭여래
現德如來[275] 名稱如來[276]

지심귀명례  괴중의불        지심귀명례  혜덕여래
　　　　　壞衆疑佛[277]　　　　　　　慧德如來[278]

지심귀명례  선강여래        지심귀명례  성왕여래
　　　　　仙江如來[279]　　　　　　　星王如來[2808]

지심귀명례  무량당불        지심귀명례  청량여래
　　　　　無量幢佛[281]　　　　　　　清凉如來[282]

지심귀명례  광라망불        지심귀명례  정음여래
　　　　　光羅網佛[283]　　　　　　　淨音如來[284]

지심귀명례  무량덕성불      지심귀명례  제법무소착불
　　　　　無量德姓佛[285]　　　　　　諸法無所着佛[286]

지심귀명례  일체중생서개무탈불
　　　　　一切衆生誓鎧無脫佛[287]

지심귀명례  보견일체법불  지심귀명례  유무량덕불
　　　　　普見一切法佛[288]　　　　　有無量德佛[289]

지심귀명례  혜상광불        지심귀명례  연화상불
　　　　　慧上光佛[290]　　　　　　　蓮華上佛[291]

지심귀명례  방상여래        지심귀명례  유화덕불
　　　　　方上如來[292]　　　　　　　有華德佛[293]

지심귀명례  중생중존불    지심귀명례  혜광여래
　　　　　衆生中尊佛[294]　　　　　　慧光如來[295]

지심귀명례  혜취여래        지심귀명례  이복내해혜왕불
　　　　　慧聚如來[296]　　　　　　　離腹內解慧王佛[297]

212

지심귀명례 괴제욕불　　　지심귀명례 보륜여래
　　　　　　壞諸欲佛[298]　　　　　　　　寶輪如來[299]

지심귀명례 무량보화광명불 지심귀명례 상멸도불
　　　　　　無量寶花光明佛[300]　　　　　常滅度佛[301]

지심귀명례 견일체법불　　　지심귀명례 불타락불
　　　　　　見一切法佛[302]　　　　　　不墮落佛[303]

지심귀명례 산왕여래　　　　지심귀명례 전단청량실불
　　　　　　山王如來[304]　　　　　　　栴檀清凉室佛[305]

지심귀명례 금면광불　　　　지심귀명례 무량혜칭불
　　　　　　金面光佛[306]　　　　　　　無量慧稱佛[307]

지심귀명례 청량실불　　　　지심귀명례 무비각화부불
　　　　　　清凉室佛[308]　　　　　　　無比覺華剖佛[309]

지심귀명례 선주수왕불　　　지심귀명례 월광중상불
　　　　　　善住樹王佛[310]　　　　　　月光中上佛[311]

지심귀명례 거승여래　　　　지심귀명례 수미산신불
　　　　　　車乘如來[312]　　　　　　　須彌山身佛[313]

지심귀명례 광명칭불　　　　지심귀명례 명호흥현불
　　　　　　廣名稱佛[314]　　　　　　　名號興顯佛[315]

지심귀명례 명칭우불　　　　지심귀명례 명칭최존불
　　　　　　名稱友佛[316]　　　　　　　名稱最尊佛[317]

지심귀명례 제우여래　　　　지심귀명례 천화당불
　　　　　　除憂如來[318]　　　　　　　闡華幢佛[319]

지심귀명례 보방향화불　　지심귀명례 최안여래
　　　　　普放香花佛[320]　　　　　　最眼如來[321]

지심귀명례 방염여래　　　지심귀명례 원방칭불
　　　　　放焰如來[322]　　　　　　遠方稱佛[323]

지심귀명례 수미산광불　　지심귀명례 보광여래
　　　　　須彌山光佛[324]　　　　　寶光如來[325]

지심귀명례 화염여래　　　지심귀명례 삼계웅용불
　　　　　火焰如來[326]　　　　　　三界雄勇佛[327]

지심귀명례 광륜여래　　　지심귀명례 허공웅교불
　　　　　光輪如來[328]　　　　　　虛空雄巧佛[329]

지심귀명례 궁진웅불　　　지심귀명례 천고음성불
　　　　　窮盡雄佛[330]　　　　　　天鼓音聲佛[331]

지심귀명례 보웅여래　　　지심귀명례 혜칭여래
　　　　　普雄如來[332]　　　　　　慧稱如來[333]

지심귀명례 무외륜강계상불 지심귀명례 선주왕불
　　　　　無畏輪壇界上佛[334]　　　　善住王佛[335]

지심귀명례 제각강계응식불 지심귀명례 중덕취불
　　　　　諸覺壇界應飾佛[336]　　　　衆德聚佛[337]

지심귀명례 각보덕칭불　　지심귀명례 혜상덕불
　　　　　覺寶德稱佛[338]　　　　　慧上德佛[339]

지심귀명례 혜광왕중상명불 지심귀명례 연화중출현불
　　　　　慧光王中上明佛[340]　　　蓮花中出現佛[341]

214

지심귀명례 존법웅불　　　지심귀명례 월반광불
　　　　　尊法雄佛 [342]　　　　　　　　月半光佛 [343]

지심귀명례 향상여래　　　지심귀명례 무량광불
　　　　　香象如來 [344]　　　　　　　　無量光佛 [345]

지심귀명례 연화중현덕불 지심귀명례 집거여래
　　　　　蓮華中現德佛 [346]　　　　　　執炬如來 [347]

지심귀명례 보상덕불　　　지심귀명례 전단청량덕불
　　　　　寶上德佛 [348]　　　　　　　　栴檀淸凉德佛 [349]

지심귀명례 보암혜중상불 지심귀명례 덕존여래
　　　　　寶嚴慧中上佛 [350]　　　　　　德尊如來 [351]

지심귀명례 광당여래　　　지심귀명례 무량덕해불
　　　　　光幢如來 [352]　　　　　　　　無量德海佛 [353]

지심귀명례 중취여래　　　지심귀명례 일체덕취불
　　　　　衆聚如來 [354]　　　　　　　　一切德聚佛 [355]

지심귀명례 연화응덕불　　지심귀명례 극상중왕불
　　　　　蓮華應德佛 [356]　　　　　　　極上中王佛 [357]

지심귀명례 성왕여래　　　지심귀명례 무량산왕불
　　　　　星王如來 [358]　　　　　　　　無量山王佛 [359]

지심귀명례 허공륜상불　　지심귀명례 무량음불
　　　　　虛空輪上佛 [360]　　　　　　　無量音佛 [361]

지심귀명례 무량광불　　　지심귀명례 잡보색화불
　　　　　無量光佛 [362]　　　　　　　　雜寶色華佛 [363]

지심귀명례 최취여래     지심귀명례 불사홍서개불
最聚如來 [364]     不捨弘誓鎧佛 [365]

지심귀명례 금화여래     지심귀명례 보실여래
金華如來 [366]     寶室如來 [367]

지심귀명례 잡화색불     지심귀명례 방광여래
雜華色佛 [368]     放光如來 [369]

지심귀명례 종련화출현불     지심귀명례 화개여래
從蓮華出現佛 [370]     華蓋如來 [371]

지심귀명례 피혜개불     지심귀명례 칭력왕불
被慧鎧佛 [372]     稱力王佛 [373]

지심귀명례 정음성불     지심귀명례 대웅여래
淨音聲佛 [374]     大雄如來 [375]

지심귀명례 무량취회불     지심귀명례 거승여래
無量聚會佛 [376]     車乘如來 [377]

지심귀명례 무애안불     지심귀명례 산중보불
無礙眼佛 [378]     散衆步佛 [379]

지심귀명례 괴의여래     지심귀명례 무상성불
壞疑如來 [380]     無想聲佛 [381]

지심귀명례 무량덕구족불     지심귀명례 유중덕불
無量德具足佛 [382]     有衆德佛 [383]

지심귀명례 연화상덕불     지심귀명례 보존여래
蓮華上德佛 [384]     寶尊如來 [385]

지심귀명례 거래금무애개불 지심귀명례 존광여래
去來今無礙鎧佛[386]　　　　尊光如來[387]

지심귀명례 보산왕불　　지심귀명례 일개중상불
寶山王佛[388]　　　　　　日鎧中上佛[389]

지심귀명례 거등여래　　지심귀명례 무비광불
炬燈如來[390]　　　　　　無比光佛[391]

지심귀명례 덕왕광불　　지심귀명례 장양여래
德王光佛[392]　　　　　　長養如來[393]

지심귀명례 무량안불　　지심귀명례 지강여래
無量眼佛[394]　　　　　　祉江如來[395]

지심귀명례 제원방개불　　지심귀명례 각화유덕부불
諸遠方鎧佛[396]　　　　　覺華有德剖佛[397]

지심귀명례 수왕여래　　지심귀명례 사자여래
樹王如來[398]　　　　　　師子如來[399]

지심귀명례 보산왕불　　지심귀명례 이관여래
寶山王佛[400]　　　　　　異觀如來[401]

지심귀명례 현약왕불　　지심귀명례 존취여래
賢藥王佛[402]　　　　　　尊聚如來[403]

지심귀명례 무량향광명불 지심귀명례 보관여래
無量香光明佛[404]　　　　普觀如來[405]

지심귀명례 선중상덕불　　지심귀명례 웅맹여래
善中上德佛[406]　　　　　雄猛如來[407]

지심귀명례 향존당불　　지심귀명례 향최덕불
　　　　香尊幢佛 [408]　　　　　　香最德佛 [409]

지심귀명례 향당여래　　지심귀명례 청량실불
　　　　香幢如來 [410]　　　　　　清凉室佛 [411]

지심귀명례 무량정진불　　지심귀명례 과시방광불
　　　　無量精進佛 [412]　　　　　過十方光佛 [413]

지심귀명례 각화부상불　　지심귀명례 무량웅맹불
　　　　覺華剖上佛 [414]　　　　　無量雄猛佛 [415]

지심귀명례 연화공외과상불 지심귀명례 보라망불
　　　　蓮華恐畏過上佛 [416]　　　　寶羅網佛 [417]

지심귀명례 선주중왕불　　지심귀명례 향중존왕불
　　　　善住中王佛 [418]　　　　　香中尊王佛 [419]

지심귀명례 치제안락불　　지심귀명례 일체취관불
　　　　致諸安樂佛 [420]　　　　　一切聚觀佛 [421]

지심귀명례 부당기명칭불 지심귀명례 괴산제포외불
　　　　不唐棄名稱佛 [422]　　　　壞散諸怖畏佛 [423]

지심귀명례 선주왕불　　지심귀명례 보광여래
　　　　善住王佛 [424]　　　　　　寶光如來 [425]

지심귀명례 위제중생치불 지심귀명례 허공무제불
　　　　爲諸衆生致佛 [426]　　　　虛空無際佛 [427]

지심귀명례 정덕여래　　지심귀명례 허공당불
　　　　淨德如來 [428]　　　　　　虛空幢佛 [429]

지심귀명례 재무공외화덕불 지심귀명례 존선중덕불
在 無 恐 畏 華 德 佛[430]　　　　尊 善 中 德 佛[431]

지심귀명례 무량웅맹형법불 지심귀명례 정안여래
無 量 雄 猛 形 法 佛[432]　　　　淨 眼 如 來[433]

지심귀명례 대거승불　　지심귀명례 극최덕상불
大 車 乘 佛[434]　　　　極 最 德 上 佛[435]

지심귀명례 막능승당불　지심귀명례 수미산왕불
莫 能 勝 幢 佛[436]　　　　須 彌 山 王 佛[437]

지심귀명례 취향상주불　지심귀명례 무량최향불
趣 向 常 住 佛[438]　　　　無 量 最 香 佛[439]

지심귀명례 월륜칭왕불　지심귀명례 존수미불
月 輪 稱 王 佛[440]　　　　尊 須 彌 佛[441]

지심귀명례 보덕여래　　지심귀명례 존덕여래
寶 德 如 來[442]　　　　尊 德 如 來[443]

지심귀명례 무애안불　　지심귀명례 주무량집덕불
無 礙 眼 佛[444]　　　　住 無 量 集 德 佛[445]

지심귀명례 위신왕불　　지심귀명례 선사원자조불
威 神 王 佛[446]　　　　善 思 願 自 調 佛[447]

지심귀명례 정륜왕불　　지심귀명례 혜상여래
淨 輪 王 佛[448]　　　　慧 上 如 來[449]

지심귀명례 혜엄여래　　지심귀명례 조성원방불
慧 嚴 如 來[450]　　　　造 成 遠 方 佛[451]

지심귀명례 회중존불　지심귀명례 결단여래
會中尊佛 [452]　決斷如來 [453]

지심귀명례 거승여래　지심귀명례 혜은여래
車乘如來 [454]　慧隱如來 [455]

지심귀명례 극취상덕불　지심귀명례 무량보불
極趣上德佛 [456]　無量寶佛 [457]

지심귀명례 무량불　지심귀명례 일체제애중웅불
無量佛 [458]　一切諸愛中雄佛 [459]

지심귀명례 광무애불　지심귀명례 무애광명불
光無礙佛 [460]　無礙光明佛 [461]

지심귀명례 보련화부상덕불 지심귀명례 호수여래
寶蓮華剖上德佛 [462]　好竪如來 [463]

지심귀명례 과화음성불
過化音聲佛 [464]

지심귀명례 연화존재제보덕불
蓮花尊在諸寶德佛 [465]

지심귀명례 해수미왕덕불 지심귀명례 무추혜불
海須彌王德佛 [466]　無麤慧佛 [467]

지심귀명례 재혜화불　지심귀명례 극취상위신취불
在慧華佛 [468]　極趣上威神聚佛 [469]

지심귀명례 적정여래　지심귀명례 이웅여래
寂定如來 [470]　離雄如來 [471]

지심귀명례　사일체보불　　지심귀명례　덕불가사의불
　　　　　　捨一切步佛 [472]　　　　　　　　德不可思議佛 [473]

지심귀명례　재어유희덕불　지심귀명례　취무외덕불
　　　　　　在於遊戲德佛 [474]　　　　　　趣無畏德佛 [475]

지심귀명례　향취무량향광불　지심귀명례　운고음불
　　　　　　香趣無量香光佛 [476]　　　　　　雲鼓音佛 [477]

지심귀명례　재복덕불　　　지심귀명례　무량용웅맹불
　　　　　　在福德佛 [478]　　　　　　　　無量勇雄猛佛 [479]

지심귀명례　수미산신불　　지심귀명례　최향수미신불
　　　　　　須彌山身佛 [480]　　　　　　　最香須彌身佛 [481]

지심귀명례　무량광불　　　지심귀명례　광보견불
　　　　　　無量光佛 [483]　　　　　　　　光普見佛 [483]

지심귀명례　공외여래　　　지심귀명례　자지도불
　　　　　　恐畏如來 [484]　　　　　　　　自至到佛 [485]

지심귀명례　월등여래　　　지심귀명례　성등여래
　　　　　　月燈如來 [486]　　　　　　　　星燈如來 [487]

지심귀명례　성숙여래　　　지심귀명례　극취상불
　　　　　　成熟如來 [488]　　　　　　　　極趣上佛 [489]

지심귀명례　존회여래　　　지심귀명례　금강유불
　　　　　　尊會如來 [490]　　　　　　　　金剛有佛 [491]

지심귀명례　혜중자재왕불　지심귀명례　혜력칭불
　　　　　　慧中自在王佛 [492]　　　　　　慧力稱佛 [493]

지심귀명례 최안여래
最安如來 [494]

지심귀명례 덕신왕덕불
德身王德佛 [495]

지심귀명례 선안여래
善眼如來 [496]

지심귀명례 제수왕불
諸樹王佛 [497]

지심귀명례 수미산왕불
須彌山王佛 [498]

지심귀명례 허공수미불
虛空須彌佛 [499]

지심귀명례 십력왕불
十力王佛 [500]

지심귀명례 사자보불
師子步佛 [501]

지심귀명례 시풍덕불
施豐德佛 [502]

지심귀명례 만월여래
滿月如來 [503]

지심귀명례 보덕여래
寶德如來 [504]

지심귀명례 현최덕불
賢最德佛 [505]

지심귀명례 정음성불
淨音聲佛 [506]

지심귀명례 보화여래
寶華如來 [507]

지심귀명례 종연화불
從蓮華佛 [508]

지심귀명례 전단향불
栴檀香佛 [509]

지심귀명례 수미의불
須彌意佛 [510]

지심귀명례 존사여래
尊思如來 [511]

지심귀명례 보개여래
寶蓋如來 [512]

지심귀명례 향상여래
香象如來 [513]

지심귀명례 무량웅불
無量雄佛 [514]

지심귀명례 명칭부당불
名稱不唐佛 [515]

지심귀명례  덕불가사의왕광불
德不可思議王光佛 [516]

지심귀명례  잡화여래          지심귀명례  안은왕불
雜華如來 [517]                     安隱王佛 [518]

지심귀명례  연화중상덕불  지심귀명례  상자기각오불
蓮華中上德佛 [519]              常自起覺寤佛 [520]

지심귀명례  약왕여래          지심귀명례  무량의불
藥王如來 [521]                     無量意佛 [522]

지심귀명례  구선여래          지심귀명례  무량웅불
求善如來 [523]                     無量雄佛 [524]

지심귀명례  무량광불          지심귀명례  무량안불
無量光佛 [525]                     無量眼佛 [526]

지심귀명례  색성웅불          지심귀명례  무량허공웅불
色聲雄佛 [527]                     無量虛空雄佛 [528]

지심귀명례  성왕여래          지심귀명례  향최덕불
星王如來 [529]                     香最德佛 [530]

지심귀명례  허공존극상덕불  지심귀명례  성방토불
虛空尊極上德佛 [531]              成方土佛 [532]

지심귀명례  극취상수미불  지심귀명례  무애안불
極趣上須彌佛 [533]              無礙眼佛 [534]

지심귀명례  대해여래          지심귀명례  집거여래
大海如來 [535]                     執炬如來 [536]

지심귀명례 화당여래　　지심귀명례 선무구위광불
　　　　　火幢如來 [537]　　　　　　　善無垢威光佛 [538]

지심귀명례 혜취여래　　지심귀명례 역칭왕불
　　　　　慧聚如來 [539]　　　　　　　力稱王佛 [540]

지심귀명례 덕광왕불　　지심귀명례 혜광왕불
　　　　　德光王佛 [541]　　　　　　　慧光王佛 [542]

지심귀명례 연화상유덕불 지심귀명례 보화여래
　　　　　蓮花上有德佛 [543]　　　　　寶火如來 [544]

지심귀명례 염연화덕불　　지심귀명례 괴산중의불
　　　　　染蓮花德佛 [545]　　　　　　壞散衆疑佛 [546]

지심귀명례 존취여래　　지심귀명례 구류진불
　　　　　尊聚如來 [547]　　　　　　　拘留秦佛 [548]

지심귀명례 당왕여래　　지심귀명례 종연화덕불
　　　　　幢王如來 [549]　　　　　　　從蓮花德佛 [550]

지심귀명례 방광여래　　지심귀명례 자씨여래
　　　　　放光如來 [551]　　　　　　　慈氏如來 [552]

지심귀명례 연화광명불　　지심귀명례 존왕법당불
　　　　　蓮華光明佛 [553]　　　　　　尊王法幢佛 [554]

지심귀명례 무량용불　　지심귀명례 해수미불
　　　　　無量勇佛 [555]　　　　　　　海須彌佛 [556]

지심귀명례 극지상불　　지심귀명례 능인선불
　　　　　極志上佛 [557]　　　　　　　能仁仙佛 [558]

지심귀명례 부당관불　　　　지심귀명례 언변음성무애불
　　　　不唐觀佛 [559]　　　　　　　言辯音聲無礙佛 [560]

지심귀명례 무애덕칭광불　지심귀명례 무칭불산서개불
　　　　無礙德稱光佛 [561]　　　無稱不散誓鎧佛 [562]

지심귀명례 무량광불　　　　지심귀명례 선안여불
　　　　無量光佛 [563]　　　　　善眼如佛 [564]

지심귀명례 일보무우불　　　지심귀명례 무구리도불
　　　　一寶無憂佛 [565]　　　　無垢離度佛 [566]

지심귀명례 삼세애서개불　지심귀명례 무량화불
　　　　三世礙誓鎧佛 [567]　　　無量華佛 [568]

지심귀명례 무량광명불　　　지심귀명례 무애명불
　　　　無量光明佛 [569]　　　　無礙明佛 [570]

지심귀명례 무량웅불　　　　지심귀명례 무량용불
　　　　無量雄佛 [571]　　　　無量勇佛 [572]

지심귀명례 일개여래　　　　지심귀명례 개실여래
　　　　一蓋如來 [573]　　　　　蓋實如來 [574]

지심귀명례 보개여래　　　　지심귀명례 성왕여래
　　　　寶蓋如來 [575]　　　　　星王如來 [576]

지심귀명례 선성여래　　　　지심귀명례 광륜장불
　　　　善星如來 [577]　　　　　光輪場佛 [578]

지심귀명례 광명여래　　　　지심귀명례 극상덕불
　　　　光明如來 [579]　　　　　極上德佛 [580]

지심귀명례 무애웅불　　지심귀명례 무량웅용불
　　無礙雄佛 [581]　　　　　　無量雄勇佛 [582]

지심귀명례 언음무애불　지심귀명례 대운광불
　　言音無礙佛 [583]　　　　　大雲光佛 [584]

지심귀명례 나망광취불　지심귀명례 각화부불
　　羅網光聚佛 [585]　　　　　覺華剖佛 [586]

지심귀명례 연화웅불　　지심귀명례 화산왕불
　　蓮華雄佛 [587]　　　　　　華山王佛 [588]

지심귀명례 월취자재불　지심귀명례 방광여래
　　月聚自在佛 [589]　　　　　放光如來 [590]

지심귀명례 섭신여래　　지심귀명례 이무우관불
　　攝身如來 [591]　　　　　　離無愚觀佛 [592]

지심귀명례 정상극출왕불 지심귀명례 연화정상왕불
　　頂上極出王佛 [593]　　　蓮華頂上王佛 [594]

지심귀명례 무우칭불　　지심귀명례 부당용불
　　無愚稱佛 [595]　　　　　　不唐勇佛 [596]

지심귀명례 무당웅불　　지심귀명례 무우광명불
　　無唐雄佛 [597]　　　　　　無愚光明佛 [598]

지심귀명례 무량정진불　지심귀명례 살리수왕불
　　無量精進佛 [599]　　　　　薩梨樹王佛 [600]

지심귀명례 보수여래　　지심귀명례 정각연화보불
　　寶樹如來 [601]　　　　　　正覺蓮華步佛 [602]

지심귀명례 사자음불
師子音佛[603]

지심귀명례 선사개불
禪思蓋佛[604]

지심귀명례 보신여래
寶身如來[605]

지심귀명례 전단실불
栴檀室佛[606]

지심귀명례 무량광명불
無量光明佛[607]

지심귀명례 광륜장불
光輪場佛[608]

지심귀명례 선사수미불
禪思須彌佛[609]

지심귀명례 무애안불
無礙眼佛[610]

지심귀명례 무애제불
無涯際佛[611]

지심귀명례 유중보불
有衆寶佛[612]

지심귀명례 일개여래
一蓋如來[613]

지심귀명례 조개여래
造鎧如來[614]

지심귀명례 일체덕불
一切德佛[615]

지심귀명례 각부화중덕불
覺剖花中德佛[614]

지심귀명례 선주의불
善住意佛[617]

지심귀명례 무량용불
無量勇佛[618]

지심귀명례 무과덕불
無過德佛[619]

지심귀명례 보통여래
寶通如來[620]

지심귀명례 무량서개불
無量誓鎧佛[621]

지심귀명례 무량선덕불
無量禪德佛[622]

지심귀명례 허공륜장광불
虛空輪場光佛[623]

지심귀명례 무표지음성불
無表識音聲佛[624]

지심귀명례 약왕여래
藥王如來 [625]

지심귀명례 이공의모불수불
離恐衣毛不竪佛 [626]

지심귀명례 덕왕광불
德王光佛 [627]

지심귀명례 관의화출불
觀意花出佛 [628]

지심귀명례 허공실불
虛空室佛 [629]

지심귀명례 허공성불
處空聲佛 [628]

지심귀명례 재허공선사불
在虛空禪思佛 [631]

지심귀명례 대안여래
大眼如來 [632]

지심귀명례 재존덕불
在尊德佛 [633]

지심귀명례 각연화덕불
覺蓮華德佛 [634]

지심귀명례 사자덕불
師子德佛 [635]

지심귀명례 성취의불
成就義佛 [636]

지심귀명례 사자호불
師子護佛 [637]

지심귀명례 사자협이불
師子頰頤佛 [638]

지심귀명례 선중왕불
善中王佛 [639]

지심귀명례 정수미불
靜須彌佛 [640]

지심귀명례 정안여래
靜眼如來 [641]

지심귀명례 무우용보불
無遇勇步佛 [642]

지심귀명례 향상여래
香象如來 [643]

지심귀명례 향덕여래
香德如來 [644]

지심귀명례 향수미불
香須彌佛 [645]

지심귀명례 무량안불
無量眼佛 [646]

228

지심귀명례 향암여래 　지심귀명례 보실여래
　　　香 巖 如 來 [647] 　　　　　寶 室 如 來 [648]

지심귀명례 보수미불 　지심귀명례 선주여래
　　　寶 須 彌 佛 [649] 　　　　　善 住 如 來 [650]

지심귀명례 선주중왕불 　지심귀명례 정수미불
　　　善 住 中 王 佛 [651] 　　　　淨 須 彌 佛 [652]

지심귀명례 살리수왕불 　지심귀명례 광륜장불
　　　薩 梨 樹 王 佛 [653] 　　　　光 輪 場 佛 [654]

지심귀명례 성등여래 　지심귀명례 무과정진불
　　　星 燈 如 來 [655] 　　　　　無 過 精 進 佛 [656]

지심귀명례 선사유서개불 지심귀명례 사자여래
　　　善 思 惟 誓 鎧 佛 [657] 　　師 子 如 來 [658]

지심귀명례 제중중존불 　지심귀명례 제존중왕불
　　　諸 衆 中 尊 佛 [659] 　　　　諸 尊 中 王 佛 [660]

지심귀명례 무량국토중왕불 지심귀명례 정진상중왕불
　　　無 量 國 土 中 王 佛 [661] 　　精 進 上 中 王 佛 [662]

지심귀명례 사리의불 　지심귀명례 선성중왕불
　　　捨 離 疑 佛 [663] 　　　　　善 星 中 王 佛 [664]

지심귀명례 조개여래 　지심귀명례 조화여래
　　　造 鎧 如 來 [665] 　　　　　造 化 如 來 [666]

지심귀명례 수미광불 　지심귀명례 광륜장불
　　　須 彌 光 佛 [667] 　　　　　光 輪 場 佛 [668]

지심귀명례 각성취불
　　　各成就佛 [669]

지심귀명례 백개여래
　　　帛蓋如來 [670]

지심귀명례 향개여래
　　　香蓋如來 [671]

지심귀명례 보개여래
　　　寶蓋如來 [672]

지심귀명례 전단실불
　　　栴檀室佛 [673]

지심귀명례 전단덕불
　　　栴檀德佛 [674]

지심귀명례 수미신불
　　　須彌身佛 [675]

지심귀명례 보광여래
　　　寶光如來 [676]

지심귀명례 살리수왕불
　　　薩梨樹王佛 [677]

지심귀명례 정덕여래
　　　淨德如來 [678]

지심귀명례 정안여래
　　　淨眼如來 [679]

지심귀명례 무외이의모수불
　　　無畏離衣毛竪佛 [680]

지심귀명례 섭신여래
　　　攝身如來 [681]

지심귀명례 보존여래
　　　寶尊如來 [682]

지심귀명례 산왕여래
　　　山王如來 [683]

지심귀명례 전화녀서개불
　　　轉化女誓鎧佛 [684]

지심귀명례 무량서개불
　　　無量誓鎧佛 [685]

지심귀명례 무비광불
　　　無比光佛 [686]

지심귀명례 취향제각신불
　　　趣向諸覺身佛 [687]

지심귀명례 무량취관제각신불
　　　無量趣觀諸覺身佛 [688]

지심귀명례 성각부련화불 지심귀명례 나망광불
成覺剖蓮花佛[689]　　　　　　羅網光佛[690]

지심귀명례 무량각화개부불 지심귀명례 보살리수불
無量覺花開剖佛[691]　　　　　寶薩梨樹佛[692]

지심귀명례 즉발의전법륜불 지심귀명례 화암불
卽發意轉法輪佛[693]　　　　　華巖佛[694]

지심귀명례 혜명애계단정불 지심귀명례 천광여래
慧明愛戒端正佛[695]　　　　　千光如來[696]

지심귀명례 무량광불　　　지심귀명례 무동용불
無量光佛[697]　　　　　　　　無動勇佛[698]

지심귀명례 무량보용불　　지심귀명례 무량변불
無量步勇佛[699]　　　　　　　無量辯佛[700]

지심귀명례 무량안불　　　지심귀명례 보해여래
無量顔佛[701]　　　　　　　　寶海如來[702]

지심귀명례 월광여래　　　지심귀명례 금광명불
月光如來[703]　　　　　　　　金光明佛[704]

지심귀명례 금해여래　　　지심귀명례 정진군불
金海如來[705]　　　　　　　　精進軍佛[706]

지심귀명례 무량웅불　　　지심귀명례 무결단원불
無量雄佛[707]　　　　　　　　無決斷願佛[708]

지심귀명례 내조여래　　　지심귀명례 조화무휴식불
內調如來[709]　　　　　　　　調化無休息佛[710]

지심귀명례 애제지염불　　지심귀명례 무취향서개불
　　哀諸池染佛[711]　　　　　　無趣向誓鎧佛[712]

지심귀명례 각허공덕불　　지심귀명례 성취의불
　　覺虛空德佛[713]　　　　　　成就義佛[714]

지심귀명례 성취서개불　　지심귀명례 화광여래
　　成就警鎧佛[715]　　　　　　火光如來[716]

지심귀명례 상정진불　　지심귀명례 선주여래
　　常精進佛[717]　　　　　　善住如來[718]

지심귀명례 무량서개불　　지심귀명례 선상선개불
　　無量誓鎧佛[719]　　　　　　善相善鎧佛[720]

지심귀명례 선언서개불　　지심귀명례 조개여래
　　善言誓鎧佛[721]　　　　　　造鎧如來[722]

지심귀명례 일종성불　　지심귀명례 무량신불
　　一種姓佛[723]　　　　　　無量身佛[724]

지심귀명례 무량정진불　　지심귀명례 나망광불
　　無量精進佛[725]　　　　　　羅網光佛[726]

지심귀명례 광륜장불　　지심귀명례 보관여래
　　光輪場佛[727]　　　　　　普觀如來[728]

지심귀명례 무명칭불　　지심귀명례 산제공포불
　　無名稱佛[729]　　　　　　散諸恐怖佛[730]

지심귀명례 무량덕광왕불　지심귀명례 제공의모수불
　　無量德光王佛[730]　　　　除恐衣毛翌佛[732]

지심귀명례 복일체원불　　지심귀명례 도제마계불
伏一切怨佛[733]　　　　　　度諸魔界佛[734]

지심귀명례 무량화불　　지심귀명례 무량집지불
無量花佛[735]　　　　　　無量執持佛[736]

지심귀명례 무량음성불　　지심귀명례 광암여래
無量音聲佛[737]　　　　　　光巖如來[738]

지심귀명례 광덕여래　　지심귀명례 이륜장후불
光德如來[739]　　　　　　離輪場後佛[740]

지심귀명례 무량광불　　지심귀명례 각화개부광불
無量光佛[741]　　　　　　覺華開剖光佛[742]

지심귀명례 무량음불　　지심귀명례 수미광불
無量音佛[743]　　　　　　須彌光佛[744]

지심귀명례 살리수왕불　　지심귀명례 일면여래
薩梨樹王佛[745]　　　　　　日面如來[746]

지심귀명례 선안여래　　지심귀명례 존덕여래
善眼如來[747]　　　　　　尊德如來[748]

지심귀명례 보화덕불　　지심귀명례 재제보불
寶華德佛[749]　　　　　　在諸寶佛[750]

지심귀명례 월화여래　　지심귀명례 일체군맹서개불
月華如來[751]　　　　　　一切群萌誓鎧佛[752]

지심귀명례 전화일체견련불 지심귀명례 무량변재불
轉化一切牽連佛[753]　　　　無量辯才佛[754]

지심귀명례 무쟁무공불
無諍無恐佛[755]

지심귀명례 도취중변불
都趣衆辯佛[756]

지심귀명례 보향광여래
普香光如來[757]

지심귀명례 향광여래
香光如來[758]

지심귀명례 수미향불
須彌香佛[759]

지심귀명례 향상여래
香象如來[760]

지심귀명례 향웅여래
香雄如來[761]

지심귀명례 무량웅불
無量雄佛[762]

지심귀명례 향실여래
香室如來[763]

지심귀명례 광륜장불
光輪場佛[764]

지심귀명례 광왕여래
光王如來[765]

지심귀명례 연화상왕불
蓮花上王佛[766]

지심귀명례 각웅여래
覺雄如來[767]

지심귀명례 무량웅불
無量雄佛[768]

지심귀명례 무량향웅불
無量香雄佛[769]

지심귀명례 극존여래
極尊如來[770]

지심귀명례 문덕여래
聞德如來[771]

지심귀명례 화개보불
華蓋寶佛[772]

지심귀명례 개화여래
開華如來[773]

지심귀명례 향실여래
香室如來[774]

지심귀명례 금화여래
金華如來[775]

지심귀명례 향화여래
香華如來[776]

지심귀명례 수미왕불　　　　지심귀명례 도사여래
　　　　須彌王佛[777]　　　　　　　導師如來[778]

지심귀명례 광조여래　　　　지심귀명례 일장여래
　　　　光造如來[779]　　　　　　　一藏如來[780]

지심귀명례 전화중상불　　　지심귀명례 극지서개불
　　　　轉化衆相佛[781]　　　　　　極遲誓鎧佛[782]

지심귀명례 선화여래　　　　지심귀명례 무량향불
　　　　善華如來[783]　　　　　　　無量香佛[784]

지심귀명례 보개광불　　　　지심귀명례 보방향훈불
　　　　普開光佛[785]　　　　　　　普放香熏佛[786]

지심귀명례 보방광불　　　　지심귀명례 재련화덕불
　　　　普放光佛[787]　　　　　　　在蓮華德佛[788]

지심귀명례 보라망불　　　　지심귀명례 극상중왕불
　　　　寶羅網佛[789]　　　　　　　極上中王佛[790]

지심귀명례 일계지각찰불　지심귀명례 성왕여래
　　　　一界持覺刹佛[791]　　　　　星王如來[792]

지심귀명례 선섭신불　　　　지심귀명례 선주왕불
　　　　善攝身佛[793]　　　　　　　善住王佛[794]

지심귀명례 향훈여래　　　　지심귀명례 무량혜웅불
　　　　香熏如來[795]　　　　　　　無量慧雄佛[796]

지심귀명례 무량서개불　　지심귀명례 무량관불
　　　　無量誓鎧佛[797]　　　　　　無量觀佛[798]

지심귀명례 무아안불
無我眼佛[799]

지심귀명례 난동여래
難動如來[800]

지심귀명례 초발의불
初發意佛[801]

지심귀명례 무왕용불
無王勇佛[802]

지심귀명례 무적보불
無跡步佛[803]

지심귀명례 제일체우불
除一切憂佛[804]

지심귀명례 이우여래
離憂如來[805]

지심귀명례 오락자재덕불
娛樂自在德佛[806]

지심귀명례 안은왕덕불
安隱王德佛[807]

지심귀명례 존수미위향산불
尊須彌威香山佛[808]

지심귀명례 대종성불
大種姓佛[809]

지심귀명례 정진덕불
精進德佛[810]

지심귀명례 홍련화덕불
紅蓮華德佛[811]

지심귀명례 백련화위덕불
白蓮華威德佛[812]

지심귀명례 후안여래
吼眼如來[813]

지심귀명례 존취여래
尊聚如來[814]

지심귀명례 무변제광불
無邊際光佛[815]

지심귀명례 현월광불
現月光佛[816]

지심귀명례 원방성칭불
遠方聲稱佛[817]

지심귀명례 월자재왕불
月自在王佛[818]

지심귀명례 무량광명불
無量光明佛[819]

지심귀명례 향존수미불
香尊須彌佛[820]

236

지심귀명례 길상유덕불 　지심귀명례 재무량안은덕불
吉祥有德佛[821] 　　　　　在無量安隱德佛[822]

지심귀명례 재월광유덕불
在月光有德佛[823]

지심귀명례 일체이덕자장엄불
一切以德自莊嚴佛[824]

지심귀명례 화광여래 　지심귀명례 막능승당번불
華光如來[825] 　　　　　莫能勝幢幡佛[826]

지심귀명례 존은장광불 　지심귀명례 종위화왕불
尊隱藏光佛[827] 　　　　　從威華王佛[828]

지심귀명례 입재무변제불 지심귀명례 일체존불
入在無邊際佛[829] 　　　　一切尊佛[830]

지심귀명례 허공륜정왕불 지심귀명례 성음무표지불
虛空輪靜王佛[831] 　　　　聲音無表識佛[832]

지심귀명례 제보상덕불 　지심귀명례 정천덕불
諸寶上德佛[833] 　　　　　靜天德佛[834]

지심귀명례 무량향상불 　지심귀명례 수미광불
無量香象佛[835] 　　　　　須彌光佛[836]

지심귀명례 조등명불 　지심귀명례 연화존광불
造燈明佛[837] 　　　　　蓮華尊光佛[838]

지심귀명례 시안은불 　지심귀명례 명칭우불
施安隱佛[839] 　　　　　名稱友佛[840]

지심귀명례 살리수왕불　　지심귀명례 무량광명불
薩梨樹王佛[841]　　　　　無量光明佛[842]

지심귀명례 대부분불　　지심귀명례 금면광불
大部分佛[843]　　　　　金面光佛[844]

지심귀명례 보광위덕불　　지심귀명례 보광불
普光威德佛[845]　　　　　普光佛[846]

지심귀명례 정진복원용불 지심귀명례 무애약수위덕불
精進伏怨勇佛[847]　　　　無礙藥樹威德佛[848]

지심귀명례 보련화용불　　지심귀명례 구덕여래
寶蓮華勇佛[849]　　　　　求德如來[850]

지심귀명례 보련화주살리수왕불
寶蓮花住薩梨樹王佛[851]

지심귀명례 일륜장광불　　지심귀명례 보련용불
日輪場光佛[852]　　　　　寶蓮勇佛[853]

지심귀명례 보련화살리수왕불
寶蓮花薩梨樹王佛[854]

지심귀명례 일보개불　　지심귀명례 주선사용불
一寶蓋佛[855]　　　　　住禪思勇佛[856]

지심귀명례 보당위덕불　　지심귀명례 주무량용불
寶幢威德佛[857]　　　　　住無量勇佛[858]

지심귀명례 호향존향훈불 지심귀명례 유존상덕불
好香尊香熏佛[859]　　　　惟尊象德佛[860]

지심귀명례 연화존덕불　　지심귀명례 일륜장존상덕불
　　　　　蓮花尊德佛[861]　　　　　　　　日輪場尊上德佛[862]

지심귀명례 일보개불　　　지심귀명례 사유최용불
　　　　　一寶蓋佛[863]　　　　　　　　思惟最勇佛[864]

지심귀명례 보화보광위불　지심귀명례 일보개불
　　　　　寶華普光威佛[865]　　　　　　　一寶蓋佛[866]

지심귀명례 사유최용불　　지심귀명례 보화보광위불
　　　　　思惟最勇佛[867]　　　　　　　　寶華普光威佛[868]

지심귀명례 주무비용불　　지심귀명례 무량최중왕불
　　　　　住無比勇佛[869]　　　　　　　　無量最中王佛[870]

지심귀명례 보련화용불　　지심귀명례 대광명불
　　　　　寶蓮華勇佛[871]　　　　　　　　大光明佛[872]

지심귀명례 보륜위극상덕불　　지심귀명례 보내여래
　　　　　寶輪威極上德佛[873]　　　　　　　寶內如來[874]

지심귀명례 보존여래　　　지심귀명례 백광여래
　　　　　寶尊如來[875]　　　　　　　　百光如來[876]

지심귀명례 방광여래　　　지심귀명례 대광여래
　　　　　放光如來[877]　　　　　　　　大光如來[878]

지심귀명례 무량광불　　　지심귀명례 청철광불
　　　　　無量光佛[879]　　　　　　　　清徹光佛[880]

지심귀명례 광명왕불　　　지심귀명례 극존여래
　　　　　光明王佛[881]　　　　　　　　極尊如來[882]

지심귀명례 연화상존불　　지심귀명례 화씨여래
蓮華上尊佛[883]　　　　　　華氏如來[884]

지심귀명례 보월여래　　　지심귀명례 보염여래
寶月如來[885]　　　　　　　寶焰如來[886]

지심귀명례 대염신불　　　지심귀명례 무애광불
大焰身佛[887]　　　　　　　無礙光佛[888]

지심귀명례 수미번불　　　지심귀명례 보당여래
須彌幡佛[889]　　　　　　　寶幢如來[890]

지심귀명례 보륜망불　　　지심귀명례 천제당불
寶輪輞佛[891]　　　　　　　天帝幢佛[892]

지심귀명례 전단향불　　　지심귀명례 무량명칭덕광불
栴檀香佛[893]　　　　　　　無量名稱德光佛[894]

지심귀명례 선취광연화부체불
善聚光蓮華部體佛[895]

지심귀명례 수미암불　　　지심귀명례 혜등명불
須彌巖佛[896]　　　　　　　慧燈明佛[897]

지심귀명례 광극명불　　　지심귀명례 난승여래
光極明佛[898]　　　　　　　難勝如來[899]

지심귀명례 조요여래　　　지심귀명례 색당번성왕불
照曜如來[900]　　　　　　　色幢幡星王佛[901]

지심귀명례 위자재왕불　　지심귀명례 정각중왕불
威自在王佛[902]　　　　　　正覺中王佛[903]

지심귀명례 존보여래　　지심귀명례 대해여래
尊寶如來 [904]　　　　　大海如來 [905]

지심귀명례 십력왕불　　지심귀명례 보장륜상존왕불
十力王佛 [906]　　　　　寶場輪上尊王佛 [907]

지심귀명례 무구혜불　　지심귀명례 보당여래
無垢慧佛 [908]　　　　　寶幢如來 [909]

지심귀명례 재보여래　　지심귀명례 시무위불
在寶如來 [910]　　　　　施無威佛 [911]

지심귀명례 잡화여래　　지심귀명례 시보광불
雜華如來 [912]　　　　　施寶光佛 [913]

지심귀명례 비자의불　　지심귀명례 무타락불
悲慈意佛 [914]　　　　　無墮落佛 [915]

지심귀명례 연화엽안불　지심귀명례 명칭여래
蓮花葉眼佛 [916]　　　　名稱如來 [917]

지심귀명례 애안여래　　지심귀명례 집부식불
哀眼如來 [918]　　　　　執敷飾佛 [919]

지심귀명례 허공의불　　지심귀명례 세사여래
虛空意佛 [920]　　　　　世師如來 [921]

지심귀명례 불타락불　　지심귀명례 보관여래
不墮落佛 [922]　　　　　普觀如來 [923]

지심귀명례 시풍덕여래　지심귀명례 만월여래
施豊德如來 [924]　　　　滿月如來 [925]

지심귀명례 전단향불　　지심귀명례 대광명불
　　栴檀香佛[926]　　　　　　大光明佛[927]

지심귀명례 용존여래　　지심귀명례 쾌견여래
　　龍尊如來[928]　　　　　　快見如來[929]

지심귀명례 향상여래　　지심귀명례 대회여래
　　香上如來[930]　　　　　　大懷如來[931]

지심귀명례 덕불타락불　　지심귀명례 대화여래
　　德不墮落佛[932]　　　　　大化如來[933]

지심귀명례 보회여래　　지심귀명례 대거화불
　　寶廻如來[934]　　　　　　大車花佛[935]

지심귀명례 미쾌덕불　　지심귀명례 사자여래
　　美快德佛[936]　　　　　　師子如來[937]

지심귀명례 제제석중왕불　지심귀명례 계미여래
　　諸帝釋中王佛[938]　　　　戒味如來[939]

지심귀명례 화위여래　　지심귀명례 보위여래
　　花威如來[940]　　　　　　普威如來[941]

지심귀명례 보극상불　　지심귀명례 해위여래
　　普極上佛[942]　　　　　　海威如來[943]

지심귀명례 무량제위불　　지심귀명례 대덕여래
　　無量際威佛[944]　　　　　大德如來[945]

지심귀명례 향위여래　　지심귀명례 상당여래
　　香威如來[946]　　　　　　上幢如來[947]

지심귀명례 안은덕불 　　지심귀명례 대광명불
安隱德佛 [948] 　　　　　　大光明佛 [949]

지심귀명례 불타락불 　　지심귀명례 현현여래
不墮落佛 [950] 　　　　　　顯現如來 [951]

지심귀명례 보위여래 　　지심귀명례 재덕여래
寶威如來 [952] 　　　　　　在德如來 [953]

지심귀명례 보덕여래 　　지심귀명례 증익여래
普德如來 [954] 　　　　　　增益如來 [955]

지심귀명례 보위덕불 　　지심귀명례 보수여래
普威德佛 [956] 　　　　　　寶樹如來 [957]

지심귀명례 해위여래 　　지심귀명례 대화여래
海威如來 [958] 　　　　　　大化如來 [959]

지심귀명례 열음성불 　　지심귀명례 시위여래
悅音聲佛 [960] 　　　　　　施威如來 [961]

지심귀명례 보월여래 　　지심귀명례 비월여래
普月如來 [962] 　　　　　　臂月如來 [963]

지심귀명례 존위여래 　　지심귀명례 보위여래
尊威如來 [964] 　　　　　　寶威如來 [965]

지심귀명례 향상여래 　　지심귀명례 당번여래
香象如來 [966] 　　　　　　幢幡如來 [967]

지심귀명례 니구류수왕불 지심귀명례 보덕여래
尼拘類樹王佛 [968] 　　　　普德如來 [969]

지심귀명례 보풍음불
普豊音佛[970]

지심귀명례 향존여래
香尊如來[971]

지심귀명례 승명여래
勝命如來[972]

지심귀명례 사자당불
師子幢佛[973]

지심귀명례 당위여래
幢威如來[974]

지심귀명례 취위여래
聚威如來[975]

지심귀명례 연화향불
蓮華香佛[976]

지심귀명례 유보여래
喩寶如來[977]

지심귀명례 연화위불
蓮華威佛[978]

지심귀명례 화위여래
華威如來[979]

지심귀명례 대용위불
大龍威佛[980]

지심귀명례 향상불
香象佛[981]

지심귀명례 용위불
龍威佛[982]

지심귀명례 십력오락불
十力娛樂佛[983]

지심귀명례 대해여래
大海如來[984]

지심귀명례 사자음불
師子音佛[985]

지심귀명례 사자당불
師子幢佛[986]

지심귀명례 천제석정당불
天帝釋淨幢佛[987]

지심귀명례 전단잡향수불
栴檀雜香樹佛[988]

지심귀명례 유여수미산불
喩如須彌山佛[989]

지심귀명례 운중자재등명불
雲中自在燈明佛[990]

지심귀명례 운중자재왕불
雲中自在王佛[991]

244

지심귀명례 재세외각오불　지심귀명례 연화엽정불
除世畏覺寤佛[992]　　　　　蓮華葉淨佛[993]

지심귀명례 성황화불　지심귀명례 보상왕불
星王華佛[994]　　　　　寶上王佛[995]

지심귀명례 역사왕불　지심귀명례 보대여래
力士王佛[996]　　　　　寶臺如來[997]

지심귀명례 무종성불　지심귀명례 대광여래
無終聲佛[998]　　　　　大光如來[999]

지심귀명례 이구광불
師子如來[1000]


## 〈참회진언 懺悔眞言〉

유차작례진실언　즉능편례시방불　우슬착지합조장
由此作禮眞實言　卽能遍禮十方佛　右膝著地合爪掌

사유설회선죄업　아유무명소적집　신구의업조중죄
思惟說悔先罪業　我由無明所積集　身口意業造衆罪

탐욕에치부심고　어불정법현성승　부모이사선지식
貪慾恚癡覆心故　於佛正法賢聖僧　父母二師善知識

급이무량중생소　무시생사유전중　구조극중무량죄
及以無量衆生所　無始生死流轉中　具造極重無量罪

친대시방현재불　실개참회불부작
親對十方現在佛　悉皆懺悔不復作

옴 사르바 파파 스파투다 하나 바즈라야 스바하(3번)


〈회향진언 迴向眞言〉

여래소증공덕취　개실회향대보리　아금소수제복혜
如來所證功德聚　皆悉迴向大菩提　我今所修諸福慧

회향보리역여시　법계중생익생사　윤회육도무귀처
迴向菩提亦如是　法界衆生溺生死　輪迴六道無歸處

서원함도지보리　자리이타영만족　아의여래대지주
誓願咸度至菩提　自利利他令滿足　我依如來大智住

일체중생보원동　상당수집복덕집　영리업장제번뇌
一切衆生普願同　常當修集福德集　永離業障諸煩惱

아등원등제일락　실지무애득원성　내외청정묘장엄
我等願登第一樂　悉地無礙得圓成　內外淸淨妙莊嚴

구족종신편유출　이시인연성취고　중생소원개영만93)
具足從身遍流出　以是因緣成就故　衆生所願皆令滿

옴 사르바 다타가타 니르야타나 푸자 메가 사무드라 스파라나

삼마예 훔(3번)94)


〈항마진언 降魔眞言〉

나모 사만타 부다남 마하 바라바티 다자 바로드 바베 마하

마이트르야 아비 우드가테 스바하(3번)95)


246

## 〈법계회향게 法界迴向偈〉

원멸 사생육도 법계유정 다겁생래제업장 아금참회계수례
願滅 四生六道 法界有情 多劫生來諸業障 我今懺悔稽首禮

원제죄장실소제 세세상행보살도(3번)
願除罪障悉消除 世世上行菩薩道

이후 축원 以後 祝願

# 3. 보살참법 菩薩懺法

〈정삼업진언 淨三業眞言〉

옴 스바바바 슈다 사르바 다르마 사르다 슈도 함(3번)

〈대결계진언 大結界眞言〉

나모 사만타 부다남 사르바 트라 누가테 반다야 시맘 마하 사마야 니르자테 스마라네 아프라티 하테 다카다카 카라카라 반다반다 다자디잠 사르바 다타가타 누나테 프라바라 다르마 라브다 비자예 바가바티 비쿠루 비쿠레 레리 푸리 스바하(3번)

〈정법계진언 淨法界眞言〉

나모 사만타 부다남 다르마 다투 스바 바바코 함(3번)

〈소청진언 召請眞言〉

나모 사만타 부다남 아 사르바 트라프라티 하테 타다가토 쿠자 보디카르야 파리푸 라카 스바하(3번)

〈연화좌진언 蓮華座眞言〉

나모 사만타 부다남 아(3번)[96]

## 〈일체보살진언 一切菩薩眞言〉

계경소설보살문　일체제법무조작　당이여시이광명
契經所說菩薩門　一切諸法無造作　當以如是理光明

이관차성진실의　진타마니보왕인　정혜오륜호상교
而觀此聲眞實義　眞陀摩尼寶王印　定慧五輪互相交

금강합장지표식　보통일체보살법
金剛合掌之標式　普通一切菩薩法

나모 사만타 부다남 사르바타 비마티 비크란티 다르마 다투

니르자타 삼 삼하 스바하(3번)[97]


## 〈참회멸죄진언 懺悔滅罪眞言〉

귀명시방정등각　최승묘법보살중　이신구의청정업
歸命十方正等覺　最勝妙法菩薩衆　以身口意淸淨業

은근합장공경례　무시윤회제유중　신구의업소생죄
慇懃合掌恭敬禮　無始輪迴諸有中　身口意業所生罪

여불보살소참회　아금진참역여시　제불보살행원중
如佛菩薩所懺悔　我今陳懺亦如是　諸佛菩薩行願中

금강삼업소생복　연각성문급유정　소집선근진수희
金剛三業所生福　緣覺聲聞及有情　所集善根盡隨喜

일체세등좌도량　각안개부조삼유　아금호궤선권청
一切世燈坐道場　覺眼開敷照三有　我今胡跪先勸請

전어무상묘법륜[98)
轉於無上妙法輪

옴 사르바 파파타 하나 바즈라야 스바하(3번)

지심귀명례 문수사리보살
至心歸命禮 文殊師利菩薩 [1]

지심귀명례 보현보살 　　지심귀명례 무구칭보살
　　　　　普賢菩薩 [2] 　　　　　　　無垢稱菩薩 [3]

지심귀명례 지장보살 　　지심귀명례 허공장보살
　　　　　地藏菩薩 [4] 　　　　　　　虛空藏菩薩 [5]

지심귀명례 관세음보살 　　지심귀명례 대세지보살
　　　　　觀世音菩薩 [6] 　　　　　　　大勢至菩薩 [7]

지심귀명례 향상보살 　　지심귀명례 대향상보살
　　　　　香象菩薩 [8] 　　　　　　　大香象菩薩 [9]

지심귀명례 약왕보살 　　지심귀명례 약상보살
　　　　　藥王菩薩 [10] 　　　　　　　藥上菩薩 [11]

지심귀명례 금강장보살 　　지심귀명례 해탈월보살
　　　　　金剛藏菩薩 [12] 　　　　　　　解脫月菩薩 [13]

지심귀명례 미륵보살 　　지심귀명례 분신보살
　　　　　彌勒菩薩 [14] 　　　　　　　奮迅菩薩 [15]

지심귀명례 무소발보살 　　지심귀명례 다라니자재왕보살
　　　　　無所發菩薩 [16] 　　　　　　　陀羅尼自在王菩薩 [17]

지심귀명례  무진의보살  　지심귀명례  견의보살
無盡意菩薩 [18]　　　　　　堅意菩薩 [19]

지심귀명례  일장보살  　　지심귀명례  광명당보살
日藏菩薩 [20]　　　　　　　光明幢菩薩 [21]

지심귀명례  지승보살  　　지심귀명례  적근보살
智勝菩薩 [22]　　　　　　　寂根菩薩 [23]

지심귀명례  원의성취보살  지심귀명례  용승보살
願意成就菩薩 [24]　　　　　龍勝菩薩 [25]

지심귀명례  용덕보살  　　지심귀명례  승성취보살
龍德菩薩 [26]　　　　　　　勝成就菩薩 [27]

지심귀명례  승장보살  　　지심귀명례  파두마승보살
勝藏菩薩 [28]　　　　　　　波頭摩勝菩薩 [29]

지심귀명례  성취유보살  　지심귀명례  지지보살
成就有菩薩 [30]　　　　　　地持菩薩 [31]

지심귀명례  보장보살  　　지심귀명례  보인수보살
寶掌菩薩 [32]　　　　　　　寶印手菩薩 [33]

지심귀명례  사자의보살  　지심귀명례  사자분신후성보살
師子意菩薩 [34]　　　　　　師子奮迅吼聲菩薩 [35]

지심귀명례  발심즉전법륜보살
發心卽轉法輪菩薩 [36]

지심귀명례  일체성차별락설보살
一切聲差別樂說菩薩 [37]

지심귀명례 산락설보살 　　지심귀명례 대해의보살
　　　　　山樂說菩薩[38]　　　　　　　　大海意菩薩[39]

지심귀명례 대산보살 　　　지심귀명례 애견보살
　　　　　大山菩薩[40]　　　　　　　　愛見菩薩[41]

지심귀명례 환희왕보살 　　지심귀명례 무변관보살
　　　　　歡喜王菩薩[42]　　　　　　　無邊觀菩薩[43]

지심귀명례 무변관행보살 지심귀명례 파사견마보살
　　　　　無邊觀行菩薩[44]　　　　　　破邪見魔菩薩[45]

지심귀명례 무우덕보살 　　지심귀명례 성취일체의보살
　　　　　無憂德菩薩[46]　　　　　　成就一切義菩薩[47]

지심귀명례 사자보살 　　　지심귀명례 선주의보살
　　　　　師子菩薩[48]　　　　　　　　善住意菩薩[49]

지심귀명례 무비심보살 　　지심귀명례 나라덕보살
　　　　　無比心菩薩[50]　　　　　　　那羅德菩薩[51]

지심귀명례 인다라덕보살 지심귀명례 해천보살
　　　　　因陀羅德菩薩[52]　　　　　　海天菩薩[53]

지심귀명례 발타파라보살 지심귀명례 무약왕보살
　　　　　拔陀波羅菩薩[54]　　　　　　無藥王菩薩[55]

지심귀명례 노사나보살 　　지심귀명례 월광보살
　　　　　盧舍那菩薩[56]　　　　　　　月光菩薩[57]

지심귀명례 지산보살 　　　지심귀명례 성장보살
　　　　　智山菩薩[58]　　　　　　　　聖藏菩薩[59]

지심귀명례 부사행보살　　지심귀명례 불공견보살
　　　　　不捨行菩薩[60]　　　　　　　不空見菩薩[61]

지심귀명례 묘성보살　　　지심귀명례 묘성후보살
　　　　　妙聲菩薩[62]　　　　　　　妙聲吼菩薩[63]

지심귀명례 상미소적근보살
　　　　　常微笑寂根菩薩[64]

지심귀명례 광사보살　　　지심귀명례 우파라안보살
　　　　　廣思菩薩[65]　　　　　　　憂波羅眼菩薩[66]

지심귀명례 가공양보살　　지심귀명례 상억보살
　　　　　可供養菩薩[67]　　　　　　常憶菩薩[68]

지심귀명례 주일체비견보살
　　　　　住一切悲見菩薩[69]

지심귀명례 단일체악법보살
　　　　　斷一切惡法菩薩[70]

지심귀명례 주일체성보살 지심귀명례 주일체유보살
　　　　　住一切聲菩薩[71]　　　　　住一切有菩薩[72]

지심귀명례 주불성보살　　지심귀명례 무구보살
　　　　　住佛聲菩薩[73]　　　　　　無垢菩薩[74]

지심귀명례 용맹덕보살　　지심귀명례 대정보살
　　　　　勇猛德菩薩[75]　　　　　　大淨菩薩[76]

지심귀명례 보승보살　　　지심귀명례 나망광보살
　　　　　寶勝菩薩[77]　　　　　　　羅網光菩薩[78]

지심귀명례 단제개보살　　지심귀명례 능사일체사보살
　　　　　斷諸蓋菩薩[79]　　　　　　　能捨一切事菩薩[80]

지심귀명례 화장엄보살　　지심귀명례 월광광명보살
　　　　　華莊嚴菩薩[81]　　　　　　　月光光明菩薩[82]

지심귀명례 최승의보살　　지심귀명례 자재천보살
　　　　　最勝意菩薩[83]　　　　　　　自在天菩薩[84]

지심귀명례 승의보살　　　지심귀명례 정의보살
　　　　　勝意菩薩[85]　　　　　　　　淨意菩薩[86]

지심귀명례 금강의보살　　지심귀명례 증장의보살
　　　　　金剛意菩薩[87]　　　　　　　增長意菩薩[88]

지심귀명례 선주보살　　　지심귀명례 선도사보살
　　　　　善住菩薩[89]　　　　　　　　善導師菩薩[90]

지심귀명례 파두마장보살　지심귀명례 보행보살
　　　　　波頭摩藏菩薩[91]　　　　　　普行菩薩[92]

지심귀명례 각보리보살　　지심귀명례 견승보살
　　　　　覺菩提菩薩[93]　　　　　　　堅勝菩薩[94]

지심귀명례 단제악도보살　지심귀명례 불피권의보살
　　　　　斷諸惡道菩薩[95]　　　　　　不疲倦意菩薩[96]

지심귀명례 수미산보살　　지심귀명례 대수미산보살
　　　　　須彌山菩薩[97]　　　　　　　大須彌山菩薩[98]

지심귀명례 심용맹보살　　지심귀명례 사자분신행보살
　　　　　心勇猛菩薩[99]　　　　　　　師子奮迅行菩薩[100]

지심귀명례 불가사의보살   지심귀명례 선승보살
不可思議菩薩 [101]         善勝菩薩 [102]

지심귀명례 선의보살     지심귀명례 실어보살
善意菩薩 [103]          實語菩薩 [104]

지심귀명례 무장애보살   지심귀명례 단제의보살
無障礙菩薩 [105]        斷諸疑菩薩 [106]

지심귀명례 보작보살     지심귀명례 광덕보살
寶作菩薩 [107]         廣德菩薩 [108]

지심귀명례 호현겁보살   지심귀명례 보월보살
護賢劫菩薩 [109]        寶月菩薩 [110]

지심귀명례 만타바향보살   지심귀명례 낙작보살
曼陀婆香菩薩 [111]      樂作菩薩 [112]

지심귀명례 사익보살     지심귀명례 보화보살
思益菩薩 [113]         普華菩薩 [114]

지심귀명례 월승보살     지심귀명례 월산보살
月勝菩薩 [115]         月山菩薩 [116]

지심귀명례 승산보살     지심귀명례 광산보살
勝山菩薩 [117]         光山菩薩 [118]

지심귀명례 현수보살     지심귀명례 공덕산보살
賢首菩薩 [119]         功德山菩薩 [120]

지심귀명례 승호보살     지심귀명례 나라연보살
勝護菩薩 [121]         那羅延菩薩 [122]

지심귀명례 주지색보살　　　지심귀명례 마류천보살
　　　　　住持色菩薩 [123]　　　　　　　摩留天菩薩 [124]

지심귀명례 입공덕보살　　　지심귀명례 연등수보살
　　　　　入功德菩薩 [125]　　　　　　　然燈首菩薩 [126]

지심귀명례 상거수보살　　　지심귀명례 광명상조수보살
　　　　　常擧手菩薩 [127]　　　　　　　光明常照手菩薩 [128]

지심귀명례 보수보살　　　　지심귀명례 보광보살
　　　　　寶手菩薩 [129]　　　　　　　　普光菩薩 [130]

지심귀명례 성숙왕보살　　　지심귀명례 금강보보살
　　　　　星宿王菩薩 [131]　　　　　　　金剛步菩薩 [132]

지심귀명례 부동화보보살 지심귀명례 보삼계보살
　　　　　不動花步菩薩 [133]　　　　　　步三界菩薩 [134]

지심귀명례 무변보분신보살 지심귀명례 해혜보살
　　　　　無邊步奮迅菩薩 [135]　　　　　海慧菩薩 [136]

지심귀명례 선광무구주지위덕보살
　　　　　善光無垢住持威德菩薩 [137]

지심귀명례 고정진보살　　　지심귀명례 상관보살
　　　　　高精進菩薩 [138]　　　　　　　常觀菩薩 [139]

지심귀명례 불순보살　　　　지심귀명례 무언보살
　　　　　不瞬菩薩 [140]　　　　　　　　無言菩薩 [141]

지심귀명례 보심보살　　　　지심귀명례 선사의보살
　　　　　寶心菩薩 [142]　　　　　　　　善思議菩薩 [143]

256

지심귀명례　마니계보살　　지심귀명례　장엄왕보살
摩尼髻菩薩 [144]　　　　　　　莊嚴王菩薩 [145]

지심귀명례　국토장엄보살　지심귀명례　인다라망보살
國土莊嚴菩薩 [146]　　　　　因陀羅網菩薩 [147]

지심귀명례　천산보살　　　지심귀명례　선안보살
天山菩薩 [148]　　　　　　　善眼菩薩 [149]

지심귀명례　주지세간수보살
住持世間手菩薩 [150]

지심귀명례　대장보살　　　지심귀명례　적의보살
大將菩薩 [151]　　　　　　　寂意菩薩 [152]

지심귀명례　속행보살　　　지심귀명례　선비보살
速行菩薩 [153]　　　　　　　善臂菩薩 [154]

지심귀명례　산봉보살　　　지심귀명례　담무갈보살
山峰菩薩 [155]　　　　　　　曇無竭菩薩 [156]

지심귀명례　승원보살
勝願菩薩 [157]

지심귀명례　장엄상성숙산왕보살
莊嚴相星宿山王菩薩 [158]

지심귀명례　낙설무체보살　지심귀명례　무구지보살
樂說無滯菩薩 [159]　　　　　無垢智菩薩 [160]

지심귀명례　사가라보살　　지심귀명례　단일체우보살
娑伽羅菩薩 [161]　　　　　　斷一切憂菩薩 [162]

지심귀명례　발행성취보살　지심귀명례　심행보살
　　　　　　發行成就菩薩 [163]　　　　深行菩薩 [164]

지심귀명례　청정삼륜보살　지심귀명례　적정심보살
　　　　　　淸淨三輪菩薩 [165]　　　寂靜心菩薩 [166]

지심귀명례　무변공덕보살　지심귀명례　허공평등지보살
　　　　　　無邊功德菩薩 [167]　　　　虛空平等智菩薩 [168]

지심귀명례　파두마안보살　지심귀명례　금강당보살
　　　　　　波頭摩眼菩薩 [169]　　　金剛幢菩薩 [170]

지심귀명례　파두마화엄보살
　　　　　　波頭摩花嚴菩薩 [171]

지심귀명례　보장엄보살　　지심귀명례　보로보살
　　　　　　寶莊嚴菩薩 [172]　　　　寶路菩薩 [173]

지심귀명례　공혜보살　　　지심귀명례　단제엄왕보살
　　　　　　功慧菩薩 [174]　　　　斷諸嚴王菩薩 [175]

지심귀명례　청정광명장엄보살
　　　　　　淸淨光明莊嚴菩薩 [176]

지심귀명례　심성보살　　　지심귀명례　묘고성보살
　　　　　　深聲菩薩 [177]　　　　妙鼓聲菩薩 [178]

지심귀명례　니민타라보살　지심귀명례　대자재보살
　　　　　　尼民陀羅菩薩 [179]　　　大自在菩薩 [180]

지심귀명례　제공덕신보살　지심귀명례　광명의보살
　　　　　　諸功德身菩薩 [181]　　　光明意菩薩 [182]

지심귀명례 선견보살      지심귀명례 불취제법보살
善見菩薩 [183]          不取諸法菩薩 [184]

지심귀명례 전여근보살      지심귀명례 사유대비보살
轉女根菩薩 [185]          思惟大悲菩薩 [186]

지심귀명례 보개산보살      지심귀명례 운산후성보살
寶蓋山菩薩 [187]          雲山吼聲菩薩 [188]

지심귀명례 나망장엄보살 지심귀명례 보장보살
羅網莊嚴菩薩 [189]         寶藏菩薩 [190]

지심귀명례 법계두보살      지심귀명례 일계두보살
法雞兜菩薩 [191]          日雞兜菩薩 [192]

지심귀명례 무변계두보살 지심귀명례 무구장보살
無邊雞兜菩薩 [193]         無垢藏菩薩 [194]

지심귀명례 산봉주지보살 지심귀명례 수미산등왕보살
山峰住持菩薩 [195]         須彌山燈王菩薩 [196]

지심귀명례 수미당보살      지심귀명례 수미산성보살
須彌幢菩薩 [197]          須彌山聲菩薩 [198]

지심귀명례 미류왕보살      지심귀명례 보장보살
彌留王菩薩 [199]          寶杖菩薩 [200]

지심귀명례 보시기보살      지심귀명례 보래보살
寶尸棄菩薩 [201]          寶來菩薩 [202]

지심귀명례 보천보살      지심귀명례 법락장엄보살
寶天菩薩 [203]          法樂莊嚴菩薩 [204]

지심귀명례 산상장엄보살 지심귀명례 금장엄광명보살
山相莊嚴菩薩 [205] 金莊嚴光明菩薩 [206]

지심귀명례 청정성광보살 지심귀명례 보계보살
清淨聲光菩薩 [207] 寶髻菩薩 [208]

지심귀명례 천길보살 지심귀명례 백광보살
天吉菩薩 [209] 百光菩薩 [210]

지심귀명례 화광보살 지심귀명례 성숙미보살
火光菩薩 [211] 星宿味菩薩 [212]

지심귀명례 상비읍보살 지심귀명례 광명승보살
常悲泣菩薩 [213] 光明勝菩薩 [214]

지심귀명례 일체법자재보살 지심귀명례 보륜보살
一切法自在菩薩 [215] 寶輪菩薩 [216]

지심귀명례 보거보살 지심귀명례 불공분신보살
寶炬菩薩 [217] 不空奮迅菩薩 [218]

지심귀명례 운광명보살 지심귀명례 법왕보살
雲光明菩薩 [219] 法王菩薩 [220]

지심귀명례 합산보살 지심귀명례 항복마보살
合山菩薩 [221] 降伏魔菩薩 [222]

지심귀명례 보견보살 지심귀명례 지산당보살
普見菩薩 [223] 智山幢菩薩 [224]

지심귀명례 난가보살 지심귀명례 인다라당보살
難可菩薩 [225] 因陀羅幢菩薩 [226]

지심귀명례 금계보살　　　지심귀명례 해탈왕보살
　　　　金髻菩薩 [227]　　　　　　解脫王菩薩 [228]

지심귀명례 대위덕보살　지심귀명례 보안보살
　　　　大威德菩薩 [229]　　　　普眼菩薩 [230]

지심귀명례 결정법보살　지심귀명례 이구보살
　　　　決定法菩薩 [231]　　　　離垢菩薩 [232]

지심귀명례 대광보살　　지심귀명례 대력보살
　　　　大光菩薩 [233]　　　　大力菩薩 [234]

지심귀명례 대월보살　　지심귀명례 선월보살
　　　　大月菩薩 [235]　　　　善月菩薩 [236]

지심귀명례 정심보살　　지심귀명례 주지화보살
　　　　淨心菩薩 [237]　　　　住持華菩薩 [238]

지심귀명례 불착행보살　지심귀명례 이제악보살
　　　　不着行菩薩 [239]　　　　離諸惡菩薩 [240]

지심귀명례 득대보살　　지심귀명례 지거등보살
　　　　得大菩薩 [241]　　　　智炬燈菩薩 [242]

지심귀명례 무변행보살　지심귀명례 무장애지보살
　　　　無邊行菩薩 [243]　　　　無障礙智菩薩 [244]

지심귀명례 무구안산왕보살 지심귀명례 주지적정보살
　　　　無垢眼山王菩薩 [245]　　　　住持寂靜菩薩 [246]

지심귀명례 이암보살　　지심귀명례 무변당보살
　　　　離闇菩薩 [247]　　　　無邊幢菩薩 [248]

지심귀명례　삼계존보살　　지심귀명례　세간거보살
三界尊菩薩 [249]　　　　　　世間炬菩薩 [250]

지심귀명례　무장안보살　　지심귀명례　불가혐칭보살
無障眼菩薩 [251]　　　　　　不可嫌稱菩薩 [252]

지심귀명례　무변견보살　　지심귀명례　무애견보살
無邊見菩薩 [253]　　　　　　無礙見菩薩 [245]

지심귀명례　감로성보살　　지심귀명례　적행보살
甘露聲菩薩 [255]　　　　　　寂行菩薩 [256]

지심귀명례　법운후보살　　지심귀명례　득탈일체박보살
法雲吼菩薩 [257]　　　　　　得脫一切縛菩薩 [258]

지심귀명례　법운왕만족보살 지심귀명례　감로힐왕보살
法雲王滿足菩薩 [259]　　　　甘露黠王菩薩 [260]

지심귀명례　니구율왕보살 지심귀명례　무외보살
尼拘律王菩薩 [261]　　　　　無畏菩薩 [262]

지심귀명례　정승보살　　　지심귀명례　승안보살
淨勝菩薩 [263]　　　　　　　勝眼菩薩 [264]

지심귀명례　무장애수기보살
無障礙受記菩薩 [265]

지심귀명례　감로광보살　　지심귀명례　무변광보살
甘露光菩薩 [266]　　　　　　無邊光菩薩 [267]

지심귀명례　단제마보살　　지심귀명례　과일체도보살
斷諸魔菩薩 [268]　　　　　　過一切道菩薩 [269]

지심귀명례 불공분신경계보살
不空奮迅境界菩薩[270]

지심귀명례 발심전법륜보살
發心轉法輪菩薩[271]

지심귀명례 광명륜승위덕보살
光明輪勝威德菩薩[272]

지심귀명례 지칭보살　　지심귀명례 광명륜보살
智稱菩薩[273]　　　　光明輪菩薩[274]

지심귀명례 무량보발기보살 지심귀명례 무량정진보살
無量寶發起菩薩[275]　　無量精進菩薩[276]

지심귀명례 나망광명보살 지심귀명례 대승보살
羅網光明菩薩[277]　　大勝菩薩[278]

지심귀명례 지공덕당보살 지심귀명례 묘지보살
智功德幢菩薩[279]　　妙智菩薩[280]

지심귀명례 지공덕보살
智功德菩薩[281]

지심귀명례 파두마승공덕보살
波頭摩勝功德菩薩[282]

지심귀명례 제일장엄보살
第一莊嚴菩薩[283]

지심귀명례 보광명보살　　지심귀명례 합취보살
寶光明菩薩[284]　　　合聚菩薩[285]

지심귀명례 다성보살 　　지심귀명례 지작보살
　　　　　　多聲菩薩 [286] 　　　　　　　　智作菩薩 [287]

지심귀명례 승광명보살 　지심귀명례 보광명보살
　　　　　　勝光明菩薩 [288] 　　　　　　普光明菩薩 [289]

지심귀명례 무량광명보살
　　　　　　無量光明菩薩 [290]

지심귀명례 정성성보살 　지심귀명례 존승보살
　　　　　　淨聲聲菩薩 [291] 　　　　　　尊勝菩薩 [292]

지심귀명례 지향보살 　　지심귀명례 보만족보살
　　　　　　智香菩薩 [293] 　　　　　　　寶滿足菩薩 [294]

지심귀명례 보모니보살 　지심귀명례 무변정진보살
　　　　　　寶牟尼菩薩 [295] 　　　　　無邊精進菩薩 [260]

지심귀명례 보견보살 　　지심귀명례 보향보살
　　　　　　寶堅菩薩 [261] 　　　　　　　普香菩薩 [262]

지심귀명례 대승천왕보살 지심귀명례 성숙만보살
　　　　　　大勝天王菩薩 [263] 　　　　　星宿鬘菩薩 [264]

지심귀명례 불공설보살 　지심귀명례 무변승위덕보살
　　　　　　不空說菩薩 [265] 　　　　　無邊勝威德菩薩 [266]

지심귀명례 용덕보살 　　지심귀명례 불공발행보살
　　　　　　勇德菩薩 [267] 　　　　　　不空發行菩薩 [268]

지심귀명례 무분별발행보살
　　　　　　無分別發行菩薩 [269]

지심귀명례 대도사보살　　지심귀명례 낙행보살
　　　　　大導師菩薩[270]　　　　　　　樂行菩薩[271]

지심귀명례 대법보살　　　지심귀명례 지력보살
　　　　　大法菩薩[272]　　　　　　　智力菩薩[273]

지심귀명례 승덕보살　　　지심귀명례 지칭발행보살
　　　　　勝德菩薩[274]　　　　　　　智稱發行菩薩[275]

지심귀명례 대광명보살　　지심귀명례 공덕왕광명보살
　　　　　大光明菩薩[276]　　　　　　功德王光明菩薩[277]

지심귀명례 무장애발보살 지심귀명례 무결분신보살
　　　　　無障礙發菩薩[278]　　　　　無缺奮迅菩薩[279]

지심귀명례 보화보살　　　지심귀명례 불수계섭수보살
　　　　　寶火菩薩[280]　　　　　　　不受戒攝受菩薩[281]

지심귀명례 불화수보살　　지심귀명례 보행보살
　　　　　佛華手菩薩[282]　　　　　　寶行菩薩[283]

지심귀명례 보면보살　　　지심귀명례 불경포보살
　　　　　寶面菩薩[284]　　　　　　　不驚怖菩薩[285]

지심귀명례 지상보살　　　지심귀명례 무경계행보살
　　　　　智象菩薩[286]　　　　　　　無境界行菩薩[287]

지심귀명례 법작보살　　　지심귀명례 산화보살
　　　　　法作菩薩[288]　　　　　　　散華菩薩[289]

지심귀명례 승혜보살　　　지심귀명례 일덕보살
　　　　　勝慧菩薩[290]　　　　　　　日德菩薩[291]

지심귀명례　화덕보살　　　지심귀명례　상장엄보살
火德菩薩 [292]　　　　　　　上莊嚴菩薩 [293]

지심귀명례　불발관보살　　지심귀명례　보지보살
不發觀菩薩 [294]　　　　　　普至菩薩 [295]

지심귀명례　사익승혜보살　지심귀명례　득승혜보살
思益勝慧菩薩 [296]　　　　　得勝慧菩薩 [297]

지심귀명례　자재관보살　　지심귀명례　무우보살
自在觀菩薩 [298]　　　　　　無憂菩薩 [299]

지심귀명례　묘승보살　　　지심귀명례　원리제유보살
妙勝菩薩 [301]　　　　　　　遠離諸有菩薩 [302]

지심귀명례　단일체제난보살
斷一切諸難菩薩 [303]

지심귀명례　불퇴전보살　　지심귀명례　일광명보살
不退轉菩薩 [304]　　　　　　日光明菩薩 [305]

지심귀명례　범승보살　　　지심귀명례　불린타라보살
梵勝菩薩 [306]　　　　　　　不鄰陀羅菩薩 [307]

지심귀명례　대공덕보살　　지심귀명례　대약왕보살
大功德菩薩 [308]　　　　　　大藥王菩薩 [309]

지심귀명례　묘향상보살　　지심귀명례　사자혜보살
妙香象菩薩 [310]　　　　　　師子慧菩薩 [311]

지심귀명례　사라태보살
莎羅胎菩薩 [312]

지심귀명례　일체법득자재보살
一切法得自在菩薩 [313]

지심귀명례　월륜보살　　　지심귀명례　운왕보살
月輪菩薩 [314]　　　　　　　　雲王菩薩 [315]

지심귀명례　산왕보살　　　지심귀명례　무비보살
山王菩薩 [316]　　　　　　　　無比菩薩 [317]

〈회향진언 迴向眞言〉

문수실리용맹지　보현자행역부연　아금회향제선근
文殊室利勇猛智　普賢慈行亦復然　我今迴向諸善根

수피일체상수학　삼세제불아칭탄　여시최승제대원
隨彼一切常修學　三世諸佛我稱歎　如是最勝諸大願

아금회향제선근　위득보현수승행　이차공덕시중생
我今迴向諸善根　爲得普賢殊勝行　以此功德施衆生

복덕지혜소적취　복덕지혜소발생　획득최묘이승신
福德智慧所積聚　福德智慧所發生　獲得最妙二勝身

일약능치제고난　일체안락발생지　원득공양급공경
一藥能治諸苦難　一切安樂發生地　願得供養及恭敬

성교영원상주세　제불보살섭수력　인연불상진실력
聖敎永遠常住世　諸佛菩薩攝授力　因緣不爽眞實力

병이아신청정력　일체소원개원만 [99]
幷以我信淸淨力　一切所願皆圓滿

옴 사르바 부다 보디사트바야 스바하(3번)[100]

〈항마진언 降魔眞言〉

나모 사만타 부다남 마하 바라바티 다자 바로드 바베 마하
마이트르야 아비 우드가테 스바하(3번)

〈법계회향게 法界迴向偈〉

원멸 사생육도 법계유정 다겁생래제업장 아금참회계수례
願滅 四生六道 法界有情 多劫生來諸業障 我今懺悔稽首禮

원제죄장실소제 세세상행보살도(3번)
願除罪障悉消除 世世上行菩薩道

이후 축원 以後 祝願

# 4. 오백나한참법 五百羅漢懺法

## 〈정삼업진언 淨三業眞言〉

옴 스바바바 슈다 사르바 다르마 사르다 슈도 함(3번)

## 〈대결계진언 大結界眞言〉

나모 사만타 부다남 사르바 트라 누가테 반다야 시맘 마하
사마야 니르자테 스마라네 아프라티 하테 다카다카 카라카라
반다반다 다자디잠 사르바 다타가타 누나테 프라바라 다르마
라브다 비자예 바가바티 비쿠루 비쿠레 레리 푸리 스바하(3번)

## 〈정법계진언 淨法界眞言〉

나모 사만타 부다남 다르마 다투 스바 바바코 함(3번)

## 〈소청진언 召請眞言〉

나모 사만타 부다남 아 사르바 트라프라티 하테 타다가토
쿠자 보디카르야 파리푸 라카 스바하(3번)

## 〈연화좌진언 蓮華座眞言〉

나모 사만타 부다남 아(3번)

## 〈연각성문찬탄게 緣覺聲聞讚歎偈〉

가사 제불제자지중 소작이판 여안주교 진제질병
假使 諸佛弟子之衆 所作已辦 如安住敎 盡除疾病

가사삼계제함령 일체변성성문중 진득신통바라밀
假使三界諸含靈 一切變成聲聞衆 盡得神通波羅蜜

비여존자목건련 획대신통력여래 이일개자투우지
譬如尊者目揵連 獲大神通力如來 以一芥子投于地

일체성문현신통 미능요전모단량 가사시방세계중
一切聲聞現神通 未能搖轉毛端量 假使十方世界中

소유궁가하사등 폐람승가대맹풍 취쇄여사제세계
所有殑伽河沙等 吠嵐僧伽大猛風 吹碎如斯諸世界

여시제풍대맹성 장취일체지의복 진기세력불능동
如是諸風大猛盛 將吹一切智衣服 盡其勢力不能動

내지여일모단량 대모니존이일모 능장피풍영불기
乃至如一毛端量 大牟尼尊以一毛 能障彼風令不起

불구여사대신력 등피허공무변제[101]
佛具如斯大神力 等彼虛空無邊際

## 〈연각진언 緣覺眞言〉

나모 사만타 부다남 아 스바하(3번)[102]

〈성문진언 聲聞眞言〉

나모 사만타 부다남 혜투 프라타야 비가타 카르마 니르지타
훔 스바하(3번)[103]


〈참회멸죄진언 懺悔滅罪眞言〉

| 귀명시방정등각 | 최승묘법보살중 | 이신구의청정업 |
| 歸命十方正等覺 | 最勝妙法菩薩衆 | 以身口意淸淨業 |

| 은근합장공경례 | 무시윤회제유중 | 신구의업소생죄 |
| 慇懃合掌恭敬禮 | 無始輪迴諸有中 | 身口意業所生罪 |

| 여불보살소참회 | 아금진참역여시 | 제불보살행원중 |
| 如佛菩薩所懺悔 | 我今陳懺亦如是 | 諸佛菩薩行願中 |

| 금강삼업소생복 | 연각성문급유정 | 소집선근진수희 |
| 金剛三業所生福 | 緣覺聲聞及有情 | 所集善根盡隨喜 |

| 일체세등좌도량 | 각안개부조삼유 | 아금호궤선권청 |
| 一切世燈坐道場 | 覺眼開敷照三有 | 我今胡跪先勸請 |

전어무상묘법륜
轉於無上妙法輪

옴 사르바 부다 보디사트바야 스바하(3번)


〈주세십팔존자 住世十八尊者〉[104]

지심귀명례 빈도라발라타사존자
至心歸命禮 賓度羅跋囉墮闍尊者[1]

지심귀명례 가낙가벌차존자
迦諾迦伐蹉尊者[2]

지심귀명례 가낙가발려타사존자
迦諾迦跋黎墮闍尊者[3]

지심귀명례 소빈타존자  지심귀명례 낙구라존자
蘇頻陀尊者[4]  諾矩羅尊者[5]

지심귀명례 발타라존자  지심귀명례 가리가존자
跋陁羅尊者[6]  迦理迦尊者[7]

지심귀명례 벌사라불다존자
伐闍羅弗多尊者[8]

지심귀명례 계박가존자  지심귀명례 반탁가존자
戒博迦尊者[9]  半託迦尊者[10]

지심귀명례 라호라존자  지심귀명례 나가서나존자
羅怙羅尊者[11]  那伽犀那尊者[12]

지심귀명례 인게타존자  지심귀명례 벌나바사존자
因揭陀尊者[13]  伐那婆斯尊者[14]

지심귀명례 아시다존자  지심귀명례 주다반탁가존자
阿氏多尊者[15]  注茶半託迦尊者[16]

지심귀명례 경우존자  지심귀명례 빈두로존자
慶友尊者[17]  賓頭盧尊者[18]

## 〈석교오백존자 石橋五百尊者〉

지심귀명례 아야교진여존자　지심귀명례 아니루존자
至心歸命禮 阿若憍陳如尊者[1]　至心歸命禮 阿泥樓尊者[2]

지심귀명례 유현무구존자　지심귀명례 수발타라존자
　　　　　有賢無垢尊者[3]　　　　　須跋陀羅尊者[4]

지심귀명례 가류타이존자　지심귀명례 문성득과존자
　　　　　迦留陀夷尊者[5]　　　　　聞聲得果尊者[6]

지심귀명례 전단장왕존자　지심귀명례 시당무구존자
　　　　　栴檀藏王尊者[7]　　　　　施幢無垢尊者[8]

지심귀명례 교범발제존자　지심귀명례 인타득혜존자
　　　　　憍梵鉢提尊者[9]　　　　　因陀得慧尊者[10]

지심귀명례 가나행나존자　지심귀명례 바소반두존자
　　　　　迦那行那尊者[11]　　　　　婆蘇槃豆尊者[12]

지심귀명례 법계사락존자　지심귀명례 우루빈라존자
　　　　　法界四樂尊者[13]　　　　　優樓頻螺尊者[14]

지심귀명례 불타밀다존자　지심귀명례 나제가섭존자
　　　　　佛陀密多尊者[15]　　　　　那提迦葉尊者[16]

지심귀명례 나연라목존자　지심귀명례 불타난제존자
　　　　　那延羅目尊者[17]　　　　　佛陀難提尊者[18]

지심귀명례 말전저가존자 지심귀명례 난타다화존자
　　　　　末田底迦尊者[19]　　　　　難陀多化尊者[20]

지심귀명례 우파국다존자 지심귀명례 승가야사존자
優波鞠多尊者[21] 僧迦耶舍尊者[22]

지심귀명례 교설상주존자 지심귀명례 상나화수존자
教說常住尊者[23] 商那和脩尊者[24]

지심귀명례 달마파라존자 지심귀명례 가야가섭존자
達磨波羅尊者[25] 伽耶伽葉尊者[26]

지심귀명례 정과덕업존자 지심귀명례 장엄무우존자
定果德業尊者[27] 莊嚴無憂尊者[28]

지심귀명례 억지인연존자 지심귀명례 가나제바존자
憶持因緣尊者[29] 迦那提婆尊者[30]

지심귀명례 파사신통존자 지심귀명례 견지삼자존자
破邪神通尊者[31] 堅持三字尊者[32]

지심귀명례 아소루타존자 지심귀명례 구마라다존자
阿少樓馱尊者[33] 鳩摩羅多尊者[34]

지심귀명례 독룡귀의존자 지심귀명례 동성계수존자
毒龍皈依尊者[35] 同聲稽首尊者[36]

지심귀명례 비라지자존자 지심귀명례 벌소밀다존자
毘羅胝子尊者[37] 伐蘇密多尊者[38]

지심귀명례 사제수나존자 지심귀명례 승법야사존자
闍提首那尊者[39] 僧法耶舍尊者[40]

지심귀명례 비밀세간존자 지심귀명례 헌화제기존자
悲密世間尊者[41] 獻花提記尊者[42]

지심귀명례 안광정력존자 지심귀명례 가야사나존자
眼光定力尊者[43] 伽耶舍那尊者[44]

지심귀명례 사저필추존자 지심귀명례 파사제바존자
莎底苾蒭尊者[45] 波闍提婆尊者[46]

지심귀명례 해공무구존자 지심귀명례 복타밀다존자
解空無垢尊者[47] 伏陁密多尊者[48]

지심귀명례 부나야사존자 지심귀명례 가야천안존자
富那夜舍尊者[49] 伽耶天眼尊者[50]

지심귀명례 불착세간존자 지심귀명례 해공제일존자
不著世間尊者[51] 解空第一尊者[52]

지심귀명례 나도무진존자 지심귀명례 금강파마존자
羅度無盡尊者[53] 金剛破魔尊者[54]

지심귀명례 원호세간존자 지심귀명례 무우선정존자
願護世間尊者[55] 無憂禪定尊者[56]

지심귀명례 무작혜선존자 지심귀명례 십겁혜선존자
無作慧善尊者[57] 十劫慧善尊者[58]

지심귀명례 전단덕향존자 지심귀명례 금산각의존자
栴檀德香尊者[59] 金山覺意尊者[60]

지심귀명례 무업숙진존자 지심귀명례 마하찰리존자
無業宿盡尊者[61] 摩訶刹利尊者[62]

지심귀명례 무량본행존자 지심귀명례 일념해공존자
無量本行尊者[63] 一念解空尊者[64]

지심귀명례 관신무상존자 지심귀명례 천겁비원존자
　　　　　觀身無常尊者[65] 　　　　　千劫悲願尊者[66]

지심귀명례 구라나함존자 지심귀명례 해공정공존자
　　　　　瞿羅那含尊者[67] 　　　　　解空定空尊者[68]

지심귀명례 성취인연존자 지심귀명례 견통정진존자
　　　　　成就因緣尊者[69] 　　　　　堅通精進尊者[70]

지심귀명례 살타파륜존자 지심귀명례 건타하리존자
　　　　　薩陀波崙尊者[71] 　　　　　乾陀訶利尊者[72]

지심귀명례 해공자재존자 지심귀명례 마하주나존자
　　　　　解空自在尊者[73] 　　　　　摩訶注那尊者[74]

지심귀명례 견인비등존자 지심귀명례 불공불유존자
　　　　　見人飛騰尊者[75] 　　　　　不空不有尊者[76]

지심귀명례 주리반특존자 지심귀명례 구사비구존자
　　　　　周利槃特尊者[77] 　　　　　瞿沙比丘尊者[78]

지심귀명례 사자비구존자 지심귀명례 수행불착존자
　　　　　師子比丘尊者[79] 　　　　　修行不著尊者[80]

지심귀명례 필릉가차존자 지심귀명례 마리부동존자
　　　　　畢陵伽蹉尊者[81] 　　　　　摩利不動尊者[82]

지심귀명례 삼매감로존자 지심귀명례 해공무명존자
　　　　　三昧甘露尊者[83] 　　　　　解空無名尊者[84]

지심귀명례 칠불난제존자 지심귀명례 금강정진존자
　　　　　七佛難提尊者[85] 　　　　　金剛精進尊者[86]

지심귀명례 방편법장존자 지심귀명례 관행월륜존자
方便法藏尊者[87] 觀行月輪尊者[88]

지심귀명례 아나빈제존자 지심귀명례 불진삼매존자
阿那邠提尊者[89] 拂塵三昧尊者[90]

지심귀명례 마하구치존자 지심귀명례 벽지전지존자
摩訶俱絺尊者[91] 辟支轉智尊者[92]

지심귀명례 산정용중존자 지심귀명례 나망사유존자
山頂龍衆尊者[93] 羅網思惟尊者[94]

지심귀명례 겁빈복장존자 지심귀명례 신통억구존자
劫賓覆藏尊者[95] 神通億具尊者[96]

지심귀명례 구수구제존자 지심귀명례 법왕보리존자
具壽俱提尊者[97] 法王菩提尊者[98]

지심귀명례 법장영겁존자 지심귀명례 선주존자
法藏永劫尊者[99] 善注尊者[100]

지심귀명례 제우존자 지심귀명례 대인존자
除憂尊者[101] 大忍尊者[102]

지심귀명례 무우자재존자 지심귀명례 묘구존자
無憂自在尊者[103] 妙懼尊者[104]

지심귀명례 엄토존자 지심귀명례 금계존자
嚴土尊者[105] 金髻尊者[106]

지심귀명례 뇌덕존자 지심귀명례 뇌음존자
雷德尊者[107] 雷音尊者[108]

지심귀명례　향상존자
香象尊者[109]

지심귀명례　마두존자
馬頭尊者[110]

지심귀명례　명수존자
明首尊者[111]

지심귀명례　금수존자
金首尊者[112]

지심귀명례　경수존자
敬首尊者[113]

지심귀명례　중수존자
衆首尊者[114]

지심귀명례　변덕존자
辨德尊者[115]

지심귀명례　찬제존자
羼提尊者[116]

지심귀명례　오달존자
悟達尊者[117]

지심귀명례　법등존자
法燈尊者[118]

지심귀명례　이구존자
離垢尊者[119]

지심귀명례　경계존자
境界尊者[120]

지심귀명례　마승존자
馬勝尊者[121]

지심귀명례　천존자
天尊者[122]

지심귀명례　무승존자
無勝尊者[123]

지심귀명례　자정존자
自淨尊者[124]

지심귀명례　부동존자
不動尊者[125]

지심귀명례　휴식존자
休息尊者[126]

지심귀명례　조달존자
調達尊者[127]

지심귀명례　보광존자
普光尊者[128]

지심귀명례　지적존자
智積尊者[129]

지심귀명례　보당존자
寶幢尊者[130]

지심귀명례 선혜존자
善慧尊者[131]

지심귀명례 선안존자
善眼尊者[132]

지심귀명례 용보존자
勇寶尊者[133]

지심귀명례 보견존자
寶見尊者[134]

지심귀명례 혜적존자
慧積尊者[135]

지심귀명례 혜지존자
慧持尊者[136]

지심귀명례 보승존자
寶勝尊者[137]

지심귀명례 도선존자
道仙尊者[138]

지심귀명례 제망존자
帝網尊者[139]

지심귀명례 명망존자
明網尊者[140]

지심귀명례 보광존자
寶光尊者[141]

지심귀명례 선조존자
善調尊者[142]

지심귀명례 분신존자
奮迅尊者[143]

지심귀명례 수도존자
修道尊者[144]

지심귀명례 대상존자
大相尊者[145]

지심귀명례 선주존자
善住尊者[146]

지심귀명례 지세존자
持世尊者[147]

지심귀명례 광영존자
光英尊者[148]

지심귀명례 권교존자
權教尊者[149]

지심귀명례 선사존자
善思尊者[150]

지심귀명례 법안존자
法眼尊者[151]

지심귀명례 범승존자
梵勝尊者[152]

지심귀명례 광요존자
光曜尊者 [153]

지심귀명례 직의존자
直意尊者 [154]

지심귀명례 마제존자
摩帝尊者 [155]

지심귀명례 혜관존자
慧寬尊者 [156]

지심귀명례 무승존자
無勝尊者 [157]

지심귀명례 담마존자
曇摩尊者 [158]

지심귀명례 환희존자
歡喜尊者 [159]

지심귀명례 유희존자
遊戱尊者 [160]

지심귀명례 도세존자
道世尊者 [161]

지심귀명례 명조존자
明照尊者 [162]

지심귀명례 보등존자
普等尊者 [163]

지심귀명례 혜작존자
慧作尊者 [164]

지심귀명례 조환존자
助歡尊者 [165]

지심귀명례 난승존자
難勝尊者 [166]

지심귀명례 선덕존자
善德尊者 [167]

지심귀명례 보애존자
寶涯尊者 [168]

지심귀명례 관신존자
觀身尊者 [169]

지심귀명례 화왕존자
花王尊者 [170]

지심귀명례 덕수존자
德首尊者 [171]

지심귀명례 희견존자
憙見尊者 [172]

지심귀명례 선숙존자
善宿尊者 [173]

지심귀명례 선의존자
善意尊者 [174]

지심귀명례 애광존자
愛光尊者[175]

지심귀명례 화광존자
花光尊者[176]

지심귀명례 선견존자
善見尊者[177]

지심귀명례 선근존자
善根尊者[178]

지심귀명례 덕정존자
德頂尊者[179]

지심귀명례 묘비존자
妙臂尊者[180]

지심귀명례 용맹존자
龍猛尊者[181]

지심귀명례 불사존자
弗沙尊者[182]

지심귀명례 덕광존자
德光尊者[183]

지심귀명례 산결존자
散結尊者[184]

지심귀명례 정정존자
淨正尊者[185]

지심귀명례 선관존자
善觀尊者[186]

지심귀명례 대력존자
大力尊者[187]

지심귀명례 전광존자
電光尊者[188]

지심귀명례 보장존자
寶仗尊者[189]

지심귀명례 선성존자
善星尊者[190]

지심귀명례 나순존자
羅旬尊者[191]

지심귀명례 자지존자
慈地尊者[192]

지심귀명례 경우존자
慶友尊者[193]

지심귀명례 세우존자
世友尊者[194]

지심귀명례 만숙존자
滿宿尊者[195]

지심귀명례 천타존자
闡陀尊者[196]

지심귀명례　월정존자　　　지심귀명례　대천존자
　　　　　月淨尊者[197]　　　　　　　　　　大天尊者[198]

지심귀명례　정장존자　　　지심귀명례　정안존자
　　　　　淨藏尊者[199]　　　　　　　　　　淨眼尊者[200]

지심귀명례　바라밀존자　　지심귀명례　구나함존자
　　　　　波羅密尊者[201]　　　　　　　　俱那含尊者[202]

지심귀명례　삼매성존자　　지심귀명례　보살성존자
　　　　　三昧聲尊者[203]　　　　　　　　菩薩聲尊者[204]

지심귀명례　길상주존자　　지심귀명례　발다라존자
　　　　　吉祥咒尊者[205]　　　　　　　　鉢多羅尊者[206]

지심귀명례　무변신존자　　지심귀명례　현겁수존자
　　　　　無邊身尊者[207]　　　　　　　　賢劫首尊者[208]

지심귀명례　금강미존자　　지심귀명례　승미존자
　　　　　金剛味尊者[209]　　　　　　　　乘味尊者[210]

지심귀명례　바사타존자　　지심귀명례　심평등존자
　　　　　婆私吒尊者[211]　　　　　　　　心平等尊者[212]

지심귀명례　불가비존자　　지심귀명례　낙복장존자
　　　　　不可比尊者[213]　　　　　　　　樂覆藏尊者[214]

지심귀명례　화염신존자　　지심귀명례　파라타존자
　　　　　火焰身尊者[215]　　　　　　　　頗羅墮尊者[216]

지심귀명례　단번뇌존자　　지심귀명례　박구라존자
　　　　　斷煩惱尊者[217]　　　　　　　　薄俱羅尊者[218]

지심귀명례 이바다존자　　지심귀명례 호묘법존자
　　　　　　利婆多尊者[219]　　　　　　　　護妙法尊者[220]

지심귀명례 최승의존자　　지심귀명례 수미등존자
　　　　　　最勝意尊者[221]　　　　　　　　須彌燈尊者[222]

지심귀명례 몰특가존자　　지심귀명례 미사색존자
　　　　　　沒特伽尊者[223]　　　　　　　　彌沙塞尊者[224]

지심귀명례 선원만존자　　지심귀명례 파두마존자
　　　　　　善圓滿尊者[225]　　　　　　　　波頭摩尊者[226]

지심귀명례 지혜등존자　　지심귀명례 전단장존자
　　　　　　智慧燈尊者[227]　　　　　　　　栴檀藏尊者[228]

지심귀명례 가난류존자　　지심귀명례 향염당존자
　　　　　　迦難留尊者[229]　　　　　　　　香燄幢尊者[230]

지심귀명례 아습비존자　　지심귀명례 마니보존자
　　　　　　阿濕卑尊者[231]　　　　　　　　摩尼寶尊者[232]

지심귀명례 복덕수존자　　지심귀명례 이바미존자
　　　　　　福德首尊者[233]　　　　　　　　利婆彌尊者[234]

지심귀명례 사차독존자　　지심귀명례 단업존자
　　　　　　舍遮獨尊者[235]　　　　　　　　斷業尊者[236]

지심귀명례 환희지존자　　지심귀명례 건타라존자
　　　　　　歡憙智尊者[237]　　　　　　　　乾陁羅尊者[238]

지심귀명례 사가타존자　　지심귀명례 수미망존자
　　　　　　莎伽陀尊者[239]　　　　　　　　須彌望尊者[240]

지심귀명례 지선법존자　　지심귀명례 제다가존자
持善法尊者[241]　　　　　　　提多迦尊者[242]

지심귀명례 수조성존자　　지심귀명례 지혜해존자
水潮聲尊者[243]　　　　　　　智慧海尊者[244]

지심귀명례 중구덕존자　　지심귀명례 부사의존자
衆具德尊者[245]　　　　　　　不思議尊者[246]

지심귀명례 미차선존자　　지심귀명례 니타가존자
彌遮仙尊者[247]　　　　　　　尼馱伽尊者[248]

지심귀명례 수정념존자　　지심귀명례 정보리존자
首正念尊者[249]　　　　　　　淨菩提尊者[250]

지심귀명례 범음천존자　　지심귀명례 인지과존자
梵音天尊者[251]　　　　　　　因地果尊者[252]

지심귀명례 각성해존자　　지심귀명례 정진산존자
覺性解尊者[253]　　　　　　　精進山尊者[254]

지심귀명례 무량광존자　　지심귀명례 부동의존자
無量光尊者[255]　　　　　　　不動意尊者[256]

지심귀명례 수선업존자　　지심귀명례 아일다존자
修善業尊者[257]　　　　　　　阿逸多尊者[258]

지심귀명례 손타라존자　　지심귀명례 성봉혜존자
孫陀羅尊者[259]　　　　　　　聖峯慧尊者[260]

지심귀명례 만수행존자　　지심귀명례 아리다존자
曼殊行尊者[261]　　　　　　　阿利多尊者[262]

지심귀명례 법륜산존자　　지심귀명례 중화합존자
法輪山尊者[263]　　　　　　重和合尊者[264]

지심귀명례 법무주존자　　지심귀명례 천고성존자
法無住尊者[265]　　　　　　天鼓聲尊者[266]

지심귀명례 여의륜존자　　지심귀명례 수광염존자
如意輪尊者[267]　　　　　　首光焰尊者[268]

지심귀명례 무비교존자　　지심귀명례 다가루존자
無比校尊者[269]　　　　　　多伽樓尊者[270]

지심귀명례 이바다존자　　지심귀명례 보현행존자
利婆多尊者[271]　　　　　　普賢行尊者[272]

지심귀명례 지삼매존자　　지심귀명례 위덕성존자
持三昧尊者[273]　　　　　　威德聲尊者[274]

지심귀명례 이바다존자　　지심귀명례 명무진존자
利婆多尊者[275]　　　　　　名無盡尊者[276]

지심귀명례 아나실존자　　지심귀명례 보승산존자
阿那悉尊者[277]　　　　　　普勝山尊者[278]

지심귀명례 변재왕존자　　지심귀명례 행화국존자
辨才王尊者[279]　　　　　　行化國尊者[280]

지심귀명례 성용종존자　　지심귀명례 서남산존자
聲龍種尊者[281]　　　　　　誓南山尊者[282]

지심귀명례 부가야존자　　지심귀명례 행전법존자
富伽耶尊者[283]　　　　　　行傳法尊者[284]

지심귀명례  향금수존자    지심귀명례  마나라존자
香金手尊者[285]      摩拏羅尊者[286]

지심귀명례  광보현존자    지심귀명례  혜의왕존자
光普現尊者[287]      慧依王尊者[288]

지심귀명례  항마군존자    지심귀명례  수염광존자
降魔軍尊者[289]      首燄光尊者[290]

지심귀명례  지대의존자    지심귀명례  장률행존자
持大醫尊者[291]      藏律行尊者[292]

지심귀명례  덕자재존자    지심귀명례  복용왕존자
德自在尊者[293]      服龍王尊者[294]

지심귀명례  사야다존자    지심귀명례  진마리존자
闍夜多尊者[295]      秦摩利尊者[296]

지심귀명례  의법승존자    지심귀명례  시바라존자
義法勝尊者[297]      施婆羅尊者[298]

지심귀명례  천제마존자    지심귀명례  왕주도존자
闡提魔尊者[299]      王住道尊者[300]

지심귀명례  무구행존자    지심귀명례  아파라존자
無垢行尊者[301]      阿波羅尊者[302]

지심귀명례  성귀의존자    지심귀명례  선정과존자
聲皈依尊者[303]      禪定果尊者[304]

지심귀명례  불퇴법존자    지심귀명례  승가야존자
不退法尊者[305]      僧伽耶尊者[306]

지심귀명례 달마진존자　　지심귀명례 지선법존자
達磨眞尊者 [307]　　　　　　持善法尊者 [308]

지심귀명례 수승과존자　　지심귀명례 심승수존자
受勝果尊者 [309]　　　　　　心勝修尊者 [310]

지심귀명례 회법장존자　　지심귀명례 상환희존자
會法藏尊者 [311]　　　　　　常歡喜尊者 [312]

지심귀명례 위의다존자　　지심귀명례 두타승존자
威儀多尊者 [313]　　　　　　頭陀僧尊者 [314]

지심귀명례 의세장존자　　지심귀명례 덕정오존자
議洗腸尊者 [315]　　　　　　德淨悟尊者 [316]

지심귀명례 무구장존자　　지심귀명례 항복마존자
無垢藏尊者 [317]　　　　　　降伏魔尊者 [318]

지심귀명례 아승가존자　　지심귀명례 금부락존자
阿僧伽尊者 [319]　　　　　　金富樂尊者 [320]

지심귀명례 돈오존자　　　지심귀명례 주타바존자
頓悟尊者 [321]　　　　　　　周陀婆尊者 [322]

지심귀명례 주세간존자　　지심귀명례 등도수존자
住世間尊者 [323]　　　　　　燈導首尊者 [324]

지심귀명례 감로법존자　　지심귀명례 자재왕존자
甘露法尊者 [325]　　　　　　自在王尊者 [326]

지심귀명례 수달나존자　　지심귀명례 초법우존자
須達那尊者 [327]　　　　　　超法雨尊者 [328]

지심귀명례 덕묘법존자 　　지심귀명례 응진존자
德妙法尊者 [329] 　　　　　　應眞尊者 [330]

지심귀명례 견고심존자 　　지심귀명례 성향응존자
堅固心尊者 [331] 　　　　　　聲響應尊者 [332]

지심귀명례 응부공존자 　　지심귀명례 진겁공존자
應赴供尊者 [333] 　　　　　　塵劫空尊者 [334]

지심귀명례 광명등존자 　　지심귀명례 집보거존자
光明燈尊者 [335] 　　　　　　執寶炬尊者 [336]

지심귀명례 공덕상존자 　　지심귀명례 인생심존자
功德相尊者 [337] 　　　　　　忍生心尊者 [338]

지심귀명례 아시다존자 　　지심귀명례 향상존자
阿氏多尊者 [339] 　　　　　　香象尊者 [340]

지심귀명례 식자생존자 　　지심귀명례 찬탄원존자
識自生尊者 [341] 　　　　　　讚歎願尊者 [342]

지심귀명례 정불라존자 　　지심귀명례 성인중존자
定拂羅尊者 [343] 　　　　　　聲引衆尊者 [344]

지심귀명례 이정어존자 　　지심귀명례 구사존존자
離淨語尊者 [345] 　　　　　　鳩舍尊尊者 [346]

지심귀명례 울다라존자 　　지심귀명례 복업제존자
鬱多羅尊者 [347] 　　　　　　福業除尊者 [348]

지심귀명례 나여습존자 　　지심귀명례 약존존자
羅餘習尊者 [349] 　　　　　　藥尊尊者 [350]

지심귀명례 승해공존자　　지심귀명례 수무덕존자
勝解空尊者[351]　　　　　　修無德尊者[352]

지심귀명례 희무착존자　　지심귀명례 월개존존자
喜無著尊者[353]　　　　　　月蓋尊尊者[354]

지심귀명례 전단라존자　　지심귀명례 심정론존자
栴檀羅尊者[355]　　　　　　心定論尊者[356]

지심귀명례 암라만존자　　지심귀명례 정생존존자
菴羅滿尊者[357]　　　　　　頂生尊尊者[358]

지심귀명례 살화단존자　　지심귀명례 직복덕존자
薩和壇尊者[359]　　　　　　直福德尊者[360]

지심귀명례 수나찰존자　　지심귀명례 희견존존자
須那刹尊者[361]　　　　　　憙見尊尊者[362]

지심귀명례 위람왕존자　　지심귀명례 제바장존자
韋藍王尊者[363]　　　　　　提婆長尊者[364]

지심귀명례 성대리존자　　지심귀명례 법수존자
成大利尊者[365]　　　　　　法首尊者[366]

지심귀명례 소빈타존자　　지심귀명례 중덕수존자
蘇頻陀尊者[367]　　　　　　衆德首尊者[368]

지심귀명례 금강장존자　　지심귀명례 구가리존자
金剛藏尊者[369]　　　　　　瞿伽梨尊者[370]

지심귀명례 일조명존자　　지심귀명례 무구장존자
日照明尊者[371]　　　　　　無垢藏尊者[372]

지심귀명례 제의망존자    지심귀명례 무량명존자
除疑網尊者[373]    無量明尊者[374]

지심귀명례 제중우존자    지심귀명례 무구덕존자
除衆憂尊者[375]    無垢德尊者[376]

지심귀명례 광명망존자    지심귀명례 선수행존자
光明網尊者[377]    善修行尊者[378]

지심귀명례 좌청량존자    지심귀명례 무우안존자
坐淸涼尊者[379]    無憂眼尊者[380]

지심귀명례 거개장존자    지심귀명례 자명존존자
去蓋障尊者[381]    自明尊尊者[382]

지심귀명례 화륜조존자    지심귀명례 정제구존자
和倫調尊者[383]    淨除垢尊者[384]

지심귀명례 거제업존자    지심귀명례 자인존존자
去諸業尊者[385]    慈仁尊尊者[386]

지심귀명례 무진자존자    지심귀명례 입타노존자
無盡慈尊者[387]    颯陀怒尊者[388]

지심귀명례 나라달존자    지심귀명례 행원지존자
那羅達尊者[389]    行願持尊者[390]

지심귀명례 천안존존자    지심귀명례 무진지존자
天眼尊尊者[391]    無盡智尊者[392]

지심귀명례 편구족존자    지심귀명례 보개존존자
偏具足尊者[393]    寶蓋尊尊者[394]

지심귀명례 신통화존자　　지심귀명례 사선식존자
神通化尊者[395]　　　　　思善識尊者[396]

지심귀명례 희신정존자　　지심귀명례 마하남존자
喜信靜尊者[397]　　　　　摩訶南尊者[398]

지심귀명례 무량광존자　　지심귀명례 금광혜존자
無量光尊者[399]　　　　　金光慧尊者[400]

지심귀명례 복용시존자　　지심귀명례 환화공존자
伏龍施尊者[401]　　　　　幻化空尊者[402]

지심귀명례 금강명존자　　지심귀명례 연화정존자
金剛明尊者[403]　　　　　蓮花淨尊者[404]

지심귀명례 구나의존자　　지심귀명례 현수존존자
拘那意尊者[405]　　　　　賢首尊者[406]

지심귀명례 이선라존자　　지심귀명례 조정장존자
利亘羅尊者[407]　　　　　調定藏尊者[408]

지심귀명례 무구칭존자　　지심귀명례 천음성존자
無垢稱尊者[409]　　　　　天音聲尊者[410]

지심귀명례 대위광존자　　지심귀명례 자재주존자
大威光尊者[411]　　　　　自在主尊者[412]

지심귀명례 명세계존자　　지심귀명례 최상존존자
明世界尊者[413]　　　　　最上尊尊者[414]

지심귀명례 금강존존자　　지심귀명례 견만의존자
金剛尊尊者[415]　　　　　蠲慢意尊者[416]

지심귀명례 최무비존자    지심귀명례 초절륜존자
最無比尊者[417]    超絶倫尊者[418]

지심귀명례 월보리존자    지심귀명례 지세계존자
月菩提尊者[419]    持世界尊者[420]

지심귀명례 정화지존자    지심귀명례 무변신존자
定花至尊者[421]    無邊身尊者[422]

지심귀명례 최승당존자    지심귀명례 기악법존자
最勝幢尊者[423]    棄惡法尊者[424]

지심귀명례 무애행존자    지심귀명례 보장엄존자
無礙行尊者[425]    普莊嚴尊者[426]

지심귀명례 무진자존자    지심귀명례 상비민존자
無盡慈尊者[427]    常悲愍尊者[428]

지심귀명례 대진장존자    지심귀명례 광염명존자
大塵障尊者[429]    光燄明尊者[430]

지심귀명례 지안명존자    지심귀명례 견고행존자
智眼明尊者[431]    堅固行尊者[432]

지심귀명례 주운우존자    지심귀명례 부동라존자
澍雲雨尊者[433]    不動羅尊者[434]

지심귀명례 보광명존자    지심귀명례 심관정존자
普光明尊者[435]    心觀淨尊者[436]

지심귀명례 나라덕존자    지심귀명례 사자존존자
那羅德尊者[437]    師子尊尊者[438]

지심귀명례 법상존존자　　지심귀명례 정진변존자
法上尊尊者[439]　　　　　　精進辯尊者[440]

지심귀명례 낙설과존자　　지심귀명례 관무변존자
樂說果尊者[441]　　　　　　觀無邊尊者[442]

지심귀명례 사자번존자　　지심귀명례 파사견존자
師子翻尊者[443]　　　　　　破邪見尊者[444]

지심귀명례 무우덕존자　　지심귀명례 행무변존자
無憂德尊者[445]　　　　　　行無邊尊者[446]

지심귀명례 혜금강존자　　지심귀명례 의성취존자
慧金剛尊者[447]　　　　　　義成就尊者[448]

지심귀명례 선주의존자　　지심귀명례 신증존존자
善住義尊者[449]　　　　　　信證尊尊者[450]

지심귀명례 행경단존자　　지심귀명례 덕보흡존자
行敬端尊者[451]　　　　　　德普洽尊者[452]

지심귀명례 사자작존자　　지심귀명례 행인자존자
師子作尊者[453]　　　　　　行忍慈尊者[454]

지심귀명례 무상공존자　　지심귀명례 용정진존자
無相空尊者[455]　　　　　　勇精進尊者[456]

지심귀명례 승청정존자　　지심귀명례 유성공존자
勝淸淨尊者[457]　　　　　　有性空尊者[458]

지심귀명례 정나라존자　　지심귀명례 법자재존자
淨那羅尊者[459]　　　　　　法自在尊者[460]

지심귀명례 사자협존자     지심귀명례 대현광존자
師子頰尊者[461]     大賢光尊者[462]

지심귀명례 마하라존자     지심귀명례 음조민존자
摩訶羅尊者[463]     音調敏尊者[464]

지심귀명례 사자억존자     지심귀명례 괴마군존자
師子臆尊者[465]     壞魔軍尊者[466]

지심귀명례 분별신존자     지심귀명례 정해탈존자
分別身尊者[467]     淨解脫尊者[468]

지심귀명례 질직행존자     지심귀명례 지인자존자
質直行尊者[469]     智仁慈尊者[470]

지심귀명례 구족의존자     지심귀명례 여의잡존자
具足儀尊者[471]     如意雜尊者[472]

지심귀명례 대치묘존자     지심귀명례 겁빈나존자
大熾妙尊者[473]     劫賓那尊者[474]

지심귀명례 보염광존자     지심귀명례 고원행존자
普焰光尊者[475]     高遠行尊者[476]

지심귀명례 득불지존자     지심귀명례 적정행존자
得佛智尊者[477]     寂靜行尊者[478]

지심귀명례 오진상존자     지심귀명례 파원적존자
悟眞常尊者[479]     破冤賊尊者[480]

지심귀명례 멸악취존자     지심귀명례 성해통존자
滅惡趣尊者[481]     性海通尊者[482]

지심귀명례 법통존자　　지심귀명례 민불식존자
　　法通尊者 [483]　　　　　　慜不息尊者 [484]

지심귀명례 섭중심존자　　지심귀명례 도대중존자
　　攝衆心尊者 [485]　　　　　導大衆尊者 [486]

지심귀명례 상은행존자　　지심귀명례 보살자존자
　　常隱行尊者 [487]　　　　　菩薩慈尊者 [488]

지심귀명례 발중고존자　　지심귀명례 심성응존자
　　拔衆苦尊者 [489]　　　　　尋聲應尊者 [490]

지심귀명례 수겁정존자　　지심귀명례 주법수존자
　　數劫定尊者 [491]　　　　　注法水尊者 [492]

지심귀명례 득정통존자　　지심귀명례 혜광증존자
　　得定通尊者 [493]　　　　　慧廣增尊者 [494]

지심귀명례 육근진존자　　지심귀명례 발도라존자
　　六根盡尊者 [495]　　　　　拔度羅尊者 [496]

지심귀명례 사살타존자　　지심귀명례 주다가존자
　　思薩埵尊者 [497]　　　　　注茶迦尊者 [498]

지심귀명례 발리라존자　　지심귀명례 원사중존자
　　鉢利羅尊者 [499]　　　　　願事衆尊者 [500]

〈전법게 傳法偈〉

인연선악이분명 과보음공약칭평 수차백편인과송
因緣善惡理分明 果報陰功若秤平 垂此百篇因果頌

설언성법혜중생　불도무사계만문　함생지류성개존
說言性法惠衆生　佛道無私啓萬門　含生之類性皆存

여득일념생청정　천상인간견세존　여득위인존불성
汝得一念生清淨　天上人間見世尊　汝得爲人存佛性

개종외물전여륜　여능전물지진성　변시여래증각신
皆從外物轉如輪　汝能轉物持眞性　便是如來證覺身

설신후시의겸총　육적창광란성종　여수계지병정혜
舌身嗅視意兼聰　六賊猖狂亂性宗　汝守戒持幷定慧

용자삼법멸제흉　수처출생개시도　당시멸진각귀공
用茲三法滅諸兇　隨處出生皆是道　當時滅盡却歸空

도무괘애심청정　돈각원명처처통　자본애욕위근체
都無罣礙心清淨　頓覺圓明處處通　自本愛慾爲根蔕

번뇌수신자차래　각향애욕능단절　자연번뇌불륜회
煩惱隨身自此來　却向愛慾能斷絶　自然煩惱不輪回

신삼구사의겸삼　십악수신여막탐　약향차중환불오
身三口四意兼三　十惡隨身汝莫耽　若向此中還不悟

여어성법갱하감　심시불혜불시심　존심심외불난심
汝於性法更何堪　心是佛兮佛是心　存心心外佛難尋

환지선악개심조　득견여래이심심　여인파암대천명
還知善惡皆心造　得見如來理甚深　汝因破暗待天明

명멸지시암우생　욕득상명제암장　단지혜거진상행
明滅之時暗又生　欲得常明除暗障　但持慧炬鎭常行

심위명경욕위진　진후명장견몰인　점거점마부구진
心爲明鏡慾爲塵　塵厚明藏見沒因　漸去漸磨浮垢盡

자연통조왕래인　육적청정무번뇌　번뇌무시혜자명
自然通照往來人　六賊淸淨無煩惱　煩惱無時慧自明

조견만연개외물　일여천리지공청　경약승식제선근
照見萬緣皆外物　一如天理秪空淸　境若勝識諸善根

식능승경만연통　내연외경개무착　지차위공갱몰공
識能勝境萬緣通　內緣外境皆無著　只此爲空更沒空

성여심부사불입　지장도합식개명　육진오욕함상리
性與心符邪不入　志將道合識皆明　六塵五欲咸相離

증과보리자차성　거진진애세진하　교여명월조천애
證果菩提自此成　去盡塵埃洗盡瑕　皎如明月照天涯

제사부동무형상　차거여래로불하　만행주통능각성
諸邪不動無形相　此去如來路不遐　萬行周通能覺性

구제번뇌갱근수　칠생칠사방성도　초등다원입성류
驅除煩惱更勤修　七生七死方成道　初等陀洹入聖流

공행장성상왕환　일생천상일인간　방능증득아라위
功行將成尙往還　一生天上一人間　方能證得阿羅位

차호다함도상관[105)
此號陀含度上關

## 〈회향진언 迴向眞言〉

일체세등좌도량 각안개부조삼유 아금호궤선권청
一切世燈坐道場　覺眼開敷照三有　我今胡跪先勸請

전어무상묘법륜 소유여래삼계주 임반무여열반자
轉於無上妙法輪　所有如來三界主　臨般無餘涅槃者

아개권청영구주 불사비원구세간[106)
我皆勸請令久住　不捨悲願救世間

옴 사르바 부다 보디사트바야 스바하(3번)


## 〈항마진언 降魔眞言〉

나모 사만타 부다남 마하 바라바티 다자 바로드 바베 마하
마이트르야 아비 우드가테 스바하(3번)


## 〈법계회향게 法界迴向偈〉

원멸 사생육도 법계유정 다겁생래제업장 아금참회계수례
願滅　四生六道　法界有情　多劫生來諸業障　我今懺悔稽首禮

원제죄장실소제 세세상행보살도(3번)
願除罪障悉消除　世世上行菩薩道

이후 축원 以後 祝願

298

# Ⅲ.
# 진언의례
## 眞言儀禮

# 1. 산스크리트어 반야심경

## 1) 당 唐 현장 玄奘 역 譯

아르야바로키테 스바로 보디사트보 감비람 프라자 파라미타
차리얌 차라 마노 브야바로카티 스마 팜차 스칸다 사타즈
카 스바바바 주니암 파샤티 스마 이하 사리푸트라 루팜 주니암
슈냐타 이바 루팜 루판 나 프리타 주냐타 주냐타야 나 프리타
사 루팜 야드 루팜 사 주냐타 야드 주냐타 사 루팜 에밤 이바
베다나 삼자 삼스카라 비즈남 이하 사리푸트라 사르바 다르마
주냐타 라크샤나 아누트판나 아니루다 아비마라 아 노나 아파
리푸르나 타스마이 사리푸트라 주냐타얌 나 루팜 나 베다나
나 삼자 나 삼스카라 나 비자남 나 차크슈 즈로트라 그라나
지흐바 카야 마남시 나 루파 자브다 간다 라사 사프라 스타브야
다르마 나 차크슈 다투 르야바 나 마노 비자남 다투 나 비드야
나 비드야 나 비드야 크샤요 나 비드야 크샤요 야반 자라
마라남 나 자라 마라나 크샤요 나 두카 사무다야 니로다 마리자
나 자남 나 프라프티 나 아비 스마라 타스마이 나 프라피트바
보디사트바남 프라자 파라미탐 아즈리트야 비하라트야 치타
바라 나 비드야 크샤요 나 비드야 크샤요 야 바라 자라 마라남
나 자라 마라나 크샤요 나 두카 사마이다야 니로다 마르자나
나 자남 나 프라프티 나 아비 스마라 스마이다 프라프티 트바

보디사트바남 프라자 파라미탐 아스리트야 비하라트야 치타
바라 나 치타 바라나 아스티트바 나 트리스토 비파르야 사티크
란토 니스타 니르바남 트르야드바 브야바스티타 사르바 부다
프라자 파라미탐 아즈리티 아누타람 삼먁삼보딤 아비 삼 부다
타스마이 자타브얌 프라자 파라미타 마하 만트라 마하 비드야
만트라 아누타라 만트라 아사마 사마티 만트라 사르바 두카
프라샤마나 사트얌 아미 찬르야트바 프라자 파라미타 얌 우크
토 만트라
타댜타 가테 가테 파라가테 파라삼가테 보디 스바하[107)]

## 2) 계단 契丹 자현 慈賢 역 譯

아르야바로키테 스바로 보디사트보 감비람 프라자 파라미타
차르얌 차라마누 브야 바로카야티 사마 판차 스칸타 스타즈
카 스바바바 수드얌 파시티 사마 이하 사리푸트라 루팜 수드야
타 수드야타 이바 루팜 루판 나 프리타 수드야타야 나 프리타
사 루팜 예드 루팜 사 수드야타 수드야타 사 루팜 에밤 에바
비다나 삼그자 삼사크라 비즈야남 이하 사리푸트라 사르바
다르마 수드야타 라크사나 아누타 판나 아누루다 아마라 아비
마라 아누사 아파리부르나 타스마이 사리푸트라 수드야타야
루팜 나 베다나 나삼 삼그자 나 삼스카라 나 비즈야다 나

자크수 즈루트라 가라남 지흐바 카야 마나시 나 루파 즈바간다 라사 사프라스타브야 다르마 나 차크수 다투 야바나 마노 비즈야 나 다투 나 비드야 나크사요 유나 비드야 나크사요 야바 나 자라남 마라남 나 자라남 마라남 나크사요 나 두카 삼무타야 니로다 마르가 나즈얌 나 프라프티 나 아피 사마야 타스마이 아프라프티 트바 보디사트바남 프라즈야 파라미탐 아시트야 비하라트야 치타 바라남 치타 바라나 나 스티트라 나트라 스타 비프라르자 사티크라타 니스타 니르바나 트리브 야 바스티타 사르바 부다 프라즈야 파라미탐 아스리트야 아누 타람 삼막삼보디 아비 삼부다 타스마이 자타브얌 프라자 파라 미타 마하 만트로 마하 비드야 만트라 아누타라 만트라 아사마 사마 만트라 사르바 두카 프라사마나 사트얌 아미티예 트바 프라자 파라미탐 우크투 만트라

타댜타 가테가테 파라가테 파라삼가테 보디 스바하[108]


3) 당 唐 불공 不空 역 譯


아르야바로키테 스바로 보디사트보 감비람 프라자 파라미타 카르얌 차라마남 므야 바로카야티 스마 판차 스카탐 스타스카 스바바바 수니얌 파스야티 스마 이하 사리푸트라 루팜 수냐타 수냐타 이바 루팜 루판 나 프리투 수냐타 수냐타야 나 푸리타

사 루팜 예두 루팜 사 수냐타 수냐테 바야 사 루팜 이밤 에바
베다나 삼자 삼스카라 베자남 사리푸트라 사르바 다르마 수냐
타 라크사나 아누트파나 아니리타 아마라 아비마라 다나자
삼푸라나 타스마이 수니야 타야 나 루팜 베다나 나 삼즈나
나 삼스카라 나 베자남 나 차크수 즈루트라 그라남 이흐바
카야 마나 나 루파 스바라 간다 라사 브라스타브야 다르마
나 차크수 다투 야반 나 마노 비즈나 다투 나 비드야 나 아비드야
나 크사요 야반 나 자르나 마라남 나 자르나 아마르나 크사요
나 두카 삼무다예 니로다라 마르가 나 즈나나 프라프티 즈차타
스베나 프라프티 트밤 보디사트바 프라자 파라미탐 아스리트
야 비하라트야 치타 아바르나 치타 아바르나 나스티트바 아트
라사타 비파르야 사티크란타 느리스타 니르바나 티르야드바
나바스티타 사르바 부다 프라자 파라미탐 아스리트야 아누타
라 삼막삼보딤 아비 삼부타 타스마이 자타브얌 프라자 파라미
타 마하 만트로 마하 비드야 만트라 아누타라 만트라 아사마
사마 만트라 사르바 두캄 프라사마나 사트얌 아미트예 트바
프라자 파라미탐 우크토 만트라
다댜타 옴 가테 가테 파라가테 파라삼가테 보디 스바하[109](3번)

# 2. 관음진언 觀音眞言

## 1) 신묘장구대다라니 神妙章句大陀羅尼
### (一名 청경관음다라니 靑頸觀音陀羅尼)

### (1) 광본 廣本

나모 라트나 트라야야 나마 아르야바로키테 스바라야 보디사
트바야 마하 사트바야 마하 카루니카야 사르바 반다나 체다나
카라야 사르바 바바 사무드라 초샤나 카라야 사르바 브야디
프라샤마나 카라야 사베티튜 우파드라바 비나 샤나 카라야
사르바 바예슈 트라나 카라야 타스마이 나마스 크르트바 이담
아르야바로키테 스바라 바시탐 니라칸타베 나마 흐르다얌
아브라타 이챠미 사르바타 사다캄 슈밤 아제얌 사르바 부타남
바바 마르가 비쇼다캄 타댜타 옴 아로케 아로카 마티 로카티
크란테 헤 흐리 아르야바로키테 스바라 마하 보디사트바 헤
보디사트바 헤 마하 보디사트바 헤 프리야 보디사트바 헤
마하 카루니카 스마라 흐르다얌 히히 흐리 아르야비로키테
스바라 마헤 스바라 파라마 마이트라 치타 마하 카루니카
쿠루 쿠루 카르마 사다야 사다야 비드얌 니헤 니헤 타바람
카맘 가마 비함 가마 시다유기 스바라 두루두루 비얀티 마하
비얀티 다라 다라 다레 인드레 스바라 차라 차라 비마라 마라
아르야비로키테 스바라 지나 크르스나 자타 마쿠타 바람바

프라람바 비람바 마하 시다 비드야 다라 바라 바라 마하 바라
아마라 마라 마하 마라 차라 차라 마하 차라 크르스나 바르나
디르가 크르스나 파크사 디르가 아타나 헤 파드마 하스타
차라 차라 네샤 차레 스바라 크르스나 사르파 크르타 야즈노파
비타 에헤 히 마하 바라하 무카 트리푸라 다하네 스바라 나라야
나 바루파 바라 마르가 아리 헤 니라칸타 헤 마하 카라 하라
하라 비샤 니르지타 로카스야 라가 비샤 비나 샤나 드비사
비샤 비나 샤나 모하 비샤 비나 샤나 후루 후루 마라 후루
흐리 마하 파드마 나바 사라 사라 시리 시리 수루 수루 무루
무루 부드야 부드야 보다야 보다야 아마이테 니라칸타 에헤
히 바마 스티타 심하 무카 하사 하사 문차 문차 마하 타타
하사 에헤 히 보 마하 시다요기 스바라 바나 바나 바참 사다야
사다야 비드얌 스마라 스마라탐 바가반탐 로키타 비로키탐
로케 스바람 타다가탐 다다헤 메 다르샤나 카마스야 다르샤남
프라흐라다야 마나 스바하 시다야 스바하 마하 시다야 스바하
시다요기 스바라야 스바하 니라칸타야 스바하 바라하 무카야
스바하 마하 다라 심하 무카야 스바하 시다 비드야 다라야
스바하 파드마 하스타야 스바하 크르스나 사르파 크르다 야즈
노파비타야 스바하 마하 라쿠타 다라야 스바하 차크라 유다야
스바하 샨카 샤다니 보다나야 스바하 바마 스칸다 데샤 스티타
크르스니 지나야 스바하 브야그라 차마 니바사나야 스바하
로케 스바라야 스바하 사르바 시데 스바라야 스바하

나모 바가바테 아르야바로키테 스바라야 보디사트바야 마하
사트바야 마하 카루니카야 시드야투 메 만트라 파다야 스바
하[110]

## (2) 약본 略本

나모 라트나 트라야야 나모 아르야바로키테 스바라야 보디사
트바야 마하 사트바야 마하 카루니카야 옴 사르바 라비예
수타나 타스마이 나마스 크르트바 이맘 아르야바로키테 스바
라 람다바 나모 나라킨디 흐리 마하 바트 스바메 사르바 아타토
수밤 아제얌 사르바 사트 나마 바카 마비타토 타댜타 옴 아바로
케 로카테 크란테 에 흐리 마하 보디사트바 사르바 사르바
마라 마라 마히마 흐르다얌 쿠루 쿠루 카르맘 두루 두루 비자야
테 마하 비자야테 다라 다라 디르니 스바라야 차라 차라 마마
비마라 무크테레 에히 에히 시나 시나 아르삼 프라차리 비샤
비샴 프라사야 후루 후루 마라 후루 후루 흐리 사라 사라
시리 시리 수루 수루 보디야 보디야 보다야 보다야 마이트리야
나라킨디 드리스나 바야마나 스바하 시다야 스바하 마하
시다야 스바하 시다요게 스바라야 스바하 나라킨디 스바하
마라나라 스바하 시라 심하 무카야 스바하 사르바 마하 아시다
야 스바하 차크라 아시다야 스바하 파드마 카스타야 스바하
나라킨디 바가라야 스바하 마바리 산카라야 스바하

나모 라트나 트라야야 나마 아르야바로키테 스바라야 스바하
옴 시드얀투 만트라 파다야 스바하[111]


## 2) 성관자재보살다라니 聖觀自在菩薩陀羅尼


### (1) 근본다라니 根本陀羅尼

나모 라트나 트라야야 나마 아르야바로키테 스바라야 보디사
트바야 마하사트바야 마하 카루니카야 나마 사르바 사트바
히타 누카미네 나마 사르바 사트바남 마이트라 치타야 나마
사르바 브야사나 프라샤마나 카라야 나마 사르바 브야사나
모크샤나 카라야 나마 사르바 바야 프라샤마나 카라야 나마
사르바 브야디 모크샤나 카라야 나마 사르바 사트바 니르바나
프라베샤마나 카라야 나모 나마 보디사트바야 에 테샴 나마스
크르트바 이맘 아르야바로키테 스바라야 흐르다야 마바르타
이샤미 카르마 아르타 사다니 사르바 브야디 프라모크샤니
타댜타 수루 수루 투루 투루 투루 히리 히리 미리 미리 시리
시리 디리 디리 자레 자레 자레니 투라니 무라니 마크시 가우리
간다리 드라미 디 마탄기 푸카시 두레 두레 두두레 다미 다미니
샨티 샨티 마나시 무크티 비무크티 자예 비자예 히 리미 리미
미리 히 모차니 수무니 수라시 아므르테 아므르타 바르다니

난데 난디 무케 찬드레 무케 찬드레 찬드라 무케 파드메 파드마 무케 수르야 칸테 수르야 프라바베 수르야 라시니 사드르세 브라메 브라마 스바레 인드레 인드라 크라메 아바예 아라제 아므르테 마하 프라베 두므두비 스바레 마누스 스바레 사르바 사트바 누칸파야 사다야 사다야 부다 마누 스마라 다르마 마누 스마라 히 삼가 마누 스마라 보다야 보다야 보디사트바야 사르바 카맘 사다야 스바하 바라다야 스바하 카루니카야 스바하 다마메 사다야 스바하

나모 아르야바로키테 스바라야 스바하 시디얀투 메 만트라 파다야 스바하[112]

## (2) 성관자재보살일백팔명다라니 聖觀自在菩薩一百八名陀羅尼

타댜타 헤 바반 크르타 크르트야 크르타 카라니야 흐르타 바라 아누 프라프타 스바카 아르타 파리 크시나 바바 삼요자나 삼야가 즈냐나 수비무크타 치타 수비무크타 프라즈냐 아자니요 마하 나가 사르바 치토 바시 파라마 파라미타 프라프타 파리 푸르나 즈냐나 삼바라 우티르나 바바 칸타라 파라히타 야트나 카루나 반담 흐르다야 프라자 파라마 바트사라 수카 프라다 스네하 프라스르타 아난타 사트밤 타라나트 카우샤라 수가타 아잔마 트리 부바나 카르만 다바 비가타 라가 비가타 드베샤 비가타 모하 트리마라 프라히나 트라이 비드야 파라가

사드 아비즈냐 프라프타 느야그로다 파리 만다라 다트람 사
마하 푸르사 라크사나 다라 아시트야 누 브얀자나 아람 크르타
가트라 수바르나 수크스마 차비 프람수 라바나 타 마르타
나바 나가 케사라 아루나 자타 다라 자타 카라푸파 구다 부르드
네 아미타바 잠부 나다 칸차나 아바바사 프라무크타 라스미
즈바리타 브야마 프라바 칸차나 아드르 프라티타 야샤스 비푸
라 테자 우다유 우디지르나 디나 카로스니샤 프라 즈바리타
마니 야이 파비타 아르다 카야 부미 프라비차야 다샤 파라미타
차라나 아칸디타 시라 아체드라 시라 삼하 비크란타 라크사
쿠마라 라레타 가트라 무르브얌 다라크사 니카테 나크사나
아바르타 나비 아르다 찬드라 아람 크르타 티라카 비스테
아라레타 프라람바 바하 니라칸타 타라 브루 우드르바가 나샤
카라샤 크르테 그리바 니르가 아구네 파리 바니 아무르두타
아므라나카 자라 바나다 하스타 차크라 아람 크르타 파니
타라 사라트카 마라 니바 크스누 우파치타 가트라 브라흐마
감비라 스바라 흐르다얌 가마 브르 마니유 다르샤니야 라마니
야 카마라 아바 카마루 우드바바 카마라 삼바바 카마라 아사나
카마라 하스타 카만다루 브야그라 하스타 크르스나 지나 다라
단다 다라 아크사 다라 푸타 파비트라 푸르바 아비 바시 아무르
타 바르샤 치타 마니 카르파 수드르샤나 무르크샤 사르바
사트바 브르티 카라 프리티 카라 사르바 사트보 우파지브야
부다 니르마나 수가타 베샤 다라 에카이 카로마 고파 사트바

사라 크르타 푸냐 크르타 쿠샤라 크르타 니스차야 우트 파티
비르야 삼사라 아티크란타 사드 다르마 유바 라즈야 아비시크
타 타라 아누가타 차라나 부르 코티 크르타 즈냐나 자야바티
나야만타 스무르테 만타 마하 비크라 만타 구나 만타 마이트리
만타 샨타 만타 시라 만타 바그야 만타 아르타 만타 아르타남
브얀타라 삼샤야남 체트르 다르마남 프라바 크트르 로카 샤스
트라남 파리 푸르나 만트라 무카 사르바 라트나 카 치타 니아마
잠라 디샤 수바르나 바라 우파 비바 스타에 스르야 사하스라
아트레카 루치라 샤리라 브라흐마 나라데나 나마스 크르타[113]


## 3) 일체여래대불정다라니 一切如來大佛頂陀羅尼
### (一名 수능엄주首楞嚴呪)


나마스 타타가타야 수가타야 아르하테 삼먁삼부다야 나마
사르바 타타가타 코티 우스니삼 나마 사르바 부다 보디사트베
브야 나마 사프트남 삼먁삼부다 코티남 스라바카 삼가남 나모
로케 아라한타남 나마 아스로타 판나남 나마 사크르다 가미남
나모 아나가미남 나모 로케 삼먁 가타남 삼먁 프라티 판나남
나모 데바 리시남 나마 시다 비드야 다라 리시남 샤파 누그라하
사마르타남 나모 브라흐마네 나모 인드라야 나모 바가바테
루드라야 우마 아파티 사히타야 나모 바가바테 나라야나야

310

라크스미 판차 마하 무드라 나마스 크르타야 나모 바가바테
마하 카라야 트리푸라 나가라 비드라바나 카라야 아디무크티
카 스마샤나 바시니 마트르가나 나마스 크르타야 나모 바가바
테 타타가타 쿠라야 나모 파드마 쿠라야 나모 바즈라 쿠라야
나모 마니 쿠라야 나모 가자 쿠라야 나모 쿠마라 쿠라야 나모
나가 쿠라야 나모 바가바테 드르다 슈라 세나 프라하라나
라자야 타타가타 아르하테 삼먁삼부다야 나모 바가바테 아미
타바야 타타가타 아르하테 삼먁삼부다야 나모 바가바테 아크
쇼브야야 타타가타 아라하테 삼먁삼부다야 나모 바가바테
바이샤즈야 구루 바이두르야 프라바 라자야 타타가타 아라하
테 삼먁삼부다야 나모 바가바테 삼푸스피타 사렌드라 라자야
타타가타 아라하테 삼먁삼부다야 나모 바가바테 샤캬무니야
타타가타 아라하테 삼먁삼부다야 나모 바가바테 라트나 쿠수
마 케투 라자야 타타가타 아라하테 삼먁삼부다야 나모 바가바
테 사만타 바드라야 타타가타 아라하테 삼먁삼부다야 나모
바가바테 바이로차나야 타타가타 아라하테 삼먁삼부다야 나
모 바가바테 비카시타 나야노트파라 간다 케투 라자야 타타가
타 아라하테 삼먁삼부다야 테브요 나마스 크르트바 이맘 바가
바타스 타타가토 스니삼 시타 타파트람 나모 아파라지탐 프라
트야 미트라 사르바 부타 그라하 니그라하 카라니 파라 비드야
아체다니 아카라 므르트유 파리 트라야나 카리 사르바 반다나
모크샤나 카리 사르바 두스타 두스바프나 니바라니 차투라

시티남 그라하 사하스라남 비드밤 사나 카리 아스타 빔샤티남
나크사 트라남 프라사다나 카리 아스타남 마하 그라하남 비드
밤 사나 카리 사르바 샤트루 니바라니 고람 두흐스 바프나남
차 나샤니 비샤 샤스트라 아그니 우다카 타라니 아파라 지타
마하 고라 마하 바라 마하 찬담 마하 티타 마하 테자스 마하
스베타 마하 즈바라 마하 바라 판다라 바시느야 아르야 타라
브르쿠티 차이바 비자야 바즈라 마레티 비스루타 파드마카
바즈라 지흐바 차 마라 차이바 아파라지타 바즈라 단딘 비샤라
차 산타르프야 데바 푸지타 사우므야 루파 마하 스베타 아르야
타라 마하 바라 아파라 바즈라 삼카라 차이바 바즈라 카우마리
쿠람 다리 바즈라 하스타 차 마하 비드야 칸차나 마리카 쿠숨바
라트나 차이바 바이로차나 쿠리아 아르타 우스니샤 비즈름바
마니 차 바즈라 카나카 프라바 로차나 바즈라 툰디 차 스베타
차 카마 라크사 샤신 프라바 이트야디 무드라 가나 사르베
라크샴 쿠르반투 마마 스야 옴 르시가나 프라샤스타 타타가토
스니샤 시타 아타파트라 훔 트룸 잠바나 카라 훔 트룸 스탐바나
카라 훔 트룸 모하나 카라 훔 트룸 마하 비드야 삼크샤나나
훔 트룸 파라 비드야 삼크샤나나 훔 트룸 사르바 두스타라
스탐바나 카라 훔 트룸 사르바 야크샤 라크사샤 그라하남
비드밤 사나 카라 훔 트룸 차투라 시티남 그라하 사하스라남
비드밤 사나 카라 훔 트룸 아스타빔 샤티남 나크샤 트라남
프라샤다나 카라 훔 트룸 아스타남 마하 그라하남 비드밤

사나 카라 훔 트룸 라크샤 라크샤 맘 바가바타스 타타가토
스니샤 시타 아타파트라 마하 바즈로 스니샤 마하 프라트야
미트라 마하 사하스라 부자 사하스라 시라 코티 사타 사하스라
네트레 아베드야 즈바리타 타다케 마하 바즈로 다라 트리
부바나 만트라 옴 스바스티 바바투 마마 라자 바야 초라 바야
아그니 바야 우다카 바야 비샤 바야 샤스트라 바야 파라 차크라
바야 두르비크샤 바야 아리 바야 아샤니 바야 아카라 무르트유
바야 다라니 부미 캄파 바야 우르카 파타 바야 라자 단다
바야 나가 바야 비드유트 바야 수파르나 바야 찬다무르가
바야 데바 그라하 나가 그라하 아수라 그라하 마루타 그라하
가루다 그라하 간다르바 그라하 킨나라 그라하 마호라가 그라
하 야크샤 그라하 라크사샤 그라하 프레타 그라하 피샤차
그라하 부타 그라하 쿰반다 그라하 푸타나 그라하 카타 푸타나
그라하 스칸다 그라하 아파스마라 그라하 운마다 그라하 차야
그라하 오스타라카 그라하 레바티 그라하 조다 하라니 오자스
하라니 가르바 하라니 루디라 하라니 바샤 맘사 하라니 메다
하라니 마자 하라니 자타 하라니 지비타 반타 하라니 아슈치
하라니 무트라 하라니 비스타 하라니 스레스만 신가나카 하라
니 케타 하라니 푸야 하라니 바르야 하라니 마르야 하라니
간다 하라니 두파 하라니 치타 하라니 푸스파 하라니 파라
하라니 사스야 하라니 아후르야 하라니 테샴 사르베 샴 사르바
그라하남 비드야 체다야티 키라야티 파리 브라자카 크르탐

비드야 체다야티 키라야티 다카 다키니 크르탐 비드야 체다야
티 키라야티 마하 파슈파티 루드라 크르탐 비드야 체다야티
키라야티 나라야나 크르탐 비드야 체다야티 키라야티 타트바
가루다 크르탐 비드야 체다야티 키라야티 마하 카라 마트르가
나 크르탐 비드야 체다야티 키라야티 카파리카 크르탐 비드야
체다야티 키라야티 자야 카라 마두 카라 사르바르타 사다나
크르탐 비드야 체다야티 키라야티 차투르 바기니 크르탐 비드
야 체다야티 키라야티 브르느기 난딘 스바라가나파티 사히타
크르탐 비드야 체다야티 키라야티 나그나 스라마나 크르탐
비드야 체다야티 키라야티 아르한타 크르탐 비드야 체다야티
키라야티 비타라가 크르탐 비드야 체다야티 키라야티 바즈라
파니 구흐야카 디파티 크르탐 비드야 체다야티 키라야티 라크
샤 라크샤 맘 바가바타스 타타가토 스니사 시타타파트라 나마
스투테 아시타 나라 라자 프라바 스푸타 비카 시타 아타파트레
즈바라 즈바라 다카 다카 비다카 비다카 다라 다라 비다라
비다라 체다 체다 비다 비다 훔 훔 파트 파트 스바하 헤헤
파트 호호 파트 아모가 파트 아프라티 하타 파트 바라 프라다
파트 아수라 비드라 아바카 파트 사르바 데베브야 파트 사르바
나게브야 파트 사르바 아수레브야 파트 사르바 마루테브야
파트 사르바 가루데브야 파트 사르바 간다르베브야 파트 사르
바 킨나레브야 파트 사르바 마호라게브야 파트 사르바 마누스
예브야 파트 사르바 아마누스예브야 파트 사르바 사르바 야크

세브야 파트 사르바 라크샤세브야 파트 사르바 프레테브야
파트 사르바 피샤체브야 파트 사르바 부테브야 파트 사르바
쿰반데브야 파트 사르바 푸타네브야 파트 사르바 카타 푸타네
브야 파트 사르바 스칸데브야 파트 오마데브야 파트 사르바
차야브야 파트 사르바 아파스마레브야 파트 사르바 우스타라
케브야 파트 사르바 두르란기테브야 파트 사르바 두스프레
크시테브야 파트 사르바 즈바레브야 파트 사르바 두스차디테
브야 파트 두르부테브야 파트 사르바 티르티케브야 파트 사르
바 스라마네레브야 파트 사르바 비드야 다레브야 파트 사르바
자야 카라 마두 카라 사르바르타 사다네브야 파트 비드야
차르예브야 파트 차투르 바기니브야 파트 바즈라 카우마 아리
예브야 파트 바즈라 쿠람 다리브야 파트 비드야 아라제브야
파트 마하 프라트야 미트레브야 파트 바즈라 샴카라야 프라트
야 미트레 라자야 파트 마하 카라야 마하 마트르가나 나마스
크르타야 파트 바이스나비예 파트 브라흐마니예 파트 아그니
예 파트 마하 카리예 파트 카라 단디느예 파트 인드리예 파트
루드리예 파트 바라히예 파트 차문다예 파트 라트리예 파트
카라라 트리예 파트 야마단디느예 파트 카파리예 파트 아디
무크티카 스마사나 바시니예 파트 야치 치타 사트바 마마
두스타 치타 파파 치타 라우드라 치타 아미트라 치타 오자스
흐라스 가르바 흐라스 루디라 바사 흐라스 맘사 흐라스 메다
흐라스 마자 흐라스 자타 흐라스 지비타 흐라스 반타 흐라스

아슈치 흐라스 무트라 흐라스 비스타 스레스만 흐라스 신가나
카 흐라스 케타 흐라스 푸야 흐라스 바르야 흐라스 마르야
간다 흐라스 두파 흐라스 치타 흐라스 푸스파 흐라스 파라
흐라스 사스야 흐라스 아후르야 흐라스 파파 치타 두스타
치타 라우드라 치타 데바 그라하 나가 그라하 아수라 그라하
마루타 그라하 가루다 그라하 간다르바 그라하 킨나라 그라하
마호라가 그라하 야크샤 그라하 라크샤사 그라하 프레타 그라
하 피샤차 그라하 부타 그라하 쿰반다 그라하 푸타나 카타
그라하 스칸다 그라하 운마다 그라하 차야 그라하 아파스마라
그라하 오스타라카 그라하 다카 다키니 그라하 레바티 그라하
자미카 그라하 샤쿠니 그라하 마트르 난디카 그라하 아람바
그라하 하누 칸타파니 그라하 즈바라 아이카히카 드바이티야
카 트라이티야카 차투르타카 사프타히카 니트야 즈바라 비사
마 즈바라 바티카 파이티카 스라이스미카 삼니파티카 사르바
즈바라 시로르티 아르다 아바베 다카 아로차카 아크시 로감
나사 로감 무카 로감 칸타 로감 흐르다 로감 가라 그라함
카르나 슈람 단타 슈람 흐르다야 슈람 마르만 슈람 파르스바
슈람 프르스타 슈람 우다라 슈람 카티 슈람 바스티 슈람 우루
슈람 잠가 슈람 하스타 슈람 파다 슈람 사르반가 프라트얀가
슈람 부타 베타라 다카 다키니 즈바라 다드루 칸두 키티 바
루타 바이사르파 로하린가 쇼사 트라사나 가라 비샤 요가
아그니 우다카 파라 바이라 칸타라 아카라 므르트유 트르얌부

카 트라이라타 브르스치카 사르파 나쿠라 심하 브야그라 르크
샤 타라크슈 므르가 마라 지바 테샴 사르베샴 시타타 파트라
마하 바즈로 스니샴 마하 프라트야 미트람 야바 드바다샤
요자나브얀 타라 시마 반다 카로미 디샤 반다 카로미 파라
비드야 반다 카로미 테조 반다 카로미 하스타 반다 카로미
파다 반다 카로미 사르반가 프라트얀가 반다 카로미 타댜타
옴 아나레 아나레 비샤데 비샤데 비라 비라 바즈라 다레 반다
반다니 바즈라 파니 파트 홈 트룸 파트 스바하
나마스 타타가타야 수가타야 아르하테 삼먁삼부다야 시드야
투 만트라 파다 스바하 나모 사만타 부다남 타타가토 스니사
아나 바로키타 무르다 옴 마마 마마 홈 니 홈 마마 홈 니
스바하[114]


## 4) 준제보살다라니 準提菩薩陀羅尼

### (1) 대심주 大心呪

나모 부다야 나모 다르마야 나모 삼가야 나마 사르바 부다
보디사트베브야 나모 라트나 트나야야 나모 아르야 마하 춘드
에 나모 사프타남 삼먁삼부다 코티남 타댜타 옴 차레 추레
춘데 스바하 마하 비르야 아프라티 하타 사사네 마하 바라

파라 크라메 아시 무사라 프라수 파샤 그르히타 하스테 마하 크루다 크루데 스바리 우그라 루피니 아난타 무키 사하스라 부제 아지테 아파라지테 아모기 누크사메 사하스라 아크시 사르바 다타가타 아디스타네 사르바 데바타남 반디타 푸지테 프라사디테 바즈라 구니 바즈레 바즈라 바헤 바즈라 유데 바즈라 카미니 바즈로 타메 디미리타크시 아크세피 아구레 구라 루피니 비크르타 다르샤네 바즈라 바이두르야 아란크르타 샤리레 옴 바가바티 춘데 드룸 드룸 트룸 트룸 브루 브루 루루 스루 스루 드루 드루 그르흐나 그르흐나 아베샤야 아베샤야 그르흐나 파야 그르흐나 파야 하라 하라 사라 사라 마라야 마라야 다라 다라 반자 반자 마르다 마르다 마라야 마라야 파차 파차 다하 다하 그르흐나 그르흐나 이담 두스타 그라함 즈바람 에카 히캄 드바히캄 트르야히캄 차트루타캄 사프타히캄 니트야 즈바람 무후르티캄 그라하 부타 베타남 야크샤 라크샤사 쿰바남 요니잠 카르마잠 스타바람 잔가맘 요만힘 산티케치 두스탐 탐 사르밤 사다야 사다야 마르다야 마르다야 슈사야 슈사야 타파야 타파야 우차다야 우차다야 하나 하나 바즈레나 사라 사라 단데나 마라 마라 칸데나 훔 훔 훔 쿠루 쿠루 드루 드루 쿰 쿰 쿰 드룸 드룸 드룸 옴 차레 추레 스바하 사르바 사다야 스바하 옴 스바하 차레 추레 스바하 춘데 마마 샨티 쿠루 스바하[115]

## (2) 소심주 小心呪

나모 사프트남 삼먀삼부타 코티남 타댜타 옴 차레 추레 춘데
스바하[116)

## 5) 여의륜관음다라니 如意輪觀音陀羅尼

나모 라트나 트라야야 나마 아르야 바로키테 스바라야 보디
사트바야 마하 사트바야 마하 카루니카야 타댜타 옴 차크라
바르티 친타 마니 마하 파드메 루루 티스타 즈바라 아카르사야
훔 파트 스바하[117)

## 6) 십일면관음다라니 十一面觀音陀羅尼

나모 라트나 트라야야 나마 아르야 즈냐나 사가라 바이로차나
브유하 라자야 타타가타야 아르하테 삼먀삼부다야 나마 사르
바 타타가테브야 삼먀삼부데브야 나마 아르야바로키테 스바
라야 보디사트바야 마하 사트바야 마하 카루니카야 타댜타
옴 다라 다라 디레 디레 두루 두루 이테 바티 차레 차레 프라차레
프라차레 쿠수메 쿠수마 바레 이리 미리 치리 치티 자람 아파나
야 파라마 슈다 사트바 마하 카루니카야 스바하[118)

## 7) 불공견삭보살다라니 不空羂索菩薩陀羅尼

나모 라트나 트라야야 나모 아미타바야 타타가타야 나마 아르
야바로키테 스바라야 보디사트바야 마하사트바야 마하카루니
카야 다댜타 옴 아모가 아파티하타 훔 훔 파트 스바하[119]


## 8) 마두명왕대심다라니 馬頭明王大心陀羅尼
### (一名 마두관음다라니 馬頭觀音陀羅尼)

나모 라트나 트라야야 나마 아르야바로키테 스바라야 보디사
트바야 마하사트바야 마하 카루니카야 에브요 나마스 크르트
바 이담 아르야바로키테 스바라 무크도 그리남 하야그리바
흐르다야 마바르타 이샤미 에히 에히 마하 마라 바즈라 라카
바즈라 로마 바즈라 케사 바즈라 후라 바즈라 담스트라 하나
다하 다하 파차 파차 그르흐나 그르흐나 반다 란가 란가 하사
하사 자르다 자르다 루투 루투 두나 두나 비두나 비두나 마타
마타 캄파 캄파 카다 카다 사르바 데밤 사르바 나감 사르바
야크삼 사르바 비헤타캄 사르바 비삼 프라비사 프라비사 하야
그리바 비사스리야 프라즈바라 프라즈바라 아비사 아비사
바즈라 쿠라 마비람바 부다 다르마 삼가 바차나 마누스마라
자티 마누스마라 흐르다야 마누스마라 비키라 비키라 가르자

나담 나담 마다 마다 구루 구루 니하나 니하나 훔 훔 파트 파트 스바하[120]

## 9) 다라보살다라니 多羅菩薩陀羅尼

### (1) 근본다라니 根本陀羅尼

나모 라트나 트라야야 나마 아르야바로키테 스바라야 보디사트바야 마하사트바야 마하 카루니카야 타댜타 시디 찬드레 나무치 타레 타레 투트 타레 옴 비슈다니 사다니 스바하[121]

### (2) 찬양성덕다라보살일백팔명다라니 讚揚聖德多羅菩薩一百八名陀羅尼

옴 스리 카르야니 마하 테자 로카 다트리 마하 아샤 사라스바티 바샤 라크시 프라즈냐 스리 부디 바르다네 드르티나 푸스티나 스바하 옴 카라 카마 루피니 사르바 사트바 히토드 유크타 삼그라 모타라니 자야 프라즈냐 파라미타 데브예 아르야 타라 마노라마 둔두비 샨키니 푸르나 비드야 라즈니 프리얌 바다 찬드라 나나 마하 구아리 아지타 피타 바사사 마하 마야 마하 스베타 마하 바라 파라 크라마 마하 루드라 마하 찬다 두스타 사트바 니수다니 프라샨타 샨타 루파차 비자야 즈바라나 프라

바 비드유 마린 드바지 샨키 가르지 차크리 다누르 다라 잠바니
스탐바니 카리 카라 라트리 니샤 차리 라크사시 모하니 샨티
칸타리 드라비디 수바 브라흐마니 비다 마타차 구히라 구하
바시니 만가르야 샴카리 사우므야 자타 비다 마노자바 카파리
니 마하 데비 삼드야 사트야 아파라지타 사라타 바하 크르파
비스타 나스타 마르가 프라다르샤니 바라다 샤사니 샤스트리
스트리 루파 브리타 비크라마 사바리 요기니 시다 찬다리
아미타 드루바 다냐 푸냐 마하 바가 수바가 프리야 다르샤나
크르탄타 트라사니 비마 우그라 우그라 마하 타파 자가디카
히토드 유크타 사라냐 바크티 바트사라 바기 스바리 시바
수크스마 니트야 사르바트라 자누자 사르바르타 사다네 바드
라 고스트리 다트리 다남 다다 아바야 가우타미 푸냐 스리
맘 로케 스바람 아츠유티[122]

# 3. 지장보살진언 地藏菩薩眞言

## 1) 구족수구화길상광명대기명주 具足水火吉祥光明大記明咒 (一名 츰부다라니 讖蒱陀羅尼)

나모 라트나 트라야야 나마 아르야 크시티 가르바 보디사트바 야 마하 사트바야 타댜타 크삼부 크삼부 크수 크삼부 아카샤 크삼부 바라카 크삼부 아부 크삼부 아비라 크삼부 바즈라 크삼부 아로카 크삼부 다르마 크삼부 사트야마 크삼부 사트야 니르하라 크삼부 사트야 니르하라 크삼부 브야바로카 크사바 크삼부 우파사마 크삼부 나야나 크삼부 프라즈나 사마디 라나 크삼부 크사나 크삼부 비시바르야 크삼부 샤스타라바 크삼부 브야나수티 마히레 다히레 다메 사메 차크라세 차크라 마시레 크시레 피레 히레 그흐라 삼바라 브라테 히레 프라베 프라차라 바르타네 라타나 파레 차차 차차 히레 미레 에카타 다케 두쿠루 타레 타레 미레 마데 타데 쿠레 쿠미레 미레 안구 치타비 아리기리 파라기리 코타 사마레 담게 담게 담구레 후루 후루 후루 쿠루 스투 미레 미미레데 미레 타레 바다다 하라 히라 히레 후루 후루루 바바 라자 비슈타네 스바하 카리 요가 비슈타 네 스바하 카루사 마나 비슈타네 스바하 카루사 마하 부타 비슈타네 스바하 카루사 라사 비슈타네 스바하 카루사 우자 비슈타네 스바하 사르바 사바리 푸라니 스바하 사르바 사르바

스야 삼푸다니 스바하 사르바 타타가타 디스티테 스바하 사르
바 보디사트바 두모디테 스바하[123]


## 2) 지장보살광대심다라니 地藏菩薩廣大心陀羅尼
### (一名 마니주 摩尼珠)


나모 크시티 가르바야 마하 만트라 라자야 옴 숨바 니숨바
하라 차라 마하 파샤 마루타 아모가 바즈라 사트바 스바하[124]

# 4. 문수보살진언 文殊菩薩眞言

## 1) 문수보살일백팔명다라니 文殊菩薩一百八名陀羅尼
(一名 금강계대신변천발성만수실리동진대보살일백팔명진언 金剛界
大神變千鉢聖曼殊室利童眞大菩薩一百八名眞言)


나모 사만타 즈나야 아셰사 스파라나 비슈다 부데브유 다샤
디시 사르바 다타가테브요 아르하드브야 삼먁삼부데브유 나
모 만주스리예 사카라 바라 카람 카르파 가타 체타세 비마라
구나 아람 크르타야 아마라 나라 수라 부자가 비드야 다라
자타 마쿠타 니스카시타 파다 피탐 무자야 나모 만주스리예
나모 만주 고샤야 마하 보디사트바야 비비다 아파야 두르가티
비다라나야 타댜타 옴 보 마니 루치라 카라파 비치트라 무크타
남 아람 크르타 샤리라 파라마 사트바 모차카 타타가타 다르마
코샤 다라 프라바라 다르마 라브다 비쟈야 수라타 삼보가
우파 다르샤카 크레샴 아가라 프라샤마카 슈냐타 스바바바
아누사리 마하 보디사트바 바라 바라 바라담 옴 마하 파샤
프라사라 프라사라 아사마 사마 아난타 사마 사만타 바드라
사만타 순다라 사만타 아카라 사만타 프라사라 사라 사라
헤 헤 만주 바라다 바즈라 카드가 치다 치다 비다 비다 비라자
비라자 카르마 아파 가마카 수카 다다 쿠루 쿠루 두루두루
수루 수루 다다 다다 마하 마하 모하야 모하야 보보 비마

비마 나다 나다 사라 사라 마하 사트바 모차야 맘 아나탐 아누스르자타 아파야 두카 수캄 다다 마하 카루니카 아나토함 두키토함 사루조함 우파드루토함 아비비크토함 쿠시도함 사라나 다르모함 트밤 바가반 두키타남 수캄 다다 아나타남 사나타 카라 사루자남 니루자스 카라 우파두르타남 사르바 우파드라바 두카 샤마카 아비비크타남 쿠샤라 다르마 삼바라 파리 푸라이타 쿠시다남 비르야 다타 사라나 비다르미남 아브르타파 다타 마마피 바가반 나토드 바바 샤라남 파라야나 사트라타 사르바 두카니 메 샤마야 사르바 크레샤 라자스 메 아파나야 사르바 삼사라 우파드라바 두카니 메 나샤야 쿠샤라 라자스 메 아파나야 사르바 삼사라 우파드라바 두카니 메 나샤야 쿠샤라 다르마 파리 푸르남 메 쿠루 사르바 카르마 아바라나 파르바타니 메 비키라 마하 보디사트바 세비타 비르야 파라미타 요감 메 삼니요자야 아라나 다르마 비라가 비라자 삼자하 프라자하 다라니 사마 카사마 자라 니디 사마 메루 사마 마하 보디사트바 바라다 스바하[125]


## 2) 문수사리최승근본심왕다라니 文殊師利最勝根本心陀羅尼

나모 사르바 타타가테브요 아르하드브야 삼먁삼부데브유 옴

쿠마라 루피니 비스바 삼바바 아가차 아가차 라후 라후 브룸
브룸 홈 홈 지나 지크 만주스리예 수스리예 타라야 맘 사르바
두케브야 파트 파트 삼마야 삼마야 아므르토드 바보드 바바
파팜 메 나샤야 스바하 옴 바크예 아르테 자야 옴 바크예
아셰사야 옴 바크예 칸드 자야 옴 바크예 니스타야 옴 바크예
다 나마 옴 바크예 마나사 옴 카드가 사트바 바크예 홈 스바
하[126]

# 5. 보현보살진언 普賢菩薩眞言

## 1) 보현보살법계심다라니 普賢菩薩法界心陀羅尼

다댜타 옴 나모 나마스 트리부바네 스바라 마하 보가야 아사마 사마 아미타 사마 아난타 사마 가가나 사마 트리부바네 사마 아셰사 사마 베샤 사마 파라마 아르타 사마 스바바바 사마 타타가타 사마 아라자 사마 슈디 사마 부디 사마 다르마 타타타 사마 아비사야 사마 사마 에카 야나 사가라 비슈데 아로카 히히 라브다 라브다 비자야 비자야 암 프라스크타 나야 나야 함 치라 아디스티타 삼보가 암 아나라야 아라야 다르마 아그라 다라 다라 자야 자야 훔 훔 다마 다마 스바하[127]

## 2) 보현보살근본다라니 普賢菩薩根本陀羅尼

나모 사르바 부다 보디사트바브유 나마 아르야 바이로차나 타타가타야 타댜타 시테 시테 수시테 시다 아르타 마테 아로카 사타니 사만타 파드라치타 투스파다 시그라 시그라 아가차 사만타 파드라 파니트리 니르바 누가타 프라티스티타 부다 비삼 바다야 스바하[128]

# 6. 약사여래진언 藥師如來眞言

## 1) 약사유리광여래대다라니 藥師琉璃光如來大陀羅尼

나모 바가바테 바이사즈야 그루 바이두르야 프라바 라자야
타타가타야 아르하테 삼먁삼부다야 타댜타 옴 바이사즈예
바이사즈예 바이스즈야 사무드가테 스바하[129]


## 2) 칠불여래유리광다라니 七佛如來琉璃光陀羅尼

타댜타 구메 구메 이니메 니히 마티 마티 사프타 타타가타
사마디 아디스티테 아테 마테 파레 파파 쇼다니 사르바 파파
나샤야 부데 부다 우타메 우메 쿠메 부다 크세트라 파리쇼다니
다메 니다메 메루 메루 메루 시카레 사르바 아카라 므르트유
니바라니 부데 수부데 부다 아디스타나 아디스티테 라크사
투메 사르바 데바 사메 아사메 사마나 바하란 투메 사르바
부다 보디사트바 샤메 샤메 프라샤만투메 사르바 이티 우파드
라바 사르바 브야다야 사르바 사트바남 차 푸라네 푸라네
프라느야메 사르바 아샤메 바이두르야 프라티바세 사르바
파팜 크사얀카레 스바하[130]

## 3) 약왕보살다라니 藥王菩薩陀羅尼

아무카 마하 무카 즈바레 마하 즈바레 다크시 마하 다크시
잔쿠리 마하 잔쿠리 우마티 마하 우마티 다크시 다크시 마하
다크시 두테 두테 마하 두테 아유 아유 마하 아유 루차카
마하 루차카 다사메 다사메 마하 다사메 타두 타두 마하 드바두
카루니카 다사라 스바하 아투쿠 아투쿠 마단기 파탐치 차티
차루 차티 부다 차레 카루니카 스바하[131)

## 4) 약상보살다라니 藥上菩薩陀羅尼

나모 푸자보 루보크사 루보크사 카루니카 로무 로무 카루니카
비티 비티 카루니카 아비디타 아비다 아비다 카루니카 산차라
스바하[132)

# 7. 아미타불진언 阿彌陀佛眞言 (一名 왕생주 往生呪)

## 1) 아미타불근본다라니 阿彌陀佛根本陀羅尼
### (一名 왕생주 往生呪)

나모 라트나 트라야야 나마 아르야 아미타아바야 타타가타야
아라하테 삼먁삼부다야 타다탸 옴 아므르테 아므르토드 바베
아므르타 삼바베 아므르타 가르베 아므르타 시데 아므르타
테자스 아므르타 비크란테 아므르타 비크란타 가미니 아므르
타 가가나 키르티카레 아므르타 둔두비 스바레 사르바르타
사다네 사르바 카르마 크레샤 크사얌 카레 스바하[133]

# 8. 제천진언 諸天眞言

## 1) 청제천신다라니 請諸天神陀羅尼

타댜타 아구 마구 타라구 마마구 쿠레 하후헤 므라 므라 므라
슈추레 푸레 스바하[134]

## 2) 집금강보살다라니 執金剛菩薩陀羅尼
### (一名 금강수보살진언 金剛手菩薩眞言)

나모 사프트남 삼먁삼부타남 나마 사르바 바즈라 다라남 타댜
타 옴 바즈레 바즈레 마하 바즈레 바즈라 파샤 드라니 사마
사마 사만타 아프라티 하타 바즈레 샤마 샤마 프라샤만투
메 사르바 브야다야 쿠루 쿠루 사르바 카르마 아바라나 크샤야
사마야 마누마 스마라 바가밤 바즈라 파니 아샴메 파리 푸라야
스바하[135]

## 3) 십이신장결원진언 十二神將結願眞言
### (一名 약사유리광불대다라니 藥師琉璃光佛大陀羅尼)

나모 라트나 트라야야 나모 쿰비라 바즈라 메키라 아니라
사니라 인다라 안타라 바피라 마후라 친다라 차우두라 비마라
나모 비샤이즈야 구루 바이두르야 프라바 라자야 타타가타야
타댜타 옴 바이샤이즈예 바이샤이즈예 바이샤이즈야 사무드
가테 스바하[136)

## 4) 범천다라니 梵天陀羅尼

타댜타 아마레 비마레 가나 삼디 하레 찬디 마하 찬디 차미
마하 차미 수미 스타미 아바르하 비바하 안가사 비단라 카르베
마라 파리 치데 야크사 찬데 비자카 찬데 아바르타네 삼바르타
네 삼스카라네 잠바네 모하네 우차르타네 하마하 하마하 하마
하 아쿤차네 카카 자바 아마라 아무라 무라 파리바르테 아바라
카바 스바하[137)

## 5) 사대천왕진언 四大天王眞言

### (1) 보청진언 普請眞言

옴 나마스 차트로 마하 로카 파라야 비루다카 비루파크사
드리타라스타 쿠베람 이트예삼 사르바 데바남 푸즈얀티 푸나
푸나 사르바 바리 사르바 두파 사르바 디팜 타티바차 파라
바스트라 차트람 차르만 다니 프라니파트에 자그타 구루 옴
즈리 바이즈라 바나야 푸르밤 가메 나마 스바하[138)]

### (2) 사천왕소설신주 四天王所說神咒

타댜타 푸스페 수푸스페 두마 파리 하레 아르야 프라샤스테
샨테 니르무크테 만가레 스투테 스타비테 스바하[139)]

## 6) 비사문천왕다라니 毘沙門天王陀羅尼
#### (一名 여의마니보심신주 如意摩尼寶心神咒)

### (1) 청비사문천왕진언 請毗沙門天王眞言

타댜타 나모 라트나 트라야야 나모 바이스라 마나야 나모
다나 다야 다네 스바라야 아가차 아가차 아파리미타 다네
스바라 파라마 카루니카야 사르바 사트바 히타 치타 마마

다나 마누 프라야차 스바얌 아가차 스바하[140)

## (2) 비사문천왕근본다라니 毗沙門天王根本陀羅尼

나모 라트나 트라야야 나모 바이스라 마나야 마하 라자야
사르바 사트바남 아샤 파리 프라나야 시디 카라야 수카 다다야
타스마이 나마스 크르트바 이맘 바이스라 마나야 흐르다야
마바르타 이샤미 사르바 사트바 수카 바함 타댜타 옴 시디
시디 슈무 슈무 찬다 찬다 차라 차라 사라 사라 카라 카라
키리 키리 쿠루 쿠루 무루 무루 추루 추루 사다야 아르탐
마마 니트야 마타노 바바 스바하 바이스라 마나야 스바하
다나 다야 스바하 마노라타 파리 푸라카야 스바하[141)

# IV.

# 점안[이운]의

## 點眼[移運]儀

# 1. 신중작법 神衆作法

〈정삼업진언 淨三業眞言〉

옴 바즈라 카르마 비쇼다야 사르바 바라 나니 부다 사비에나
삼마야 훔(3번)

〈가람지신진언 伽藍地神眞言〉

나모 사만타 부다남 프르티비예 스바하(3번)

〈결계진언 結界眞言〉

옴 바테야 반다 반다 함 훔 미부바 스바하(3번)[142]

〈정법계진언 淨法界眞言〉

나모 사만타 부다남 다르마 다투 스바 바바코 함(3번)

〈작단진언 作壇眞言〉

옴 난다난다 다티다티 난다 바리 스바하(3번)

〈팔부소청 八部召請〉

아등천중천　자민어일체　천룡아수라　팔부제신중　앙지여부
我等天中天　慈愍於一切　天龍阿修羅　八部諸神衆　仰之如父

모 심무잠사리 일단이창언 이입어열반 아등대신중 심간
母 心無暫捨離 一旦而唱言 而入於涅槃 我等大神衆 心肝

촌촌단 유원대자비 민제중생고 도탈아대중 안가입열반[143]
寸寸斷 唯願大慈悲 愍諸衆生故 度脫我大衆 安可入涅槃

## 〈팔부진언 八部眞言〉

나모 부다야 나모 다르마야 나모 삼가야 나모 부리 야크사
테부리 야크사 가람 야크샤 아타바쿠 스바하(3번)[144]

## 〈소청제천진언 召請諸天眞言〉

불면유여정만월 역여천일방광명 제천급인아수라 여시세
佛面猶如淨滿月 亦如千日放光明 諸天及人阿修羅 如是世

간무여등 불가사의최승지 야차나찰실조복 명위해탈지명
間無與等 不可思議最勝智 藥叉羅刹悉調伏 名爲解脫持明

왕 수호대천제국토 무량무변공덕해 유출청정총지문 이락
王 守護大千諸國土 無量無邊功德海 流出淸淨總持門 利樂

일체제중생 영득최상승실지[145]
一切諸衆生 令得最上勝悉地

옴 바즈라 바타야 예카 스바하(3번)[146]

## 〈개단진언 開壇眞言〉

기단사방여사문 급사누각중장엄 사선평량등무차 증백주
其壇四方與四門 及四樓閣衆莊嚴 四線抨量等無差 繪帛珠

만묘엄식 기단소유사우분 급제문호상합처 이금강보식기
鬘妙嚴飾 其壇所有四隅分 及諸門戶相合處 以金剛寶飾其

간 여차분포외단계 지자어중선분별 금강보등묘장엄 사방
間 如次分布外壇界 智者於中善分別 金剛寶等妙莊嚴 四方

사문팔주간 전식누각이수묘 금강승주응안립 오만다라위
四門八柱間 鈿飾樓閣而殊妙 金剛勝柱應安立 五曼拏羅爲

엄식 만다라중의법평 오색수평영원만
嚴飾 曼拏羅中依法抨 五色隨抨令圓滿

옴 바즈라 드가타야 삼마야 프라비시 시크람 스마라 바즈라
삼마야 훔 파트(3번)[147]


## 〈유치 由致〉

절이 천부공계 산하지기 옹호성중자 위영막측 신변난사
切以 天部空界 山河地祇 擁護聖衆者 威靈莫測 神變難思

위도중생 이혹시자용 위호불법 이혹현엄상 시권야 불유
爲度衆生 而或示慈容 爲護佛法 而或現嚴相 施權也 不留

적화 창실야 즉명본원 혜감분명 묘용자재 상선벌악지무
跡化 彰實也 卽冥本元 慧鑑分明 妙用自在 賞善罰惡之無

사 소재강복위유직 범제소원 막불향종[148]
私 消災降福爲有直 凡諸所願 莫不響從

시이 사바세계 남섬부주 해동 대한민국 (주소)○○사
是以 娑婆世界 南贍部洲 海東 大韓民國 (住所)○○寺

설단법연 공진정찬
設壇法筵 恭陳淨饌

앙헌옹호지성중 부찰간도지범정 기회영감지소소
仰獻擁護之聖衆 俯察懇禱之凡情 冀廻靈鑑之昭昭

편편곡조미성지
片片曲照微誠之


⟨봉청게 奉請偈⟩

나모 일심봉청 청제재금강 능제일체중생 숙재앙구 실령소멸
南模 一心奉請 靑除災金剛 能除一切衆生 宿災殃咎 悉令消滅

벽독금강 능제일체중생 열독병고 황수구금강 능령일체중생
僻毒金剛 能除一切衆生 熱毒病苦 黃隨求金剛 能令一切衆生

소구여원 소원개득 백정수금강 능제일체중생 열뇌고실득
所求如願 所願皆得 白淨水金剛 能除一切衆生 熱惱苦悉得

소제 적성금강 능조일체중생 광명소득견불 정재제금강 능제
消除 赤聲金剛 能照一切衆生 光明所得見佛 定災除金剛 能除

일체중생 삼재팔난지고 자현금강 능령일체중생 심개오해
一切衆生 三災八難之苦 紫賢金剛 能令一切衆生 心開悟解

발보리심 대신금강 능령일체중생 지아성취 혜력증구[149]
發菩提心 大神金剛 能令一切衆生 智牙成就 惠力增具

## 〈명왕강림게 明王降臨偈〉

대자금강광명 도만달가대명왕 대비금강광명 발라니야달
大慈金剛光明 焰曼怛迦大明王 大悲金剛光明 鉢羅抳也怛

가대명왕 대희금강광명 발납마달가대명왕 대사금강광명
迦大明王 大喜金剛光明 鉢納摩怛迦大明王 大捨金剛光明

미흘나달가대명왕 방금강광명 타타지라야대명왕 금강광명
尾仡曩怛迦大明王 方金剛光明 吒吒枳羅惹大明王 金剛光明

방라능나대명왕 금강광명 마가마라대명왕 금강광명 아좌라
方羅能拏大明王 金剛光明 摩訶摩羅大明王 金剛光明 阿左攞

낭타대명왕 금강광명 부일라바다라대명왕 금강광명 오슬니
曩他大明王 金剛光明 嚩日囉播多羅大明王 金剛光明 塢瑟抳

쇄작흘나부리제대명왕 병종권속 유원 승삼보력 강림도량[150]
灑作訖羅嚩哩帝大明王 幷從眷屬 唯願 承三寶力 降臨道場

일체공포난 실개득해탈 중죄급고뇌 해탈이안은 명력급혜력
一切恐怖難 悉皆得解脫 衆罪及苦惱 解脫而安隱 明力及慧力

이위대위덕 범소작사업 능속득성취[151]
而爲大威德 凡所作事業 能速得成就

나모 일심봉청 권형응적 실보수인 개내비보살지자비 실외
南無 一心奉請 權形應跡 實報酬因 皆內秘菩薩之慈悲 悉外

342

현천 신지위맹 호탑호법 호계호인 사바계주 대범천왕 현
現天 神之威猛 護塔護法 護戒護人 娑婆界主 大梵天王 現

거세주 제석천왕 북방호세 비사문천왕 동방호세 제두뢰지
居世主 帝釋天王 北方護世 毘沙門天王 東方護世 提頭賴地

타천왕 남방호세 비로륵차천왕 서방호세 비로박차천왕 백
吒天王 南方護世 毘盧勒叉天王 西方護世 毘盧博叉天王 百

명이생 일궁천자 성주숙왕 월궁천자 친복마원 금강밀적 색
明利生 日宮天子 星主宿王 月宮天子 親伏魔冤 金剛密跡 色

계정거 마혜수라천왕 총령귀신 산지대장 능여총지 대변재
界頂居 摩醯首羅天王 總領鬼神 散脂大將 能與總持 大辯才

천왕 수기소구 대공덕천왕 삼주호법 위태천신 발명공덕 견
天王 隨其所求 大功德天王 三洲護法 韋馱天神 發明功德 堅

뇌지신 각장수음 보리수신 생제귀왕 귀자모신 행일월전
牢地神 覺場垂陰 菩提樹神 生諸鬼王 鬼子母神 行日月前

마리지신 비장법보 사갈라용왕 장유음권 염마라왕 출현승
摩利支神 秘藏法寶 沙竭羅龍王 掌幽陰權 閻摩羅王 出現勝

덕 아수라왕 묘음광목 가루라왕 최복아만 긴나라왕 보혜
德 阿修羅王 妙音廣目 迦樓羅王 摧伏我慢 緊那羅王 普慧

광명 마후라왕 병종권속 유원 승삼보력 강림도량 옹호법연
光明 摩睺羅王 幷從眷屬 唯願 承三寶力 降臨道場 擁護法筵

범왕제석제천중 불법문중서원견 열립초제천만세
梵王帝釋諸天衆 佛法門中誓願堅 列立招提千萬歲

자연신용호금선[152)

自然神用護金仙


## 〈기성가지 祈聖加持〉

향수나열 재자건성 금이상공 삼보지자존 역가차헌 옹호

香羞羅列 齋者虔誠 今已上供 三寶之慈尊 亦可次獻 擁護

지신중 자자중신격체 재설명향 욕성공양지주원 수장가지

之神衆 玆者重伸激切 再爇名香 欲成供養之周圓 須仗加持

지변화 앙유삼보 특사가지[153)

之變化 仰唯三寶 特賜加持


## 〈헌좌안위 獻座安位〉

재백 옹호성현 등중 기정삼업 이례시방 소요자재이무구

再白 擁護聖賢 等衆 旣淨三業 已禮十方 逍遙自在以無拘

적정안한이유락 자자향등호열 화과교진 기부연회이기영

寂靜安閒而有樂 玆者香燈互列 華果交陳 旣敷筵會以祇迎

의정용의이취좌

宜整容儀而就座

옴 바라 자렌드라 이담 아사나 마르가 스바하(3번)[154)


## 〈다게 茶偈〉

청정명다약 능제병혼침 유기옹호성 원수애납수 원수애납수

清淨茗茶藥 能除病昏沉 唯冀擁護聖 願垂哀納受 願垂哀納受


344

원수자비애납수[155)
願垂慈悲哀納受


〈공양게 供養偈〉

단중지리력 방어대광명 여홍파리색 편조시방찰 우사광
壇中地哩力 放於大光明 如紅頗梨色 遍照十方刹 遇斯光

명자 업장진소제 이아공덕력 여래가지력 급이법계력
明者 業障盡消除 以我功德力 如來加持力 及以法界力

보공양이주[156)상래가지이흘 변화무궁 이차향수
普供養而住　上來加持已訖 變化無窮 以此香羞

특신배헌 유원신중 애감단성 수차공양
特伸拜獻 唯願神衆 哀鑑丹誠 受此供養


〈가지공양 加持供養〉

이차가지 묘공구공양 예적명왕중 이차가지 묘공구공양
以此加持 妙供具供養 穢跡明王衆 以此加持 妙供具供養

범석제천중 이차가지 묘공구공양 호법선신중 이차가지
梵釋諸天衆 以此加持 妙供具供養 護法善神衆 以此加持

묘공구공양 팔부신중등 실개수공발보리 시작불사도중생
妙供具供養 八部神衆等 悉皆受供發菩提 施作佛事度衆生


〈보공양진언 普供養眞言〉

옴 가가나 삼바바 바즈라 호(3번)[157)

〈보회향진언 普迴向眞言〉

옴 사르바 사트바 흐리 나야 가르비 스바하(3번)[158]

〈소재진언 消災眞言〉

나모 사만타 부타남 아프라티하타 타댜타 옴 카카 카아 카이
훔 훔 즈바라 즈바라 프라즈바라 프라즈바라 티스타 티스타
스트리 스트리 스파타 스파타 샨티카 스리예 스바하(3번)[159]

〈원성취진언 願成就眞言〉

나모 사만타 부다남 옴 마차투 스바하(3번)[160]

〈보궐진언 補闕眞言〉

옴 후루 후루 자야 무케 스바하(3번)

나모 시방호세 옹호성현 호법금강 팔부신중 팔부신중
南無 十方護世 擁護聖賢 護法金剛 八部神衆 八部神衆

…… 팔부신중 팔부신중 팔부신중
…… 八部神衆 八部神衆 八部神衆

팔부신중호도량 공신속부보천왕 삼계제천함래집
八部神衆護道場 空神速赴報天王 三界諸天咸來集

여금불찰보정상 고아일심귀명경례
如今佛刹補禎祥 故我一心歸命敬禮

## 〈탄백 歎白〉

금강보검최위웅  일갈능최외도봉  편계건곤개실색
金剛寶劍最威雄  一喝能摧外道鋒  徧界乾坤皆失色

수미도탁반공중
須彌倒卓半空中

계수정례  팔대금강부  사대보살등  십대명왕등  원강대길상
稽首正禮  八大金剛部  四大菩薩等  十大明王等  願降大吉祥

계수정례  대범제석존  사왕양천자  제천성수중  원강대길상
稽首正禮  大梵帝釋尊  四王兩天子  諸天星宿衆  願降大吉祥

계수정례  호계복덕신  주조주산중  호법선신등  원강대길상
稽首正禮  護戒福德神  主竈主山衆  護法善神等  願降大吉祥

원차가호력  돈단음노치  상봉불법승  근수계정혜  성성갱불매
願借加護力  頓斷婬怒癡  常逢佛法僧  勤修戒定慧  惺惺更不昧

유원작법개성취[161)
唯願作法皆成就


◉ 이후 작법 作法 또는 헌공 獻供(하략 下略)

# 2. 불상점안(이운) 佛像點眼(移運)

## 〈옹호게 擁護偈〉

팔부금강호도량　공신속부보천왕　삼계제천함래집
八部金剛護道場　空神速赴報天王　三界諸天咸來集

여금불찰보정상[162)
如今佛刹補禎祥

## 〈금강보살봉청게 金剛菩薩奉請偈〉

봉청금강권보살　봉청금강삭보살　봉청금강애보살
奉請金剛眷菩薩　奉請金剛索菩薩　奉請金剛愛菩薩

봉청금강어보살　봉청청제재금강　봉청황수구금강
奉請金剛語菩薩　奉請青除灾金剛　奉請黃隨求金剛

봉청벽독금강　봉청백정수금강　봉청적성금강
奉請辟毒金剛　奉請白淨水金剛　奉請赤聲金剛

봉청정제재금강　봉청자현금강　봉청대신금강[163)
奉請定除灾金剛　奉請紫賢金剛　奉請大身金剛

## 〈갈향게 喝香偈〉

전단목주중생상　급여여래보살형　만면천두수각이
栴檀木做衆生像　及與如來菩薩形　萬面千頭雖各異

348

약문훈기일반향[164]
若聞熏氣一般香


〈삼등게 三燈偈〉

대법광명승묘광　계수귀명세광요　연화길상존승주
大法光明勝妙光　稽首歸命世光耀　蓮華吉祥尊勝主

법길상존승존자　최상대범범중존　계수귀명범생자
法吉祥尊勝尊者　最上大梵梵中尊　稽首歸命梵生子

승상법등등승등　발등광명보조자　위광요존대조명
勝上法燈燈勝燈　發燈光明普照者　爲光耀尊大照明

계수귀명불광상(3번)[165]
稽首歸命佛光相


〈불부등진언 佛部燈眞言〉

옴 아마라 캄 티테 지니 스바하(3번)[166]


〈성중부등진언 聖衆部燈眞言〉

옴 찬다 니즈레스나 카리 훔 파트(3번)[167]


〈금강부등진언 金剛部燈眞言〉

옴 비브르타 로차나 훔 파트(3번)[168]

## 〈삼귀의 三歸依〉

지심귀명례 진허공편법계 시방상주 삼세제불타
至心歸命禮 盡虛空徧法界 十方常住 三世諸佛陀

지심귀명례 진허공편법계 시방상주 일체제달마
至心歸命禮 盡虛空徧法界 十方常住 一切諸達摩

지심귀명례 진허공편법계 시방상주 청정제승가
至心歸命禮 盡虛空徧法界 十方常住 淸淨諸僧伽


## 〈헌향게 獻香偈〉

수유미향화 불능역풍훈 불식명전단 중우일체향
雖有美香花 不能逆風熏 不息名栴檀 衆雨一切香

지성능화아 이내역풍향 정사명장부 보훈우시방
志性能和雅 爾乃逆風香 正士名丈夫 普熏于十方

목밀급전단 청연제우향 일체차중향 계향최무상
木蜜及栴檀 靑蓮諸雨香 一切此衆香 戒香最無上

시등청정자 소행무방일 불지마경로 불견소귀취
是等淸淨者 所行無放逸 不知魔徑路 不見所歸趣

차도지영안 차도최무상 소획단예원 항복절마망[169]
此道至永安 此道最無上 所獲斷穢源 降伏絶魔網

350

## 〈분향진언 焚香眞言〉

전단목주중생상  급여여래보살형  만면천두수각이
栴檀木做衆生像  及與如來菩薩形  萬面千頭雖各異

약문훈기일반향
若聞熏氣一般香

나모 사만타 부다남 다르마 다트바 누가테 스바하(3번)


## 〈신묘장구대다라니 神妙章句大陀羅尼〉

나모 라트나 트라야야 나마 아르야바로키테 스바라야 보디사
트바야 마하 사트바야 마하 카루니카야 사르바 반다나 체다나
카라야 사르바 바바 사무드라 초샤나 카라야 사르바 브야디
프라샤마나 카라야 사베티튜 우파드라바 비나 샤나 카라야
사르바 바예슈 트라나 카라야 타스마이 나마스 크르트바 이담
아르야바로키테 스바라 바시탐 니라칸타베 나마 흐르다얌
아브라타 이챠미 사르바타 사다캄 슈밤 아제얌 사르바 부타남
바바 마르가 비쇼다캄 타댜타 옴 아로케 아로카 마티 로카티
크란테 헤 흐리 아르야바로키테 스바라 마하 보디사트바 헤
보디사트바 헤 마하 보디사트바 헤 프리야 보디사트바 헤
마하 카루니카 스마라 흐르다얌 히히 흐리 아르야비로키테
스바라 마헤 스바라 파라마 마이트라 치타 마하 카루니카
쿠루 쿠루 카르마 사다야 사다야 비드얌 니헤 니헤 타바람

카맘 가마 비함 가마 시다유기 스바라 두루두루 비얀티 마하
비얀티 다라 다라 다레 인드레 스바라 차라 차라 비마라 마라
아르야비로키테 스바라 지나 크르스나 자타 마쿠타 바람바
프라람바 비람바 마하 시다 비드야 다라 바라 바라 마하 바라
아마라 마라 마하 마라 차라 차라 마하 차라 크르스나 바르나
디르가 크르스나 파크사 디르가 아타나 헤 파드마 하스타
차라 차라 네샤 차레 스바라 크르스나 사르파 크르타 야즈노파
비타 에헤 히 마하 바라하 무카 트리푸라 다하네 스바라 나라야
나 바루파 바라 마르가 아리 헤 니라칸타 헤 마하 카라 하라
하라 비샤 니르지타 로카스야 라가 비샤 비나 샤나 드비사
비샤 비나 샤나 모하 비샤 비나 샤나 후루 후루 마라 후루
흐리 마하 파드마 나바 사라 사라 시리 시리 수루 수루 무루
무루 부드야 부드야 보다야 보다야 아마이테 니라칸타 에헤
히 바마 스티타 심하 무카 하사 하사 문차 문차 마하 타타
하사 에헤 히 보 마하 시다요기 스바라 바나 바나 바참 사다야
사다야 비드얌 스마라 스마라탐 바가반탐 로키타 비로키탐
로케 스바람 타다가탐 다다헤 메 다르샤나 카마스야 다르샤남
프라흐라다야 마나 스바하 시다야 스바하 마하 시다야 스바하
시다요기 스바라야 스바하 니라칸타야 스바하 바라하 무카야
스바하 마하 다라 심하 무카야 스바하 시다 비드야 다라야
스바하 파드마 하스타야 스바하 크르스나 사르파 크르다 야즈
노파비타야 스바하 마하 라쿠타 다라야 스바하 차크라 유다야

스바하 샨카 샤다니 보다나야 스바하 바마 스칸다 데샤 스티타

크르스니 지나야 스바하 브야그라 차마 니바사나야 스바하

로케 스바라야 스바하 사르바 시데 스바라야 스바하

나모 바가바테 아르야바로키테 스바라야 보디사트바야 마하

사트바야 마하 카루니카야 시드야투 메 만트라 파다야 스바하

(3번)


## 〈팔부봉청 八部奉請〉

공백시방삼보중　명왕예적중위신　범왕제석사천왕
恭白十方三寶衆　明王穢迹衆威神　梵王帝釋四天王

팔부천룡함호념　차일장수평등공　요영차지이상거
八部天龍咸護念　此日將修平等供　要令此地異常居

수빙신력위가지　청정광명동불찰[170]
須憑神力爲加持　淸淨光明同佛刹


## 〈결계진언 結界眞言〉

아금지송　금강부심진언　가지정수　산쇄사방　결방우계
我今持誦　金剛部心眞言　加持淨水　散洒四方　結方隅界

당원　차도량내　주잡사방　여금강성장　견고막범[171]
當願　此道場內　周市四方　如金剛城牆　堅固莫犯

나모 사만타 부다남 레리 푸리 비쿠루 비쿠레 스바하(3번)

## 〈소실지진언 蘇悉地眞言〉

아금지송 소실지진언 가지묘향 훈복공중 결허공계 당원
我今持誦 蘇悉地眞言 加持妙香 熏馥空中 結虛空界 當願

차공지상 과백유순 향운보복 여대보개[172]
此空之上 過百由旬 香雲普覆 如大寶蓋

옴 수시디 카리 즈바리타 아단타 므르타예 즈바라 즈바라
반다 반다 하나 하나 홈 파트(3번)[173]


## 〈일체성중봉청 一切聖衆奉請〉

계수시방무상각 원전교행이삼경 대심보살대승승
稽首十方無上覺 圓詮敎行理三經 大心菩薩大乘僧

연각성문삼보중 전교사의칭열조 천선팔부중신왕
緣覺聲聞三寶衆 傳敎四依稱列祖 天仙八部衆神王

아금보도건단장 원전자광수밀증[174]
我今普度建壇場 願展慈光垂密證


## 〈소청성중진언 召請聖衆眞言〉

나모 사만타 부다남 아 사르바 트라프라티 하테 타다가토
쿠자 보디차르야 파리푸 라카 스바하(3번)

〈연기소 緣起疏〉

시이 사바세계 남섬부주 해동 대한민국 (주소)○○사
是以 娑婆世界 南贍部洲 海東 大韓民國　　　　○○寺

청정수월도량 원아금차 지극지정성 불기 (날짜) 계수발원
淸淨水月道場 願我今次 地極之情性 佛紀　　　　稽首發願

봉청재자 ○○불(보살) 등 신조성(화성, 개금 등) 점안
奉請齋者 ○○佛(菩薩) 等 新造成(畵成, 蓋金 等) 點眼

(이운)법회 (주소)○○사 동참대중 등 시방삼세
(移運)法會　　　○○寺 同參大衆 等 十方三世

불보살전 지심귀명례 설단 계청
佛菩薩前 至心歸命禮 設檀 啓請


〈금강살타진언 金剛薩埵眞言〉

나모 사만타 바즈라남 옴 바즈라 찬다 마하 로샤나 훔(3번)[175]


〈무능감인진언 無能堪忍眞言〉

나모 사만타 부다남 레루 푸리 비쿠레 스바하(3번)[176]


〈부동존종자심진언 不動尊種子心眞言〉

나모 사만타 바즈라남 함(3번)[177]

〈도향진언 塗香眞言〉

나모 사만타 부다남 비슈다 간도드 바바 스바하(3번)[178]

〈산화진언 散華眞言〉

나모 사만타 부다남 마하 마이트르야 부드가테 스바하(3번)[179]

〈헌향진언 獻香眞言〉

나모 사만타 부다남 다르마 다토 누가테 스바하(3번)[180]

〈연등진언 燃燈眞言〉

나모 사만타 부다남 타타가타 아르치 스파라나 바바사나 가가
나 아가나 우다르야 스바하(3번)[181]

〈가영 歌詠〉

법신영법신 성해초삼계 묘용하방구오근 담적응연상각료
法身詠法身　性海超三界　妙用何妨具五根　湛寂凝然常覺了

인간천상양점은 보신영인원과 만증여여 의정장엄상호구
人間天上揚霑恩　報身詠因圓果　滿證如如　依正莊嚴相好俱

구경천중등보좌 보리수하현금구 화신영도솔 야마영선서
究竟天中登寶座　菩提樹下現金軀　化身詠兜率　夜摩迎善逝

수미타화견여래 동시동회동여차 월인천강불가시 아촉영
須彌陀化見如來 同時同會同如此 月印千江不可猜 阿閦詠

동방아촉무군동 반야궁중자성지 상주안심환희국 금강경
東方阿閦無羣動 般若宮中自性持 常住安心歡喜國 金剛鏡

지사수미 보성영남방 보성여래불 상주보광반야궁 복덕장
智似須彌 寶性詠南方 寶性如來佛 常住普光般若宮 福德莊

엄개구족 원명성지접군몽 관음영위기 미타반야궁 묘관자
嚴皆具足 圓明性智接羣蒙 觀音詠位寄 彌陀般若宮 妙觀自

재방심통 수연상주삼마지 운지흥비일체동 성취영진중북
在放心通 雖然常住三摩地 運智興悲一體同 成就詠珎重北

방지해운 운능장우이군생 해함제보심무애 반야궁중지월명
方智海雲 雲能長雨利羣生 海含諸寶深無碍 般若宮中智月明

사림영사방 사대제보살 상주금강반야중 오부다라제전사
四林詠四方 四大諸菩薩 常住金剛般若中 五部多羅諸詮士

상지불법증 원통옹호영[182]
常持佛法證 圓通擁護詠

범왕제석사천왕 불법문중서원견 열립초제천만세
梵王帝釋四天王 佛法門中誓願堅 列立招提千萬歲

자연신문획금선
自然神問獲金仙

(증명법사는 붓 등을 사용하여 점안상(불화)과 주위에 청수를 뿌린다.)

〈법신진언 法身眞言〉

옴 사르바 타타가타 디에샤야미 사르바 사트바 히타 아르타야
다르마 다투 스티티르 바바투(3번)[183]

〈보신진언 報身眞言〉

옴 스바바바 슈도 함(3번)[184]

〈화신진언 化身眞言〉

옴 사르바 사모 훔(3번)[185]

〈아촉불진언 阿閦佛眞言〉

옴 사르바 타타가타 푸자 파스타나야 아트마남 니르야타야미
사르바 타타가타 바즈라 사트바 디스타 스바맘 훔(3번)[186]

〈보생불진언 寶生佛眞言〉

옴 사르바 타타가타 푸자 비시카야 아트마남 니르야타야미
사르바 타타가타 바즈라 라트나 비시바맘 트라(3번)[187]

〈무량수불진언 無量壽佛眞言〉

옴 사르바 타타가타 푸자 프라바르타나야 아트마남 니르야타야
미 사르바 타타가타 바즈라 다르마 프라바르타야 맘 흐리(3번)[188]

〈불공성취불진언 不空成就佛眞言〉

옴 사르바 타타가타 푸자 카르마 니아 아트마남 니르야타야미
사르바 타타가타 바즈라 카르마 쿠루 맘 아(3번)[189]


〈금강지진언 金剛持眞言〉

옴 사르바 타타가타 바크 친타 바즈라 바다남 카로미 옴 바즈라
비(3번)[190]


〈증정진언 證定眞言〉

옴 사르바 타타가타 샴시타 사르바 사트바남 사르바 시다야
삼파디아남 타타가타 스카디 티스타 남(3번)[191]


〈강생게 降生偈〉

아불석사자 종도솔천궁 강신하염부 입마야태장
我佛釋師子 從兜率天宮 降身下閻浮 入摩耶胎藏

원금역여시 입차공상중 심심적연정 구주어세간
願今亦如是 入此空像中 甚深寂然定 久住於世間

복자제중생 발무상도심 시작대불사 자차공성불[192]
福資諸衆生 發無上道心 施作大佛事 自此共成佛

(* 이운은 여기서 마치고 점안은 계속하여 작법을 시행한다.)

## 〈오색사진언 五色絲眞言〉

(사부대중은 오색실을 잡고서 서 있고 법주는 팥 등을 뿌린다.)

옴 비푸라 바레 파라 바이샤야 아모가 파드미 캄(3번)[193]

나모 청정법신비로자나불 나모 원만보신노사나불
南無 淸淨法身毘盧遮那佛 南無 圓滿報身盧舍那佛

나모 천백억화신석가모니불 나모 당래하생미륵존불
南無 千百億化身釋迦牟尼佛 南無 當來下生彌勒尊佛

나모 동방만월세계약사유리광불
南無 東方滿月世界藥師琉璃光佛


## 〈동락열게 動樂例偈〉

혁혁뇌음진 군롱진활개 부기영산회 구담무거래
赫赫雷音振 羣聾盡豁開 不起靈山會 瞿曇無去來

(증명법사는 붓을 잡고서 점안한다.)

나모 신주성(조성, 신화성, 개금 등) ○ ○ 불(보살) 등
南無 新鑄成 (造成, 新畵成, 改金 等) ○ ○ 佛 (菩薩) 等

육안성취상 육안청정상 육안원만상
肉眼成就相 肉眼淸淨相 肉眼圓滿相

나모 신주성(조성, 신화성, 개금 등) ○ ○ 불(보살) 등
南無 新鑄成 (造成, 新畵成, 改金 等) ○ ○ 佛 (菩薩) 等

천안성취상 천안청정상 천안원만상
天眼成就相 天眼淸淨相 天眼圓滿相

나모 신주성(조성, 신화성, 개금 등)○○불(보살) 등
南無 新鑄成(造成, 新畫成, 改金 等)○○佛(菩薩) 等

혜안성취상 혜안청정상 혜안원만상
慧眼成就相 慧眼淸淨相 慧眼圓滿相

나모 신주성(조성, 신화성, 개금 등)○○불(보살) 등
南無 新鑄成(造成, 新畫成, 改金 等)○○佛(菩薩) 等

법안성취상 법안청정상 법안원만상
法眼成就相 法眼淸淨相 法眼圓滿相

나모 신주성(조성, 신화성, 개금 등)○○불(보살) 등
南無 新鑄成(造成, 新畫成, 改金 等)○○佛(菩薩) 等

불안성취상 불안청정상 불안원만상
佛眼成就相 佛眼淸淨相 佛眼圓滿相

나모 신주성(조성, 신화성, 개금 등)○○불(보살) 등
南無 新鑄成(造成, 新畫成, 改金 等)○○佛(菩薩) 等

십안성취상 십안청정상 십안원만상
十眼成就相 十眼淸淨相 十眼圓滿相

나모 신주성(조성, 신화성, 개금 등)○○불(보살) 등
南無 新鑄成(造成, 新畫成, 改金 等)○○佛(菩薩) 等

천안성취상 천안청정상 천안원만상
千眼成就相 千眼淸淨相 千眼圓滿相

나모 신주성(조성, 신화성, 개금 등)○○불(보살) 등
南無 新鑄成(造成, 新畫成, 改金 等)○○佛(菩薩) 等

무진안성취상 무진안청정상 무진안원만상
無盡眼成就相 無盡眼淸淨相 無盡眼圓滿相

〈헌좌진언 獻座眞言〉

나모 사만타 부타남 아(3번)[194]

〈개안광명진언 開眼光明眞言〉

옴 니트라 파타로 파하라 다흐람(3번)[195]

〈세욕불진언 洗浴佛眞言〉

제존법체자청정 수무애등진전박 비여여래강생시
諸尊法體自淸淨 雖無愛等塵纏縛 譬如如來降生時

일체제천작관욕 제불보살성중전 아이청정천묘수
一切諸天作灌浴 諸佛菩薩聖衆前 我以淸淨天妙水

갱이보병주향수 여의영만발창송 병작기락봉관불
更以寶瓶注香水 如意盈滿發唱頌 並作伎樂奉灌佛

역부여시근봉헌[196]
亦復如是謹奉獻

옴 사르바 라초파 하라나 스바하(3번)[197]

362

## 〈관정게 灌頂偈〉

제불도사하생시 석범용신수시위 종종승묘길상사
諸佛覩史下生時 釋梵龍神隨侍衛 種種勝妙吉祥事

원청금시진능득 가비라위탄석궁 용왕주목감로수
願請今時盡能得 迦毘羅衛誕釋宮 龍王霪沐甘露水

제천공양길상사 원청관정역여시 금강좌상위군생
諸天供養吉祥事 願請灌頂亦如是 金剛座上爲群生

후야항마성정각 현제희유길상사 원청차좌실능성
後夜降魔成正覺 現諸希有吉祥事 願請此座悉能成

바라내원하장엄 위오선인개묘법 성취무량길상사
波羅奈苑河莊嚴 爲五仙人開妙法 成就無量吉祥事

원청금시진획득 제불대비방편해 보리법계중생해
願請今時盡獲得 諸佛大悲方便海 普利法界衆生海

진미래제무피권 사무애지여당득[198]
盡未來際無疲倦 四無礙智汝當得

옴 사르바 타타가타 비심 카 삼마야 스리예 훔(3번)[199]


## 〈착의진언 著衣眞言〉

옴 바즈라 바사세 스바하(3번)[200]

〈안이진언 安耳眞言〉

옴 카르나 마로 다라나 훔 (3번)[201]


〈안발계진언 安髮髻眞言〉

옴 사르바 티사 아바타 라나 훔 스바하 (3번)[202]


〈안지갑진언 安指甲眞言〉

옴 사르바 슈나카치 나마 라자 스바하 (3번)[203]


〈안자수진언 安髭鬚眞言〉

옴 사르바 사마 수루 다라나 훔 훔 흐리 (3번)[204]


〈헌도향진언 獻塗香眞言〉

옴 바즈라 간데 스바하 (3번)[205]


〈안장엄진언 安莊嚴眞言〉

옴 바즈라 바라나 비푸스니 스바하 (3번)[206]


〈본존삼매진언 本尊三昧眞言〉

옴 타라 그리 아 (3번)[207]

〈헌화진언 獻華眞言〉

옴 바즈라 푸스페 훔(3번)[208]


〈헌향진언 獻香眞言〉

옴 바즈라 두페(3번)[209]


〈헌등진언 獻燈眞言〉

옴 바즈라 네페 스바하(3번)[210]


〈헌다진언 獻茶眞言〉

옴 이카 비라야 만타카 비사라 비사라 스바하(3번)[211]


〈헌공진언 獻供眞言〉

옴 피드파타 프라티 그리하나 스바하(3번)[212]


〈개안광진언 開眼光眞言〉

옴 차크슈 차크슈 사만타 차크슈 비슈다네 스바하(3번)[213]


〈불입정진언 佛入定眞言〉

옴 데비 디나 사마디 비나 프리다네 스바하(3번)[214]

〈관정진언 灌頂眞言〉

옴 삼마야 사트밤(3번)²¹⁵⁾

〈호마진언 護摩眞言〉

옴 바즈라 유세 스바하(3번)²¹⁶⁾

〈식재증익진언 息災增益眞言〉

옴 바즈라 푸스타예 스바하(3번)²¹⁷⁾

〈안치화천진언 安置火天眞言〉

옴 수프라스티타 바즈라 스바하(3번)²¹⁸⁾

〈호세진언 護世眞言〉

옴 인드라야 스바하(3번)²¹⁹⁾


◉ 이후 헌공 獻供(하략 下略)

# V.
## 시식의
### 施食儀

# 1. 관음시식 觀音施食

## 1) 대령 對靈

### 〈청불 請佛〉

나모 아미타불 나모 관세음보살 나모 대세지보살(3번)
南無　阿彌陀佛　南無　觀世音菩薩　南無　大勢至菩薩

나모 대성인로왕보살마하살
南無　大聖引路王菩薩摩訶薩

### 〈대회소 大會疏〉

부차개문 생사로암 의불촉이가명 고해파심 장법선이가도
夫差盖聞　生死路暗　依佛燭而可明　苦海波深　仗法船而可渡

사생육도 실상미진 원륜순환 삼도팔난지정 여풍우지강토
四生六道　實相迷眞　圓輪巡環　三途八難之情　如風雨之降土

차생사 종고지금 미오심원 불단유전 비의불력 하능면야
次生死　從古至今　未悟心源　不斷流傳　非依佛力　何能免也

시이 사바세계 차사천하 남섬부주 해동 대한민국 (주소)
是以　娑婆世界　次四天下　南瞻部洲　海東　大韓民國

○○사 수월도량 원아금차 지극지정성 천도발원재자 (주소)
○○寺　水月道場　願我今次　至極之精誠　薦度發願齋者

행효 ○○복위 소천망 ○○영가(3번)　열전향화 이보소청
行孝 ○○伏爲 疏薦亡 ○○靈駕　　　列殿香華 以普召請

나모 일심봉청 대성인로왕보살 마하살 우복이 영가불매
南無 一心奉請 大聖引路王菩薩 摩訶薩 又伏以 靈駕不昧

결계도량 영첨공덕 진원숙결 응념돈멸 청정보리 수념즉
結界道場 領霑功德 陳寃宿結 應念頓滅 淸淨菩提 隨念則

변증
便證

(불기 일시) 병법사문 법사(율사 등) ○○ 등 근소
(佛紀 日時) 秉法沙門 法師(律師 等) ○○ 等 謹疏


〈지옥게 地獄偈〉

철위산간옥초산 확탕노탄검수도 팔만사천지옥문
鐵圍山間沃焦山 鑊湯爐炭劍樹刀 八萬四千地獄門

장비주력금일개[220]
杖秘呪力今日開


〈개지옥진언 開地獄眞言〉

나모 아스타 시티남 삼먁삼부타 코티남 옴 즈나나 아바 바세
디리 디리 훔(3번)[221]

약인욕요지 삼세일체불 응관법계성 일체유심조(3번)
若人欲了知 三世一切佛 應觀法界性 一切唯心造

## 〈멸악취다라니 滅惡趣陀羅尼〉

나모 라트나 트라야야 나마 아르야바로키테 스바라야 보디사
트바야 마하 사트바야 마하 카루니카야 사르바 반다나 체다나
카라야 사르바 바바 사무드라 초샤나 카라야 사르바 브야디
프라샤마나 카라야 사베티튜 우파드라바 비나 샤나 카라야
사르바 바예슈 트라나 카라야 타스마이 나마스 크르트바 이담
아르야바로키테 스바라 바시탐 니라칸타베 나마 흐르다얌
아브라타 이챠미 사르바타 사다캄 슈밤 아제얌 사르바 부타남
바바 마르가 비쇼다캄 타댜타 옴 아로케 아로카 마티 로카티
크란테 헤 흐리 아르야바로키테 스바라 마하 보디사트바 헤
보디사트바 헤 마하 보디사트바 헤 프리야 보디사트바 헤
마하 카루니카 스마라 흐르다얌 히히 흐리 아르야비로키테
스바라 마헤 스바라 파라마 마이트라 치타 마하 카루니카
쿠루 쿠루 카르마 사다야 사다야 비드얌 니헤 니헤 타바람
카맘 가마 비함 가마 시다유기 스바라 두루두루 비얀티 마하
비얀티 다라 다라 다레 인드레 스바라 차라 차라 비마라 마라
아르야비로키테 스바라 지나 크르스나 자타 마쿠타 바람바
프라람바 비람바 마하 시다 비드야 다라 바라 바라 마하 바라
아마라 마라 마하 마라 차라 차라 마하 차라 크르스나 바르나
디르가 크르스나 파크사 디르가 아타나 헤 파드마 하스타
차라 차라 네샤 차레 스바라 크르스나 사르파 크르타 야즈노파

370

비타 에혜 히 마하 바라하 무카 트리푸라 다하네 스바라 나라야
나 바루파 바라 마르가 아리 혜 니라칸타 헤 마하 카라 하라
하라 비샤 니르지타 로카스야 라가 비샤 비나 샤나 드비사
비샤 비나 샤나 모하 비샤 비나 샤나 후루 후루 마라 후루
흐리 마하 파드마 나바 사라 사라 시리 시리 수루 수루 무루
무루 부드야 부드야 보다야 보다야 아마이테 니라칸타 에혜
히 바마 스티타 심하 무카 하사 하사 문차 문차 마하 타타
하사 에혜 히 보 마하 시다요기 스바라 바나 바나 바참 사다야
사다야 비드얌 스마라 스마라탐 바가반탐 로키타 비로키탐
로케 스바람 타다가탐 다다혜 메 다르샤나 카마스야 다르샤남
프라흐라다야 마나 스바하 시다야 스바하 마하 시다야 스바하
시다요기 스바라야 스바하 니라칸타야 스바하 바라하 무카야
스바하 마하 다라 심하 무카야 스바하 시다 비드야 다라야
스바하 파드마 하스타야 스바하 크르스나 사르파 크르다 야즈
노파비타야 스바하 마하 라쿠타 다라야 스바하 차크라 유다야
스바하 샨카 샤다니 보다나야 스바하 바마 스칸다 데샤 스티타
크르스니 지나야 스바하 브야그라 차마 니바사나야 스바하
로케 스바라야 스바하 사르바 시데 스바라야 스바하
나모 바가바테 아르야바로키테 스바라야 보디사트바야 마하
사트바야 마하 카루니카야 시드야투 메 만트라 파다야 스바하
(3번)

## 〈청혼 請魂〉

거 사바세계 차사천하 남섬부주 해동 대한민국 (주소) ○○사
舉 娑婆世界 此四天下 南贍部洲 海東 大韓民國 　　　 ○○ 寺

청정수월도량 원아금차 ○○ 재지신 설향단전 봉청재자
淸淨水月道場 願我今此 ○○ 齋之辰 設香壇前 奉請齋者

(주소) 행효 ○○복위 소천망 ○○영가 영가위주 상서
　　　 行孝 ○○伏爲 所薦亡 ○○靈駕 靈駕爲主 上逝

선망 광겁부모 다생사장 누대종친 제형숙백 자매질손 원근
先亡 廣劫父母 多生師長 累代宗親 弟兄叔伯 姉妹姪孫 遠近

친족 등 각열위열명영가 차도량내외 동상동하 유주무주
親族 等 各列位列名靈駕 此道場內外 洞上洞下 有主無主

운집고혼 제불자 등 각열위열명영가
雲集孤魂 諸佛子 等 各列位列名靈駕

## 〈착어 着語〉

상래소청 제불자 생본무생 멸본무멸 생멸본허 실상상주
上來召請 諸佛子 生本無生 滅本無滅 生滅本虛 實相常住

환회득 무생멸저 일구마 (양구) 부앙은현현 시청명역력
還會得 無生滅底 一句麼 (良久) 俯仰隱玄玄 視聽明歷歷

약야회득 돈증법신 영멸기허 기혹미연 승불신력 장법가
若也會得 頓證法身 永滅飢虛 其或未然 承佛神力 仗法加

지 부차향단 수아묘공 증오무생
持 赴此香壇 受我妙供 證悟無生


## 〈진령게 振鈴偈〉

이차진령신소청 명도귀계보문지 원승삼보력가지
以此振鈴伸召請 冥途鬼界普聞知 願承三寶力加持

금일금시래부회[222]
今日今時來赴會


## 〈보소청진언 普召請眞言〉

옴 지나 지크 에히 에히 스바하(3번)[223]


## 〈가영 歌詠〉

향연청(3번)
香烟請

유이군령무시겁 표령육도미지귀 행재금석이하연
維爾羣靈無始劫 飄零六道未知歸 幸哉今夕以何緣

경법계중몽보도 차제장친삼보중 선수건설일로향
罄法界中蒙普度 此際將親三寶衆 先須虔爇一鑪香

이자청공우진성 원사자비위납수[224]
以玆淸供寓眞誠 願賜慈悲爲納受

<지단게 指壇偈>

법신편만백억계  보방금색조인천  응물현형담저월
法身遍滿百億界  普放金色照人天  應物現形潭底月

체원정좌보련대[225)
體圓正坐寶蓮臺

나모  대성인로왕보살  나모  대성인로왕보살
南無  大聖引路王菩薩  南無  大聖引路王菩薩

나모  대성인로왕보살마하살
南無  大聖引路王菩薩摩訶薩

보례시방상주  법신보신화신  제불타  보례시방상주  경장
普禮十方常住  法身報身化身  諸佛陀  普禮十方常住  經藏

율장논장  제달마  보례시방상주  보살연각성문  제승가
律藏論藏  諸達摩  普禮十方常住  菩薩緣覺聲聞  諸僧伽

<입단진언 入壇眞言>

옴 사르바 타타가타 흐르다야 바즈리 니다라 다라 훔 훔(3번)[226)

산화락(3번)
散花落

나모  대성인로왕보살  나모  대성인로왕보살
南無  大聖引路王菩薩  南無  大聖引路王菩薩

나모  대성인로왕보살마하살
南無  大聖引路王菩薩摩訶薩

## 2) 관욕 灌浴

### 〈청불 請佛〉

나모 아미타불 나모 관세음보살 나모 대세지보살(3번)
南無 阿彌陀佛 南無 觀世音菩薩 南無 大勢至菩薩

나모 대성인로왕보살마하살
南無 大聖引路王菩薩摩訶薩


### 〈청혼 請魂〉

거 사바세계 차사천하 남섬부주 해동 대한민국 (주소) ○○사
擧 娑婆世界 此四天下 南贍部洲 海東 大韓民國      ○○寺

청정수월도량 원아금차 ○○재지신 설향단전 봉청재자
淸淨水月道場 願我今此 ○○齋之辰 設香壇前 奉請齋者

(주소) 행효 ○○복위 소천망 ○○영가 영가위주 상서
     行孝 ○○伏爲 所薦亡 ○○靈駕 靈駕爲主 上逝

선망 광겁부모 다생사장 누대종친 제형숙백 자매질손
先亡 廣劫父母 多生師長 累代宗親 弟兄叔伯 姉妹姪孫

원근친족 등 각열위열명영가 차도량내외 동상동하 유주
遠近親族 等 各列位列名靈駕 此道場內外 洞上洞下 有主

무주 운집고혼 제불자 등 각 열위열명영가
無主 雲集孤魂 諸佛子 等 各 列位列名靈駕

## 〈인예향욕 引詣香浴〉

원아금차 ○○ 재지신 상래이빙 불력법력 삼보위신지력
願我今次 ○○ 齋之辰 上來已憑 佛力法力 三寶威神之力

소청인도 일체인륜 급무주고혼 유정등중 이계도량 대중
召請人道 一切人倫 及無主孤魂 有情等衆 已屆道場 大衆

성발 청영부욕 반야심경일편 위고혼 지심제청 지심제수
聲鈸 請迎赴浴 般若心經一片 爲孤魂 志心諦聽 志心諦受

## 〈마하반야바라밀다심경 摩訶般若波羅密多心經〉

아르야바로키테 스바로 보디사트보 감비람 프라자 파라미타
차리얌 차라 마노 브야바로카티 스마 팜차 스칸다 사타즈
카 스바바바 주니암 파샤티 스마 이하 사리푸트라 루팜 주니암
슈냐타 이바 루팜 루판 나 프리타 주냐타 주냐타야 나 프리타
사 루팜 야드 루팜 사 주냐타 야드 주냐타 사 루팜 에밤 이바
베다나 삼자 삼스카라 비즈남 이하 사리푸트라 사르바 다르마
주냐타 라크샤나 아누트판나 아니루다 아비마라 아 노나 아파
리푸르나 타스마이 사리푸트라 주냐타얌 나 루팜 나 베다나
나 삼자 나 삼스카라 나 비자남 나 차크슈 즈로트라 그라나
지흐바 카야 마남시 나 루파 자브다 간다 라사 사프라 스타브야
다르마 나 차크슈 다투 르야바 나 마노 비자남 다투 나 비드야
나 비드야 나 비드야 크샤요 나 비드야 크샤요 야반 자라
마라남 나 자라 마라나 크샤요 나 두카 사무다야 니로다 마리자

376

나 자남 나 프라프티 나 아비 스마라 타스마이 나 프라피트바
보디사트바남 프라자 파라미탐 아즈리트야 비하라트야 치타
바라 나 비드야 크샤요 나 비드야 크샤요 야 바라 자라 마라남
나 자라 마라나 크샤요 나 두카 사마이다야 니로다 마르자나
나 자남 나 프라프티 나 아비 스마라 스마이다 프라프티 트바
보디사트바남 프라자 파라미탐 아스리트야 비하라트야 치타
바라 나 치타 바라나 아스티트바 나 트리스토 비파르야 사티크
란토 니스타 니르바남 트르야드바 브야바스티타 사르바 부다
프라자 파라미탐 아즈리티 아누타람 삼먁삼보딤 아비 삼 부다
타스마이 자타브얌 프라자 파라미타 마하 만트라 마하 비드야
만트라 아누타라 만트라 아사마 사마티 만트라 사르바 두카
프라샤마나 사트얌 아미 찬르야트바 프라자 파라미타 얌 우크
토 만트라
타댜타 가테 가테 파라가테 파라삼가테 보디 스바하(3번)


〈정치로진언 淨治路眞言〉(위패와 촛대 등을 관욕하는 곳으로 옮긴다)
옴 수시티 카리 즈바리타 난타 모르타예 즈바라 즈바라 반다
반다 하나 하나 훔 파트(3번)[227]


〈입실게 入室偈〉
일종위배본심왕 기입삼도력사생 금일척제번뇌염
一從違背本心王 幾入三途歷四生 今日滌除煩惱染

수연의구자환향[228]
隨緣依舊自還鄉


## 〈가지조욕 加持澡浴〉

부 정삼업자 무월호징심 결만물자 막과어청수 시이 근엄
夫 淨三業者 無越乎澄心 潔萬物者 莫過於淸水 是以 謹嚴

욕실 특비향탕 희일탁어진로 획만겁지청정 하유목욕지게
浴室 特備香湯 希一濯於塵勞 獲萬劫之淸淨 下有沐浴之偈

대중수언후화유
大衆隨言後和喩

아금이차향탕수 관욕고혼급유정 신심세척영청정
我今以此香湯水 灌浴孤魂及有情 身心洗滌令淸淨

증입진공상락향[229]
證入眞空常樂鄕


## 〈세수면진언 洗手面眞言〉

옴 바즈라 라가 라가야 키람 자차밤 바즈라 토스야 훔(3번)[230]

## 〈작양지진언 嚼楊枝眞言〉

옴 바즈라 하 스바하(3번)[231]

〈수구진언 漱口眞言〉

옴 바즈라 다가 타(3번)[232]

〈목욕진언 沐浴眞言〉

옴 아므르티 훔 훔 파트(3번)[233]

〈가지화의 加持化衣〉

금차　○○재지신　○○영가 등 관욕기주 신심구청정 금이
今次　○○齋之辰　○○靈駕 等 灌浴旣周 身心俱淸淨 今以

여래무상 비밀지언 가지화의 원차일 의위다의 이다의위무
如來無上 秘密之言 加持化衣 願此一 衣爲多衣 以多衣爲無

진의 영칭신형 불장불단 불소불관 수승지의 변성해탈지복
盡衣 令稱身形 不長不短 不小不寬 秀勝之衣 變成解脫之服

고불세존 근당선념
故佛世尊 謹當宣念

〈화의진언 化衣眞言〉

옴 마니 비푸리 디리 디리 훔 파트(3번)[234]

제불자 지주기주 화의이편 무의자 여의부체 유의자
諸佛子 持呪旣周 化衣已遍 無衣者 與衣覆體 有衣者

기고환신 장예정단 선정복식
棄古換新　將詣淨壇　先整服飾


〈착의진언 着衣眞言〉

옴 사만타 차다네 투루투루 훔(3번)[235]


〈정의진언 整衣眞言〉

옴 사만타 사다라나 파드마이 훔 파트(3번)[236]


〈가지의진언 加持衣眞言〉

옴 마니 비푸레 디리 디리 훔 파트(3번)[237]


〈출욕참성 出浴參聖〉

제불자 기주복식 가예단장 예삼보지자존 청일승지묘법
諸佛子　旣周服飾　可詣壇場　禮三寶之慈尊　聽一乘之妙法

청리향욕 당부정단 합장전심 서보전진
請離香浴　當赴淨壇　合掌專心　徐步前進


〈입단진언 入壇眞言〉

법신편만백억계 보방금색조인천 응물현형담저월
法身遍滿百億界　普放金色照人天　應物現形潭底月


380

체원정좌보련대
體圓正坐寶蓮臺

옴 사르바 타타가타 흐르다야 바즈리 니다라 다라 훔 훔(3번)

산화락(3번)
散花落

나모 대성인로왕보살 나모 대성인로왕보살
南無 大聖引路王菩薩 南無 大聖引路王菩薩

나모 대성인로왕보살마하살
南無 大聖引路王菩薩摩訶薩


〈행보례 行步禮〉(위패 등을 모시고 나와서 상단을 향하여 선다)

금차 ○○재지신 ○○영가 등 가예단장 정례삼보자존
今次 ○○齋之辰 ○○靈駕 等 可詣壇場 頂禮三寶慈尊

청일승지묘법 청리향욕 당부정단 합장전심 서보전진
聽一乘之妙法 請離香浴 當赴淨壇 合掌專心 徐步前進

산화락(3번)
散花落

보례시방상주 법신보신화신 제불타 보례시방상주 경장
普禮十方常住 法身報身化身 諸佛陀 普禮十方常住 經藏

율장논장 제달마 보례시방상주 보살연각성문 제승가
律藏論藏 諸達摩 普禮十方常住 菩薩緣覺聲聞 諸僧伽

## 〈헌좌게 獻座偈〉

상래승불섭수 장법가지 기무수계이임연 원획소요이취자
上來承佛攝受 仗法加持 旣無囚繫以臨筵 願獲逍遙而就座

하유안좌지게 대중수언후화
下有安座之偈 大衆隨言後和

아금의교설화연 종종진수열좌전 대소의위차제좌
我今依敎說華筵 種種珍垂列座前 大小依位次第座

전심제청설금언
專心諦聽設金言


## 〈헌좌진언 獻座眞言〉

옴 수나리 자예 스바하(3번)[238]


## 〈헌다게 獻茶偈〉

유곡생령초 감위입도매 초인채기엽 미미입류배
幽谷生靈草 堪爲入道媒 樵人採其葉 美味入流坏

정허징허식 명심조회대 불로인기력 직용법문개[239]
靜虛澄虛識 明心照會臺 不勞人氣力 直聳法門開

금차 ○○재지신 ○○영가 등 향설오분지진향 훈발자성
今次 ○○齋之辰 ○○靈駕 等 香爇五分之眞香 熏發自性

등연 반야지명등 조파혼구 다헌지청다 돈식갈정 식진향
燈燃 般若之明燈 照破昏衢 茶獻之淸茶 頓息渴情 食進香

적지 진수영제기허 종종법미 배열좌전 복유상향[240)
積之 珍羞永除飢虛 種種法味 排列座前 伏惟尙饗

〈시감로진언 施甘露眞言〉

나모 바가바테 수루파야 타타가타야 타댜타 옴 스루 스루
프라스루 프라스루 스바하(3번)[241)

이후 상단 헌공 上壇 獻供

(상단 헌공이 없는 때에는 곧바로 관음시식을 집전한다)

## 3) 관음시식 觀音施食

〈청불 請佛〉

나모 아미타불 나모 관세음보살 나모 대세지보살(3번)
南無 阿彌陀佛 南無 觀世音菩薩 南無 大勢至菩薩

나모 대성인로왕보살마하살
南無 大聖引路王菩薩摩訶薩

〈청혼 請魂〉

거 사바세계 차사천하 남섬부주 해동 대한민국 (주소) ○○사
擧 娑婆世界 此四天下 南贍部洲 海東 大韓民國      ○○寺

청정수월도량 원아금차 ○○재지신 설향단전 봉청재자
淸淨水月道場 願我今此 ○○齋之辰 設香壇前 奉請齋者

(주소) 행효 ○○복위 소천망 ○○영가 영가위주 상서
　　　行孝 ○○伏爲 所薦亡 ○○靈駕 靈駕爲主 上逝

선망 광겁부모 다생사장 누대종친 제형숙백 자매질손
先亡 廣劫父母 多生師長 累代宗親 弟兄叔伯 姉妹姪孫

원근친족 등 각 열위열명영가 차도량내외 동상동하 유주
遠近親族 等 各 列位列名靈駕 此道場內外 洞上洞下 有主

무주 운집고혼 제불자 등 각열위열명영가
無主 雲集孤魂 諸佛子 等 各列位列名靈駕


〈착어 着語〉

영원담적 무고무금 묘체원명 하생하사 변시석가세존 마
靈源湛寂 無古無今 妙體圓明 何生何死 便是釋迦世尊 摩

갈엄관지시절 달마대사 소림면벽지가풍 소이 니련하측
竭掩關之時節 達摩大師 少林面壁之家風 所以 泥蓮河側

곽시쌍부 총령도중 수휴척리 제불자 환회득담적원명지
槨示雙趺 葱嶺途中 手携隻履 諸佛子 還會得湛寂圓明底

일구마 (양구) 부앙은현현 시청명력력 약야회득 돈증법
一句麼 (良久) 俯仰隱玄玄 視聽明歷歷 若也會得 頓證法

신 영멸기허 기혹미연 승불신력 장법가지 부차향단 수
身 永滅飢虛 其或未然 承佛神力 仗法加持 赴此香壇 受

아묘공 증오무생
我妙供 證悟無生


〈진령게 振鈴偈〉

이차진령신소청  명도귀계보문지  원승삼보력가지
以此振鈴伸召請  冥途鬼界普聞知  願承三寶力加持

금일금시내부회
今日今時來赴會

상래소청  제불자등  각열위열명영가
上來召請  諸佛子等  各列位列名靈駕


〈착어 着語〉

자광조처연화출  혜안관시지옥공  우항대비신주력
慈光照處蓮花出  慧眼觀時地獄空  又況大悲神呪力

중생성불찰나중
衆生成佛刹那中

천수다라니일편위고혼  지심제청  지심제수
千手陀羅尼一片爲孤魂  志心諦聽  志心諦受


〈신묘장구대다라니 神妙章句大陀羅尼〉

나모 라트나 트라야야 나마 아르야바로키테 스바라야 보디사

트바야 마하 사트바야 마하 카루니카야 사르바 반다나 체다나

카라야 사르바 바바 사무드라 초샤나 카라야 사르바 브야디
프라샤마나 카라야 사베티튜 우파드라바 비나 샤나 카라야
사르바 바예슈 트라나 카라야 타스마이 나마스 크르트바 이담
아르야바로키테 스바라 바시탐 니라칸타베 나마 흐르다얌
아브라타 이챠미 사르바타 사다캄 슈밤 아제얌 사르바 부타남
바바 마르가 비쇼다캄 타댜타 옴 아로케 아로카 마티 로카티
크란테 헤 흐리 아르야바로키테 스바라 마하 보디사트바 헤
보디사트바 헤 마하 보디사트바 헤 프리야 보디사트바 헤
마하 카루니카 스마라 흐르다얌 히히 흐리 아르야비로키테
스바라 마헤 스바라 파라마 마이트라 치타 마하 카루니카
쿠루 쿠루 카르마 사다야 사다야 비드얌 니헤 니헤 타바람
카맘 가마 비함 가마 시다유기 스바라 두루두루 비얀티 마하
비얀티 다라 다라 다레 인드레 스바라 차라 차라 비마라 마라
아르야비로키테 스바라 지나 크르스나 자타 마쿠타 바람바
프라람바 비람바 마하 시다 비드야 다라 바라 바라 마하 바라
아마라 마라 마하 마라 차라 차라 마하 차라 크르스나 바르나
디르가 크르스나 파크사 디르가 아타나 헤 파드마 하스타
차라 차라 네샤 차레 스바라 크르스나 사르파 크르타 야즈노파
비타 에헤 히 마하 바라하 무캬 트리푸라 다하네 스바라 나라야
나 바루파 바라 마르가 아리 헤 니라칸타 헤 마하 카라 하라
하라 비샤 니르지타 로카스야 라가 비샤 비나 샤나 드비샤
비샤 비나 샤나 모하 비샤 비나 샤나 후루 후루 마라 후루

386

흐리 마하 파드마 나바 사라 사라 시리 시리 수루 수루 무루
무루 부드야 부드야 보다야 보다야 아마이테 니라칸타 에헤
히 바마 스티타 심하 무카 하사 하사 문차 문차 마하 타타
하사 에헤 히 보 마하 시다요기 스바라 바나 바나 바참 사다야
사다야 비드얌 스마라 스마라탐 바가반탐 로키타 비로키탐
로케 스바람 타다가탐 다다헤 메 다르샤나 카마스야 다르샤남
프라흐라다야 마나 스바하 시다야 스바하 마하 시다야 스바하
시다요기 스바라야 스바하 니라칸타야 스바하 바라하 무카야
스바하 마하 다라 심하 무카야 스바하 시다 비드야 다라야
스바하 파드마 하스타야 스바하 크르스나 사르파 크르다 야즈
노파비타야 스바하 마하 라쿠타 다라야 스바하 차크라 유다야
스바하 샨카 샤다니 보다나야 스바하 바마 스칸다 데샤 스티타
크르스니 지나야 스바하 브야그라 차마 니바사나야 스바하
로케 스바라야 스바하 사르바 시데 스바라야 스바하
나모 바가바테 아르야바로키테 스바라야 보디사트바야 마하
사트바야 마하 카루니카야 시드야투 메 만트라 파다야 스바하
(3번)


〈개지옥진언 開地獄眞言〉

나모 아스타 시티남 삼먁삼부타 코티남 옴 즈나나 아바 바세
디리 디리 훔(3번)

## 〈소청진언 召請眞言〉

옴 지나 지크 에히 에히 스바하(3번)

나모 상주시방불 나모 상주시방법 나모 상주시방승(3번)
南無 常住十方佛 南無 常住十方法 南無 常住十方僧

나모 대자대비 구고구난 관세음보살(3번)
南無 大慈大悲 救苦救難 觀世音菩薩

나모대방광불화엄경(3번)
南無大方廣佛華嚴經

## 〈고혼청 孤魂請〉

일심봉청 실상이명 법신무적 종연은현 약경상지유무
一心奉請 實相離名 法身無跡 從緣隱現 若鏡像之有無

수업승침 여정륜지고하 묘변막측 환래하난 원아금차
隨業昇沈 如井輪之高下 妙變莫測 幻來何難 願我今此

지극지정성 ○○재지신 설향단전 봉청재자 (주소)
至極至精誠 ○○齋之辰 說香檀前 奉請齋者

복위 소천망 ○○영가 승불위광 내예향단 수첨법공
伏爲 所薦亡 靈駕 承佛威光 來詣香壇 受霑法供

향연청(3번)
香煙請

제령한진치신망 쇄루비령고일장 삼혼묘묘귀하처
諸靈限盡致身亡 洒淚悲怜苦日長 三魂苗杳歸何處

칠백망망거원향<sup>242)</sup>
七魄茫茫去遠鄉

금일 영가위주 상래소청 제불자 등 각열위열명영가 상
今日 靈駕爲主 上來召請 諸佛子 等 各列位列名靈駕 上

래승불섭수 장법가지 기무수계이임연 원획소요이취좌
來承佛攝受 仗法加持 旣無囚繫以臨筵 願獲逍遙而就座

하유안좌지게 대중수언후화
下有安座之偈 大衆隨言後和


〈수위안좌진언 受位安座眞言〉

아금의교설화연 종종진수열좌전 대소위의차제좌
我今依教說華筵 種種珍羞列座前 大小依位次第坐

전심제청연금언
專心諦聽演今言

옴 수나리 자예 스바하(3번)

시일금시 사문대중등 운자비심 행평등행 이본원력 대방
是日今時 沙門大衆等 運慈悲心 行平等行 以本願力 大方

광불화엄경력 제불가피지력 이차청정법식 보시일체법계
廣佛華嚴經力 諸佛加被之力 以此清淨法食 普施一切法界

연귀왕소 통영자 삼십육부 무량무변 항하사수 제아귀중
然鬼王所 統領者 三十六部 無量無邊 恒河沙數 諸餓鬼衆

계하 연귀왕소 통령자 삼십육부 무량무변 항하사수제아
泊訶 然鬼王所 統領者 三十六部 無量無邊 恒河沙數諸餓

귀중 계가분표 질역유리 기한동뇌 승목자진 형헌이종
鬼衆 泊訶焚漂 疾疫流離 飢寒凍餒 繩木自盡 形憲而終

산난이사 일체체백고혼 의초부목 일체귀신지 부풍도
産難而死 一切滯魄孤魂 依草附木 一切鬼神地 府酆都

대소철위산 오무간옥 팔한팔열 경중제지옥 악사성황
大小鐵圍山 五無間獄 八寒八熱 輕重諸地獄 獄司城隍

등처 일체수고중생 육도방래 일체중음중생 함부아청
等處 一切受苦衆生 六道傍來 一切中陰衆生 咸赴我請

무일유자 원여일일각득 마가타국 소용지곡 칠칠곡식
無一遺者 願汝一一各得 摩伽陁國 所用之斛 七七斛食

제제기갈 제공범성난통 당구삼보가피
除諸飢渴 第恐凡聖難通 當求三寶加被

나모 상주시방불 나모 상주시방법 나모 상주시방승(3번)
南無 常住十方佛 南無 常住十方法 南無 常住十方僧

나모 극락교주무량수여래불 나모 상래접인 관세음보살
南無 極樂教主無量壽如來佛 南無 上來接引 觀世音菩薩

나모 명양구고 지장보살마하살
南無 冥陽救苦 地藏菩薩摩訶薩

각열명영가 제불자 이승삼보 가피지력 실부아청 당생희
各列名靈駕 諸佛子 已承三寶 加被之力 悉赴我請 當生希

유심 사리전도상 귀의삼보 참제죄장 인후개통 평등수아
有心 捨離顚倒想 歸依三寶 懺除罪障 咽喉開通 平等受我

소시무차무애 청정법식 제제기갈 귀의불 귀의법 귀의승
所施無遮無碍 淸淨法食 除諸飢渴 歸依佛 歸依法 歸依僧

귀의불 양족존 귀의법 이욕존 귀의승 중중존 귀의불경
歸依佛 兩足尊 歸依法 離欲尊 歸依僧 衆中尊 歸依佛竟

귀의법경 귀의승경
歸依法竟 歸依僧竟

〈소조진언 召罪眞言〉

옴 사르바 파파 아카르샤나 비쇼다나 바즈라 사트바 삼마야
훔 자(3번)[243]

〈최조진언 摧罪眞言〉

옴 바즈라 파니 비스포타야 사르바 아파야 반다나니 프라모크
샤야 사르바 아파야 가티비아 사르바 사트바남 사르바 다타가
타 바즈라 사마야 훔 트라 타(3번)[244]

〈정업진언 淨業眞言〉

옴 바즈라 카르마 비쇼다야 사르바 아바라나니 부다 사트예나
사마야 훔(3번)[245]

## 〈참회진언 懺悔眞言〉

옴 사르바 파파 비스포타 다하나 바즈라야 스바하(3번)[246]

## 〈시감로진언 施甘露眞言〉

나모 수루파야 다타가타야 타댜타 옴 수루 수루 프라스루
프라스루 스바하(3번)[247]

## 〈개인후진언 開咽喉眞言〉

나모 바가바테 비푸라 가트라야 다타가타야(3번)[248]

## 〈다게 茶偈〉

백초임중일미신  조주상권기천인  팽장석정강심수
百草林中一味新  趙州常勸幾千人  烹將石鼎江心水

원사망령헐고륜  원사고혼헐고륜  원사제령헐고륜
願使亡靈歇苦輪  願使孤魂歇苦輪  願使諸靈歇苦輪

선밀가지  신전윤택  업화청량  각구해탈
宣密加持  身田潤澤  業火淸凉  各求解脫

## 〈칭양성호 稱揚聖號〉[249]

나모 다보여래 나모 묘색신여래 나모 광박신여래
南無 多寶如來 南無 妙色身如來 南無 廣博身如來

나모 이포외여래 나모 감로왕여래(3번)
南無 離怖畏如來 南無 甘露王如來

나모 다보여래 원제고혼 파제간탐 법재구족
南無 多寶如來 願諸孤魂 破除慳貪 法財具足

나모 묘색신여래 원제고혼 이추루형 상호원만
南無 妙色身如來 願諸孤魂 離醜陋形 相好圓滿

나모 광박신여래 원제고혼 사육범신 오허공신
南無 廣博身如來 願諸孤魂 捨六凡身 悟虛空身

나모 이포외여래 원제고혼 이제포외 득열반락
南無 離怖畏如來 願諸孤魂 離諸怖畏 得涅槃樂

나모감로왕여래 원아각각 열명영가 인후개통 획감로미
南無甘露王如來 願我各各 列名靈駕 咽喉開通 獲甘露味

원차가지식 보편만시방 식자제기갈 득생안양국(3번)
願此加持食 普遍滿十方 食者除飢渴 得生安養國


〈시식진언 施食眞言〉

나모 사르바 다타가타 바로키데 삼바라 삼바라 훔(3번)[250]


〈감로유해진언 甘露乳海眞言〉

나모 사만타 부다남 밤(3번)[251]

〈시귀감로진언 施鬼甘露眞言〉

옴 아 훔 자라 비담 사르바 프레테비아 스바하(3번)[252]


〈보공양진언 普供養眞言〉

옴 가가나 삼바바 바즈라 호(3번)


〈금강해탈진언 金剛解脫眞言〉

옴 바즈라 모크사 무(3번)[253]


수아차법식 하이아난찬 기장함포만 업화돈청량 돈사탐
受我此法食 何異阿難饌 飢腸咸飽滿 業火頓淸凉 頓捨貪


진치 상귀불법승 염념보리심 처처안락국 범소유상 개시
瞋癡 常歸佛法僧 念念菩提心 處處安樂國 凡所有相 皆是


허망 약견제상비상 즉견여래 여래십호 여래응공 정변지
虛妄 若見諸相非相 卽見如來 如來十號 如來應供 正遍智


명행족 선서 세간해 무상사 조어장부 천인사 불세존
明行足 善逝 世間解 無上士 調御丈夫 天人師 佛世尊


제법종본래 상자적멸궁 불자행도이 내세득작불 제행무상
諸法從本來 常自寂滅相 佛子行道已 來世得作佛 諸行無常


시생멸법 생멸멸이 적멸위락
是生滅法 生滅滅已 寂滅爲樂

원아진생무별념 아미타불독상수 심심상계옥호광
願我盡生無別念 阿彌陀佛獨相隨 心心常係玉豪光

염념불리금색상 아집염주법계관 허공위승무불관
念念不離金色相 我執念珠法界觀 虛空爲繩無不貫

평등사나무하처 관구서방아미타
平等舍那無何處 觀求西方阿彌陀

나모 서방대교주 무량수여래불 나모 아미타불 나모 아
南無 西方大敎主 無量壽如來佛 南無 阿彌陀佛 南無 阿

미타불 나모 아미타불(시간에 따라서 행한다.)
彌陀佛 南無 阿彌陀佛

(* 영가 전에 숭늉을 올리고, 설법하거나, 독경한다.)


## 〈무상계 無常戒〉

부 무상계자 입열반지요문 월고해지자항 시고일체제불
夫 無常戒者 入涅槃之要門 越苦海之慈航 是故一切諸佛

인차계고 이입열반 일체중생 인차계고 이도고해 ○○
因此戒故 而入涅槃 一切衆生 因此戒故 而度苦海 ○○

영가 여금일 향탈근진 영식독로 수불무상정계 하행여야
靈駕 汝今日 向脫根塵 靈識獨露 受佛無上淨戒 何幸如也

○○영가 겁화통연 대천구괴 수미거해 마멸무여 하황차신
○○靈駕 劫火洞燃 大千俱壞 須彌巨海 磨滅無餘 何況此身

생로병사 우비고뇌 능여원위 ○○영가 발모조치 피육근골
生老病死 憂悲苦惱 能與遠違 ○ ○ 靈駕 髮毛爪齒 皮肉筋骨

수뇌구색 개귀어지 타제기귀 진액말담 정기대소변리 개귀
髓腦垢色 皆歸於地 唾啼氣歸 津液沫淡 精氣大小便利 皆歸

어수 난기귀화 동정귀풍 사대각리 금일망신 당재하처 ○○
於水 煖氣歸火 動靜歸風 四大各離 今日亡身 當在何處 ○ ○

영가 사대허가 비가애석 여종무시 이래 지우금일 무명연행
靈駕 四大虛假 非可愛惜 汝從無始 以來 至于今日 無明緣行

행연식 식연명색 명색연육입 육입연촉 촉연수 수연애 애연
行緣識 識緣名色 名色緣六入 六入緣觸 觸緣受 受緣愛 愛緣

취 취연유 유연생 생연노사 우비고뇌 무명멸 즉행멸 행멸즉
取 取緣有 有緣生 生緣老死 憂悲苦惱 無明滅 則行滅 行滅則

식멸 식멸즉명색멸 명색멸즉육입멸 육입멸즉촉멸 촉멸즉
識滅 識滅則名色滅 名色滅則六入滅 六入滅則觸滅 觸滅則

수멸 수멸즉애멸 애멸즉취멸 취멸즉유멸 유멸즉생멸 생멸
受滅 受滅則愛滅 愛滅則取滅 取滅則有滅 有滅則生滅 生滅

즉노사 우비고뇌멸 제법종본래 상자적멸상 불자행도이
則老死 憂悲苦惱滅 諸法從本來 常自寂滅相 佛子行道已

내세득작불 제행무상 시생멸법 생멸멸이 적멸위락 귀의불
來世得作佛 諸行無常 是生滅法 生滅滅已 寂滅爲樂 歸依佛

타계 귀의달마계 귀의승가계 나모 과거보승 여래 응공 정변지
陁戒 歸依達摩戒 歸依僧伽戒 南無 過去寶勝 如來 應供 正徧知

명행족 선서 세간해 무상사 조어장부 천인사 불세존
名行足 善逝 世間解 無上士 調御丈夫 天人師 佛世尊

○○영가 탈겁오음 각루자 영식독로 수불무상계 개불쾌재
○○靈駕 脫劫五陰 殼漏子 靈識獨露 受佛無常戒 豈不快哉

개불쾌재 천당불찰 수념왕생 쾌활념활 서래조의최당당
豈不快哉 天堂佛刹 隨念往生 快活恬活 西來祖意最堂堂

자정기심성본향 묘체담연무처소 산하대지현진광
自淨其心性本鄉 妙體湛然無處所 山河大地現眞光

나모 아미타불 나모 아미타불(시간에 따라서 행한다.)
南無 阿彌陀佛 南無 阿彌陀佛

아미타불재하방(나모아미타불) 착득심두절막망(나모아미타불)
阿彌陀佛在何方(南無阿彌陀佛) 着得心頭切莫忘

염도념궁무념처(나모아미타불) 육문상방자금광(나모아미타불)
念到念窮無念處 六門常放紫金光

극락당전만월용(나모아미타불) 옥호금색조허공(나모아미타불)
極樂堂前滿月容 玉毫金色照虛空

약인일념칭명호(나모아미타불) 경각원성무량공(나모아미타불)
若人一念稱名號 頃刻圓成無量功

석가여래팔상성도(나모아미타불)
釋迦如來八相成道

도솔래의상(나모아미타불) 비람강생상(나모아미타불)
兜率來儀相 毘藍降生相

사문유관상(나모아미타불)　　유성출가상(나모아미타불)
四門遊觀相　　　　　　　　踰城出家相

설산수도상(나모아미타불)　　수하항마상(나모아미타불)
雪山修道相　　　　　　　　樹下降魔相

녹원전법상(나모아미타불)　　쌍림열반상(나모아미타불)
鹿苑轉法相　　　　　　　　雙林涅槃相

천상천하무여불(나모아미타불)　시방세계역무비(나모아미타불)
千上天下無如佛　　　　　　十方世界亦無比

세간소유아진견(나모아미타불)　일체무유여불자(나모아미타불)
世間所有我盡見　　　　　　一切無有如佛者

찰진심념가수지(나모아미타불)　대해중수가음진(나모아미타불)
刹塵心念可數知　　　　　　大海中水可飮盡

허공가량풍가계(나모아미타불)　무능진설불공덕(나모아미타불)
虛空可量風可繫　　　　　　無能盡說佛功德

산당정야좌무언(나모아미타불)　적적요요본자연(나모아미타불)
山堂靜夜坐無言　　　　　　寂寂了了本自然

하사서풍동림야(나모아미타불)　일성한안려장천(나모아미타불)
何事西風東林野　　　　　　一聲閑鴈唳長天

원각산중생일수(나모아미타불)　개화천지미분전(나모아미타불)
圓覺山中生一樹　　　　　　開花天地未分前

비청비백역비흑(나모아미타불)　부재춘풍부재천(나모아미타불)
非靑非白亦非黑　　　　　　不在春風不在天

청산첩첩미타굴(나모아미타불)
靑山疊疊彌陀窟

창해망망적멸궁(나모아미타불)
滄海茫茫寂滅宮

물물염래무가애(나모아미타불)
物物拈來無罣碍

기간송정학두홍(나모아미타불)
幾看松亭鶴頭紅

보화비진요망연(나모아미타불)
報化非眞了妄緣

법신청정광무변(나모아미타불)
法身淸淨廣無邊

천강유수천강월(나모아미타불)
千江有水千江月

만리무운만리천(나모아미타불)
萬里無雲萬里天

세존당입설산중(나모아미타불)
世尊當入雪山中

일좌부지경육년(나모아미타불)
一坐不知經六年

인견명성운오도(나모아미타불)
因見明星云悟道

언전소식편삼천(나모아미타불)
言銓消息遍三千

극락세계십종장엄(나모아미타불)
極樂世界十種莊嚴

법장서원수인장엄(나모아미타불)
法藏誓願修因莊嚴

사십팔원원력장엄(나모아미타불)
四十八願願力莊嚴

미타명호수광장엄(나모아미타불)
彌陀名號壽光莊嚴

삼대사관보상장엄(나모아미타불)
三大士觀寶像莊嚴

미타국토안락장엄(나모아미타불)
彌陀國土安樂莊嚴

보하청정덕수장엄(나모아미타불)
寶河淸淨德水莊嚴

보전여의누각장엄(나모아미타불)
寶殿如意樓閣莊嚴

주야장원시분장엄(나모아미타불)
晝夜長遠時分莊嚴

극락보국무쇠변(나모아미타불)
極樂寶國無衰變

벽옥루대천자연(나모아미타불)
碧玉樓臺天自然

마니명월유리수(나모아미타불)
磨尼明月琉璃水

광조지대진가령(나모아미타불)
光照池臺眞可怜

극락보계심희기(나모아미타불)
極樂寶界甚希奇

보위명생래불지(나모아미타불)
寶爲名生來不知

금일희우미타호(나모아미타불)
今日喜遇彌陀號

돈사사바거자희(나모아미타불)
頓捨裟婆去者稀

미타보계부사의(나모아미타불)
彌陀寶界不思議

유탄사바거자희(나모아미타불)
唯嘆娑婆去者稀

사십팔원장엄기(나모아미타불)
四十八願莊嚴起

초제불찰최위정(나모아미타불)
超諸佛刹最爲精

본국타방대해중(나모아미타불)
本國他方大海衆

궁겁산수불지명(나모아미타불)
窮劫算數不知名

보권귀서동피회(나모아미타불)
普勸歸西同彼會

항사삼매자연성(나모아미타불)
恒沙三昧自然成

무생보국영무상(나모아미타불)
無生寶國永無常

일일보류무수광(나모아미타불)
一一寶流無數光

행자수심상대목(나모아미타불)
行者須心常對目

승신용약입서방(나모아미타불)
勝神踊躍入西方

보담보색보광비(나모아미타불)
寶潭寶色寶光飛

일일광성무수대(나모아미타불)
一一光成無數臺

대중보루천만억(나모아미타불)
臺中寶樓千萬億

대측백억보당위(나모아미타불)
臺側百億寶幢圍

보수보림제보수(나모아미타불)
寶樹寶林諸寶樹

보화보엽보근경(나모아미타불)
寶花寶葉寶根莖

혹유천보분림이(나모아미타불)
或有千寶分林異

혹유백보공성행(나모아미타불)
或有百寶共成行

행행상당엽상차(나모아미타불)
行行相當葉相次

색각부동광역연(나모아미타불)
色各不同光亦然

등량제고삼십만(나모아미타불)
等量齊高三十萬

지엽상촉설무인(나모아미타불)
枝葉相觸說無因

보하보안보금사(나모아미타불)
寶河寶岸寶金沙

보엽보거보련화(나모아미타불)
寶葉寶渠寶蓮花

십이유순개정등(나모아미타불)
十二由旬皆正等

보라보망보란차(나모아미타불)
寶羅寶網寶欄遮

덕수분류심보수(나모아미타불)
德水分流尋寶樹

간파도락증포백(나모아미타불)
間波睹樂證怖怕

기어유연동행자(나모아미타불)
寄語有緣同行者

노력번미환본가(나모아미타불)
努力翻迷還本家

미타본원화왕좌(나모아미타불)
彌陀本願花王坐

일체중보이위성(나모아미타불)
一切衆寶以爲城

대상사당장보만(나모아미타불)
臺上四幢張寶漫

미타독좌현진형(나모아미타불)
彌陀獨坐顯眞形

미타신심편법계(나모아미타불)
彌陀身心遍法界

영현중생심상중(나모아미타불)
影現衆生心想中

시고권여상관찰(나모아미타불)
是故勸汝常觀察

의심기상표진용(나모아미타불)
依心起想表眞容

보용보형임화좌(나모아미타불)
寶容寶形臨花坐

심개견파국장엄(나모아미타불)
心開見波國莊嚴

보수삼신화편만(나모아미타불)
寶樹三身花遍滿

풍령낙향여문동(나모아미타불)
風鈴樂響與文同

미타신색여금산(나모아미타불)
彌陀身色如金山

상호광명조시방(나모아미타불)
相好光明照十方

유유염불몽광섭(나모아미타불)
唯有念佛蒙光攝

당지본원최위강(나모아미타불)
當知本願最爲强

시방여래서설증(나모아미타불)
十方如來舒舌證

전칭명호지서방(나모아미타불)
專稱名號至西方

도피화간미묘법(나모아미타불)
到彼花間微妙法

법계경요여전봉(나모아미타불)
法界傾遙如轉蓬

아석소조제악업(나모아미타불)
我昔所造諸惡業

종신구의지소생(나모아미타불)
從身口意之所生

삼계유여급정륜(나모아미타불)
三界猶如汲井輪

차신불향금생도(나모아미타불)
此身不向今生度

죄무자성종심기(나모아미타불)
罪無自性從心起

죄망심멸양구공(나모아미타불)
罪亡心滅兩俱空

사대각리여몽중(나모아미타불)
四大各離如夢中

욕식불조회광처(나모아미타불)
欲識佛祖廻光處

십념왕생원(나모아미타불)
十念往生願

십지원행자연창(나모아미타불)
十地願行自然彰

화불운집만허공(나모아미타불)
化佛雲集滿虛空

개유무시탐진치(나모아미타불)
皆由無始貪瞋痴

일체아금개참회(나모아미타불)
一切我今皆懺悔

백천만겁역미진(나모아미타불)
百千萬劫歷微塵

갱대하생도차신(나모아미타불)
更待何生度此身

심약멸시죄역망(나모아미타불)
心若滅時罪亦亡

시즉명위진참회(나모아미타불)
是則名爲眞懺悔

육진심식본래공(나모아미타불)
六塵心識本來空

일락서산월출동(나모아미타불)
日落西山月出東

왕생극락원(나모아미타불)
往生極樂願

상품상생원(나모아미타불)     광도중생원(나모아미타불)
上品上生願               廣度衆生願

원공법계제중생(나모아미타불)   동입미타대원해(나모아미타불)
願共法界諸衆生         同入彌陀大願海

진미래제도중생(나모아미타불)   자타일시성불도(나모아미타불)
盡未來際度衆生         自他一時成佛道

〈아미타불근본진언 阿彌陀佛本身眞言〉

나모 라트나 트라야야 나마 아르야 아미타 아바야 타타가타야 아라하테 삼먁삼부다야 타다탸 옴 아므르테 아므르토드 바베 아므르타 삼바베 아므르타 가르베 아므르타 시데 아므르타 테자스 아므르타 비크란테 아므르타 비크란타 가미니 아므르타 가가나 키르티카레 아므르타 둔두비 스바레 사르바르타 사다네 사르바 카르마 크레샤 크사얌 카레 스바하(3번)

〈전생정토진언 轉生淨土眞言〉

옴 라트네 라트네 라트나 삼바비 라트나 키라니 라트나 마라 비슈데 수다야 사르바 파나 훔 트라 타[254](3번)

〈왕생진언 往生眞言〉

나모 부다야 나모 다르마야 나모 삼가야 나모 아미타바야 타타가타야 타댜타 아므르토드 바베 아므르타 시담 바베 아므르타 비크란테 아므르타 비크란타 가미니 가가나 키르타 카레 스바하(3번)[255]

나모 서방정토 극락세계 외외아미타불 안용자금영 신상
南無 西方淨土 極樂世界 巍巍阿彌陀佛 顔容紫金英 身相

삼십이 조족하안평 자호팔십종 광요상조명 범음초삼천
三十二 爪足下安平 姿好八十種 光曜常照明 梵音超三千

묘향애난성 외외아미타불 국토심청명 실순황금색 무사악
妙響哀鸞聲 巍巍阿彌陀佛 國土甚淸明 悉純黃金色 無四惡

인명 지수류상주 보수오음성 가탄무상고 문개득무생 외외
人名 池水流相注 寶樹五音聲 歌歎無常苦 聞皆得無生 巍巍

아미타불 중선왕중영 국토묘안락 무불원왕생 불여보살중
阿彌陀佛 衆善王中英 國土妙安樂 無不願往生 佛與菩薩衆

번비구왕영 홀연칠보연 연화중장성 외외아미타불 위덕묘
飜飛俱往迎 忽然七寶淵 蓮花中長成 巍巍阿彌陀佛 威德妙

무려 구체진금색 광요시방토 기문득도우 영발생사고 계수
無侶 軀體眞金色 光耀十方土 其聞得覩遇 永拔生死苦 稽首

접인대도사 무량수여래불 나모 아미타불 나모 보현보살
接引大導師 無量壽如來拂 南無 阿彌陀佛 南無 普賢菩薩

나모 묘덕보살 나모 미륵보살 나모 현호보살 나모 선사의
南無 妙德菩薩 南無 彌勒菩薩 南無 賢護菩薩 南無 善思議

보살 나모 신혜보살 나모 공무보살 나모 신통화보살 나모
菩薩 南無 信慧菩薩 南無 空無菩薩 南無 神通華菩薩 南無

광영보살 나모 혜상보살 나모 지당보살 나모 적근보살 나모
光英菩薩 南無 慧上菩薩 南無 智幢菩薩 南無 寂根菩薩 南無

원혜보살 나모 향상보살 나모 보영보살 나모 중주보살
願慧菩薩 南無 香象菩薩 南無 寶英菩薩 南無 中住菩薩

나모 제행보살 나모 해탈보살마하살[256]
南無 制行菩薩 南無 解脫菩薩摩訶薩

원공법계제제중생 동입미타대원해 구품도중생 아금서귀의
願共法界諸衆生 同入彌陀大願海 九品度衆生 我今誓歸依

참회삼업죄 지심회향인 왕생극락국 원아임욕명종시 진제
懺悔三業罪 至心回向因 往生極樂國 願我臨欲命終時 盡除

일체제장애 면견피불아미타 즉득왕생안락찰 원이차공덕
一切諸障碍 面見彼佛阿彌陀 卽得往生安樂刹 願以此功德

보급어일체 아등여중생 당생극락국 동견무량수 개공성불도
普及於一切 我等與衆生 當生極樂國 同見無量壽 皆空成佛道

(목탁, 요령을 마친다. 초재부터 6재까지는 이곳에서 마치고, 49재와 천도재 등은 봉송편을 따라서 집전한다.)


〈봉송게 奉送偈〉

원아 금차 지극지정성 ○○재지신 설향단전 봉송재자
願我 今此 至極之精誠 ○○齋之辰 設香壇前 奉送齋者

(주소) 행효 ○○복위 소천망 ○○ 영가 영가위주 상서선망
行孝 ○○伏爲 所薦亡 ○○ 靈駕 靈駕僞主 上逝先亡

광겁부모 다생사장 누세종친 제형숙백 자매질손 원근친척
廣劫父母 多生師長 累世宗親 弟兄叔伯 姉妹姪孫 遠近親戚

일체권속 등 각열위열명 영가 차도량내외 동상동하 유주무주
一切眷屬 等 各列位列名 靈駕 此道場內外 同上同下 有主無主

운집고혼 제불자등 각열위열명 영가
雲集孤魂 諸佛子等 各列位列名 靈駕

아금지주차색화 가지원성청정고 일화공양아여래
我今持呪此色花 加持願成淸淨故 一花供養我如來

수화각귀청정토 대비복지무연주 산화보산시방거
受花却歸淸淨土 大悲福智無緣主 散花普散十方去

일체현성진귀공 산화보원귀래로 아이여래삼밀문
一切賢聖盡歸空 散花普願歸來路 我以如來三密門

이작상묘이익경 유원극락정토주 보살연각성문등
已作上妙利益竟 惟願極樂淨土住 菩薩燕閣聲聞等

극락세계제권속 망령고혼계유정 지옥아귀급방생
極樂世界諸眷屬 亡靈孤魂洎有情 地獄餓鬼及傍生

함원신심득자재 빙사승선획청량 총희구득불퇴전[257]
咸願身心得自在 憑斯勝善獲淸凉 摠希俱得不退轉

아어타일건도량 불위본서환래부
我於他日建道場 不違本誓還來赴

(상주들에게 위패, 사진 등을 들고서 부처님을 향하여 서있게 한다.)

산화락(3번)
散花落


〈봉송진언 奉送眞言〉

옴 바즈라 모크사 무(3번)[258]


〈보회향게 普迴向偈〉

현세지중 미증보리간 원무내외 장난악연 등 항상우봉
現世之中 未證菩提間 願無內外 障難惡緣 等 恒常遇逢

최묘선지식 소수선사 행원속성취[259]
最妙善知識 所修善事 行願速成就

옴 스파라 스파라 비마라 사라 마하 자바 훔(3번)[260]

확탕풍요천지괴 요요장재백운간 일성휘파금성벽
鑊湯風搖天地壞 寥寥長在白雲間 一聲揮破金城壁

단향불전칠보산[261]
但向佛前七寶山

자귀의불당원중생 체해대도발무상의 자귀의법당원중생
自歸依佛當願衆生 體解大道發無上意 自歸依法當願衆生

심입경장지혜여해 자귀의승당원중생 통리대중일체무애
深入經藏智慧如海 自歸依僧當願衆生 統理大衆一切無礙

나모 대성인로왕보살(반배)

南無　大聖引路王菩薩

나모 대성인로왕보살(반배)

南無　大聖引路王菩薩

나모 대성인로왕보살마하살(반배)

南無　大聖引路王菩薩摩訶薩


〈법성게 法性偈〉(위패, 사진 등을 모시고 소대를 향하여 나아간다.)

법성원융무이상　제법부동본래적　무명무상절일체
法性圓融無二相　諸法不動本來寂　無名無相絶一切

증지소지비여경　진성심심극미묘　불수자성수연성
證智所知非餘境　眞性甚深極微妙　不守自性隨緣成

일중일체다중일　일즉일체다즉일　일미진중함시방
一中一切多中一　一卽一切多卽一　一微塵中含十方

일체진중역여시　무량원겁즉일념　일념즉시무량겁
一切塵中亦如是　無量遠劫卽一念　一念卽是無量劫

구세십세호상즉　잉불잡란격별성　초발심시변정각
九世十世互相卽　仍不雜亂隔別成　初發心時便正覺

생사열반상공화　이사명연무분별　십불보현대인경
生死涅槃常共和　理事冥然無分別　十佛普賢大人境

능인해인삼매중　번출여의부사의　우보익생만허공
能仁海印三昧中　繁出如意不思議　雨寶益生滿虛空

중생수기득이익 시고행자환본제 파식망상필부득
衆生隨器得利益 是故行者還本際 叵息妄想必不得

무연선교착여의 귀가수분득자량 이다라니무진보
無緣善巧捉如意 歸家隨分得資糧 以陀羅尼無盡寶

장엄법계실보전 궁좌실제중도상 구래부동명위불
莊嚴法界實寶殿 窮坐實際中道床 舊來不動名爲佛


〈소대의례 燒臺儀禮〉

금차 지극지정성 ○○재지신 봉송재자 (주소) 행효○○복위
今此 至極至精誠 ○○齋之辰 奉送齋者        行孝○○伏爲

소천망 ○○영가 금일 영가위주 상세선망 광겁부모 다생
疏薦亡 ○○靈駕 今日 靈駕爲主 上世先亡 曠劫父母 多生

사장 누대종친 제형숙백 자매질손 원근친족 일체권속 등
師長 累代宗親 弟兄叔伯 姉妹姪孫 遠近親族 一切眷屬 等

각열위열명영가 차도량내외 동상동하 유주무주애혼 제불
各列位列名靈駕 此道場內外 洞上洞下 有主無主哀魂 諸佛

자 등 각열위열명영가
子 等 各列位列名靈駕

상래시식공덕 이망연야 불리망연야 불리망연즉 차청반야
上來施食功德 離妄緣耶 不離妄緣耶 不離妄緣則 且聽般若

육근게송 말후일게 지심제청 지심제수
六根偈頌 末後一偈 至心諦廳 至心諦受

410

## 〈육근찬 六根讚〉

조견심공요세간　　견지안근상청정　　색계원래본시공
照見心空了世間　　見智眼根常淸淨　　色界元來本是空

색성본래무장애　　무래무거시진종　　관견이근상청정
色性本來無障礙　　無來無去是眞宗　　觀見耳根常淸淨

성계원래본시공　　성성본래무장애　　무래무거시진종
聲界元來本是空　　聲性本來無障礙　　無來無去是眞宗

관견비근상청정　　향계원래본시공　　향성본래무장애
觀見鼻根常淸淨　　香界元來本是空　　香性本來無障礙

무래무거시진종　　관견설근상청정　　미계원래본시공
無來無去是眞宗　　觀見舌根常淸淨　　味界元來本是空

미성본래무장애　　무래무거시진종　　관견신근상청정
味性本來無障礙　　無來無去是眞宗　　觀見身根常淸淨

색계원래본시공　　색성본래무장애　　무래무거시진종
色界元來本是空　　色性本來無障礙　　無來無去是眞宗

관견의근상청정　　법계원래본시공　　법성본래무장애[262]
觀見意根常淸淨　　法界元來本是空　　法性本來無障礙

## 〈소물진언 燒物眞言〉(위패와 옷 등을 태운다)

홈 바즈라 카르사야 홈(3번)[263]

## 〈봉송진언 奉送眞言〉

옴 바즈라 모크사 무(3번)

## 〈전생정토진언 轉生淨土眞言〉

옴 라트네 라트네 라트나 삼바비 라트나 키라니 라트나 마라
비슈데 수다야 사르바 파나 훔 트라 타(3번)

## 〈왕생진언 往生眞言〉

나모 부다야 나모 다르마야 나모 삼가야 나모 아미타바야
타타가타야 타댜타 아므르토드 바베 아므르타 시담 바베 아므
르타 비크란테 아므르타 비크란타 가미니 가가나 키르타 카레
스바하(3번)

나모 대성인로왕보살마하살(3번)
南無 大聖引路王菩薩摩訶薩

나모 극락정토무량수여래불(3번)
南無 極樂淨土無量壽如來佛

나모 극락정토회상제보살회해성중(3번)
南無 極樂淨土會上諸藏菩會海聖衆

아금지주차색화 가지원성청정고 유원고혼계유정
我今持呪此色花 加持願成淸淨故 惟願孤魂洎有情

지옥아귀급방생 함원신심득자재 빙사승선획청량
地獄餓鬼及傍生　咸願身心得自在　憑斯勝善獲淸凉

총희구득불퇴전 아어타일건도량 불위본서환래부
摠希俱得不退轉　我於他日建道場　不違本誓還來赴

# 2. 장례의 葬禮儀

## 1) 시다림 尸茶林

### 〈정삼업진언 淨三業眞言〉

옴 바즈라 카르마 비쇼다야 사르바 바라 나니 부다 사비에나
삼마야 훔(3번)

### 〈결계진언 結界眞言〉

나모 사만타 부다남 레리 푸리 비쿠루 비쿠레 스바하(3번)

### 〈사성례 四聖禮〉

아금지차일주향 변성무진향운개 봉헌극락사성전
我今持此一炷香　變成無盡香雲蓋　奉獻極樂四聖前

원수애납수 원수애납수 원수자비애납수
願垂哀納受　願垂哀納受　願垂慈悲哀納受

나모 서방정토 극락세계 아등도사 무량수여래불(반배)
南無　西方淨土　極樂世界　我等導師　無量壽如來佛

나모 서방정토 극락세계 대자대비 관세음보살(반배)
南無　西方淨土　極樂世界　大慈大悲　觀世音菩薩

나모 서방정토 극락세계 대희대사 대세지보살(반배)
南無　西方淨土　極樂世界　大喜大捨　大勢至菩薩

나모 서방정토 극락세계 일체청정대해중보살(반배)264)
南無　西方淨土　極樂世界　一切淸淨大海衆菩薩


〈거불 擧佛〉

나모 아미타불 나모 관세음보살 나모 대세지보살(3번)
南無　阿彌陀佛　南無　觀世音菩薩　南無　大勢至菩薩

나모 대성인로왕보살마하살
南無　大聖引路王菩薩摩訶薩


〈창혼 唱魂〉

거 사바세계 남섬부주 해동 대한민국 (주소) 결계도량
據　娑婆世界　南贍部洲　海東　大韓民國　　　結戒道場

원아금차 지극지정성 장례 봉행재자 (주소) ○○복위
願我今此　至極至精誠　葬禮　奉行齋者　　　○○伏爲

신원적 ○○영가
新圓寂　　靈駕


〈반혼착어 返魂着語〉

진명성체묘난측 월타추담계영환 금탁수성개각로
眞明性體妙難測　月墮秋潭柱影寒　金鐸數聲開覺路

환구영설좌영단<sup>265)</sup>
幻軀永說坐靈壇

〈수위안좌진언 受位安座眞言〉

옴 수나리 자예 스바하(3번)

〈오방번 五方幡〉

나모 중방화장세계 비로자나불 유원대자접인 신원적
南無 中方華藏世界 毘盧遮那佛 唯願大慈接引 新圓寂

○○영가 황유리세계중 귀명 비로자나불(반배)
○○靈駕 黃琉璃世界中 歸命 毘盧遮那佛

나모 동방만월세계 약사유리광불 유원대자접인 신원적
南無 東方滿月世界 藥師琉璃光佛 唯願大慈接引 新圓寂

○○영가 청유리세계중 귀명 약사여래불(반배)
○○靈駕 靑琉璃世界中 歸命 藥師如來佛

나모 남방환희세계 보승여래불 유원대자접인 신원적
南無 南方歡喜世界 寶勝如來佛 唯願大慈接引 新圓寂

○○영가 적유리세계중 귀명 보승여래불(반배)
○○靈駕 赤琉璃世界中 歸命 寶勝如來佛

나모 서방극락세계 아미타불 유원대자접인 신원적
南無 西方極樂世界 阿彌陀佛 唯願大慈接引 新圓寂

○○영가 백유리세계중 귀명 아미타불(반배)
○○ 靈駕 白琉璃世界中 歸命 阿彌陀佛

나모 북방무우세계 부동존불 유원대자접인 신원적
南無 北方無憂世界 不動尊佛 唯願大慈接引 新圓寂

○○영가 흑유리세계중 귀명 부동존불(반배)266)
○○ 靈駕 黑琉璃世界中 歸命 不動尊佛

## 〈신묘장구대다라니 神妙章句大陀羅尼〉

나모 라트나 트라야야 나마 아르야바로키테 스바라야 보디사
트바야 마하 사트바야 마하 카루니카야 사르바 반다나 체다나
카라야 사르바 바바 사무드라 초샤나 카라야 사르바 브야디
프라샤마나 카라야 사베티튜 우파드라바 비나 샤나 카라야
사르바 바예슈 트라나 카라야 타스마이 나마스 크르트바 이담
아르야바로키테 스바라 바시탐 니라칸타베 나마 흐르다얌
아브라타 이챠미 사르바타 사다캄 슈밤 아제얌 사르바 부타남
바바 마르가 비쇼다캄 타댜타 옴 아로케 아로카 마티 로카티
크란테 헤 흐리 아르야바로키테 스바라 마하 보디사트바 헤
보디사트바 헤 마하 보디사트바 헤 프리야 보디사트바 헤
마하 카루니카 스마라 흐르다얌 히히 흐리 아르야비로키테
스바라 마헤 스바라 파라마 마이트라 치타 마하 카루니카
쿠루 쿠루 카르마 사다야 사다야 비드얌 니헤 니헤 타바람
카맘 가마 비함 가마 시다유기 스바라 두루두루 비얀티 마하

비얀티 다라 다라 다레 인드레 스바라 차라 차라 비마라 마라
아르야비로키테 스바라 지나 크르스나 자타 마쿠타 바람바
프라람바 비람바 마하 시다 비드야 다라 바라 바라 마하 바라
아마라 마라 마하 마라 차라 차라 마하 차라 크르스나 바르나
디르가 크르스나 파크사 디르가 아타나 헤 파드마 하스타
차라 차라 네샤 차레 스바라 크르스나 사르파 크르타 야즈노파
비타 에헤 히 마하 바라하 무카 트리푸라 다하네 스바라 나라야
나 바루파 바라 마르가 아리 헤 니라칸타 헤 마하 카라 하라
하라 비샤 니르지타 로카스야 라가 비샤 비나 샤나 드비사
비샤 비나 샤나 모하 비샤 비나 샤나 후루 후루 마라 후루
흐리 마하 파드마 나바 사라 사라 시리 시리 수루 수루 무루
무루 부드야 부드야 보다야 보다야 아마이테 니라칸타 에헤
히 바마 스티타 심하 무카 하사 하사 문차 문차 마하 타타
하사 에헤 히 보 마하 시다요기 스바라 바나 바나 바참 사다야
사다야 비드얌 스마라 스마라탐 바가반탐 로키타 비로키탐
로케 스바람 타다가탐 다다헤 메 다르샤나 카마스야 다르샤남
프라흐라다야 마나 스바하 시다야 스바하 마하 시다야 스바하
시다요기 스바라야 스바하 니라칸타야 스바하 바라하 무카야
스바하 마하 다라 심하 무카야 스바하 시다 비드야 다라야
스바하 파드마 하스타야 스바하 크르스나 사르파 크르다 야즈
노파비타야 스바하 마하 라쿠타 다라야 스바하 차크라 유다야
스바하 샨카 샤다니 보다나야 스바하 바마 스칸다 데샤 스티타

418

크르스니 지나야 스바하 브야그라 차마 니바사나야 스바하
로케 스바라야 스바하 사르바 시데 스바라야 스바하
나모 바가바테 아르야바로키테 스바라야 보디사트바야 마하
사트바야 마하 카루니카야 시드야투 메 만트라 파다야 스바하
(3번)

〈개지옥진언 開地獄眞言〉

나모 아스타 시티남 삼먁삼부타 코티남 옴 즈나나 아바 바세
디리 디리 훔(3번)

〈소죄진언 召罪眞言〉

옴 사르바 파파 아카르샤나 비쇼다나 바즈라 사트바 삼마야
훔 자(3번)

〈최죄진언 摧罪眞言〉

옴 바즈라 파니 비스포타야 사르바 아파야 반다나니 프라모크
샤야 사르바 아파야 가티비아 사르바 사트바남 사르바 다타가
타 바즈라 사마야 훔 트라 타(3번)

〈정업진언 淨業眞言〉

옴 바즈라 카르마 비쇼다야 사르바 아바라나니 부다 사트예나

사마야 훔(3번)

〈참회진언 懺悔眞言〉

옴 사르바 파파 비스포타 다하나 바즈라야 스바하[267](3번)

〈수삼귀의 授三歸依〉

귀의불 양족존 귀의법 이욕존 귀의승 중중존(3번)
歸依佛 兩足尊 歸依法 離欲尊 歸依僧 衆中尊

〈수오계 授五戒〉

제일불살생 제이불투도 제삼불사음 제사불망어
第一不殺生 第二不偸盜 第三不邪婬 第四不妄語

제오불음주(3번)
第五不飮酒

신원적 ○○영가 무상계 위고혼 지심제청 지심제수
新圓寂 ○○靈駕 無相戒 爲孤魂 志心諦聽 志心諦受

〈무상계 無常戒〉

부 무상계자 입열반지요문 월고해지자항 시고일체제불
夫 無常戒者 入涅槃之要門 越苦海之慈航 是故一切諸佛

인차계고 이입열반 일체중생 인차계고 이도고해 ○○
因此戒故 而入涅槃 一切衆生 因此戒故 而度苦海 ○○

영가 여금일 향탈근진 영식독로 수불무상정계 하행여야
靈駕 汝今日 向脫根塵 靈識獨露 受佛無上淨戒 何幸如也

○○영가 겁화통연 대천구괴 수미거해 마멸무여 하황차신
○○靈駕 劫火洞燃 大千俱壞 須彌巨海 磨滅無餘 何況此身

생로병사 우비고뇌 능여원위 ○○영가 발모조치 피육근골
生老病死 憂悲苦惱 能與遠違 ○○靈駕 髮毛爪齒 皮肉筋骨

수뇌구색 개귀어지 타제기귀 진액말담 정기대소변리 개귀
髓腦垢色 皆歸於地 唾涕氣歸 津液沫淡 精氣大小便利 皆歸

어수 난기귀화 동정귀풍 사대각리 금일망신 당재하처 ○○
於水 煖氣歸火 動靜歸風 四大各離 今日亡身 當在何處 ○○

영가 사대허가 비가애석 여종무시 이래 지우금일 무명연행
靈駕 四大虛假 非可愛惜 汝從無始 以來 至于今日 無明緣行

행연식 식연명색 명색연육입 육입연촉 촉연수 수연애 애연
行緣識 識緣名色 名色緣六入 六入緣觸 觸緣受 受緣愛 愛緣

취 취연유 유연생 생연노사 우비고뇌 무명멸 즉행멸 행멸즉
取 取緣有 有緣生 生緣老死 憂悲苦惱 無明滅 則行滅 行滅則

식멸 식멸즉명색멸 명색멸즉육입멸 육입멸즉촉멸 촉멸즉
識滅 識滅則名色滅 名色滅則六入滅 六入滅則觸滅 觸滅則

수멸 수멸즉애멸 애멸즉취멸 취멸즉유멸 유멸즉생멸 생멸
受滅 受滅則愛滅 愛滅則取滅 取滅則有滅 有滅則生滅 生滅

즉노사 우비고뇌멸 제법종본래 상자적멸상 불자행도이
則老死 憂悲苦惱滅 諸法從本來 常自寂滅相 佛子行道已

내세득작불 제행무상 시생멸법 생멸멸이 적멸위락 귀의불
來世得作佛 諸行無常 是生滅法 生滅滅已 寂滅爲樂 歸依佛

타계 귀의달마계 귀의승가계 나모 과거보승 여래 응공 정변지
陁戒 歸依達摩戒 歸依僧伽戒 南無 過去寶勝 如來 應供 正徧知

명행족 선서 세간해 무상사 조어장부 천인사 불세존
名行足 善逝 世間解 無上士 調御丈夫 天人師 佛世尊

○○영가 탈겁오음 각루자 영식독로 수불무상계 개불쾌재
○○靈駕 脫劫五陰 殼漏子 靈識獨露 受佛無常戒 豈不快哉

개불쾌재 천당불찰 수념왕생 쾌활념활 서래조의최당당
豈不快哉 天堂佛刹 隨念往生 快活恬活 西來祖意最堂堂

자정기심성본향 묘체담연무처소 산하대지현진광
自淨其心性本鄕 妙體湛然無處所 山河大地現眞光

나모 아미타불 나모 아미타불(시간에 따라서 진행한다.)
南無 阿彌陀佛 南無 阿彌陀佛

아미타불재하방(나모아미타불) 착득심두절막망(나모아미타불)
阿彌陀佛在何方(南無阿彌陀佛) 着得心頭切莫忘

염도념궁무념처(나모아미타불) 육문상방자금광(나모아미타불)
念到念窮無念處 六門常放紫金光

극락당전만월용(나모아미타불) 옥호금색조허공(나모아미타불)
極樂堂前滿月容 玉毫金色照虛空

약인일념칭명호(나모아미타불) 경각원성무량공(나모아미타불)
若人一念稱名號 頃刻圓成無量功

422

석가여래팔상성도(나모아미타불)
釋迦如來八相成道

도솔래의상(나모아미타불)　　비람강생상(나모아미타불)
兜率來儀相　　　　　　　　毘藍降生相

사문유관상(나모아미타불)　　유성출가상(나모아미타불)
四門遊觀相　　　　　　　　踰城出家相

설산수도상(나모아미타불)　　수하항마상(나모아미타불)
雪山修道相　　　　　　　　樹下降魔相

녹원전법상(나모아미타불)　　쌍림열반상(나모아미타불)
鹿苑轉法相　　　　　　　　雙林涅槃相

천상천하무여불(나모아미타불)　시방세계역무비(나모아미타불)
千上天下無如佛　　　　　　十方世界亦無比

세간소유아진견(나모아미타불)　일체무유여불자(나모아미타불)
世間所有我盡見　　　　　　一切無有如佛者

찰진심념가수지(나모아미타불)　대해중수가음진(나모아미타불)
刹塵心念可數知　　　　　　大海中水可飮盡

허공가량풍가계(나모아미타불)　무능진설불공덕(나모아미타불)
虛空可量風可繫　　　　　　無能盡說佛功德

산당정야좌무언(나모아미타불)　적적요요본자연(나모아미타불)
山堂靜夜坐無言　　　　　　寂寂了了本自然

하사서풍동림야(나모아미타불)　일성한안려장천(나모아미타불)
何事西風東林野　　　　　　一聲閑鴈唳長天

원각산중생일수(나모아미타불)
圓覺山中生一樹

개화천지미분전(나모아미타불)
開花天地未分前

비청비백역비흑(나모아미타불)
非靑非白亦非黑

부재춘풍부재천(나모아미타불)
不在春風不在天

청산첩첩미타굴(나모아미타불)
靑山疊疊彌陀窟

창해망망적멸궁(나모아미타불)
滄海茫茫寂滅宮

물물염래무가애(나모아미타불)
物物拈來無罣碍

기간송정학두홍(나모아미타불)
幾看松亭鶴頭紅

보화비진요망연(나모아미타불)
報化非眞了妄緣

법신청정광무변(나모아미타불)
法身淸淨廣無邊

천강유수천강월(나모아미타불)
千江有水千江月

만리무운만리천(나모아미타불)
萬里無雲萬里天

세존당입설산중(나모아미타불)
世尊當入雪山中

일좌부지경육년(나모아미타불)
一坐不知經六年

인견명성운오도(나모아미타불)
因見明星云悟道

언전소식편삼천(나모아미타불)
言銓消息遍三千

극락세계십종장엄(나모아미타불)
極樂世界十種莊嚴

법장서원수인장엄(나모아미타불)
法藏誓願修因莊嚴

사십팔원원력장엄(나모아미타불)
四十八願願力莊嚴

미타명호수광장엄(나모아미타불)
彌陀名號壽光莊嚴

삼대사관보상장엄(나모아미타불)
三大士觀寶像莊嚴

미타국토안락장엄(나모아미타불)
彌陀國土安樂莊嚴

보하청정덕수장엄(나모아미타불)
寶河淸淨德水莊嚴

보전여의누각장엄(나모아미타불)
寶殿如意樓閣莊嚴

주야장원시분장엄(나모아미타불)
晝夜長遠時分莊嚴

아석소조제악업(나모아미타불)　　개유무시탐진치(나모아미타불)
我昔所造諸惡業　　　　　　　皆由無始貪瞋痴

종신구의지소생(나모아미타불)　　일체아금개참회(나모아미타불)
從身口意之所生　　　　　　　一切我今皆懺悔

삼계유여급정륜(나모아미타불)　　백천만겁역미진(나모아미타불)
三界猶如汲井輪　　　　　　　百千萬劫歷微塵

차신불향금생도(나모아미타불)　　갱대하생도차신(나모아미타불)
此身不向今生度　　　　　　　更待何生度此身

죄무자성종심기(나모아미타불)　　심약멸시죄역망(나모아미타불)
罪無自性從心起　　　　　　　心若滅時罪亦亡

죄망심멸양구공(나모아미타불)    시즉명위진참회(나모아미타불)
罪亡心滅兩俱空    是則名爲眞懺悔

사대각리여몽중(나모아미타불)    육진심식본래공(나모아미타불)
四大各離如夢中    六塵心識本來空

욕식불조회광처(나모아미타불)    일락서산월출동(나모아미타불)
欲識佛祖廻光處    日落西山月出東

십념왕생원(나모아미타불)    왕생극락원(나모아미타불)
十念往生願    往生極樂願

상품상생원(나모아미타불)    광도중생원(나모아미타불)
上品上生願    廣度衆生願

원공법계제중생(나모아미타불)    동입미타대원해(나모아미타불)
願共法界諸衆生    同入彌陀大願海

진미래제도중생(나모아미타불)    자타일시성불도(나모아미타불)
盡未來際度衆生    自他一時成佛道

## 〈아미타불근본진언 阿彌陀佛本身眞言〉

나모 라트나 트라야야 나마 아르야 아미타아바야 타타가타야
아라하테 삼먁삼부다야 타다탸 옴 아므르테 아므르토드 바베
아므르타 삼바베 아므르타 가르베 아므르타 시데 아므르타
테자스 아므르타 비크란테 아므르타 비크란타 가미니 아므르
타 가가나 키르티카레 아므르타 둔두비 스바레 사르바르타
사다네 사르바 카르마 크레샤 크사얌 카레 스바하(3번)

## 〈전생정토진언 轉生淨土眞言〉

옴 라트네 라트네 라트나 삼바비 라트나 키라니 라트나 마라
비슈데 수다야 사르바 파나 훔 트라 타[268](3번)

## 〈왕생진언 往生眞言〉

나모 부다야 나모 다르마야 나모 삼가야 나모 아미타바야
타타가타야 타댜타 아므르토드 바베 아므르타 시담 바베 아므
르타 비크란테 아므르타 비크란타 가미니 가가나 키르타 카레
스바하[269](3번)

나모 서방정토 극락세계 외외아미타불 안용자금영 신상
南無　西方淨土　極樂世界　巍巍阿彌陀佛　顔容紫金英　身相

삼십이 조족하안평 자호팔십종 광요상조명 범음초삼천
三十二　爪足下安平　姿好八十種　光曜常照明　梵音超三千

묘향애난성 외외아미타불 국토심청명 실순황금색 무사악
妙響哀鸞聲　巍巍阿彌陀佛　國土甚淸明　悉純黃金色　無四惡

인명 지수류상주 보수오음성 가탄무상고 문개득무생 외외
人名　池水流相注　寶樹五音聲　歌歎無常苦　聞皆得無生　巍巍

아미타불 중선왕중영 국토묘안락 무불원왕생 불여보살중
阿彌陀佛　衆善王中英　國土妙安樂　無不願往生　佛與菩薩衆

번비구왕영 홀연칠보연 연화중장성 외외아미타불 위덕묘
飜飛俱往迎　忽然七寶淵　蓮花中長成　巍巍阿彌陀佛　威德妙

무려 구체진금색 광요시방토 기문득도우 영발생사고 계수
無侶 軀體眞金色 光耀十方土 其聞得覩遇 永拔生死苦 稽首

접인대도사 무량수여래불 나모 아미타불 나모 보현보살
接引大導師 無量壽如來拂 南無 阿彌陀佛 南無 普賢菩薩

나모 묘덕보살 나모 미륵보살 나모 현호보살 나모 선사의
南無 妙德菩薩 南無 彌勒菩薩 南無 賢護菩薩 南無 善思議

보살 나모 신혜보살 나모 공무보살 나모 신통화보살 나모
菩薩 南無 信慧菩薩 南無 空無菩薩 南無 神通華菩薩 南無

광영보살 나모 혜상보살 나모 지당보살 나모 적근보살 나모
光英菩薩 南無 慧上菩薩 南無 智幢菩薩 南無 寂根菩薩 南無

원혜보살 나모 향상보살 나모 보영보살 나모 중주보살
願慧菩薩 南無 香象菩薩 南無 寶英菩薩 南無 中住菩薩

나모 제행보살 나모 해탈보살마하살
南無 制行菩薩 南無 解脫菩薩摩訶薩

원공법계제중생 동입미타대원해 구품도중생 아금서귀의
願共法界諸衆生 同入彌陀大願海 九品度衆生 我今誓歸依

참회삼업죄 지심회향인 왕생극락국 원아임욕명종시 진제
懺悔三業罪 至心回向因 往生極樂國 願我臨欲命終時 盡除

일체제장애 면견피불아미타 즉득왕생안락찰 원이차공덕
一切諸障碍 面見彼佛阿彌陀 卽得往生安樂刹 願以此功德

보급어일체 아등여중생 당생극락국 동견무량수 개공성불도
普及於一切 我等與衆生 當生極樂國 同見無量壽 皆空成佛道

## 2) 염습 殮襲

### 〈이발 理髮〉

신원적  ○○영가  생종하처래  사향하처거  생야일편부운
新圓寂  ○○靈駕  生從何處來  死向何處去  生也一片浮雲

기  사야일편부운멸  부운자체본무실  생사거래역여연  독
起  死也一片浮雲滅  浮雲自體本無實  生死去來亦如然  獨

유일물상독로  담연불수어생사
有一物常獨露  湛然不隨於生死

신원적  ○○영가  환회득  담연저일물마  (양구)  화탕풍요
新圓寂  ○○靈駕  還會得  湛然底一物麼  (良久)  火蕩風搖

천지괴  요요장재백운간  금자이발  단진무명  십사번뇌
天地壞  寥寥長在白雲間  今玆理髮  斷盡無明  十使煩惱

하유부기  일편백운횡곡구  기다귀조진미소[270]
何由復起  一片白雲橫谷口  幾多歸鳥盡迷巢

### 〈목욕 沐浴〉

신원적  ○○영가  약인욕식불경계  당정기의여허공
新圓寂  ○○靈駕  若人欲識佛境界  當淨其意如虛空

원리망상급제취  영심소향개무애
遠離妄想及諸趣  令心所向皆無碍

신원적 ○○영가 환당정기의 여허공마 기혹미연 갱청주
新圓寂 ○○靈駕 還當淨其意 如虛空麼 其或未然 更聽註

각 차정각지성 상지제불 하지육범 일일당당 일일구족
脚 此正覺之性 上至諸佛 下至六凡 一一當當 一一具足

진진상통 물물상현 부대수성 요요명명 환견마 환문마
塵塵上通 物物上現 不待修成 了了明明 還見麼 還聞麼

기료료견 기역역문 필경시개심마 불면유여정만월 역여
旣了了見 旣歷歷聞 畢竟是箇甚麼 佛面猶如淨滿月 亦如

천일방광명 금자목욕 환망진구 획득금강 불괴지신 청정
千日放光明 今玆沐浴 幻妄塵垢 獲得金剛 不壞之身 淸淨

법신무내외 거래생사일진상²⁷¹⁾
內外法身無 去來生死一眞常


〈세수 洗手〉

신원적 ○○영가 내무소래 여낭월지영현천강
新圓寂 ○○靈駕 來無所來 如朗月之影現千江

거무소거사 징공이형분제찰
去無所去似 澄空而形分諸刹

신원적 ○○영가 사대각리여몽중 육진심식본래공
新圓寂 ○○靈駕 四大各離如夢中 六塵心識本來空

욕식불조회광처 일락서산월출동
欲識佛祖回光處 日落西山月出東


430

금자세수 취리분명 시방불법 교연장내 만목청산무촌수
今玆洗手 取理分明 十方佛法 皎然掌內 滿目靑山無寸樹

현애살수장부아[272)
縣崖撒手丈夫兒

〈세족 洗足〉

신원적 ○○영가 생시적적불수생 사거당당불수사
新圓寂 ○○靈駕 生時的的不隨生 死去當當不隨死

생사거래무간섭 정체당당재목전 금자세족 만행원성
生死去來無干涉 正體當當在目前 今玆洗足 萬行圓成

일거일보초등법운 단능일념귀무념 고보비로정상행[273)
一擧一步超登法雲 但能一念歸無念 高步毗盧頂上行

〈착군 着裙〉

신원적 ○○영가 사대성시 저 일점영명불수성 사대괴
新圓寂 ○○靈駕 四大成時 這 一點靈明不隨成 四大壞

시저 일점영명불수괴 생사성괴등공화 원친숙업금하재
時這 一點靈明不隨壞 生死成壞等空花 冤親宿業今何在

금기부재 멱무종탄 연무애약허공
今旣不在 覓無蹤坦 然無碍若虛空

신원적 ○○영가 찰찰진진개묘체 두두물물총가옹
新圓寂 ○○靈駕 刹刹塵塵皆妙體 頭頭物物摠家翁

금자착군 정호근문 참괴장엄 초증보리 약득인언달근본
今玆着裙 淨護根門 慚愧莊嚴 超證菩提 若得因言達根本

육진원아일령광274)
六塵元我一靈光


〈착의 着衣〉

신원적 ○○영가 내시시하물 거시시하물 내시거시 본무
新圓寂 ○○靈駕 來時是何物 去時是何物 來時去時 本無

일물 욕식명명진주처 청천백운만리통 금자착의 엄비형예
一物 欲識明明眞住處 靑天白雲萬里通 今玆着衣 掩庇形穢

여래유인 시아원상 아사득견연등불 다겁증위인욕선275)
如來柔忍 是我元常 我師得見燃燈佛 多劫曾爲忍辱仙


〈착관 着冠〉

신원적 ○○영가 견문여환예 삼계약공화 문부예근제 진
新圓寂 ○○靈駕 見聞如幻翳 三界若空華 聞復翳根除 塵

소각원정 정극광통달 적조함허공 겁래관세간 유여몽중
消覺圓淨 淨極光通達 寂照含虛空 劫來觀世間 猶如夢中

사 금자착관 최상정문 수능엄삼매 천성공유 인지법행심
事 今玆着冠 最上頂門 首楞嚴三昧 千聖共由 因地法行心

불퇴 종등등묘야무의276)
不退 終登等妙也無疑

(* 염의에 앞서 대승경전 금강경이나 무상계 등을 독송한다.)


## 〈정와 正臥〉

신원적 ○○영가 영광독요 형탈근진 체로진상 불구문자
新圓寂 ○○靈駕 靈光獨露 迥脫根塵 體露眞常 不拘文字

진성무렴 본자원성 단리망연 즉여여불 금자정와 시위법
眞性無染 本自圓成 但離妄緣 卽如如佛 今玆正臥 是爲法

공 제불보살 이위굴택 묘보리좌승장엄 제불좌이성정각
空 諸佛菩薩 以爲窟宅 妙菩提座勝莊嚴 諸佛坐已成正覺

여금정와역여시 자타일시성불도[277]
汝今正臥亦如是 自他一時成佛道


## 〈안좌게 安坐偈〉

만점청산위범찰 일간홍일조영대 원각묘장단좌처
萬點靑山圍梵刹 一竿紅日照靈臺 圓覺妙場端坐處

진심불매향연태[278]
眞心不昧向蓮臺

(* 염습이 끝날 때까지 장엄염불을 행한다.)


## 〈입감 入龕〉(입관시에 독송한다)

대중차도 고불야 이마거 금불야 이마거 금일 영가야
大衆且道 古佛也 伊麼去 今佛也 伊麼去 今日 靈駕也

이마거 하물불감괴 시수장견고 제인환지마
伊麼去　何物不敢壞　是誰長堅固　諸人還知麼

신원적 ○○영가 여삼세제불 일시성도 공십류군생
新圓寂　○○靈駕　與三世諸佛　一時成道　共十類群生

동일열반 기혹미연 유안석인제하루 무언동자암차허[279]
同日涅槃　其或未然　有眼石人齊下淚　無言童子暗嗟噓

(* 입관을 마친다. 이후에 제상을 준비시키고 성복제를 지낸다.)


## 3) 성복제 成服祭

나모아미타불 나모관세음보살 나모대세지보살(3번)
南無阿彌陀佛　南無觀世音菩薩　南無大勢至菩薩

나모 접인망령 대성인로왕보살 마하살
南無　接引亡靈　大聖引路王菩薩　摩訶薩


### 〈창혼 唱魂〉

거 사바세계 남섬부주 해동 대한민국 (주소) 결계도량
據　娑婆世界　南贍部洲　海東　大韓民國　　結戒道場

원아금차 지극지정성 성복제지신 설향단전 봉청재자
願我今此　至極至精誠　成服祭之辰　說香壇前　奉請齋者


434

(주소) ○○ 복위 신원적 ○○영가
　　　　○○ 伏爲 新圓寂 ○○ 靈駕

아차일편향 생종일편심 원차향연하 훈발본진명 절이
我此一片香 生從一片心 願此香烟下 熏發本眞明 切以

생사교사 한서질천 기래야 전격장공 기거야 파징대해
生死交謝 寒署迭遷 其來也 電擊長空 其去也 波澄大海

신원적 ○○영가 생연이진 대명아천요료 제행지무상
新圓寂 ○○ 靈駕 生緣已盡 大命俄遷了了 諸行之無常

내지 적멸이위락 공의대중 숙예전진 지송제성지홍명
乃之 宿滅而爲樂 恭依大衆 肅詣前進 至誦諸聖之洪名

소천 청혼어정토 앙빙대중[280]
所薦 清魂於淨土 仰憑大衆

〈십념 十念〉

청정법신 비로자나불 원만보신 노사나불 천백억화신
清淨法身 毗盧遮那佛 圓滿報身 盧舍那佛 千百億化身

석가모니불 구품도사 아미타불 당래하생 미륵존불
釋迦牟尼佛 九品導師 阿彌陀佛 當來下生 彌勒尊佛

시방삼세 일체제불 시방삼세 일체존법 대성문수사리
十方三世 一切諸佛 十方三世 一切尊法 大聖文殊師利

보살 대행보현보살 대비관세음보살 대원본존지장보살
菩薩 大行普賢菩薩 大悲觀世音菩薩 大願本尊地藏菩薩

제존보살마하살 마하반야바라밀
諸尊菩薩摩訶薩　摩訶般若波羅蜜

〈마하반야바라밀다심경 摩訶般若波羅蜜多心經〉

관자재보살 행심반야바라밀다시 조견오온개공 도일체고
觀自在菩薩　行深般若波羅密多時　照見五蘊皆空　度一切苦

액 사리자 색불이공 공불이색 색즉시공 공즉시색 수상
厄　舍利子　色不異空　空不異色　色卽是空　空卽是色　受想

행식 역부여시 사리자 시제법공상 불생불멸 불구부정
行識　亦復如是　舍利子　是諸法空相　不生不滅　不垢不淨

부증불감 시고공중무색 무수상행식 무안이비설신의 무
不增不減　是故空中無色　無受想行識　無眼耳鼻舌身意　無

색성향미촉법 무안계 내지 무의식계 무무명 역무무명진
色聲香味觸法　無眼界　乃至　無意識界　無無明　亦無無明盡

내지 무노사 역무노사진 무고집멸도 무지역무득 이무소
乃至　無老死　亦無老死盡　無苦集滅道　無智亦無得　以無所

득고 보리살타의 반야바라밀다 고심무가애 무가애고 무
得故　菩提薩埵依　般若波羅密多　故心無罣碍　無罣碍故　無

유공포 원리전도몽상 구경열반 삼세제불의 반야바라밀
有恐怖　遠離顚倒夢想　究竟涅槃　三世諸佛依　般若波羅密

다 고득아뇩다라삼막삼보리 고지반야 바라밀다 시대신
多　故得阿耨多羅三藐三菩提　故知般若　波羅密多　是大神

주 시대명주 시무상주 시무등등주 능제일체고 진실불허
呪　是大明呪　是無上呪　是無等等呪　能除一切苦　眞實不虛

고설반야바라밀다주 즉설주왈
故說般若波羅密多呪　卽說呪曰

가테 가테 파라가테 파라삼가테 보디스바하(3번)
揭諦　揭諦　波羅揭諦　波羅僧揭諦　菩提娑婆訶

(* 반상을 올린다.)

아차일발반 불하향적찬 원차일미훈 선열포후후
我此一鉢飯　不下香積饌　願此一味薰　禪悅飽饒饒

### 〈다게 茶偈〉

조주청다진령좌 요표충정일편심 부음각지삼계몽
趙州淸茶進靈座　聊表沖情一片心　俯飮覺知三界夢

안심직도법왕성[281]
安心直到法王城

### 〈시식진언 施食眞言〉

나모 사르바 다타가타 바로키데 삼바라 삼바라 훔(3번)

### 〈감로유해진언 甘露乳海眞言〉

나모 사만타 부다남 밤(3번)

〈시귀감로진언 施鬼甘露眞言〉

옴 아 훔 자라 비담 사르바 프레테비아 스바하(3번)


〈보공양진언 普供養眞言〉

옴 가가나 삼바바 바즈라 호(3번)


〈장엄염불 莊嚴念佛〉

원아진생무별념 아미타불독상수 심심상계옥호광
願我盡生無別念 阿彌陀佛獨相隨 心心常係玉豪光

염념불리금색상 아집염주법계관 허공위승무불관
念念不離金色相 我執念珠法界觀 虛空爲繩無不貫

평등사나무하처 관구서방아미타 나모 서방대교주
平等舍那無何處 觀求西方阿彌陀 南無 西方大敎主

무량수여래불 나모 아미타불 나모 아미타불
無量壽如來佛 南無 阿彌陀佛 南無 阿彌陀佛

아미타불재하방(나모아미타불)　착득심두절막망(나모아미타불)
阿彌陀佛在何方(南無阿彌陀佛)　着得心頭切莫忘

염도념궁무념처(나모아미타불)　육문상방자금광(나모아미타불)
念到念窮無念處　六門常放紫金光

극락당전만월용(나모아미타불)　옥호금색조허공(나모아미타불)
極樂堂前滿月容　玉毫金色照虛空

약인일념칭명호(나모아미타불)　　경각원성무량공(나모아미타불)
若人一念稱名號　　　　　　頃刻圓成無量功

석가여래팔상성도(나모아미타불)
釋迦如來八相成道

도솔래의상(나모아미타불)　　비람강생상(나모아미타불)
兜率來儀相　　　　　　　　毘藍降生相

사문유관상(나모아미타불)　　유성출가상(나모아미타불)
四門遊觀相　　　　　　　　踰城出家相

설산수도상(나모아미타불)　　수하항마상(나모아미타불)
雪山修道相　　　　　　　　樹下降魔相

녹원전법상(나모아미타불)　　쌍림열반상(나모아미타불)
鹿苑轉法相　　　　　　　　雙林涅槃相

천상천하무여불(나모아미타불)　　시방세계역무비(나모아미타불)
千上天下無如佛　　　　　　十方世界亦無比

세간소유아진견(나모아미타불)　　일체무유여불자(나모아미타불)
世間所有我盡見　　　　　　一切無有如佛者

찰진심념가수지(나모아미타불)　　대해중수가음진(나모아미타불)
刹塵心念可數知　　　　　　大海中水可飮盡

허공가량풍가계(나모아미타불)　　무능진설불공덕(나모아미타불)
虛空可量風可繫　　　　　　無能盡說佛功德

산당정야좌무언(나모아미타불)　　적적요요본자연(나모아미타불)
山堂靜夜坐無言　　　　　　寂寂了了本自然

하사서풍동림야(나모아미타불)
何事西風東林野

일성한안려장천(나모아미타불)
一聲閑鴈唳長天

원각산중생일수(나모아미타불)
圓覺山中生一樹

개화천지미분전(나모아미타불)
開花天地未分前

비청비백역비흑(나모아미타불)
非靑非白亦非黑

부재춘풍부재천(나모아미타불)
不在春風不在天

청산첩첩미타굴(나모아미타불)
靑山疊疊彌陀窟

창해망망적멸궁(나모아미타불)
滄海茫茫寂滅宮

물물염래무가애(나모아미타불)
物物拈來無罣碍

기간송정학두홍(나모아미타불)
幾看松亭鶴頭紅

보화비진요망연(나모아미타불)
報化非眞了妄緣

법신청정광무변(나모아미타불)
法身淸淨廣無邊

천강유수천강월(나모아미타불)
千江有水千江月

만리무운만리천(나모아미타불)
萬里無雲萬里天

세존당입설산중(나모아미타불)
世尊當入雪山中

일좌부지경육년(나모아미타불)
一坐不知經六年

인견명성운오도(나모아미타불)
因見明星云悟道

언전소식편삼천(나모아미타불)
言銓消息遍三千

극락세계십종장엄(나모아미타불)
極樂世界十種莊嚴

법장서원수인장엄(나모아미타불)
法藏誓願修因莊嚴

사십팔원원력장엄(나모아미타불)
四十八願願力莊嚴

미타명호수광장엄(나모아미타불)
彌陀名號壽光莊嚴

삼대사관보상장엄(나모아미타불)
三大士觀寶像莊嚴

미타국토안락장엄(나모아미타불)
彌陀國土安樂莊嚴

보하청정덕수장엄(나모아미타불)
寶河淸淨德水莊嚴

보전여의누각장엄(나모아미타불)
寶殿如意樓閣莊嚴

주야장원시분장엄(나모아미타불)
晝夜長遠時分莊嚴

아석소조제악업(나모아미타불)　　개유무시탐진치(나모아미타불)
我昔所造諸惡業　　　　　　　皆由無始貪瞋痴

종신구의지소생(나모아미타불)　　일체아금개참회(나모아미타불)
從身口意之所生　　　　　　　一切我今皆懺悔

삼계유여급정륜(나모아미타불)　　백천만겁역미진(나모아미타불)
三界猶如汲井輪　　　　　　　百千萬劫歷微塵

차신불향금생도(나모아미타불)　　갱대하생도차신(나모아미타불)
此身不向今生度　　　　　　　更待何生度此身

죄무자성종심기(나모아미타불)
罪無自性從心起

심약멸시죄역망(나모아미타불)
心若滅時罪亦亡

죄망심멸양구공(나모아미타불)
罪亡心滅兩俱空

시즉명위진참회(나모아미타불)
是則名爲眞懺悔

사대각리여몽중(나모아미타불)
四大各離如夢中

육진심식본래공(나모아미타불)
六塵心識本來空

욕식불조회광처(나모아미타불)
欲識佛祖廻光處

일락서산월출동(나모아미타불)
日落西山月出東

십념왕생원(나모아미타불)
十念往生願

왕생극락원(나모아미타불)
往生極樂願

상품상생원(나모아미타불)
上品上生願

광도중생원(나모아미타불)
廣度衆生願

원공법계제중생(나모아미타불)
願共法界諸衆生

동입미타대원해(나모아미타불)
同入彌陀大願海

진미래제도중생(나모아미타불)
盡未來際度衆生

자타일시성불도(나모아미타불)
自他一時成佛道

〈제문 祭文〉

불기 (날짜) 행효자(녀) ○○등 근이향다지전 감소고우
佛紀        行孝子(女) ○○等 謹以香茶之奠 敢昭告于

신원적 ○○영가 장엄현궁 영격자음 기결종천지한 감구
新圓寂 ○○靈駕 將掩玄宮 永隔慈陰 旣結終天之恨 堪求

442

왕생지기 시봉무유 진용여작 금즉천지태기 용위수로
往生之期 侍奉無由 眞容如昨 今則遷止迨期 容衛首露

호모망극 운심약붕 천헌빈번 이소즉사 복유상향[282]
號慕罔極 殞心若崩 薦獻蘋蘩 以訴卽事 伏惟尙饗


## 4) 발인 發靷


〈거불 擧佛〉

나모 아미타불 나모 관세음보살 나모 대세지보살(3번)
南無 阿彌陀佛 南無 觀世音菩薩 南無 大勢至菩薩

나모 접인망령대성인로왕보살마하살
南無 接引亡靈大聖引路王菩薩摩訶薩


〈창혼 唱魂〉

거 사바세계 남섬부주 해동 대한민국 (주소) 결계도량
據 娑婆世界 南贍部洲 海東 大韓民國　　　　結戒道場

원아금차 지극지정성 발인제지신 설향단전 봉청재자
願我今此 至極至精誠 發靷祭之辰 說香壇前 奉請齋者

(주소) ○○복위 신원적 ○○영가
　　　 ○○伏爲 新圓寂 ○○靈駕

## 〈반혼착어 返魂着語〉

진명성체묘난측 월타추담계영환 금탁수성개각로
眞明性體妙難測 月墮秋潭桂影寒 金鐸數聲開覺路

환구영설좌영단
幻永軀說坐靈壇


## 〈진령게 振鈴偈〉

이차진령신소청 명도귀계보문지 원승삼보력가지
以此振鈴伸召請 冥途鬼界普聞知 願承三寶力加持

금일금시내부회
今日今時來赴會


## 〈소청진언 召請眞言〉

옴 지나 지크 에히 에히 스바하(3번)

일심봉청 생연이진 대명아천 기작황천지객 이위추천지
一心奉請 生緣已盡 大命俄遷 旣作黃泉之客 已爲追薦之

혼 방불형용 의희면목 원아금차 지극지정성 발인재지신
魂 彷佛形容 依俙面目 願我今此 至極至精誠 發軔齋之辰

설향단전 봉청재자 (주소)○○복위 신원적 ○○영가
說香檀前 奉請齋者　　　○○伏爲 所薦亡 ○○靈駕

승불위광 내예향단 수첨법공
承佛威光 來詣香壇 受霑法供


444

## 향연청(3번)
香煙請

제령한진치신망　쇄루비령고일장　삼혼묘묘귀하처
諸靈限盡致身亡　洒淚悲怜苦日長　三魂苗杳歸何處

칠백망망거원향
七魄茫茫去遠鄉

상래소청　제불자등　각열위열명영가
上來召請　諸佛子等　各列位列名靈駕

백초임중일미신　조주상권기천인　팽장석정강심수
百草林中一味新　趙州常勸幾千人　烹將石鼎江心水

원사망령헐고륜　원사고혼헐고륜　원사제령헐고륜
願捨妄靈歇苦輪　願使孤魂歇苦輪　願使諸靈歇苦輪

상래소청　제불자등　각열위영가　향설오분지진향　훈발대지
上來召請　諸佛子等　各列位靈駕　香爇五分之眞香　熏發大智

등연반야지명등　조파혼구　다헌조주지청다　돈식갈정　과헌
燈燃般若之明燈　照破昏衢　茶獻趙州之淸茶　頓息渴情　果獻

선도지진품　상조일미　식진향적지진수　영절기허　상래소청
仙都之眞品　常助一味　食進香積之珍羞　永絶飢虛　上來召請

제불자등　각열위영가　어차물물　종종진수　부종천강　비종
諸佛子等　各列位靈駕　於此物物　種種珍羞　不從天降　非從

지용　단종재자등일편　성심유출　나열영전　복유상향[283]
地聳　但從齋者等一片　誠心流出　羅列靈前　伏惟尙饗

## 〈마하반야바라밀다심경 摩訶般若波羅蜜多心經〉

관자재보살 행심반야바라밀다시 조견오온개공 도일체고
觀自在菩薩 行深般若波羅密多時 照見五蘊皆空 度一切苦

액 사리자 색불이공 공불이색 색즉시공 공즉시색 수상
厄 舍利子 色不異空 空不異色 色卽是空 空卽是色 受想

행식 역부여시 사리자 시제법공상 불생불멸 불구부정 부
行識 亦復如是 舍利子 是諸法空相 不生不滅 不垢不淨 不

증불감 시고 공중무색 무수상행식 무안이비설신의 무색
增不減 是故 空中無色 無受想行識 無眼耳鼻舌身意 無色

성향미촉법 무안계 내지무의식계 무무명 역무무명진 내
聲香味觸法 無眼界 乃至無意識界 無無明 亦無無明盡 乃

지무노사 역무노사진 무고집멸도 무지역무득 이무소득고
至無老死 亦無老死盡 無苦集滅道 無智亦無得 以無所得故

보리살타의 반야바라밀다 고심무가애 무가애고 무유공포
菩提薩埵依 般若波羅密多 故心無罣碍 無罣碍故 無有恐怖

원리전도몽상 구경열반 삼세제불의 반야바라밀다 고득아
遠離顚倒夢想 究竟涅槃 三世諸佛依 般若波羅密多 故得阿

뇩다라삼막삼보리 고지반야 바라밀다 시대신주 시대명
耨多羅三藐三菩提 故知般若 波羅密多 是大神呪 是大明

주 시무상주 시무등등주 능제일체고 진실불허 고설반
呪 是無上呪 是無等等呪 能除一切苦 眞實不虛 故說般

야바라밀다주 즉설주왈
若波羅密多呪 卽說呪曰

가테 가테 파라가테 파라삼가테 보디스바하(3번)
揭諦 揭諦 波羅揭諦 波羅僧揭諦 菩提娑婆訶


〈시식진언 施食眞言〉

나모 사르바 다타가타 바로키데 삼바라 삼바라 훔(3번)


〈감로유해진언 甘露乳海眞言〉

나모 사만타 부다남 밤(3번)


〈시귀감로진언 施鬼甘露眞言〉

옴 아 훔 자라 비담 사르바 프레테비아 스바하(3번)


〈보공양진언 普供養眞言〉

옴 가가나 삼바바 바즈라 호(3번)


〈장엄염불 莊嚴念佛〉

원아진생무별념 아미타불독상수 심심상계옥호광
願我盡生無別念 阿彌陀佛獨相隨 心心常係玉豪光

염념불리금색상 아집염주법계관 허공위승무불관
念念不離金色相　我執念珠法界觀　虛空爲繩無不貫

평등사나무하처 관구서방아미타 나모 서방대교주
平等舍那無何處　觀求西方阿彌陀　南無　西方大敎主

무량수여래불 나모 아미타불 나모 아미타불
無量壽如來佛　南無　阿彌陀佛　南無　阿彌陀佛

아미타불재하방(나모아미타불)　착득심두절막망(나모아미타불)
阿彌陀佛在何方(南無阿彌陀佛)　着得心頭切莫忘

염도념궁무념처(나모아미타불)　육문상방자금광(나모아미타불)
念到念窮無念處　　　　　　　六門常放紫金光

극락당전만월용(나모아미타불)　옥호금색조허공(나모아미타불)
極樂堂前滿月容　　　　　　　玉毫金色照虛空

약인일념칭명호(나모아미타불)　경각원성무량공(나모아미타불)
若人一念稱名號　　　　　　　頃刻圓成無量功

석가여래팔상성도(나모아미타불)
釋迦如來八相成道

도솔래의상(나모아미타불)　　　비람강생상(나모아미타불)
兜率來儀相　　　　　　　　　毘藍降生相

사문유관상(나모아미타불)　　　유성출가상(나모아미타불)
四門遊觀相　　　　　　　　　踰城出家相

설산수도상(나모아미타불)　　　수하항마상(나모아미타불)
雪山修道相　　　　　　　　　樹下降魔相

녹원전법상(나모아미타불)
鹿苑轉法相

쌍림열반상(나모아미타불)
雙林涅槃相

천상천하무여불(나모아미타불)
千上天下無如佛

시방세계역무비(나모아미타불)
十方世界亦無比

세간소유아진견(나모아미타불)
世間所有我盡見

일체무유여불자(나모아미타불)
一切無有如佛者

찰진심념가수지(나모아미타불)
刹塵心念可數知

대해중수가음진(나모아미타불)
大海中水可飮盡

허공가량풍가계(나모아미타불)
虛空可量風可繫

무능진설불공덕(나모아미타불)
無能盡說佛功德

산당정야좌무언(나모아미타불)
山堂靜夜坐無言

적적요요본자연(나모아미타불)
寂寂了了本自然

하사서풍동림야(나모아미타불)
何事西風東林野

일성한안려장천(나모아미타불)
一聲閑鴈唳長天

원각산중생일수(나모아미타불)
圓覺山中生一樹

개화천지미분전(나모아미타불)
開花天地未分前

비청비백역비흑(나모아미타불)
非靑非白亦非黑

부재춘풍부재천(나모아미타불)
不在春風不在天

청산첩첩미타굴(나모아미타불)
靑山疊疊彌陀窟

창해망망적멸궁(나모아미타불)
滄海茫茫寂滅宮

물물염래무가애(나모아미타불)
物物拈來無罣碍

기간송정학두홍(나모아미타불)
幾看松亭鶴頭紅

보화비진요망연(나모아미타불)　　법신청정광무변(나모아미타불)
報化非眞了妄緣　　　　　　　　法身淸淨廣無邊

천강유수천강월(나모아미타불)　　만리무운만리천(나모아미타불)
千江有水千江月　　　　　　　　萬里無雲萬里天

세존당입설산중(나모아미타불)　　일좌부지경육년(나모아미타불)
世尊當入雪山中　　　　　　　　一坐不知經六年

인견명성운오도(나모아미타불)　　언전소식편삼천(나모아미타불)
因見明星云悟道　　　　　　　　言銓消息遍三千

극락세계십종장엄(나모아미타불)
極樂世界十種莊嚴

법장서원수인장엄(나모아미타불)
法藏誓願修因莊嚴

사십팔원원력장엄(나모아미타불)
四十八願願力莊嚴

미타명호수광장엄(나모아미타불)
彌陀名號壽光莊嚴

삼대사관보상장엄(나모아미타불)
三大士觀寶像莊嚴

미타국토안락장엄(나모아미타불)
彌陀國土安樂莊嚴

보하청정덕수장엄(나모아미타불)
寶河淸淨德水莊嚴

보전여의누각장엄(나모아미타불)
寶殿如意樓閣莊嚴

주야장원시분장엄(나모아미타불)
晝夜長遠時分莊嚴

아석소조제악업(나모아미타불)
我昔所造諸惡業

개유무시탐진치(나모아미타불)
皆由無始貪瞋痴

종신구의지소생(나모아미타불)
從身口意之所生

일체아금개참회(나모아미타불)
一切我今皆懺悔

삼계유여급정륜(나모아미타불)
三界猶如汲井輪

백천만겁역미진(나모아미타불)
百千萬劫歷微塵

차신불향금생도(나모아미타불)
此身不向今生度

갱대하생도차신(나모아미타불)
更待何生度此身

죄무자성종심기(나모아미타불)
罪無自性從心起

심약멸시죄역망(나모아미타불)
心若滅時罪亦亡

죄망심멸양구공(나모아미타불)
罪亡心滅兩俱空

시즉명위진참회(나모아미타불)
是則名爲眞懺悔

사대각리여몽중(나모아미타불)
四大各離如夢中

육진심식본래공(나모아미타불)
六塵心識本來空

욕식불조회광처(나모아미타불)
欲識佛祖廻光處

일락서산월출동(나모아미타불)
日落西山月出東

십념왕생원(나모아미타불)
十念往生願

왕생극락원(나모아미타불)
往生極樂願

상품상생원(나모아미타불)　　　광도중생원(나모아미타불)
上品上生願　　　　　　　　　　廣度衆生願

원공법계제중생(나모아미타불)　동입미타대원해(나모아미타불)
願共法界諸衆生　　　　　　　　同入彌陀大願海

진미래제도중생(나모아미타불)　자타일시성불도(나모아미타불)
盡未來際度衆生　　　　　　　　自他一時成佛道


〈전생정토진언 轉生淨土眞言〉

옴 라트네 라트네 라트나 삼바비 라트나 키라니 라트나 마라
비슈데 수다야 사르바 파나 훔 트라 타(3번)[284]


〈왕생진언 往生眞言〉

나모 부다야 나모 다르마야 나모 삼가야 나모 아미타바야
타타가타야 타댜타 아므르토드 바베 아므르타 시담 바베 아므
르타 비크란테 아므르타 비크란타 가미니 가가나 키르타 카레
스바하(3번)[285]


나모 서방정토 극락세계 외외아미타불 안용자금영 신상
南無　西方淨土　極樂世界　巍巍阿彌陀佛　顔容紫金英　身相

삼십이 조족하안평 자호팔십종 광요상조명 범음초삼천
三十二　爪足下安平　姿好八十種　光曜常照明　梵音超三千

묘향애난성 외외아미타불 국토심청명 실순황금색 무사악
妙響哀鸞聲　巍巍阿彌陀佛　國土甚淸明　悉純黃金色　無四惡

452

인명 지수류상주 보수오음성 가탄무상고 문개득무생 외외
人名 池水流相注 寶樹五音聲 歌歎無常苦 聞皆得無生 巍巍

아미타불 중선왕중영 국토묘안락 무불원왕생 불여보살중
阿彌陀佛 衆善王中英 國土妙安樂 無不願往生 佛與菩薩衆

번비구왕영 홀연칠보연 연화중장성 외외아미타불 위덕묘
飜飛俱往迎 忽然七寶淵 蓮花中長成 巍巍阿彌陀佛 威德妙

무려 구체진금색 광요시방토 기문득도우 영발생사고 계수
無侶 軀體眞金色 光耀十方土 其聞得覩遇 永拔生死苦 稽首

접인대도사 무량수여래불 나모 아미타불 나모 보현보살
接引大導師 無量壽如來拂 南無 阿彌陀佛 南無 普賢菩薩

나모 묘덕보살 나모 미륵보살 나모 현호보살 나모 선사의
南無 妙德菩薩 南無 彌勒菩薩 南無 賢護菩薩 南無 善思議

보살 나모 신혜보살 나모 공무보살 나모 신통화보살 나모
菩薩 南無 信慧菩薩 南無 空無菩薩 南無 神通華菩薩 南無

광영보살 나모 혜상보살 나모 지당보살 나모 적근보살 나모
光英菩薩 南無 慧上菩薩 南無 智幢菩薩 南無 寂根菩薩 南無

원혜보살 나모 향상보살 나모 보영보살 나모 중주보살
願慧菩薩 南無 香象菩薩 南無 寶英菩薩 南無 中住菩薩

나모 제행보살 나모 해탈보살마하살
南無 制行菩薩 南無 解脫菩薩摩訶薩

원공법계제중생 동입미타대원해 구품도중생 아금서귀의
願共法界諸衆生 同入彌陀大願海 九品度衆生 我今誓歸依

참회삼업죄 지심회향인 왕생극락국 원아임욕명종시 진제
懺悔三業罪 至心回向因 往生極樂國 願我臨欲命終時 盡除

일체제장애 면견피불아미타 즉득왕생안락찰 원이차공덕
一切諸障碍 面見彼佛阿彌陀 卽得往生安樂刹 願以此功德

보급어일체 아등여중생 당생극락국 동견무량수 개공성불도
普及於一切 我等與衆生 當生極樂國 同見無量壽 皆空成佛道


〈기감 起龕〉(발인시 관을 옮기는 때에 집전한다)

신원적 ○○영가 묘각현전 선열위식 남북동서 수처쾌활
新圓寂 ○○靈駕 妙覺現前 禪悅爲食 南北東西 隨處快活

수연여시 감문대중 금일영가 열반노두 재심마처 처처녹
雖然如是 敢問大衆 今日靈駕 涅槃路頭 在甚麼處 處處緣

양감계마 가가문외통장안286)
楊堪繫馬 家家門外通長安


〈반혼착어 返魂着語〉

영명성각묘란사 월타추담계영환 금탁수성개각로
靈明性覺妙難思 月墮秋潭桂影寒 金鐸數聲開覺路

잠사진계하향단 영축염화시상기 긍동부목접맹귀
暫辭眞界下香壇 靈鷲拈花示上機 肯同浮木接盲龜

음광불시미미소 무한청풍부여수287)
飮光不是微微笑 無限淸風付與誰


454

보례시방상주불 보례시방상주승 보례시방상주승(3번)
普禮十方常住佛 普禮十方常住法 普禮十方常住僧

신원적 ○○영가 만타청산위범찰 일간홍일조서방
新圓寂 ○○靈駕 萬朶靑山圍梵刹 一竿紅日照西方

원승삼보력가지 고어운거향연방[288]
願承三寶加持力 高馭雲車向蓮邦

(* 상주에게 위패와 사진을 들게 하고 반배를 시킨다.)

신원적 ○○영가 나모 서방극락세계 대자대비 아미타불
新圓寂 ○○靈駕 南無 西方極樂世界 大慈大悲 阿彌陀佛

유원 금대보좌 승공이래 접인차신 왕생정토 지심귀명
唯願 金臺寶座 乘空而來 接引此身 往生淨土 至心歸命

아미타불(반배)
阿彌陀佛

나모 서방극락세계 대자대비 아미타불
南無 西方極樂世界 大慈大悲 阿彌陀佛

유원 변수불호 탈차계신 신수봉행 안락국토 지심귀명
唯願 便隨佛號 脫此界身 信受奉行 安樂國土 歸命阿彌

아미타불(반배)
阿彌陀佛

나모 서방극락세계 대자대비 아미타불
南無 西方極樂世界 大慈大悲 阿彌陀佛

유원 관음세지 인도이행 수상선인 유력불국 지심귀명
唯願 觀音勢至 引導而行 隨上喜人 遊歷佛國 至心歸命

아미타불(반배)
阿彌陀佛

나모 서방극락세계 대자대비 아미타불
南無 西方極樂世界 大慈大悲 阿彌陀佛

유원 경행실지 유희원림 대오삼공 불문팔고 지심귀명
唯願 經行實地 遊戲園林 大悟三空 不聞八苦 至心歸命

아미타불(반배)
阿彌陀佛

나모 서방극락세계 대자대비 아미타불
南無 西方極樂世界 大慈大悲 阿彌陀佛

유원 아유월지 시불퇴심 증피무생 달무생인 지심귀명
唯願 阿唯越智 是不退心 證彼無生 達無生忍 至心歸命

아미타불(반배)
阿彌陀佛

나모 서방극락세계 대자대비 아미타불
南無 西方極樂世界 大慈大悲 阿彌陀佛

유원 금사형수 보수부공 오사총지 득육바라밀 지심귀명
唯願 金沙瑩水 寶樹浮空 悟四摠持 得六波羅蜜 至心歸命

아미타불(반배)
阿彌陀佛

나모 서방극락세계 대자대비 아미타불
南無 西方極樂世界 大慈大悲 阿彌陀佛

유원 우무량수 득무량광 자재우유 광상제등 지심귀명
唯願 遇無量壽 得無量光 自在優遊 光相齊等 至心歸命

아미타불(반배)
阿彌陀佛

나모 서방극락세계 대자대비 아미타불
南無 西方極樂世界 大慈大悲 阿彌陀佛

유원 친근지자 동상선인 득우여래 변문수기 지심귀명
唯願 親近智者 同上善人 得遇如來 便聞授記 至心歸命

아미타불(반배)
阿彌陀佛

나모 서방극락세계 대자대비 아미타불
南無 西方極樂世界 大慈大悲 阿彌陀佛

유원 득부동지 성자재신 오분향연 육도원만 지심귀명
唯願 得不動智 成自在身 五分香燃 六度圓滿 至心歸命

아미타불(반배)
阿彌陀佛

나모 서방극락세계 대자대비 아미타불
南無 西方極樂世界 大慈大悲 阿彌陀佛

유원 환동제불 대화인천 이청정신 영정묘법 지심귀명
唯願 還同諸佛 大化人天 以清淨身 演淨妙法 至心歸命

아미타불(반배)
阿彌陀佛

나모 서방극락세계 대자대비 관세음보살마하살(반배)
南無　西方極樂世界　大慈大悲　觀世音菩薩摩訶薩

나모 서방극락세계 대희대사 대세지보살마하살(반배)
南無　西方極樂世界　大喜大捨　大勢至菩薩摩訶薩

유원 관음세지 대원유행 지수화대 영생정토 지심귀명
唯願　觀音勢至　大願流行　指授花臺　令生淨土　至心歸命

관음세지양대보살[289)
觀音勢至兩大菩薩


〈오방불 五方佛〉

나모 중방화장세계 비로자나불 유원대자접인 신원적
南無　中方華藏世界　毗盧遮那佛　唯願大慈接引　新圓寂

○○영가 황유리세계중 귀명 비로자나불(반배)
○○靈駕　黃琉璃世界中　歸命　毗盧遮那佛

나모 동방만월세계 약사유리광불 유원대자접인 신원적
南無　東方滿月世界　藥師琉璃光佛　唯願大慈接引　新圓寂

○○영가 청유리세계중 귀명 약사여래불(반배)
○○靈駕　青琉璃世界中　歸命　藥師如來佛

나모 남방환희세계 보승여래불 유원대자접인 신원적
南無　南方歡喜世界　寶勝如來佛　唯願大慈接引　新圓寂

○○영가 적유리세계중 귀명 보승여래불(반배)
○○ 靈駕 赤琉璃世界中 歸命 寶勝如來佛

나모 서방극락세계 아미타불 유원대자접인 신원적
南無 西方極樂世界 阿彌陀佛 唯願大慈接引 新圓寂

○○영가 백유리세계중 귀명 아미타불(반배)
○○ 靈駕 白琉璃世界中 歸命 阿彌陀佛

나모 북방무우세계 부동존불 유원대자접인 신원적
南無 北方無憂世界 不動尊佛 唯願大慈接引 新圓寂

○○영가 흑유리세계중 귀명 부동존불(반배)290)
○○ 靈駕 黑琉璃世界中 歸命 不動尊佛

원이차공덕 보급어일체 아등여중생 당생극락국
願以此功德 普及於一切 我等與衆生 當生極樂國

동견무량수 개공성불도
同見無量壽 皆共成佛道

(＊관을 들게 한다.)

신원적 ○○영가 영사사바 왕생서방 친견미타 시위극락
新圓寂 ○○ 靈駕 永辭娑婆 往生西方 親見彌陀 是爲極樂

보례시방상주불 보례시방상주법 보례시방상주승(3번)
普禮十方常住佛 普禮十方常住法 普禮十方常住僧

〈하직게 下直偈〉

성현행보진허공　이탈색신도정방　여금망자역여시
聖賢行步振虛空　已脫色身到淨邦　如今亡者亦如是

불수오음향락방
不受五陰向樂方

산화락(3번)
散花落

나모　영산회상불보살(3번)
南無　靈山會上佛菩薩

나모　대성인로왕보살　나모　대성인로왕보살
南無　大聖引路王菩薩　南無　大聖引路王菩薩

나모　대성인로왕보살마하살
南無　大聖引路王菩薩摩訶薩


## 5) 노제 路祭


〈거불 擧佛〉

나모　아미타불　나모　관세음보살　나모　대세지보살(3번)
南無　阿彌陀佛　南無　觀世音菩薩　南無　大勢至菩薩

나모　접인망령대성인로왕보살마하살
南無　接引亡靈大聖引路王菩薩摩訶薩

## 〈창혼 唱魂〉

거 사바세계 남섬부주 해동 대한민국 (주소) 결계도량
據 娑婆世界 南贍部洲 海東 大韓民國　　　結戒道場

원아금차 지극지정성 노제지신 설향단전 봉청재자
願我今此 至極至精誠 路祭之辰 說香壇前 奉請齋者

(주소) ○○복위 신원적 ○○영가
　　　○○伏爲 新圓寂 ○○靈駕


## 〈반혼착어 返魂着語〉

진명성체묘난측 월타추담계영환 금탁수성개각신
眞明性體妙難測 月墮秋潭柱影寒 金鐸數聲開覺路

환구영설좌영단
幻軀永說坐靈壇


## 〈진령게 振鈴偈〉

이차진령신소청 명도귀계보문지 원승삼보력가지
以此振鈴伸召請 冥途鬼界普聞知 願承三寶力加持

금일금시내부회
今日今時來赴會


## 〈소청진언 召請眞言〉

옴 지나 지크 에히 에히 스바하(3번)

## 〈노제문 路祭文〉

유세차 ○○년 ○월 ○일 행효자 ○○등 복위
維歲次 ○○年 ○月 ○日 行孝子 ○○等 伏爲

근이향다지전 감소고우 선영지하(오호) 영변여작 엄급
謹以香茶之奠 敢昭告于 先靈之下 (嗚呼) 靈變如昨 奄及

(날짜) 음용동격 하태추모 앙천구지익자망망요장박전
音容洞隔 何迨追慕 仰天扣地益自茫茫聊將薄奠

용소진영 복유상향291)
用訴眞靈 伏惟尙饗

향연청(3번)
香煙請

제령한진치신망 쇄루비령고일장 삼혼묘묘귀하처
諸靈限盡致身亡 洒淚悲怜苦日長 三魂苗杳歸何處

칠백망망거원향
七魄茫茫去遠鄕

상래소청 제불자등 각 열위열명영가
上來召請 諸佛子等 各 列位列名靈駕

백초임중일미신 조주상권기천인 팽장석정강심수
百草林中一味新 趙州常勸幾千人 烹將石鼎江心水

원사망령헐고륜 원사고혼헐고륜 원사제령헐고륜
願捨妄靈歇苦輪 願使孤魂歇苦輪 願使諸靈歇苦輪

상래소청 제불자등 각열위영가 향설오분지진향 훈발대지
上來召請 諸佛子等 各列位靈駕 香爇五分之眞香 熏發大智

등연반야지명등 조파혼구 다헌조주지청다 돈식갈정 과헌
燈燃般若之明燈 照破昏衢 茶獻趙州之淸茶 頓息渴情 果獻

선도지진품 상조일미 식진향적지진수 영절기허 상래소청
仙都之眞品 常助一味 食進香積之珍羞 永絶飢虛 上來召請

제불자등 각열위영가 어차물물 종종진수 부종천강 비종
諸佛子等 各列位靈駕 於此物物 種種珍羞 不從天降 非從

지용 단종재자등일편 성심유출 나열영전 복유상향
地聳 但從齋者等一片 誠心流出 羅列靈前 伏惟尙饗


〈마하반야바라밀다심경 摩訶般若波羅蜜多心經〉

관자재보살 행심반야바라밀다시 조견오온개공 도일체고
觀自在菩薩 行深般若波羅密多時 照見五蘊皆空 度一切苦

액 사리자 색불이공 공불이색 색즉시공 공즉시색 수상
厄 舍利子 色不異空 空不異色 色卽是空 空卽是色 受想

행식 역부여시 사리자 시제법공상 불생불멸 불구부정 부
行識 亦復如是 舍利子 是諸法空相 不生不滅 不垢不淨 不

증불감 시고 공중무색 무수상행식 무안이비설신의 무색
增不減 是故 空中無色 無受想行識 無眼耳鼻舌身意 無色

성향미촉법 무안계 내지무의식계 무무명 역무무명진 내
聲香味觸法 無眼界 乃至無意識界 無無明 亦無無明盡 乃

지무노사 역무노사진 무고집멸도 무지역무득 이무소득고
至無老死 亦無老死盡 無苦集滅道 無智亦無得 以無所得故

보리살타의 반야바라밀다 고심무가애 무가애고 무유공포
菩提薩埵依 般若波羅密多 故心無罣碍 無罣碍故 無有恐怖

원리전도몽상 구경열반 삼세제불의 반야바라밀다 고득아
遠離顚倒夢想 究竟涅槃 三世諸佛依 般若波羅密多 故得阿

뇩다라삼먁삼보리 고지반야 바라밀다 시대신주 시대명
耨多羅三藐三菩提 故知般若 波羅密多 是大神呪 是大明

주 시무상주 시무등등주 능제일체고 진실불허 고설반
呪 是無上呪 是無等等呪 能除一切苦 眞實不虛 故說般

야바라밀다주 즉설주왈
若波羅密多呪 卽說呪曰

가테 가테 파라가테 파라삼가테 보디 스바하(3번)
揭諦 揭諦 波羅揭諦 波羅僧揭諦 菩提 娑婆訶


6) 화장시 火葬時


신원적 ○○영가 색신수멸 법신상주 심체담연 시명대흘
新圓寂 ○○靈駕 色身雖滅 法身常住 心體湛然 是名大歇

지지 욕식진주처 건곤만리통
之地 欲識眞住處 乾坤萬里通

신원적 ○○영가 성본광대승허공 진성탁연초법계
新圓寂 ○○靈駕 性本廣大勝虛空 眞性卓然超法界

신원적 ○○영가 약유업장 선당참회 하유진언 근당선념
新圓寂 ○○靈駕 若有業障 先當懺悔 下有眞言 謹當宣念

아미타불[292]
阿彌陀佛


〈거화 擧火〉

신원적 ○○영가 차일거화 비삼독지화 시여래일등 삼매
新圓寂 ○○靈駕 此一炬火 非三毒之火 是如來一燈 三昧

지화 기광혁혁 편조삼제 기렴황황 통철시방 득기광야
之火 其光赫赫 遍照三際 其燄煌煌 洞徹十方 得其光也

등 제불어일조 실기광야 순생사지만겁 신원적 ○○영가
等 諸佛於一朝 失其光也 順生死之萬劫 新圓寂 ○○靈駕

회광반조 돈오무생 이열뇌고 득쌍림락[293]
廻光返照 頓悟無生 離熱惱苦 得雙林樂


〈하화 下火〉

신원적 ○○영가 삼연화합 잠시유정 사대이산 홀득환공
新圓寂 ○○靈駕 三緣和合 暫時成有 四大離散 忽得還空

기년유어환해 금조탈각 경쾌여봉 대중차도
幾年遊於幻海 今朝脫却 慶快如蓬 大衆且道

신원적 ○○영가 향심마처거 목마도기번일전
新圓寂 ○○靈駕 向甚麼處去 木馬倒騎翻一轉

대홍염리방한풍[294]
大紅焰裡放寒風


〈봉송 奉送〉

신원적 ○○영가 기수연이순적 내의법이다비 분백년
新圓寂 ○○靈駕 旣隨緣而順寂 乃依法而茶毗 焚百年

환몽지신 입일로 열반지문 앙빙대중 자조각로 염십념
幻夢之身 入一路 涅槃之門 仰憑大衆 資助覺路 念十念

청정법신 비로자나불 원만보신 노사나불 천백억화신
淸淨法身 毗盧遮那佛 圓滿報身 盧舍那佛 千百億化身

석가모니불 구품도사 아미타불 당래하생 미륵존불
釋迦牟尼佛 九品導師 阿彌陀佛 當來下生 彌勒尊佛

시방삼세 일체제불 시방삼세 일체존법 대성문수사리보살
十方三世 一切諸佛 十方三世 一切尊法 大聖文殊師利菩薩

대행보현보살 대비관세음보살 대원본존지장보살
大行普賢菩薩 大悲觀世音菩薩 大願本尊地藏菩薩

제존보살마하살 마하반야바라밀
諸尊菩薩摩訶薩 摩訶般若波羅蜜

상래 칭양성호 자천왕생 유원 혜감분명 진풍산채 보리
上來 稱揚聖號 資薦往生 惟願 慧鑑分明 眞風散彩 菩提

원리 개부각의지화 법성해중 탕척신심지구 고어운정
園裡 開敷覺意之花 法性海中 蕩滌身心之垢 高馭雲程

화남성중[295]
和南聖衆

(\* 以上으로 마치고서 大衆은 송주나 독경하면서 화장이 끝나면 오방번등이 있으면
태운다. 법주가 다시 창의편부터 시작한다.)


〈창의 唱衣〉

신원적 ○○영가 인차향연강연석 증명창의견문지 법신본
新圓寂 ○○靈駕 因此香烟降筵席 證明唱衣見聞知 法身本

래항청정 단제번뇌증보리 부운산이영불유 잔촉진이광자
來還淸淨 斷除煩惱證菩提 浮雲散而影不留 殘燭盡而光自

멸 금자우창 용표무상 앙빙대중 염십념
滅 今玆佑唱 用表無常 仰憑大衆 念十念

청정법신 비로자나불 원만보신 노사나불 천백억화신
淸淨法身 毗盧遮那佛 圓滿報身 盧舍那佛 千百億化身

석가모니불 구품도사 아미타불 당래하생 미륵존불
釋迦牟尼佛 九品導師 阿彌陀佛 當來下生 彌勒尊佛

시방삼세 일체제불 시방삼세 일체존법 대성문수사리보살
十方三世 一切諸佛 十方三世 一切尊法 大聖文殊師利菩薩

대행보현보살 대비관세음보살 대원본존지장보살
大行普賢菩薩 大悲觀世音菩薩 大願本尊地藏菩薩

제존보살마하살 마하반야바라밀
諸尊菩薩摩訶薩 摩訶般若波羅蜜

상래창의 염송공덕 봉위영가 형탈근진 초출삼계
上來唱衣 念誦功德 奉爲靈駕 逈脫根塵 超出三界

막답천성지정로 유희일승지묘상 해천명월초생처
驀踏千聖之正路 遊戲一乘之妙場 海天明月初生處

암수제원정흘시296)
巖岫啼猿正歇時

(* 화장하는 시간에 장엄염불 또는 독경한다.)

〈습골 拾骨〉

신원적 ○○영가 취부득 사부득 정당이마시 여하위실
新圓寂 ○○靈駕 取不得 捨不得 正當伊麼時 如何委悉

돌 척기미모화리간 분명일국황금골297)
咄 剔起眉毛火裡看 分明一掬黃金骨

〈기골 起骨〉

신원적 ○○영가 일점영명 요무소애 일척번신 다소자재
新圓寂 ○○靈駕 一點靈明 了無所得 一擲翻身 多少自在

무상무공무불공 즉시여래진실상298)
無相無空無不空 卽是如來眞實相

468

〈쇄골 碎骨〉

신원적  ○○영가  약인투득상두관  시각산하대지관  불락
新圓寂  ○○靈駕  若人透得上頭關  始覺山河大地寬  不落

인간분별계  하구녹수여청산  저개백골  괴야  미괴야  괴즉
人間分別界  何拘綠水與靑山  這箇白骨  壞也  未壞也  壞則

유여벽공  미괴즉  청천백운  영식독로  유재부재  환식저개
猶如碧空  未壞則  靑天白雲  靈識獨露  有在不在  還識這箇

마  불리당처상담연  면즉지군불가견[299)
麼  不離當處常湛然  覓則知君不可見

〈산골 散骨〉

신원적  ○○영가  회비대야  골절하안  맥지일성  시도뇌관
新圓寂  ○○靈駕  灰飛大野  骨節何安  驀地一聲  始到牢關

돌  일점영명비내외  오대공쇄백운간[300)
咄  一點靈明非內外  五臺空鎖白雲間

〈산좌송 散座頌〉

법신편만백억계  보방금색조인천  응물현형담저월
法身遍滿百億界  普放金色照人天  應物現形潭底月

체원정좌보련대
體圓正座寶蓮臺

〈봉송진언 奉送眞言〉

옴 비크사야 훔 아(3번)[301]

〈전생정토진언 轉生淨土眞言〉

옴 라트네 라트네 라트나 삼바비 라트나 키라니 라트나 마라
비슈데 수다야 사르바 파나 훔 트라 타(3번)

〈왕생진언 往生眞言〉

나모 부다야 나모 다르마야 나모 삼가야 나모 아미타바야
타타가타야 타댜타 아므르토드 바베 아므르타 시담 바베 아므
르타 비크란테 아므르타 비크란타 가미니 가가나 키르타 카레
스바하(3번)

〈법성게 法性偈〉

| 법성원융무이상 | 제법부동본래적 | 무명무상절일체 |
| 法性圓融無二相 | 諸法不動本來寂 | 無名無相絶一切 |
| 증지소지비여경 | 진성심심극미묘 | 불수자성수연성 |
| 證智所知非餘境 | 眞性甚深極微妙 | 不守自性隨緣成 |
| 일중일체다중일 | 일즉일체다즉일 | 일미진중함시방 |
| 一中一切多中一 | 一卽一切多卽一 | 一微塵中含十方 |

일체진중역여시　무량원겁즉일념　일념즉시무량겁
一切塵中亦如是　無量遠劫卽一念　一念卽是無量劫

구세십세호상즉　잉불잡란격별성　초발심시변정각
九世十世互相卽　仍不雜亂隔別成　初發心時便正覺

생사열반상공화　이사명연무분별　십불보현대인경
生死涅槃常共和　理事冥然無分別　十佛普賢大人境

능인해인삼매중　번출여의부사의　우보익생만허공
能仁海印三昧中　繁出如意不思議　雨寶益生滿虛空

중생수기득이익　시고행자환본제　파식망상필부득
衆生隨器得利益　是故行者還本際　叵息妄想必不得

무연선교착여의　귀가수분득자량　이다라니무진보
無緣善巧捉如意　歸家隨分得資糧　以陀羅尼無盡寶

장엄법계실보전　궁좌실제중도상　구래부동명위불
莊嚴法界實寶殿　窮坐實際中道床　舊來不動名爲佛


## 7) 매장시 埋葬時


### 〈하관 下棺〉

거　사바세계　남섬부주　해동　대한민국　○○거주　행효자
據　娑婆世界　南贍部洲　海東　大韓民國　○○居住　行孝子

○○복위 신원적 ○○영가 일체제중생 신심개여환 신상
○○伏爲 新圓寂 ○○靈駕 一切諸衆生 身心皆如幻 身相

속사대 심성귀육진 사대체각리 유위화합자 대중차도
屬四大 心性歸六塵 四大體各離 誰爲和合者 大衆且道

금일 ○○영가 향심마처거 일체불세계 유여허공화 삼세
今日 ○○靈駕 向甚麼處去 一切佛世界 猶如虛空華 三世

실평등 필경무래거 신원적 ○○영가 환회득 차평등무래
悉平等 畢竟無來去 新圓寂 ○○靈駕 還會得 此平等無來

거저일구마 (양구) 기혹미연 퇴양일보 화니합수 갱청주
去底一句麼 (良久) 旣或未然 退讓一步 和泥合水 更聽註

각 기사 인간백세환신 엄귀지하 영년유택 체백안령 장
脚 旣捨 人間百歲幻身 奄歸地下 永年幽宅 體魄安寧 長

보자존 혼귀안양 자재우유
保子孫 魂歸安養 自在優遊


〈귀본위진언 歸本位眞言〉

옴 바즈라 무(3번)[302]

법신편만백억계 보방금색조인천 응물현형담저월
法身遍滿百億界 普放金色照人天 應物現形潭底月

체원정좌보련대
體圓正座寶蓮臺

(* 매장하는 동안 장엄염불과 독경을 진행한다.)

## 〈마하반야바라밀다심경 摩訶般若波羅蜜多心經〉

관자재보살 행심반야바라밀다 시 조견오온개공 도일체
觀自在菩薩 行深般若波羅密多 時 照見五蘊皆空 度一切

고액 사리자 색불이공 공불이색 색즉시공 공즉시색 수
苦厄 舍利子 色不異空 空不異色 色卽是空 空卽是色 受

상행식 역부여시 사리자 시제법공상 불생불멸 불구부정
想行識 亦復如是 舍利子 是諸法空相 不生不滅 不垢不淨

부증불감 시고공중무색 무수상행식 무안이비설신의 무
不增不減 是故空中無色 無受想行識 無眼耳鼻舌身意 無

색성향미촉법 무안계 내지 무의식계 무무명 역무무명진
色聲香味觸法 無眼界 乃至 無意識界 無無明 亦無無明盡

내지 무노사 역무노사진 무고집멸도 무지역무득 이무소
乃至 無老死 亦無老死盡 無苦集滅道 無智亦無得 以無所

득고 보리살타의 반야바라밀다 고심무가애 무가애고 무
得故 菩提薩埵依 般若波羅密多 故心無罣碍 無罣碍故 無

유공포 원리전도몽상 구경열반 삼세제불의 반야바라밀다
有恐怖 遠離顚倒夢想 究竟涅槃 三世諸佛依 般若波羅密多

고득아뇩다라삼막삼보리 고지반야 바라밀다 시대신주
故得阿耨多羅三藐三菩提 故知般若 波羅密多 是大神呪

시대명주 시무상주 시무등등주 능제일체고 진실불허
是大明呪 是無上呪 是無等等呪 能除一切苦 眞實不虛

고설반야바라밀다주 즉설주왈
故說般若波羅密多呪 卽說呪曰

가테 가테 파라가테 파라삼가테 보디 스바하(3번)
揭諦 揭諦 波羅揭諦 波羅僧揭諦 菩提 娑婆訶

산화락(3번)
散花落

나모 대성인로왕보살 나모 대성인로왕보살
南無 大聖引路王菩薩 南無 大聖引路王菩薩

나모 대성인로왕보살마하살
南無 大聖引路王菩薩摩訶薩

〈행보게 行步偈〉

이행천리만허공 귀도정망도정방 삼업투성삼보례
移行千里滿虛空 歸道情忘到淨邦 三業投誠三寶禮

성범동회법왕궁
聖凡同會法王宮

〈법성게 法性偈〉

법성원융무이상 제법부동본래적 무명무상절일체
法性圓融無二相 諸法不動本來寂 無名無相絶一切

증지소지비여경 진성심심극미묘 불수자성수연성
證智所知非餘境 眞性甚深極微妙 不守自性隨緣成

474

일중일체다중일　일즉일체다즉일　일미진중함시방
一中一切多中一　一卽一切多卽一　一微塵中含十方

일체진중역여시　무량원겁즉일념　일념즉시무량겁
一切塵中亦如是　無量遠劫卽一念　一念卽是無量劫

구세십세호상즉　잉불잡란격별성　초발심시변정각
九世十世互相卽　仍不雜亂隔別成　初發心時便正覺

생사열반상공화　이사명연무분별　십불보현대인경
生死涅槃常共和　理事冥然無分別　十佛普賢大人境

능인해인삼매중　번출여의부사의　우보익생만허공
能仁海印三昧中　繁出如意不思議　雨寶益生滿虛空

중생수기득이익　시고행자환본제　파식망상필부득
衆生隨器得利益　是故行者還本際　叵息妄想必不得

무연선교착여의　귀가수분득자량　이다라니무진보
無緣善巧捉如意　歸家隨分得資糧　以陀羅尼無盡寶

장엄법계실보전　궁좌실제중도상　구래부동명위불
莊嚴法界實寶殿　窮坐實際中道床　舊來不動名爲佛

# 3. 천도재 薦度齋

## 1) 도량작법 道場作法

### 〈귀의 歸依〉

지심귀명례 진허공편법계 시방상주 삼세제불타
至心歸命禮 盡虛空徧法界 十方常住 三世諸佛陀

지심귀명례 진허공편법계 시방상주 삼세제달마
至心歸命禮 盡虛空徧法界 十方常住 三世諸達摩

지심귀명례 진허공편법계 시방상주 삼세제승가
至心歸命禮 盡虛空徧法界 十方常住 三世諸僧伽

### 〈표백 表白〉

법성담연주법계 심심무량절언전 자종일념실원명
法性湛然周法界 甚深無量絶言詮 自從一念失元明

팔만진로구작폐 차일수재흥보도 숙청의지근위의
八萬塵勞俱作蔽 此日修齋興普度 肅淸意地謹威儀

앙빙밀어위가지 장비자타환본정[303]
仰憑密語爲加持 將俾自他還本淨

## 〈정삼업진언 淨三業眞言〉

옴 스바 바바 슈다 사르바 다르마 사르바 슈도 함(3번)


## 〈안위가람신게 安慰伽藍神偈〉

십팔신왕승불칙  상어편계호가람  유자청정법왕궁
十八神王承佛勅  常於徧界護伽藍  維茲淸淨法王宮

필유명신래숙위  차일건흥평등공  법음교창중무화
必有明神來宿衛  此日虔興平等供  法音交唱衆無譁

앙빙밀어위가지  위열신심증승력[304]
仰憑密語爲加持  慰悅神心增勝力

나모 사만타 부다남 프르티비예 스바하(3번)

유차주거근수토  호안인물현제신  위영자용기무사
維此住居勤守土  護安人物顯諸神  威靈自用旣無私

가금불상응유법  차일건흥평등공  성범구회이상거
訶禁不祥應有法  此日虔興平等供  聖凡俱會異常居

앙빙밀어위가지  장사신심무외공[305]
仰憑密語爲加持  將使神心無畏恐


## 〈연향게주 然香偈呪〉

차안전단비별물  원종청정자심생  약인능이일진소
此岸栴檀非別物  元從淸淨自心生  若人能以一塵燒

중기자연개구족 차일건흥평등공 욕령법계보훈문

衆氣自然皆具足 此日虔興平等供 欲令法界普熏聞

억빙밀어위가지 장사시심함편달306)

仰憑密語爲加持 將使施心咸徧達

나모 사만타 부다남 다르마 다트바 누가테 스바하(3번)

경전소재 즉여래사리지신 법도능홍 필대덕승가지사 유

經典所在 卽如來舍利之身 法道能弘 必大德僧伽之士 惟

자일처 구유삼존 천인상기호지 당우고응광결 금칙장개

茲一處 具有三尊 天人常起護持 堂宇固應光潔 今則將開

승회 영이타시 자비결계이가위 하사수재지여식 각준지

勝會 永異他時 自非結界以加威 何使修齋之如式 恪遵至

고 전책기훈 묘향훈복어공중 정수쇄청어지상 범왈방우

誥 全策奇勳 妙香熏馥於空中 淨水洒淸於地上 凡曰方隅

지소 실동성루지견 수밀자어진언 실명자어원관 장견경

之所 悉同城壘之堅 雖密藉於眞言 實冥資於圓觀 將見瓊

림풍동 옥전운피 현보개어층소 용화대어광좌 천당번이

林風動 玉殿雲披 懸寶蓋於層霄 聳華臺於廣座 千幢旛而

교옹 중기락이방라 유자정상지소성 시즉영산지미산 기

交擁 衆伎樂以旁羅 惟茲淨想之所成 是卽靈山之未散 旣

창차용 갱소제신 기숙정어단장 비구제어마장307)

彰此用 更召諸神 冀肅靜於壇場 俾驅除於魔障

## 〈소청결계 召請結界〉308)

일심봉청 여래화현 원만신통 대예적금강성자 병제권속
一心奉請 如來化現 圓滿神通 大穢迹金剛聖者 幷諸眷屬

유원 불위본서 애민유정 강림도량 호지결계
惟願 不違本誓 哀憫有情 降臨道場 護持結界

본존진언
本尊眞言

옴 비후 구루 마하 프라함 나호 밤 치밤 히 마니 비키 비마

나세 옴 차크라 우추스마 구루 훔 훔 파트 파트 파트 스바하

(3번)309)

일심봉청 대위덕대분노 감로군다리 등 십대명왕 병제
一心奉請 大威德大忿怒 甘露軍茶利 等 十大明王 幷諸

권속 유원 불위본서 애민유정 강림도량 호지결계
眷屬 惟願 不違本誓 哀憫有情 降臨道場 護持結界

본존진언
本尊眞言

나모 라트나 트라야야 나마 아스찬다 마하 바즈라 크로다야

옴 후루 후루 티스타 티스타 반다 반다 하나 하나 아므르테

훔 파트 스바하(3번)310)

일심봉청 대범천왕 제석천주 호세사왕 천룡팔부 병제권
一心奉請 大梵天王 帝釋天主 護世四王 天龍八部 幷諸眷

속 유원 불위본서 애민유정 강림도량 호지결계
屬 惟願 不違本誓 哀愍有情 降臨道場 護持結界

## 소청팔부진언
召請八部眞言

옴 사르바 데바 나가 아나리 에히 에히 스바하(3번)[311]

일심봉청 차일주처 승가람내 호정법자 복덕대신 병제
一心奉請 此一住處 僧伽藍內 護正法者 福德大神 幷諸

권속 유원 불위본서 애민유정 수위도량 호지결계
眷屬 惟願 不違本誓 哀愍有情 守衛道場 護持結界

## 소청진언
召請眞言

옴 부 푸리 카리 타리 타타가타야(3번)[312]

상래소청 이하광림 환위도량 여운밀포 심진용예 함기호
上來召請 已荷光臨 環衛道場 如雲密布 心進勇銳 咸起護

지 소사수유 봉행결계
持 少俟須臾 奉行結界

공백시방삼보중 명왕예적중위신 범왕제석사천왕
恭白十方三寶衆 明王穢迹衆威神 梵王帝釋四天王

팔부천룡함호념 차일장수평등공 요령차지이상거
八部天龍咸護念 此日將修平等供 要令此地異常居

수빙신력위가지 청정광명동불찰
須憑神力爲加持 清淨光明同佛刹

480

아금지송 길리분노진언 가지정수 산쇄차지 결지방계
我今持誦 吉利忿怒眞言 加持淨水 散洒此地 結地方界

당원차지지하 심백유순 여정류리 영무구예
當願此地之下 深百由旬 如淨瑠璃 永無垢穢

옴 키리 키리 바즈라 바즈리 부나 반다 반다 훔 훔 파트(3번)[313]

〈금강부진언 金剛部眞言〉

아금지송 금강부심진언 가지정수 산쇄사방 결방우계
我今持誦 金剛部心眞言 加持淨水 散洒四方 結方隅界

당원차도량내 주잡사방 여금강성장 견고막범[314]
當願此道場內 周帀四方 如金剛城牆 堅固莫犯

옴 바즈라 드로카 스바하(3번)[315]

〈소실지진언 蘇悉地眞言〉

아금지송 소실지진언 가지묘향 훈복공중 결허공계
我今持誦 蘇悉地眞言 加持妙香 熏馥空中 結虛空界

당원차공지상 과백유순 향운보복 여대보개[316]
當願此空之上 過百由旬 香雲普覆 如大寶蓋

옴 수시디 카리 즈바리타 아단타 무르타야 즈바라 즈바라
반다 반다 하나 하나 훔 파트(3번)[317]

상래결계 작법이성 상하사방 광박엄정 여제불찰 유대
上來結界 作法已成 上下四方 廣博嚴淨 如諸佛刹 有大

광명 감봉성인 의개법회 원제현성 엄호도량 무사사마
光明 堪奉聖人 宜開法會 願諸賢聖 嚴護道場 毋使邪魔

유소간범<sup>318)</sup>
有所干犯

〈봉청제불보살 奉請諸佛菩薩〉

공문성관자재 어과거시 시주초지 치천광왕여래 위설광대
恭聞聖觀自在 於過去時 始住初地 值千光王如來 爲說廣大

원만무애대비심대다라니 영여중생작대이익 시시대사일문
圓滿無礙大悲心大陀羅尼 令與衆生作大利益 是時大士一聞

차주 돈초팔지 지금석가여래 여제보살 보회보타낙가산지
此呪 頓超八地 至今釋迦如來 與諸菩薩 普會補怛落迦山之

시 유아대사 궁대여래 이대비심 설차장구 유통세간 무불
時 惟我大士 躬對如來 以大悲心 說此章句 流通世間 無不

몽익 당지차주 유여묘약 명아가타 일체제병 무소불치
蒙益 當知此呪 猶如妙藥 名阿伽陀 一切諸病 無所不治

시고송차주자 삼악도업무소불괴 제불국토무부득생 공덕
是故誦此呪者 三惡道業無所不壞 諸佛國土無不得生 功德

외외 막가칭탄 아등자일수시주청 개건도량 수평등공
巍巍 莫可稱歎 我等玆日受施主請 開建道場 修平等供

482

선어차지 보소제신 행결계법 용위엄정 시이부어차시
先於此地 普召諸神 行結界法 用爲嚴淨 是以復於此時

공청보살 이진언력 중가법수 증익승용 광대난사 장사
恭請菩薩 以眞言力 重加法水 增益勝用 廣大難思 將使

군생거몽해탈
羣生擧蒙解脫

일심봉청 천수천안대자대비관세음자재보살마하살(3번)
一心奉請 千手千眼大慈大悲觀世音自在菩薩摩訶薩

유원불위본서 애민유정 강림도량 가지주수319)
惟願不違本誓 哀愍有情 降臨道場 加持呪水

나모 라트나 트라야야 나마 아르야바로키테 스바라야 보디사
트바야 마하 사트바야 마하 카루니카야 사르바 반다나 체다나
카라야 사르바 바바 사무드라 초샤나 카라야 사르바 브야디
프라샤마나 카라야 사베티튜 우파드라바 비나 샤나 카라야
사르바 바예슈 트라나 카라야 타스마이 나마스 크르트바 이담
아르야바로키테 스바라 바시탐 니라칸타베 나마 흐르다얌
아브라타 이챠미 사르바타 사다캄 슈밤 아제얌 사르바 부타남
바바 마르가 비쇼다캄 타댜타 옴 아로케 아로카 마티 로카티
크란테 헤 흐리 아르야바로키테 스바라 마하 보디사트바 헤
보디사트바 헤 마하 보디사트바 헤 프리야 보디사트바 헤
마하 카루니카 스마라 흐르다얌 히히 흐리 아르야비로키테
스바라 마헤 스바라 파라마 마이트라 치타 마하 카루니카

쿠루 쿠루 카르마 사다야 사다야 비드얌 니헤 니헤 타바람
카맘 가마 비함 가마 시다유기 스바라 두루두루 비얀티 마하
비얀티 다라 다라 다레 인드레 스바라 차라 차라 비마라 마라
아르야비로키테 스바라 지나 크르스나 자타 마쿠타 바람바
프라람바 비람바 마하 시다 비드야 다라 바라 바라 마하 바라
아마라 마라 마하 마라 차라 차라 마하 차라 크르스나 바르나
디르가 크르스나 파크사 디르가 아타나 헤 파드마 하스타
차라 차라 네샤 차레 스바라 크르스나 사르파 크르타 야즈노파
비타 에헤 히 마하 바라하 무카 트리푸라 다하네 스바라 나라야
나 바루파 바라 마르가 아리 헤 니라칸타 헤 마하 카라 하라
하라 비샤 니르지타 로카스야 라가 비샤 비나 샤나 드비사
비샤 비나 샤나 모하 비샤 비나 샤나 후루 후루 마라 후루
흐리 마하 파드마 나바 사라 사라 시리 시리 수루 수루 무루
무루 부드야 부드야 보다야 보다야 아마이테 니라칸타 에헤
히 바마 스티타 심하 무카 하사 하사 문차 문차 마하 타타
하사 에헤 히 보 마하 시다요기 스바라 바나 바나 바참 사다야
사다야 비드얌 스마라 스마라탐 바가반탐 로키타 비로키탐
로케 스바람 타다가탐 다다헤 메 다르샤나 카마스야 다르샤남
프라흐라다야 마나 스바하 시다야 스바하 마하 시다야 스바하
시다요기 스바라야 스바하 니라칸타야 스바하 바라하 무카야
스바하 마하 다라 심하 무카야 스바하 시다 비드야 다라야
스바하 파드마 하스타야 스바하 크르스나 사르파 크르다 야즈

노파비타야 스바하 마하 라쿠타 다라야 스바하 차크라 유다야
스바하 샨카 샤다니 보다나야 스바하 바마 스칸다 데샤 스티타
크르스니 지나야 스바하 브야그라 차마 니바사나야 스바하
로케 스바라야 스바하 사르바 시데 스바라야 스바하
나모 바가바테 아르야바로키테 스바라야 보디사트바야 마하
사트바야 마하 카루니카야 시드야투 메 만트라 파다야 스바하
(3번)


〈비로자나불 봉청게 毗盧遮那佛 奉請偈〉

공문성관자재 위제대중 걸청석가세존 위설시방찰토 일
恭聞聖觀自在 爲諸大衆 乞請釋迦世尊 爲說十方刹土 一

체비로자나여래 개동일시 각신우수 이마청정연화명왕지
切毗盧遮那如來 皆同一時 各伸右手 以摩淸淨蓮華明王之

정 동설불공대관정광진언 약유과거십악오역사중제죄 문
頂 同說不空大灌頂光眞言 若有過去十惡五逆四重諸罪 聞

차이삼칠편 경이근자 즉득멸제 야제중생구조악업 신괴
此二三七徧 經耳根者 卽得滅除 若諸衆生具造惡業 身壞

명종 타제악취 이시진언가지토사 산기신상 급이탑묘 피
命終 墮諸惡趣 以是眞言加持土沙 散其身上 及以塔墓 彼

소망자 약재아취 응시즉득광명급신 제제죄보 영소고신
所亡者 若在惡趣 應時卽得光明及身 除諸罪報 令所苦身

생극락국 내지보리 영불퇴타 아등자일수시주청 개건도
生極樂國 乃至菩提 永不退墮 我等茲日受施主請 開建道

량 수평등공 선어차지보소제신 행결계법 용위엄정 급위
場 修平等供 先於此地普召諸神 行結界法 用爲嚴淨 及爲

공청성관자재 이대비심소설장구 중가법수 증익승용 시
恭請聖觀自在 以大悲心所說章句 重加法水 增益勝用 是

이부어차시 전성공청시방 비로자나여래 이관정광가지차
以復於此時 專誠恭請十方 毗盧遮那如來 以灌頂光加持此

수 영사공능배부증승 연후이차최승법수편쇄도량 급이내
水 令使功能倍復增勝 然後以此最勝法水徧洒道場 及以內

외 시처비처 약근약진 일쇄일첨 광명환발 당지차지즉위
外 是處非處 若根若塵 一洒一沾 光明煥發 當知此地卽爲

정토 당지차일가전법륜 시방현성 무불운림 육도군생 무
淨土 當知此日可轉法輪 十方賢聖 無不雲臨 六道羣生 無

불분부 대개법시 보도미류 경법계중 함몽해탈320)
不奔赴 大開法施 普度迷流 罄法界中 咸蒙解脫

일심봉청 시방찰토상주법신 비로자나불공여래불(3번)
一心奉請 十方刹土常住法身 毗盧遮那不空如來佛

유원불위본서 애민유정 강림도량 가지주수 아금지송비
惟願不違本誓 哀愍有情 降臨道場 加持呪水 我今持誦毗

로자나여래소설불공대관정광진언
盧遮那如來所說不空大灌頂光眞言

옴 아모가 바이로차나 마하 무드라 마니 파드마 즈바라 프라바

르타야 훔(3번)321)

상래봉청제불보살 명왕제천각이위신 가피아배 송지진언
上來奉請諸佛菩薩 明王諸天各以威神 加被我輩 誦持眞言

불위법칙 가지정수 유대력용 즉차법문원현삼덕 시이여
不違法則 加持淨水 有大力用 卽此法門圓顯三德 是以如

유리보 청정광명 무유염애 즉법신덕 여여의주 우일체보
瑠璃寶 淸淨光明 無有染礙 卽法身德 如如意珠 雨一切寶

무불구족 즉반야덕 여전륜왕 소향자재 무유괘애 즉해탈
無不具足 卽般若德 如轉輪王 所向自在 無有罣礙 卽解脫

덕 주기삼덕 수역삼덕 전주시수 전수시주 체용불이 동일
德 呪旣三德 水亦三德 全呪是水 全水是呪 體用不二 同一

비장 아금이차삼덕 비장진언 정수산쇄차지 도량내외 상
祕藏 我今以此三德 祕藏眞言 淨水散洒此地 道場內外 上

천하지 중토사방 수수소지 개성결계 당원차처도량 향화
天下地 中土四方 隨水所至 皆成結界 當願此處道場 香華

음식 일체공사 승차력고 일일출생 무유한량 거행법사
飮食 一切供事 承此力故 一一出生 無有限量 擧行法事

사문대중 승차력고 일일근진 무불청정 수재시주승사지
沙門大衆 承此力故 一一根塵 無不淸淨 修齋施主承事之

인승차력고 일일신심 무불광결 내지 원급계외왕래지인
人承此力故 一一身心 無不光潔 乃至 遠及界外往來之人

신의불결 음담훈신 혹고혹오 첩입도량 이주력고 화위청
身衣不潔　飮啖葷辛　或故或誤　輒入道場　以呪力故　化爲淸

정 일체사마 급천제자 비훼삼보 호작유난 이주력고 함
淨　一切邪魔　及闡提者　非毁三寶　好作留難　以呪力故　咸

발도심 약찬약방 개득위연 여차관심 방명보도 갱빙중등
發道心　若讚若謗　皆得爲緣　如此觀心　方名普度　更憑衆等

동송진언 산쇄법수 주행제처322)
同誦眞言　散洒法水　周行諸處

## 2) 대령 對靈

### 〈청불 請佛〉

나모 아미타불 나모 관세음보살 나모 대세지보살(3번)
南無　阿彌陀佛　南無　觀世音菩薩　南無　大勢至菩薩

나모 대성인로왕보살마하살
南無　大聖引路王菩薩摩訶薩

### 〈대령소 對靈疏〉

개이 명관로묘 고해파심 약비밀주지공 갈천침륜지백
蓋以　冥關路渺　苦海波深　若非密呪之功　曷薦沈淪之魄

유시 특건법연 건집승가중 풍연비밀진언 가지상묘법식
由是 特建法筵 虔集僧伽衆 諷演祕密眞言 加持上妙法食

여사승리 보시무변 복원 확탕곤곤 변팔덕지연지 로탄
如斯勝利 普施無邊 伏願 鑊湯滾滾 變八德之蓮池 爐炭

염염 성육수지향개 삼삼검수 위삼회지용화 급급도산
炎炎 成六銖之香蓋 森森劍樹 爲三會之龍華 岌岌刀山

작오천지취령 동즙동주 화감로지법당 철마철환 작마니
作五天之鷲嶺 銅汁銅柱 化甘露之法幢 鐵磨鐵丸 作摩尼

지보좌 우두옥졸지 삼선이증삼신 채주원가 해십전이리
之寶座 牛頭獄卒持 三善而證三身 債主冤家 解十纏而離

십악 다생부모 종자 이입성초범 일체중생 자차이획안
十惡 多生父母 從玆 而入聖超凡 一切衆生 自此而獲安

획락 수습도우 수희단나 오본성지미타 요유심지정토
獲樂 修習道友 隨喜檀那 悟本性之彌陀 了唯心之淨土

보동법계 편급유정 구목양연 제성불도의[323]
普同法界 遍及有情 俱沐良緣 齊成佛道矣

(불기 일시) 병법사문 법사(율사 등) ○○ 등 근소
(佛紀 日時) 秉法沙門 法師(律師 等) ○○ 等 謹疏

〈지옥게 地獄偈〉

철위산간옥초산 확탕노탄검수도 팔만사천지옥문
鐵圍山間沃焦山 鑊湯爐炭劍樹刀 八萬四千地獄門

장비주력금일개
杖秘呪力今日開


〈개지옥진언 開地獄眞言〉

나모 아스타 시티남 삼먁삼부타 코티남 옴 즈나나 아바 바세

디리 디리 훔(3번)[324]

약인욕요지 삼세일체불 응관법계성 일체유심조(3번)
若人欲了知　三世一切佛　應觀法界性　一切唯心造


〈청혼 請魂〉

거사바세계 차사천하 남섬부주 해동 대한민국 (주소) ○○사
擧娑婆世界　此四天下　南贍部洲　海東　大韓民國　　　○○寺

청정수월도량 원아금차 ○○재지신 설향단전 봉청재자
淸淨水月道場　願我今此　○○齋之辰　設香壇前　奉請齋者

(주소) 행효 ○○복위 소천망 ○○영가 영가위주 상서
　　　行孝　○○伏爲　所薦亡　○○靈駕　靈駕爲主　上逝

선망 광겁부모 다생사장 누대종친 제형숙백 자매질손
先亡　廣劫父母　多生師長　累代宗親　弟兄叔伯　姉妹姪孫

원근친족 일체권속 등 각 열위열명영가 차도량내외 동상동하
遠近親族　一切眷屬　等　各　列位列名靈駕　此道場內外洞上洞下

유주무주 운집고혼 제불자등 각열위열명영가
有主無主　雲集孤魂　諸佛子等　各列位列名靈駕

<着語>

상래소청 제불자 생본무생 멸본무멸 생멸본허 실상상주
上來召請 諸佛子 生本無生 滅本無滅 生滅本虛 實相常住

환회득 무생멸저 일구마 (양구) 부앙은현현 시청명역력
還會得 無生滅底 一句麼 (良久) 俯仰隱玄玄 視聽明歷歷

약야회득 돈증법신 영멸기허 기혹미연 승불신력 장법가
若也會得 頓證法身 永滅飢虛 其或未然 承佛神力 仗法加

지 부차향단 수아묘공 증오무생
持 赴此香壇 受我妙供 證悟無生

<진령게 振鈴偈>

이차진령신소청 명도귀계보문지 원승삼보력가지
以此振鈴伸召請 冥途鬼界普聞知 願承三寶力加持

금일금시내부회
今日今時來赴會

<보소청진언 普召請眞言>

옴 지나 지크 에히 에히 스바하(3번)

<가영 歌詠>

향연청(3번)
香烟請

유이군령무시겁 표령육도미지귀 행재금석이하연
維爾羣靈無始劫 飄零六道未知歸 幸哉今夕以何緣

경법계중몽보도 차제장친삼보중 선수건설일로향
罄法界中蒙普度 此際將親三寶衆 先須虔爇一鑪香

이자청공우진성 원사자비위납수
以玆淸供寓眞誠 願賜慈悲爲納受


〈지단게 指壇偈〉

법신편만백억계 보방금색조인천 응물현형담저월
法身遍滿百億界 普放金色照人天 應物現形潭底月

체원정좌보련대
體圓正坐寶蓮臺

나모 대성인로왕보살 나모 대성인로왕보살
南無 大聖引路王菩薩 南無 大聖引路王菩薩

나모 대성인로왕보살마하살
南無 大聖引路王菩薩摩訶薩

보례시방상주 법신보신화신 제불타 보례시방상주 경장
普禮十方常住 法身報身化身 諸佛陀 普禮十方常住 經藏

율장논장 제달마 보례시방상주 보살연각성문 제승가
律藏論藏 諸達摩 普禮十方常住 菩薩緣覺聲聞 諸僧伽


492

〈입단진언 入壇眞言〉

옴 사르바 타타가타 흐르다야 바즈리 니다라 다라 훔 훔(3번)

산화락(3번)
散花落

나모 대성인로왕보살 나모 대성인로왕보살
南無 大聖引路王菩薩 南無 大聖引路王菩薩

나모 대성인로왕보살마하살
南無 大聖引路王菩薩摩訶薩

## 3) 관욕 灌浴

〈청불 請佛〉

나모 아미타불 나모 관세음보살 나모 대세지보살(3번)
南無 阿彌陀佛 南無 觀世音菩薩 南無 大勢至菩薩

나모 대성인로왕보살마하살
南無 大聖引路王菩薩摩訶薩

〈청혼 請魂〉

거 사바세계 차사천하 남섬부주 해동 대한민국 (주소) ○○사
擧 娑婆世界 此四天下 南贍部洲 海東 大韓民國      ○○寺

청정수월도량 원아금차 ○○재지신 설향단전 봉청재자
淸淨水月道場 願我今此 ○○齋之辰 設香壇前 奉請齋者

(주소) 행효 ○○복위 소천망 ○○영가 영가위주 상서선망
行孝 ○○伏爲 所薦亡 ○○靈駕 靈駕爲主 上逝先亡

광겁부모 다생사장 누대종친 제형숙백 자매질손 원근친족
廣劫父母 多生師長 累代宗親 弟兄叔伯 姉妹姪孫 遠近親族

일체권속 등 각열위열명영가 차도량내외 동상동하 유주무주
一切眷屬 等 各列位列名靈駕 此道場內外 洞上洞下 有主無主

운집고혼 제불자 등 각 열위열명영가
雲集孤魂 諸佛子 等 各 列位列名靈駕

〈인예향욕 引詣香浴〉

원아금차 ○○재지신 상래이빙 불력법력 삼보위신지력
願我今次 ○○齋之辰 上來已憑 佛力法力 三寶威神之力

소청인도 일체인륜 급무주고혼 유정등중 이계도량 대중
召請人道 一切人倫 及無主孤魂 有情等衆 已屆道場 大衆

성발 청영부욕 반야심경위고혼 지심제청 지심제수
聲鈸 請迎赴浴 般若心經爲孤魂 志心諦聽 志心諦受

〈마하반야바라밀다심경 摩訶般若波羅密多心經〉

아르야바로키테 스바로 보디사트보 감비람 프라자 파라미타

차리얌 차라 마노 브야바로카티 스마 팜차 스칸다 사타즈

카 스바바 주니암 파샤티 스마 이하 사리푸트라 루팜 주니암
슈냐타 이바 루팜 루판 나 프리타 주냐타 주냐타야 나 프리타
사 루팜 야드 루팜 사 주냐타 야드 주냐타 사 루팜 에밤 이바
베다나 삼자 삼스카라 비즈남 이하 사리푸트라 사르바 다르마
주냐타 라크샤나 아누트판나 아니루다 아비마라 아 노나 아파
리푸르나 타스마이 사리푸트라 주냐타얌 나 루팜 나 베다나
나 삼자 나 삼스카라 나 비자남 나 차크슈 즈로트라 그라나
지흐바 카야 마남시 나 루파 자브다 간다 라사 사프라 스타브야
다르마 나 차크슈 다투 르야바 나 마노 비자남 다투 나 비드야
나 비드야 나 비드야 크샤요 나 비드야 크샤요 야반 자라
마라남 나 자라 마라나 크샤요 나 두카 사무다야 니로다 마리자
나 자남 나 프라프티 나 아비 스마라 타스마이 나 프라피트바
보디사트바남 프라자 파라미탐 아즈리트야 비하라트야 치타
바라 나 비드야 크샤요 나 비드야 크샤요 야 바라 자라 마라남
나 자라 마라나 크샤요 나 두카 사마이다야 니로다 마르자나
나 자남 나 프라프티 나 아비 스마라 스마이다 프라프티 트바
보디사트바남 프라자 파라미탐 아스리트야 비하라트야 치타
바라 나 치타 바라나 아스티트바 나 트리스토 비파르야 사티크
란토 니스타 니르바남 트르야드바 브야바스티타 사르바 부다
프라자 파라미탐 아즈리티 아누타람 삼먁삼보딤 아비 삼 부다
타스마이 자타브얌 프라자 파라미타 마하 만트라 마하 비드야
만트라 아누타라 만트라 아사마 사마티 만트라 사르바 두카

프라샤마나 사트얌 아미 찬르야트바 프라자 파라미타 얌 우크 토 만트라

타댜타 가테 가테 파라가테 파라삼가테 보디 스바하(3번)


〈정치로진언 淨治路眞言〉(위패와 촛대 등을 관욕대로 옮긴다)

옴 수시티 카리 즈바리타 난타 모르타예 즈바라 즈바라 반다 반다 하나 하나 훔 파트(3번)


〈입실게 入室偈〉

일종위배본심왕 기입삼도력사생 금일척제번뇌염
一 從 違 背 本 心 王　幾 入 三 途 歷 四 生　今 日 滌 除 煩 惱 染

수연의구자환향
隨 緣 依 舊 自 還 鄕


〈가지조욕 加持澡浴〉

부 정삼업자 무월호징심 결만물자 막과어청수 시이 근엄
夫　淨 三 業 者　無 越 乎 澄 心　潔 萬 物 者　莫 過 於 淸 水　是 以　謹 嚴

욕실 특비향탕 희일탁어진로 획만겁지청정 하유목욕지게
浴 室　特 備 香 湯　希 一 濯 於 塵 勞　獲 萬 劫 之 淸 淨　下 有 沐 浴 之 偈

대중수언후화유
大 衆 隨 言 後 和 喩

아금이차향탕수 관욕고혼급유정 신심세척영청정
我今以此香湯水 灌浴孤魂及有情 身心洗滌令淸淨

증입진공상락향
證入眞空常樂鄕


〈세수면진언 洗手面眞言〉

옴 바즈라 라가 라가야 키람 자차밤 바즈라 토스야 훔(3번)


〈작양지진언 嚼楊枝眞言〉

옴 바즈라 하 스바하(3번)


〈수구진언 漱口眞言〉

옴 바즈라 다가 타(3번)


〈목욕진언 沐浴眞言〉

옴 아므르티 훔 훔 파트(3번)


〈가지화의 加持化衣〉

금차 ○○재지신 금일천도 발원영가등 관욕기주 신심구청정
今次 ○○齋之辰 今日薦度 發願靈駕等 灌浴旣周 身心俱淸淨

금이여래무상 비밀지언 가지화의 원차일 의위다의 이다의
今以如來無上 秘密之言 加持化衣 願此一 衣爲多衣 以多衣

위무량의 영칭신형 불장불단 불소불관 수승지의 변성해탈
爲無盡衣 令稱身形 不長不短 不小不寬 秀勝之衣 變成解脫

지복 고불세존 근당선념
之服 故佛世尊 謹當宣念


〈화의진언 化衣眞言〉

옴 마니 비푸리 디리 디리 훔 파트(3번)

제불자 지주기주 화의이편 무의자 여의부체 유의자
諸佛子 持呪旣周 化衣已遍 無衣者 與衣覆體 有衣者

기고환신 장예정단 선정복식
棄古換新 將詣淨壇 先整服飾


〈착의진언 着衣眞言〉

옴 사만타 차다네 투루투루 훔(3번)


〈정의진언 整衣眞言〉

옴 사만타 사다라나 파드마이 훔 파트(3번)

〈가지의진언 加持衣眞言〉

옴 마니 비푸레 디리 디리 홈 파트(3번)


〈출욕참성 出浴參聖〉

제불자 기주복식 가예단장 예삼보지자존 청일승지묘법
諸佛子 旣周服飾 可詣壇場 禮三寶之慈尊 聽一乘之妙法

청리향욕 당부정단 합장전심 서보전진
請離香浴 當赴淨壇 合掌專心 徐步前進


〈입단진언 入壇眞言〉

법신편만백억계 보방금색조인천 응물현형담저월
法身遍滿百億界 普放金色照人天 應物現形潭底月

체원정좌보련대
體圓正坐寶蓮臺

옴 사르바 타타가타 흐르다야 바즈리 니다라 다라 홈 홈(3번)

산화락(3번)
散花落

나모대성인로왕보살 나모대성인로왕보살
南無大聖引路王菩薩 南無大聖引路王菩薩

나모대성인로왕보살마하살
南無大聖引路王菩薩摩訶薩

## 〈행보례 行步禮〉(위패 등을 모시고 나와서 상단을 향하여 선다)

금차  ○○재지신  금일  천도발원영가  등  가예단장  정례
今次  ○○齋之辰  今日  薦度發願靈駕  等  可詣壇場  頂禮

삼보자존  청일승지묘법  청리향욕  당부정단  합장전심
三寶慈尊  聽一乘之妙法  請離香浴  當赴淨壇  合掌專心

서보전진
徐步前進

산화락(3번)
散花落

보례시방상주  법신보신화신  제불타  보례시방상주  경장
普禮十方常住  法身報身化身  諸佛陀  普禮十方常住  經藏

율장논장  제달마  보례시방상주  보살연각성문  제승가
律藏論藏  諸達摩  普禮十方常住  菩薩緣覺聲聞  諸僧伽

## 〈헌좌게 獻座偈〉

상래승불섭수  장법가지  기무수계이임연  원획소요이취자
上來承佛攝受  仗法加持  既無囚繫以臨筵  願獲逍遙而就座

하유안좌지게  대중수언후화
下有安座之偈  大衆隨言後和

아금의교설화연  종종진수열좌전  대소의위차제좌
我今依教說華筵  種種珍垂列座前  大小依位次第座

500

전심제청설금언
專心諦聽設金言


〈헌좌진언 獻座眞言〉

옴 수나리 자예 스바하(3번)


〈헌다게 獻茶偈〉

유곡생령초 감위입도매 초인채기엽 미미입류배
幽谷生靈草　堪爲入道媒　樵人採其葉　美味入流坏

정허징허식 명심조회대 불로인기력 직용법문개
靜虛澄虛識　明心照會臺　不勞人氣力　直聳法門開

금차　○○재지신 천도발원 영가 등 향설오분지진향 훈발
今次　○○齋之辰　今日薦度　靈駕　等　香爇五分之眞香　熏發

자성등연 반야지명등 조파혼구 다헌지청다 돈식갈정 식진
自性燈燃　般若之明燈　照破昏衢　茶獻之淸茶　頓息渴情　食進

향적지 진수영제기허 종종법미 배열좌전 복유상향
香積之　珍羞永除飢虛　種種法味　排列座前　伏惟尙饗


〈시감로진언 施甘露眞言〉

나모 바가바테 수루파야 타타가타야 타댜타 옴 스루 스루
프라스루 프라스루 스바하(3번)

〈시식진언 施食眞言〉

원차가지식 보편만시방 식자제기갈 득생안양국(3번)
願此加持食 普徧滿十方 食者除飢渴 得生安養國

옴 사르바 타타가타 바로키테 밤 바라 바라 삼바라 삼바라

홈(3번)


〈보공양진언 普供養眞言〉

옴 가가나 삼바바 바즈라 호(3번)

수아차법식 하이아난찬 기장함포만 업화돈청량
受我此法食 何異阿難饌 飢腸咸飽滿 業火頓淸凉

돈사탐진치 상귀불법승(3번)
頓捨貪嗔癡 常歸佛法僧

이후 상단 헌공 上壇 獻供

(상단 헌공이 없는 때에는 곧바로 천도시식을 집전한다)


## 4) 천도시식 薦度施食

길상회계감로문개 고혼불자강림래 문법부향재 형탈윤회
吉祥會啓甘露門開 孤魂佛子降臨來 聞法赴香齋 逈脫輪回

유암일시개[325)
幽暗一時開


〈운래집 雲來集〉

차일판향  부종천강  개속지생  양의미판지선  근원충색삼계
此一瓣香  不從天降  豈屬地生  兩儀未判之先  根源充塞三界

일기재분지후  지엽편만시방  초일월지광화  탈산천지수려
一氣纔分之後  枝葉徧滿十方  超日月之光華  奪山川之秀麗

즉계즉정즉혜  비목비화비연  수래재일미진  산거보훈법계
卽戒卽定卽慧  非木非火非煙  收來在一微塵  散去普熏法界

설향로중  전신공양  상주삼보  찰해만령  역대조사  일체성
爇向爐中  專伸供養  常住三寶  刹海萬靈  歷代祖師  一切聖

중  하사품류  유현성범  실장진향  보동공양[326)
衆  河沙品類  幽顯聖凡  悉仗眞香  普同供養


〈운향개 雲香蓋〉

불면유여정만월  역여천일방광명  원광보조어시방
佛面猶如淨滿月  亦如千日放光明  圓光普照於十方

희사자비개구족[327)
喜捨慈悲皆具足

## 〈축수문 祝水文〉[328]

부차수자 팔공덕수자천진 선세중생업구진 편입비로화장계
夫此水者 八功德水自天眞 先洗衆生業垢塵 偏入毗盧華藏界

개중하처불초륜 수불세수 묘극법신 진불염진 반작자기 견
箇中何處不超淪 水不洗水 妙極法身 塵不染塵 返作自己 蠲

제기계 탕척단장 쇄고목이작양춘 결예방이성정토 소위도
除器界 蕩滌壇場 灑枯木而作陽春 潔穢邦而成淨土 所謂道

내외 중간무탁예 성범유현총청량 나모 감로왕보살마하살
內外 中間無濁穢 聖凡幽顯總淸涼 南無 甘露王菩薩摩訶薩

## 〈정법계진언 淨法界眞言〉

옴 람 옴 람 옴 람 스바하(3번)

## 〈쇄정진언 灑淨眞言〉

옴 아모가 자라 미마야 수루 수루 스바하(3번)[329]

## 〈가지령진언 加持鈴眞言〉

아금진령저 성편시방처 예청제성현 실개래부회
我今振鈴杵 聲徧十方處 禮請諸聖賢 悉皆來赴會

옴 바즈라 캄타 아 훔(3번)[330]

### 〈항마진언 降魔眞言〉

차내일체제여래 수중집지금강저 금강불모대용식
此乃一切諸如來 手中執持金剛杵 金剛佛母大勇識

아역항상이집지 원멸유정대우치
我亦恒常而執持 願滅有情大愚癡

옴 하라 하라 훔(3번)331)

### 〈가지관정진언 加持灌頂眞言〉

계수귀의소실제 두면정례칠구지 아금칭찬대준제
稽首皈依蘇悉帝 頭面頂禮七俱胝 我今稱讚大準提

유원자비수가호
惟願慈悲垂加護

나모 사프트남 삼먁삼부타 코티남 타댜타 옴 차레 추레 춘데
스바하(3번)332)

### 〈자성게 自性偈〉

방편자성불괴체 금강불괴대용식 최승무비초출상
方便自性不壞體 金剛不壞大勇識 最勝無比超出相

금차소작개성취 승혜자성심심성 연설최상법륜음
今此所作皆成就 勝慧自性甚深性 演說最上法輪音

이무생현방편신 금차소작원득성333)
以無生現方便身 今此所作願得成

## 〈정지게 淨地偈〉

일체방우소유지 와력사적등개무 유리광지평여장
一切方隅所有地 瓦礫砂磧等皆無 琉璃光地平如掌

유연미묘원안주 유여극락국장엄 묘보위지중화부
柔軟微妙願安住 猶如極樂國莊嚴 妙寶爲地衆花敷

원림지소무결소 이대법음원구족 종출세간부능현
園林池沼無缺少 以大法音願具足 從出世間復能現

종종칠보지소성 무량광명편조처 제불보살원안주334)
種種七寶之所成 無量光明徧照處 諸佛菩薩願安住

옴 라자 푸가타 사르바 다르마(3번)335)


## 〈연기문 緣起文〉

절이법불고기 장경방생 도불허행 우연즉응 금즉나열화단
切以法不孤起 仗境方生 道不虛行 遇緣卽應 今則羅列華壇

천양불사 향분보전 등오색지운하 촉탄금연 찬일천지성두
闡揚佛事 香焚寶篆 騰五色之雲霞 燭綻金蓮 燦一天之星斗

법락주무생지곡 범음연최상지종 귀의오안육통 영청천현만
法樂奏無生之曲 梵音演最上之宗 歸依五眼六通 迎請千賢萬

성 유시각왕주세 이법이생 불유인연 무유수범 시이아난존
聖 由是覺王住世 以法利生 不有因緣 無由垂範 是以阿難尊

자 임간습정 야견귀왕 구토화염 정발연생 신형추악 지절여
者 林間習定 夜見鬼王 口吐火燄 頂髮煙生 身形醜惡 肢節如

506

파거지성 기화교연 연후사침봉지세 견사괴이 문시하명 답
破車之聲 饑火交然 咽喉似針鋒之細 見斯怪異 聞時下命 答

왈면연 여삼일지중 당타아류 아난경포 귀투대각자존 서설
日面然 汝三日之中 當墮我類 阿難驚怖 歸投大覺慈尊 敍說

전인 계청구고지법 불수방편 이제홍심 사연년이익산 송위
前因 啓請救苦之法 佛垂方便 利濟洪深 使延年而益算 誦威

덕지진전 영아귀이충자 시감로지법식 가지필전어신주 엄위
德之眞詮 令餓鬼以充資 施甘露之法食 加持必專於神呪 嚴衛

수가어단의 수연계청일시 법전천고 금산수건 부촉자명 마가
須假於壇儀 雖然啓請一時 法傳千古 金山修建 不燭自明 摩伽

곡식 시주법계 약무영험 금고언전 유시공훈 방감연설 범
斛食 施周法界 若無靈驗 今古焉傳 有是功勳 方堪演說 梵

음연처 상궁유정지천 고운선시 하극풍륜지제 욕명성리
音演處 上窮有頂之天 古韻宣時 下極風輪之際 欲明聖理

고백사문 불사완성 동귀진제 게운
故白斯文 佛事完成 同歸眞際 偈云

최승광명자재왕 여래선연묘난량 석인경희생황포
最勝光明自在王 如來宣演妙難量 昔因慶喜生惶怖

염구뇌음보화앙 계수은근백교주 홍자제물이생방
燄口雷音報禍殃 稽首殷勤白敎主 興慈濟物利生方

여금계고중염출 범성동유해탈장336)
如今稽古重拈出 凡聖同遊解脫場

## 〈삼귀의찬 三歸依讚〉

불법승보 체편시방 공경청기 필몽감응 장당천양 시식지
佛法僧寶 體徧十方 恭敬請祈 必蒙感應 將當闡揚 施食之

초 선수귀경삼보 요기법사주륭 서사승인성취
初 先須歸敬三寶 要祈法事周隆 庶使勝因成就

지심신례불타양족존 삼각원 만덕구 천인조어사 범성대
志心信禮佛陀兩足尊 三覺圓 萬德具 天人調御師 凡聖大

자부 종진계등응질 비화보 수궁삼제시 횡편시방 처진법
慈父 從眞界騰應質 悲化普 竪窮三際時 橫徧十方 處震法

뢰명법고 광연권실교 대개방편로 약귀의 능소멸지옥고
雷鳴法鼓 廣演權實敎 大開方便路 若歸依 能消滅地獄苦

지심신례달마이욕존 보장수왕함저 결집우서역 번역전동
志心信禮達磨離欲尊 寶藏收王函貯 結集于西域 飜譯傳東

사 조사홍현철판 성장소 삼승분돈점 오교정종취 귀신흠
士 祖師弘賢哲判 成章疏 三乘分頓漸 五敎定宗趣 鬼神欽

용천호 도미표월 제열진감로 약귀의 능소멸아귀고
龍天護 導迷標月 除熱眞甘露 若歸依 能消滅餓鬼苦

지심신례승가중중존 오덕사육화려 이생위사업 홍법시가
志心信禮僧伽衆中尊 五德師六和侶 利生爲事業 弘法是家

무 피효진 상안좌적정처 차신복취의 충복채신미 발항용
務 避囂塵 常晏坐寂靜處 遮身服毳衣 充腹採薪薇 鉢降龍

석해호 법등상편조 조인상전부 약귀의 능소멸방생고[337)]
錫解虎 法燈常徧照 祖印相傳付 若歸依 能消滅旁生苦


〈삼보성중수가호 三寶聖衆垂加護〉[338)]

귀의 금강상사 귀의불 귀의법 귀의승 아금발심 불위자
歸依 金剛上師 歸依佛 歸依法 歸依僧 我今發心 不爲自

구인천복보 성문연각 내지 권승제위보살 유의최상승발
求人天福報 聲聞緣覺 乃至 權乘諸位菩薩 唯依最上乘發

보리심 원여법계중생 일시동득 아뇩다라삼막삼보리심
菩提心 願與法界衆生 一時同得 阿耨多羅三藐三菩提心


〈묵념대륜명왕주 默念大輪明王呪〉

나모 트리야 드비카남 사르바 타타가탐 옴 비라지 비라지
마하 차크라 바즈리 바즈리 사타 사타 사라테 사라테 트라이
트라이 비다마니 삼바자니 트라마티 시타 카르타브야 스바하
(3번)[339)]


〈귀의게 歸依偈〉

귀명시방조어사 연양청정미묘법 삼승사과해탈승
歸命十方調御師 演揚淸淨微妙法 三乘四果解脫僧

원사자비임법회[340)]
願賜慈悲臨法會

## 〈봉청성중 奉請聖衆〉341)

나모 일심봉청 진시방편법계 미진찰토 삼세상주 제불타
南無 一心 奉請 盡十方徧法界 微塵刹土 三世常主 諸佛陀

제달마 제승가 금강밀적 위법신왕 천룡팔부 바라문선등
諸達摩 諸僧伽 金剛密跡 衛法神王 天龍八部 婆羅門仙等

일체성중 유원 불위본서 연민유정 금일금시 광림법회
一切聖衆 惟願 不違本誓 憐愍有情 今日今時 光臨法會


## 〈건단게 建壇偈〉

나열향화건보단 중중불경일호단 심융묘리허공소
羅列香花建寶壇 重重佛境一毫端 心融妙理虛空小

도계진여법계관 상호자비추월만 화신등처모운번
道契眞如法界寬 相好慈悲秋月滿 化身騰處暮雲繁

향연퇴리첨응현 만상삼라해인함
香煙堆裏瞻應現 萬象森羅海印含

시아본사 석가모니여래 증명공덕
是我本師 釋迦牟尼如來 證明功德

극락정토 구품도사 아미타불 자비섭수
極樂淨土 九品導師 阿彌陀佛 慈悲攝授

대자대비 관세음보살 밀수가호
大慈大悲 觀世音菩薩 密垂加護

대성인로왕보살마하살 금일영가 당래접인정토(3번)[342]
大聖引路王菩薩摩訶薩 今日靈駕 當來接引淨土


〈청불 請佛〉

나모 진허공편법계 극락교주 구품도사 아미타불
南無 盡虛空偏法界 極樂敎主 九品導師 阿彌陀佛

나모 진허공편법계 대자대비 관세음보살
南無 盡虛空偏法界 大慈大悲 觀世音菩薩

나모 진허공편법계 자비희사 대세지보살
南無 盡虛空偏法界 慈悲喜捨 大勢至菩薩

나모 진허공편법계 정토회상제보살마하살
南無 盡虛空偏法界 淨土會上諸菩薩摩訶薩


〈청혼 請魂〉

거 사바세계 차사천하 남섬부주 해동 대한민국 (주소) ○○사
擧 娑婆世界 此四天下 南贍部洲 海東 大韓民國 　　 ○○寺

청정수월도량 원아금차 ○○재지신 설향단전 봉청재자
淸淨水月道場 願我今此 ○○齋之辰 設香壇前 奉請齋者

(주소) 행효 ○○복위 소천망 ○○영가 영가위주 상서
　　 行孝 ○○伏爲 所薦亡 ○○靈駕 靈駕爲主 上逝

선망 광겁부모 다생사장 누대종친 제형숙백 자매질손
先亡 廣劫父母 多生師長 累代宗親 弟兄叔伯 姉妹姪孫

원근친족 등 각열위열명영가 차도량내외 동상동하 유주
遠近親族 等 各列位列名靈駕 此道場內外 洞上洞下 有主

무주 운집고혼 제불자등 각열위열명영가
無主 雲集孤魂 諸佛子等 各列位列名靈駕

### 〈연기소 緣起蔬〉

공문성관자재 어과거시 시주초지 치천광왕여래 위설광대
恭聞聖觀自在 於過去時 始住初地 値千光王如來 爲說廣大

원만무애대비심대다라니 영여중생작대이익 시시대사일문
圓滿無礙大悲心大陀羅尼 令與衆生作大利益 是時大士一聞

차주 돈초팔지 지금석가여래 여제보살 보회보타낙가산지
此呪 頓超八地 至今釋迦如來 與諸菩薩 普會補怛落迦山之

시 유아대사 궁대여래 이대비심 설차장구 유통세간 무불
時 惟我大士 躬對如來 以大悲心 說此章句 流通世間 無不

몽익 당지차주 유여묘약 명아가타 일체제병 무소불치 시고
蒙益 當知此呪 猶如妙藥 名阿伽陀 一切諸病 無所不治 是故

송차주자 삼악도업무소불괴 제불국토무부득생 공덕외외
誦此呪者 三惡道業無所不壞 諸佛國土無不得生 功德巍巍

막가칭탄 아등자일수시주청 개건도량 수평등공 선어차지
莫可稱歎 我等玆日受施主請 開建道場 修平等供 先於此地

보소제신 행결계법 용위엄정 시이 부어차시 공청보살 이진
普召諸神 行結界法 用爲嚴淨 是以 復於此時 恭請菩薩 以眞

언력 중가법수 증익승용 광대난사 장사영가 거몽해탈 천수
言力 重加法水 增益勝用 廣大難思 將使靈駕 擧蒙解脫 千手

다라니 위고혼지송 지심제청 지심제수<sup>343)</sup>
陀羅尼 爲孤魂持誦 志心諦聽 志心諦受

나모 라트나 트라야야 나마 아르야바로키테 스바라야 보디사
트바야 마하 사트바야 마하 카루니카야 사르바 반다나 체다나
카라야 사르바 바바 사무드라 초샤나 카라야 사르바 브야디
프라샤마나 카라야 사베티튜 우파드라바 비나 샤나 카라야
사르바 바예슈 트라나 카라야 타스마이 나마스 크르트바 이담
아르야바로키테 스바라 바시탐 니라칸타베 나마 흐르다얌
아브라타 이챠미 사르바타 사다캄 슈밤 아제얌 사르바 부타남
바바 마르가 비쇼다캄 타댜타 옴 아로케 아로카 마티 로카티
크란테 혜 흐리 아르야바로키테 스바라 마하 보디사트바 혜
보디사트바 혜 마하 보디사트바 혜 프리야 보디사트바 혜
마하 카루니카 스마라 흐르다얌 히히 흐리 아르야비로키테
스바라 마헤 스바라 파라마 마이트라 치타 마하 카루니카
쿠루 쿠루 카르마 사다야 사다야 비드얌 니헤 니헤 타바람
카맘 가마 비함 가마 시다유기 스바라 두루두루 비얀티 마하
비얀티 다라 다라 다레 인드레 스바라 차라 차라 비마라 마라
아르야비로키테 스바라 지나 크르스나 자타 마쿠타 바람바
프라람바 비람바 마하 시다 비드야 다라 바라 바라 마하 바라
아마라 마라 마하 마라 차라 차라 마하 차라 크르스나 바르나

디르가 크르스나 파크사 디르가 아타나 혜 파드마 하스타
차라 차라 네샤 차레 스바라 크르스나 사르파 크르타 야즈노파
비타 에헤 히 마하 바라하 무카 트리푸라 다하네 스바라 나라야
나 바루파 바라 마르가 아리 혜 니라칸타 혜 마하 카라 하라
하라 비샤 니르지타 로카스야 라가 비샤 비나 샤나 드비사
비샤 비나 샤나 모하 비샤 비나 샤나 후루 후루 마라 후루
흐리 마하 파드마 나바 사라 사라 시리 시리 수루 수루 무루
무루 부드야 부드야 보다야 보다야 아마이테 니라칸타 에헤
히 바마 스티타 심하 무카 하사 하사 문차 문차 마하 타타
하사 에헤 히 보 마하 시다요기 스바라 바나 바나 바참 시다야
사다야 비드얌 스마라 스마라탐 바가반탐 로키타 비로키탐
로케 스바람 타다가탐 다다혜 메 다르샤나 카마스야 다르샤남
프라흐라다야 마나 스바하 시다야 스바하 마하 시다야 스바하
시다요기 스바라야 스바하 니라칸타야 스바하 바라하 무카야
스바하 마하 다라 심하 무카야 스바하 시다 비드야 다라야
스바하 파드마 하스타야 스바하 크르스나 사르파 크르다 야즈
노파비타야 스바하 마하 라쿠타 다라야 스바하 차크라 유다야
스바하 샨카 샤다니 보다나야 스바하 바마 스칸다 데샤 스티타
크르스니 지나야 스바하 브야그라 차마 니바사나야 스바하
로케 스바라야 스바하 사르바 시데 스바라야 스바하
나모 바가바테 아르야바로키테 스바라야 보디사트바야 마하
사트바야 마하 카루니카야 시드야투 메 만트라 파다야 스바

514

하(3번)

약인욕요지 삼세일체불 응관법계성 일체유심조(3번)
若人欲了知　三世一切佛　應觀法界性　一切唯心造


〈개지옥진언 開地獄眞言〉

나모 아스타 시티남 삼먁삼부타 코티남 옴 즈나나 아바 바세
디리 디리 훔(3번)

나모 대방광불화엄경(3번)
南無　大方廣佛華嚴經


〈봉청게 奉請偈〉

나모 일심봉청 시방일체 반야보살 무량성현 이대자비
南無　一心奉請　十方一切　般若菩薩　無量聖賢　以大慈悲

승불신력 원사위광 비증호념 승여래력 득수여래 상묘
乘佛神力　願賜威光　悲增護念　乘如來力　得受如來　上妙

법미 청정감로 음식충족 자윤신전 복덕지혜 발보리심
法味　淸淨甘露　飮食充足　滋潤身田　福德智慧　發菩提心

영리사행 귀경삼보 행대자심 이익유정 불수윤회 제악
永離邪行　歸敬三寶　行大慈心　利益有情　不受輪迴　諸惡

고과 상생선가 이제포외 신상청정 나모 대성인로왕보
苦果　常生善家　離諸怖畏　身常淸淨　南無　大聖引路王菩

살마하살 유원자비 어차시중 강림도량 증명공덕<sup>344)</sup>
薩摩訶薩 惟願慈悲 於此時中 降臨道場 證明功德

〈가영 歌詠〉

향화청(3번)
香花請

아이대비불신력 소청명양제유정 광겁기허아귀등
我以大悲佛神力 召請冥陽諸有情 曠劫饑虛餓鬼等

불위불칙래강림<sup>345)</sup>
不違佛勅來降臨

〈고혼청 孤魂請〉

일심소청 화생대지 화장명원 화봉세우자개 화피광풍파락
一心召請 花生大地 華長名園 花逢細雨滋開 花被狂風擺落

오호 인생여화탄지기 인사사화잔지제 양소야 봉불 보리
嗚呼 人生如花綻之期 人死似花殘之際 良宵夜 奉佛 普利

천도 비구(니) ○○ 등 시금명아사문 설방유가 염구평등
薦度 比丘(尼) ○○ 等 是今命我沙門 設放瑜伽 燄口平等

감로법식 초설명향 초신설소 대지기허중당재 금일금시
甘露法食 初蓺名香 初伸設召 大地饑虛衆當齋 今日今時

천도발원 각열위영가 재신소청 법계지중 대지산하지내
薦度發願 各列位靈駕 再伸召請 法界之中 大地山河之內

516

사생육도 팔난삼도 유무이주 고혼불자등 유원승삼보력
四生六道 八難三途 有無二主 孤魂佛子等 惟願承三寶力

장비밀언 내수무차 감로법식 수차무차 감로법식[346]
仗秘密言 來受無遮 甘露法食 受此無遮 甘露法食


〈보소청진언 普召請眞言〉

옴 지나 지크 에히 에히 스바하(3번)


〈헌좌게 獻座偈〉

금차 ○○재지신 ○○영가 등 육도사생구법계 약유약현
今次 ○○齋之辰 ○○靈駕 等 六道四生俱法界 若幽若顯

수난량 수명이호본허칭 기상열형개환질 숙왕숙래동과극
數難量 殊名異號本虛稱 奇相劣形皆幻質 倏往倏來同過隙

방생방멸등부구 개종일념실원명 수사유신수망보 차일단
方生方滅等浮漚 皆從一念失元明 遂使有身隨妄報 此日檀

나흥보도 불천고회숙청재 앙빙자력위제지 섭취영가무불
那興普度 佛天高會肅淸齋 仰憑慈力爲提持 攝取靈駕無不

지 욕사귀의회정도 선수조욕정제진 외진기정내심융 시가
至 欲使歸依回正道 先須澡浴淨諸塵 外塵旣淨內心融 始可

전추승법공[347]
前趨承法供

## 〈헌좌진언 獻座眞言〉

상래승불섭수  장법가지  기무수계이임연  원획소요이취자
上來承佛攝受  仗法加持  旣無囚繫以臨筵  願獲逍遙而就座

## 수위안좌지게
隨位安座之偈

아금의교설화연  종종진수열좌전  대소의위차제좌
我今依敎說華筵  種種珍垂列座前  大小依位次第座

## 전심제청설금언
專心諦聽設金言

옴 수나리 자예 스바하(3번)

## 〈운심공양게 運心供養偈〉

아이지성심  봉헌감로식  유원삼보존  견마애납수[348]
我以志誠心  奉獻甘露食  惟願三寶尊  遣魔哀納受

나모 사르바 타타가타브야 비스야 무케브야 사르바 아르타캄

우드가테 스파라 마헤 맘 가가나 캄 스바하(3번)[349]

## 〈진령염자성게 振鈴念自性偈〉

방편자성불괴체  금강불괴대용식  최승무비초출상
方便自性不壞體  金剛不壞大勇識  最勝無比超出相

금차소작개성취  승혜자성심심성  연설최상법륜음
今此所作皆成就  勝慧自性甚深性  演說最上法輪音

518

이무생현방편신 금차소작원득성[350]
以無生現方便身 今此所作願得成


〈유치 由致, 일반대중 一般大衆〉(일반 대중의 고혼청을 가리킨다)

일심소청 시방법계 일체인륜 횡사고혼 병제권속 유원불
一心召請 十方法界 一切人倫 橫死孤魂 幷諸眷屬 惟願不

미본성 승불위광 금일금시 내림법회 호수서생 궁경불우
迷本性 承佛威光 今日今時 來臨法會 號首書生 窮經不遇

황관우객 상도무성 치방맥이명가 습시귀이위업 당전열사
黃冠羽客 尙道無成 治方脈以名家 習蓍龜而爲業 當廛列肆

중기정추 백공소대 이졸봉공지배 창우죽색지도 막불감주
衆技精麤 百工小大 吏卒奉公之輩 倡優鬻色之徒 莫不酣酒

부장 탐재상명 어언상촉이견구 박혁교쟁이치상 행약가해
腐腸 貪財喪命 語言相觸而見毆 博弈交爭而致傷 行藥加害

어인 지도자문기수 수기한이감질불기 염온역이 득증난명
於人 持刀自刎其首 受饑寒而感疾不起 染瘟疫而 得證難明

곽란혜미신 전간혜실지 원가회우이급취 옥귀창황이오수
霍亂兮迷神 癲癇兮失志 怨家會遇而急取 獄鬼蒼黃而誤收

자경어구독지중 피압호암장지하 여숙우정혜 염경기절 주
自經於溝瀆之中 被壓乎巖牆之下 旅宿郵亭兮 魘驚氣絶 舟

행해도혜 적겁두망 기거졸우어사침 음식홀조어고독 천뢰
行海道兮 賊劫鬪亡 起居卒遇於蛇侵 飮食忽遭於蠱毒 天雷

지격 소이소기악 야화지분 기왈무기인 수덕자 상이봉앙
之擊 所以昭其惡 野火之焚 豈曰無其因 修德者 尚爾逢殃

작과자의기견벌 수오생지자취 역숙대지상심 용역차신 경
作過者宜其見罰 雖吾生之自取 亦宿對之相尋 容易此身 輕

룽일사 여사정상 심가비련 금즉월유신심 경수재사 진행섭
陵一死 如斯情狀 深可悲憐 今則粤有信心 敬修齋事 盡行攝

소 무사하유 의거중이해래 기문법이득도 왕림법회 수첨
召 無使逶遺 宜擧衆以偕來 冀聞法而得度 往臨法會 受沾

법공[351]
法供


〈유치 由致, 군경 등 軍警 等〉(군인과 경찰 등의 고혼청을 가리킨다)

일심봉청 시방법계 제국군민 전진살상 횡사고혼 병제권속
一心奉請 十方法界 諸國軍民 戰陣殺傷 橫死孤魂 幷諸眷屬

유원 불미본성 승불위광 금일금시 내림법회
惟願 不迷本性 承佛威光 今日今時 來臨法會

장자사관 병위흉기 유국자상 비이불용 재하자 도롱즉가
將者死官 兵爲凶器 有國者常 備而不用 在下者 盜弄則加

주 소이문무 상유 시왈위덕겸제 지어탐구토지 호립사공
誅 所以文武 相維 是曰威德兼濟 至於貪求土地 好立事功

여백기지갱강 사십만동제감정 약이릉지전전 오천여진몰
如白起之阬降 四十萬同擠坎穽 若李陵之轉戰 五千餘盡沒

풍진 차서백지지하귀 양원정지막고 태금미이 차류우다
風塵 嗟逝魄之之何歸 諒冤情之莫告 迨今未已 此類尤多

홍유대조 통유천하 혹도마회절지간 혹인궁강해지곡 훼제
洪惟大朝 統有天下 或渡馬淮浙之間 或引弓江海之曲 毁除

공우 분탕민려 군읍다유공황 생영실리도독 보영파산 종사
公宇 焚蕩民廬 郡邑多有空荒 生靈悉罹荼毒 堡營破散 宗社

복망 살인영성 유혈위소 동정몰닉 북수류리 영핍위구 형
覆亡 殺人盈城 流血爲沼 東征沒溺 北戍流離 令逼威驅 形

고명운 산림피난 인석재이수령상분 초망소군 인부기이간
枯命殞 山林避難 因惜財而首領相分 草莽嘯羣 因負氣而干

과상벌 흥공조함 아사객망 납료조군 추징포사 시낭경교
戈相伐 興工造艦 餓死客亡 納料助軍 追徵怖死 豺狼競嚙

오작쟁훤 춘풍만초지청 근장고골 야월한사지백 독조경혼
烏鵲爭喧 春風蔓草之靑 僅藏枯骨 夜月寒沙之白 獨照驚魂

기막막이무귀 지암암이대곡 수시업동지보 영무람급지원
旣寞寞以無歸 只暗暗而對哭 雖是業同之報 寧無濫及之冤

지약대수지통 제변방 중교지각분부곡 차경차수 이용이모
至若大帥之統 制邊方 衆校之各分部曲 且耕且守 以勇以謀

재영위령 이거이조형 출수실기 이종언피륙 여사당류 심
在營違令 而遽爾遭刑 出戍失期 而終焉被戮 如斯黨類 深

가비상 금즉월유신심 경수재사 진행섭소 무사하유 의거
可悲傷 今則粤有信心 敬修齋事 盡行攝召 無使遐遺 宜擧

중이해래 기문법이득도 왕림법회 수첨법공352)
衆以偕來  冀聞法而得度  往臨法會  受沾法供


## 〈공양게 供養偈〉

일심봉공 시방법계 ○○재신 소천망 모반수생 제취왕래
一心奉供  十方法界  ○○齋辰  疏薦亡  謀返受生  諸趣往來

중음취중 금일천도 발원영가 유원 불미본성 승불위광
中陰趣衆  今日薦度  發願靈駕  惟願  不迷本性  承佛威光

내예향단 수자공양
來詣香壇  受玆供養

옴 가가나 삼바바 바즈라 호(3번)


## 〈설법소 說法疏〉

삼보수은 구천사사 범자유소 무혹불래 유지부지구수 이죄
三寶垂恩  九天肆赦  凡玆有召  無或不來  維地府之拘囚  以罪

근지심고 차계타계지격이 정주변주지분수 철정정체 즉편체
根之深固  此界他界之隔異  正住邊住之分殊  鐵釘釘體  則徧體

개창 석마마신 즉전신구쇄 열화통흉이혁적 양동관구이림리
皆瘡  石磨磨身  則全身俱碎  烈火洞胸而赫赤  烊銅灌口以淋漓

이수고정이혼미 고문명막지령효 사요자업지위장 차비주자
以受苦正爾昏迷  故聞命莫之領曉  斯繇自業之爲障  且非主者

522

지불자 지약태악제사 성황열묘 명관차처 실번유도 혹구대
之不慈 至若泰嶽諸司 城隍列廟 冥觀此處 實蕃有徒 或仇對

지상간 급사정지미결 개능조체 막수진추 개유상실어불회
之相干 及事情之未決 皆能阻滯 莫遂進趨 豈唯上失於佛懷

장필유고어단도 금즉경선게주 대천위신 뇌관일격이개 죄배
將必有孤於檀度 今則敬宣偈呪 大闡威神 牢關一擊而開 罪輩

군분이출 무론귀천 망간원친 기제도어도량 비함첨어법공
羣奔而出 無論貴賤 罔間怨親 冀齊到於道場 俾咸沾於法供

아금봉선 화엄회중 각림보살소설 파지옥게 급위지송 파지
我今奉宣 華嚴會中 覺林菩薩所說 破地獄偈 及爲持誦 破地

옥진언 능사일체 지옥수고수도 영탈유구 전생선도353)
獄眞言 能使一切 地獄受苦囚徒 永脫幽區 轉生善道

약인욕요지 삼세일체불 응관법계성 일체유심조(3번)
若人欲了知 三世一切佛 應觀法界性 一切唯心造

나모 아스타 시티남 삼먁삼부타 코티남 옴 즈나나 아바 바세

디리 디리 훔(3번)

육범류다 극현명이구지 삼존위중 양외애지겸회 비빙방편
六凡類多 極顯冥而俱至 三尊威重 諒畏愛之兼懷 非憑方便

위열중심 공혹준순각퇴일면 내선비어 이파전기 기돈망경
慰悅衆心 恐或逡巡卻退一面 乃宣祕語 以破前機 冀頓忘驚

포지정 비함획안상이주 이포외진언
怖之情 俾咸獲安詳而住 離怖畏眞言

나모 바가바테 아바얌 카라야 타타가타야 스바하(3번)<sup>354)</sup>

피추기형 사명왈귀 두약산봉지용 인여침공지미 창수장지막
彼醜其形 斯名曰鬼 頭若山峰之聳 咽如針孔之微 悵水漿之莫

통 양기뇌지유심 삼도수이 중류량다 이인행지혹동 고과보
通 諒饑餒之惟甚 三塗雖異 衆類良多 以因行之或同 故果報

지상사 용선비밀 대파간탐 기음선지감화 필후항지관창
之相似 用宣祕密 大破慳貪 冀飮饍之甘和 必喉吭之寬暢

개인후진언
開咽喉眞言

나모 바가바테 비푸라 가트라야 타타가타야(3번)<sup>355)</sup>

제법본공 영유아인지상 차심무당 하분은원지정 요불료외
諸法本空 寧有我人之相 此心無黨 何分恩怨之情 縶不了外

경지비타 고망인차신지위자 어시갱상니여 각립봉강 인의
境之非他 故妄認此身之爲自 於是更相你汝 各立封疆 因意

향지초위 급언사지미순 행연변색 거행비리지진 홀이생증
向之稍違 及言辭之靡順 悖然變色 遽行非理之瞋 忽爾生憎

수기무근지방 기유시장상 이기고과 처호귀이학비미 침린
遂起無根之謗 其有恃長上 而欺孤寡 處豪貴而虐卑微 侵鄰

옹지지 이광신거 탈시인지재이실사탕 망사편태지혹 람가
翁之地 以廣新居 奪市人之財以實私帑 妄肆鞭笞之酷 濫加

옥송지원 호세릉인 만심배의 감혈육이자구복 망념상생흥
獄訟之冤 怙勢陵人 謾心背義 甘血肉而資口腹 罔念傷生興

524

주저이간귀신 개도론대 어시호상책보 무유이시 개연흔기
呪詛而干鬼神 豈逃論對 於是互相責報 無有已時 皆緣釁起

어일조 수사화연어다겁 금즉삼존필회 육취함진 장동품어
於一朝 遂使禍連於多劫 今則三尊畢會 六趣咸臻 將同稟於

진수 필선거어숙감 인심일발 욕경하존 염구수본아친인 시
眞修 必先祛於宿憾 忍心一發 辱境何存 念仇讎本我親姻 視

남녀개오부모 영소결한 각기심환 메속군련 직취보리지로
男女皆吾父母 永銷結恨 各起深歡 袂屬裙聯 直趣菩提之路

심개의해 함등해탈지장 모자실어량시 당진구어승익356)
心開意解 咸登解脫之場 母自失於良時 當進求於勝益


〈해원결진언 解怨結眞言〉

옴 삼프라 가타 스바하(3번)357)


〈영가법문 靈駕法聞〉

부 일체제법 체시삼덕 의정색심 하소불구 시이대주찰해
夫 一切諸法 體是三德 依正色心 何所不具 是以大周刹海

소극일진 과현미래 찰나일념 차삼덕체 즉무호 불편자야
小極一塵 過現未來 刹那一念 此三德體 則無乎 不偏者也

삼덕자 하야 법신반야해탈 시위삼 각구상락아 정시위덕
三德者 何也 法身般若解脫 是爲三 各具常樂我 淨是爲德

법신불독법신 필구반야해탈 반야해탈 호구역이 원인일심
法身不獨法身 必具般若解脫 般若解脫 互具亦爾 圓人一心

구차삼덕 비종비횡 고유지이원이 편일체처 고목지이비장
具此三德 非縱非橫 故喻之以圓伊 徧一切處 故目之以祕藏

대의재 기법성지 총상자호 홍유아석가모니여래 선설시식
大矣哉 其法性之 總相者乎 洪惟我釋迦牟尼如來 宣說施食

법문 비어일심지송 무량위덕자재광명승묘력다라니 가지일
法門 俾於一心持誦 無量威德自在光明勝妙力陀羅尼 加持一

식 출생무량주편법계 보홍공양 개차다라니자 즉시삼덕비
食 出生無量周徧法界 普興供養 蓋此陀羅尼者 卽是三德祕

장 차비장자 구일체법 고능어차유출무궁 이미상유갈야
藏 此祕藏者 具一切法 故能於此流出無窮 而未嘗有竭也

부 위덕자재자 해탈덕야 광명자 반야덕야 승묘자 법신덕야
夫 威德自在者 解脫德也 光明者 般若德也 勝妙者 法身德也

력자 삼덕지력용야 다라니자 총지지칭야 총지삼덕 요재일
力者 三德之力用也 陀羅尼者 總持之稱也 總持三德 要在一

심 일심삼덕 법이이구 연즉일심 즉다라니 다라니즉시법식
心 一心三德 法爾而具 然則一心 卽陀羅尼 陀羅尼卽是法食

막불개이삼덕 공위지체 역막불이 삼덕공위지용 아금요능
莫不皆以三德 共爲之體 亦莫不以 三德共爲之用 我今絲能

요지삼덕 비장구일체법 일체제법 동삼덕체 고능거체기용
了知三德 祕藏具一切法 一切諸法 同三德體 故能舉體起用

작아현전소 봉분단지식 어일일식 출생일체 천수다감로미
作我現前所　奉分段之食　於一一食　出生一切　天須陀甘露味

급환희환 제호소락 일체미미 막불필구 어차일일미중 역부
及歡喜丸　醍醐酥酪　一切美味　莫不畢具　於此一一味中　亦復

출생 묘향보화 천의영락 중보련여 일체복용 종경금뇨생
出生　妙香寶華　天衣瓔珞　衆寶輦輿　一切服用　鐘磬金鐃笙

소각패 고락현가 일체묘음 유천욕지 화과원림 광명대전
簫角貝　鼓樂絃歌　一切妙音　流泉浴池　華果園林　光明臺殿

일체주처 부어일일미미 일일복용 일일묘음 일일주처 피
一切住處　復於一一美味　一一服用　一一妙音　一一住處　彼

피출생 여상육진 일체묘공 무불주편 여제망주 천광교영
彼出生　如上六塵　一切妙供　無不周徧　如帝網珠　千光交映

일주취다주 다주취일주 일다상섭 피피호조 연즉일기지식
一珠趣多珠　多珠趣一珠　一多相攝　彼彼互照　然則一器之食

지미지약 이소이능유 여시불사 의용자 이차일념즉삼 덕지
至微至約　而所以能有　如是不思　議用者　以此一念卽三　德之

전체고야 아금봉위시주 지차삼덕소 훈육진묘공 보시법계
全體故也　我今奉爲施主　持此三德所　熏六塵玅供　普施法界

무량영가 일시충족 무소핍소 수피중생 각득수용 이아본무
無量靈駕　一時充足　無所乏少　雖彼衆生　各得受用　而我本無

소여 중생본무소취 소시지물역본무유 아급중생 역무유상
所與　衆生本無所取　所施之物亦本無有　我及衆生　亦無有相

시위이공위관자 수부무여무취 무물무아무중생 이기시자
是爲以空爲觀者 雖復無與無取 無物無我無衆生 而其施者

수자 급중간물 막불완연 역력가견 시위이가위관자 어일
受者 及中間物 莫不宛然 歷歷可見 是爲以假爲觀者 於一

심중 요지시자수자 급소시물 비유비무 삼륜구절 시위이
心中 了知施者受者 及所施物 非有非無 三輪俱絶 是爲以

중위관자 삼관원조 일념중득 무후무전 하사하려 작여시
中爲觀者 三觀圓照 一念中得 無後無前 何思何慮 作如是

관 이행시자 시위불주상시 시제중생 수차시시 일일자연
觀 而行施者 是爲不住相施 是諸衆生 受此施時 一一自然

개득선열법희 이고거천도 즉전증승복 재인륜즉 돈오진귀
皆得禪悅法喜 以故居天道 則轉增勝福 在人倫則 頓悟眞歸

수라조복진심 아귀함획포만 축류자득지혜 지옥영탈구수
修羅調伏瞋心 餓鬼咸獲飽滿 畜類自得智慧 地獄永脫拘囚

즉어차시 함회업인 진구출세 당지적위여배 귀의삼보 봉행
卽於此時 咸悔業因 進求出世 當知適爲汝輩 歸依三寶 奉行

참회 발보리심 입사홍서 시지이 삼취정계 현지이삼 삼덕
懺悔 發菩提心 立四弘誓 示之以 三聚淨戒 顯之以三 三德

묘체 명백통달 갱무여온 이우어차시가지 이법식지익덕묘
妙體 明白洞達 更無餘蘊 而又於此時加之 以法食之益德妙

체 명백통달 갱무여온 이우어차시가지 이법식지익 시법
體 明白洞達 更無餘蘊 而又於此時加之 以法食之益 是法

시식 구득위이 즉여천태지언왈 비여훈약 약수화세 입인
是食 俱得爲利 則如天台之言曰 譬如熏藥 藥隨火勢 入人

신중 환제방부 법수식입 역부여시 혹근혹원 종파무명 시
身中 患除方復 法隨食入 亦復如是 或近或遠 終破無明 是

개상자자 일법시지력 이치약시 아금봉선 무량위덕자재
皆上藉玆 曰法施之力 以致若是 我今奉宣 無量威德自在

광명승묘력다라니 가지법식충편법계 성대공능 여전소설
光明勝妙力陀羅尼 加持法食充徧法界 成大功能 如前所說

앙빙법중 동음지송
仰憑法衆 同音持誦

나모 사르바 타타가타 바로키테 옴 삼바라 삼바라 훔(3번)

유자담수 출피고원 피이밀언 성사감로 시위불사지신약 능
惟玆湛水 出彼高源 被以密言 成斯甘露 是爲不死之神藥 能

멸지갈지초심 가사청량 보령요익 어차수영지식 가호관옥지
滅至渴之焦心 可使淸凉 普令饒益 於此修營之食 加乎灌沃之

공 기변화지유방 즉출생지무진 막불속염제취 창열군정 함
功 旣變化之有方 則出生之無盡 莫不屬饜諸趣 暢悅羣情 咸

활오어기령 즉돈증어법희 감로진언[358)
豁悟於己靈 卽頓增於法喜 甘露眞言

나모 수루 파야 타타가타야 타댜타 옴 스루 스루 프라스루
프라스루 스바하(3번)[359)

〈법공양진언 法供養眞言〉(※ 영가전에 숭늉을 올린다.)

시일금시 사문대중등 운자비심 행평등행 이본원력 대방광
是日今時 沙門大衆等 運慈悲心 行平等行 以本願力 大方廣

불화엄경력 제불가피지력 이차청정법식 보시일체 법계면
佛華嚴經力 諸佛加被之力 以此淸淨法食 普施一切 法界面

연귀왕 소통령자 삼십육부 무량무변 항하사수 제아귀중계
然鬼王 所統領者 三十六部 無量無邊 恒河沙數 諸餓鬼衆泊

하리제모 일체권속 사문선중 병차방타계 도병운명 수화분
訶利帝母 一切眷屬 沙門仙衆 倂此方他界 刀兵殞命 水火焚

표 질역류리 기한동뇌 승목자진 형헌이종 산난이사 일체체
漂 疾疫流離 飢寒凍餒 繩木自盡 形憲而終 産難而死 一切滯

백고혼 의초목일체귀신 지부풍도 대소철위산 오무간옥 팔
魄孤魂 依草木一切鬼神 地府酆都 大小鐵圍山 五無間獄 八

한팔열 경중제지옥 악사성황등처 일체수고중생 육도방래
寒八熱 輕重諸地獄 獄司城隍等處 一切受苦衆生 六道傍來

일체중음중생 함부아청 무일유자 원여일일각득 마가타국
一切中陰衆生 咸赴我請 無一遺者 願汝一一各得 摩伽陁國

소용지곡 칠칠곡식 제제기갈 제공범성난통 원구삼보가피
所用之斛 七七斛食 除諸飢渴 第恐凡聖難通 願求三寶加被

나모 사만타 부다남 사르바 타캄 우드가테 스파라 헤맘 가가남
캄 스바하(3번)[360]

나모 상주시방불 나모 상주시방법 나모 상주시방승 각 열위
南無 常住十方佛 南無 常住十方法 南無 常住十方僧 各 列位

열명영가 제불자 이승삼보가피지력 실부아청 당생희유심
列名靈駕 諸佛子 已承三寶加被之力 悉赴我請 當生希有心

사리전도상 귀의삼보 참제죄장 인후개통 평등수아 소시
捨離顚倒想 歸依三寶 懺除罪障 咽喉開通 平等受我 所施

무차무애 청정법식 병제제기갈361)
無遮無碍 淸淨法食 並除諸飢渴


〈소죄진언 召罪眞言〉

옴 사르바 파파 아카르샤나 비쇼다나 바즈라 사트바 삼마야
훔 자(3번)


〈최죄진언 摧罪眞言〉

옴 바즈라 파니 비스포타야 사르바 아파야 반다나니 프라모크
샤야 사르바 아파야 가티비아 사르바 사트바남 사르바 다타가
타 바즈라 사마야 훔 트라 타(3번)


〈정업진언 淨業眞言〉

옴 바즈라 카르마 비쇼다야 사르바 아바라나니 부다 사트예나
사마야 훔(3번)

〈참회진언 懺悔眞言〉

옴 사르바 파파 비스포타 다하나 바즈라야 스바하(3번)


〈시감로진언 施甘露眞言〉

나모 수루파야 다타가타야 타댜타 옴 수루 수루 프라스루

프라스루 스바하(3번)


나모 보승여래 나모 묘색신여래 나모 광박신여래 나모
南無　寶勝如來　南無　妙色身如來　南無　廣博身如來　南無

나모 이포외여래 나모 아미타여래(3번)
南無　離怖畏如來　南無　阿彌陀如來

나모 보승여래 진로업화 실개소멸 나모 묘색신여래 불수추
南無　寶勝如來　塵勞業火　悉皆消滅　南無　妙色身如來　不受醜

루 제근구족 상호원만 수승단엄 나모 광박신여래 업화정소
陋　諸根具足　相好圓滿　殊勝端嚴　南無　廣博身如來　業火停燒

청량통달 소수음식 득감로미 나모 이포외여래 영리경포
清涼通達　所受飲食　得甘露味　南無　離怖畏如來　永離驚怖

청정쾌락 나모 아미타여래 왕생서방 극락정토 연화화생
清淨快樂　南無　阿彌陀如來　往生西方　極樂淨土　蓮花化生

입불퇴지362)
入不退地

## 〈시식진언 施食眞言〉

제불자등 각 열위열명영가 금위여등 작인주이 변차일식
諸佛子等 各 列位列名靈駕 今爲汝等 作印呪已 變此一食

위무량식 대여수미 양동법계 종무능진[363]
爲無量食 大如須彌 量同法界 終無能盡

옴 사르바 타타가타 바로키테 밤 바라 바라 삼바라 삼바라
훔(3번)


## 〈감로유해진언 甘露乳海眞言〉

제불자등 각 열위열명영가 금위여등 작인주이 변차일식
諸佛子等 各 列位列名靈駕 今爲汝等 作印呪已 變此一食

위무량식 대여수미 양동법계 종무능진 유차진언력 변식
爲無量食 大如須彌 量同法界 終無能盡 由此眞言力 變食

작유해 보시아귀등 신심개포만[364]
作乳海 普施餓鬼等 身心皆飽滿

나모 사만타 부다남 밤(3번)[365]


## 〈시아귀감로진언 施甘餓鬼露眞言〉

옴 아 훔 자라 비담 사르바 프레테비야 스바하(3번)[366]

### 〈보공양진언 普供養眞言〉

제불자등 각 열위열명영가 종래소수음식 개시인간판죽
諸佛子等 各 列位列名靈駕 從來所受飮食 皆是人間販鬻

생명 주포전재혈육성전훈신취예 수부수득여시음식 비여
生命 酒脯錢財血肉腥膻葷辛臭穢 雖復受得如是飮食 譬如

독약손괴어신 단증고본 침륜고해 무해탈시 의여래교정
毒藥損壞於身 但增苦本 沈淪苦海 無解脫時 依如來敎精

성경사367)
誠罄捨

옴 가가나 삼바바 바즈라 호(3번)


### 〈금강해탈진언 金剛解脫眞言〉

옴 바즈라 모크샤 무(3번)368)


### 〈불정존승다라니 佛頂尊勝陀羅尼〉

옴 브룸 스바하 나모 바가바테 사르바 트라이로크야 아프라티
비시스타야 부다야 테 나마스 타댜타 옴 부룸 부룸 부룸 쇼다야
쇼다야 비쇼다야 비쇼다야 아사마 사만타 아바바사 스파라나
가티 가가나 스바바바 비슈데 아비세카투 맘 사르바 타타가타
수가타 바라 바차나 아므르타 아비세카 마하 무드라 만트라
파다이스 아라하 아하라유 산다라니 쇼다야 쇼다야 비쇼다야

비쇼다야 가가나 스바바바 비슈데 유스니샤 비자야 파리슈데 사하스라 라스미 산코디테 사르바 타타가타 아바로카네 샤트 파라미타 파리 푸라나 사르바 타타가타 마테 다샤부미 프라티 스티티 사르바 타타가타 흐르다야 아디스타나 아디스티티 무드레 무드레 마하 무드레 바즈라 카야 삼하타나 파리슈데 사르바 카르마 바라나 비슈데 프라티니 바르타나유 비슈데 사르바 타타가타 삼마야 아디스타나 아디스티티 옴 무니 무니 마하 무니 비무니 비무니 마하 비무니 마티 마티 마하 마티 마마티 수마티 타타타 부타 코티 파리슈데 비스푸타 부디 슈데 헤헤 자야 자야 비자야 비자야 스마라 스마라 스파라 스파라 스파라야 스파라야 사르바 부다 아디스타나 아디스티 티 슈데 슈데 부데 부데 바즈레 바즈레 마하 바즈레 수바즈레 바즈라 가르베 자야 가르베 비자야 가르베 바즈라 즈바라 가르베 바즈로리 바베 바즈라 삼바베 바즈레 바즈린 바즈람 바바투 마마 샤리람 사르바 사트바남 차 카야 파리슈데 바바투 메 사다 사르바 가티 파리슈데 사르바 타타가타 스차 맘 사마 아스바사 얀투르 옴 부드야 부드야 시드야 시드야 보다야 보다야 비보다야 비보다야 모차야 모차야 비모차야 비모차야 쇼다야 쇼다야 비쇼다야 비쇼다야 사만타 모차야 모차야 사만 타 라스미 파리슈데 사르바 타타가타 흐르다야 아디스타나 아디스티티 무드레 무드레 마하 무드레 마하 무드라 만트라 파다이 스바하 (3번)369)

## 〈무상계 無常戒〉

부 무상계자 입열반지요문 월고해지자항 시고일체제불
夫 無常戒者 入涅槃之要門 越苦海之慈航 是故一切諸佛

인차계고 이입열반 일체중생 인차계고 이도고해 ○○
因此戒故 而入涅槃 一切衆生 因此戒故 而度苦海 ○○

영가 여금일 향탈근진 영식독로 수불무상정계 하행여야
靈駕 汝今日 向脫根塵 靈識獨露 受佛無上淨戒 何幸如也

○○영가 겁화통연 대천구괴 수미거해 마멸무여 하황차신
○○靈駕 劫火洞燃 大千俱壞 須彌巨海 磨滅無餘 何況此身

생로병사 우비고뇌 능여원위 ○○영가 발모조치 피육근골
生老病死 憂悲苦惱 能與遠違 ○○靈駕 髮毛爪齒 皮肉筋骨

수뇌구색 개귀어지 타제기귀 진액말담 정기대소변리 개귀
髓腦垢色 皆歸於地 唾涕氣歸 津液沫淡 精氣大小便利 皆歸

어수 난기귀화 동정귀풍 사대각리 금일망신 당재하처 ○○
於水 煖氣歸火 動靜歸風 四大各離 今日亡身 當在何處 ○○

영가 사대허가 비가애석 여종무시 이래 지우금일 무명연행
靈駕 四大虛假 非可愛惜 汝從無始 以來 至于今日 無明緣行

행 연식 식연명색 명색연육입 육입연촉 촉연수 수연애 애연
行緣識 識緣名色 名色緣六入 六入緣觸 觸緣受 受緣愛 愛緣

취 취연유 유연생 생연노사 우비고뇌 무명멸 즉행멸 행멸즉
取 取緣有 有緣生 生緣老死 憂悲苦惱 無明滅 則行滅 行滅則

식멸 식멸즉명색멸 명색멸즉육입멸 육입멸즉촉멸 촉멸즉
識滅 識滅則名色滅 名色滅則六入滅 六入滅則觸滅 觸滅則

수멸 수멸즉애멸 애멸즉취멸 취멸즉유멸 유멸즉생멸 생멸
受滅 受滅則愛滅 愛滅則取滅 取滅則有滅 有滅則生滅 生滅

즉노사 우비고뇌멸 제법종본래 상자적멸상 불자행도이
則老死 憂悲苦惱滅 諸法從本來 常自寂滅相 佛子行道已

내세득작불 제행무상 시생멸법 생멸멸이 적멸위락 귀의불
來世得作佛 諸行無常 是生滅法 生滅滅已 寂滅爲樂 歸依佛

타계 귀의달마계 귀의승가계 나모 과거보승 여래 응공 정변지
陁戒 歸依達摩戒 歸依僧伽戒 南無 過去寶勝 如來 應供 正編知

명행족 선서 세간해 무상사 조어장부 천인사 불세존
名行足 善逝 世間解 無上士 調御丈夫 天人師 佛世尊

○○영가 탈겁오음 각루자 영식독로 수불무상계 개불쾌재
○○靈駕 脫劫五陰 殼漏子 靈識獨露 受佛無常戒 豈不快哉

개불쾌재 천당불찰 수념왕생 쾌활념활 서래조의최당당
豈不快哉 天堂佛刹 隨念往生 快活恬活 西來祖意最堂堂

자정기심성본향 묘체담연무처소 산하대지현진광
自淨其心性本鄉 妙體湛然無處所 山河大地現眞光


〈시방회향게 十方回向偈〉

원시방불위신력 가지발중감로수 영차감로편법계
願十方佛威神力 加持鉢中甘露水 令此甘露遍法界

보쇄중생제열뇌 원시방불위신력 가지곡중무애식
普灑衆生除熱惱 願十方佛威神力 加持斛中無礙食

영차정식편법계 보궤중생개포만 원시방불위신력
令此淨食遍法界 普饋衆生皆飽滿 願十方佛威神力

가지구고대명경 영차경성편법계 보사문자개해탈
加持救苦大明經 令此經聲遍法界 普使聞者皆解脫

옴 사르바 쿠샤라 무라니 프라니 두야미 사르바 쿠샤라 무라
사마타 프라 판차 다르마타 스바바바 시드야 아르가 나타예
(3번)370)


## 〈십획승과반주찬 十獲勝果般舟讚〉371)

석자반주삼매락(원왕생)　　전심염불견미타(무량락)
釋慈般舟三昧樂(願往生)　　專心念佛見彌陀(無量樂)

보권회심생정토(원왕생)　　회심염불즉동생(무량락)
普勸迴心生淨土　　　　　迴心念佛卽同生

광겁이래유랑구(원왕생)　　수연육도수윤회(무량락)
曠劫已來流浪久　　　　　隨緣六道受輪迴

불우왕생선지식(원왕생)　　수능상권득회귀(무량락)
不遇往生善知識　　　　　誰能相勸得迴歸

억수천당잠시락(원왕생)　　복진임종현오쇠(무량락)
憶受天堂暫時樂　　　　　福盡臨終現五衰

538

억수인중태장고(원왕생)
憶受人中胎藏苦

억수수라아귀도(원왕생)
憶受修羅餓鬼道

억수축생상식담(원왕생)
憶受畜生相食噉

억수지옥장시고(원왕생)
憶受地獄長時苦

혹상도산반검수(원왕생)
或上刀山攀劍樹

혹입확탕로탄화(원왕생)
或入鑊湯爐炭火

차문하연수차고(원왕생)
借問何緣受此苦

용동관구려경설(원왕생)
鎔銅灌口黎耕舌

혹와철상포동주(원왕생)
或臥鐵床抱銅柱

혹타아비대지옥(원왕생)
或墮阿鼻大地獄

상화하화통교과(원왕생)
上火下火通交過

사사육적경상최(무량락)
四蛇六賊競相催

기허투쟁고난재(무량락)
飢虛鬪諍苦難裁

도광사명부견려(무량락)
刀光捨命復牽黎

업풍취거불지회(무량락)
業風吹去不知迴

피부골육변성회(무량락)
皮膚骨肉變成灰

등파맹염극천뢰(무량락)
騰波猛焰劇天雷

탐어애육업상수(무량락)
貪魚愛肉業相隨

음주망어수기재(무량락)
飮酒妄語受其災

총위사음전도래(무량락)
總爲邪婬顚倒來

경겁장년안불개(무량락)
經劫長年眼不開

도륜철저자비래(무량락)
刀輪鐵杵自飛來

동구교심병담혈(원왕생)  
銅狗嚙心幷噉血

철오탁안복천시(무량락)  
鐵烏啄眼復穿腮

금일도량제중등(원왕생)  
今日道場諸衆等

항사광겁총경래(무량락)  
恒沙曠劫總經來

도차인신난치우(원왕생)  
度此人身難值遇

유약우담화시개(무량락)  
喩若優曇花始開

정치희문정토교(원왕생)  
正値稀聞淨土敎

정치염불법문개(무량락)  
正値念佛法門開

정치미타홍서환(원왕생)  
正値彌陀弘誓喚

정치대중신심회(무량락)  
正値大衆信心迴

정치금일의경찬(원왕생)  
正値今日依經讚

정치결결상화대(무량락)  
正値結契上花臺

정치도량무마사(원왕생)  
正値道場無魔事

정치무병총능래(무량락)  
正値無病總能來

정치칠일공성취(원왕생)  
正値七日功成就

사십팔원요상휴(무량락)  
四十八願要相攜

보권도량동행자(원왕생)  
普勸道場同行者

노력회심귀거래(무량락)  
努力迴心歸去來

차문가향하처시(원왕생)  
借問家鄕何處是

극락지중칠보대(무량락)  
極樂池中七寶臺

피불인중립홍서(원왕생)  
彼佛因中立弘誓

문명념아총영래(무량락)  
聞名念我總迎來

불간무비정토업(원왕생)
不簡無非淨土業

불간외도천제인(무량락)
不簡外道闡提人

불간장시수고행(원왕생)
不簡長時修苦行

불간금일시생심(무량락)
不簡今日始生心

불간다문지정계(원왕생)
不簡多聞持淨戒

불간파계죄근심(무량락)
不簡破戒罪根深

단사회심다염불(원왕생)
但使迴心多念佛

능령와력변성금(무량락)
能令瓦礫變成金

기어현전제대중(원왕생)
寄語現前諸大衆

동연거자조상심(무량락)
同緣去者早相尋

차문상심하처거(원왕생)
借問相尋何處去

보도미타정토중(무량락)
報道彌陀淨土中

차문하연득생피(원왕생)
借問何緣得生彼

보도염불자성공(무량락)
報道念佛自成功

차문금생다죄장(원왕생)
借問今生多罪障

여하정토긍상용(무량락)
如何淨土肯相容

보도칭명죄소멸(원왕생)
報道稱名罪消滅

유약명등입암중(무량락)
喩若明燈入闇中

차문범부득생불(원왕생)
借問凡夫得生不

여하일념암중명(무량락)
如何一念闇中明

보도제의전염불(원왕생)
報道除疑專念佛

미타결정자친근(무량락)
彌陀決定自親近

## 〈귀향서방찬 歸向西方讚〉[372]

| 삼계무안여화택 | 사구로지락진애 | 염주사생거골육 |
|---|---|---|
| 三界無安如火宅 | 四衢露地絡塵埃 | 厭住死生居骨肉 |

| 하능오음처포태 | 정치금생발도의 | 희봉정토법문개 |
|---|---|---|
| 何能五蘊處胞胎 | 正値今生發道意 | 稀逢淨土法門開 |

| 원득서방안양국 | 미타성중요상휴 | 정산이문능득왕 |
|---|---|---|
| 願得西方安養國 | 彌陀聖衆要相攜 | 定散二門能得往 |

| 정진구품진승대 | 도피삼명팔해탈 | 장사오탁견여래 |
|---|---|---|
| 精塵九品盡乘臺 | 到彼三明八解脫 | 長辭五濁見如來 |

## 〈미타관음세지찬 彌陀觀音勢至讚〉[373]

| 응신정찰재미궁 | 보계천화만취중 | 금전이개자주소 |
|---|---|---|
| 凝神淨刹在微宮 | 寶界天花滿翠中 | 金殿已開慈主笑 |

| 봉도의용찬미궁 | 보수루대광영조 | 총시미타원력공 |
|---|---|---|
| 奉睹儀容讚未窮 | 寶樹樓臺光映照 | 總是彌陀願力功 |

| 일념상응개왕피 | 수갱획득육신통 | 수재지십만억세 |
|---|---|---|
| 一念相應皆往彼 | 須更獲得六神通 | 袖齋持十萬億歲 |

| 성중진사수공동 | 종자계수상첨앙 | 정사사바출고롱 |
|---|---|---|
| 聖衆塵沙受供同 | 從玆稽首常瞻仰 | 定捨娑婆出苦籠 |

| 관음세지인금견 | 보엽연화개개공 | 단념미타천만편 |
|---|---|---|
| 觀音勢至人今見 | 寶葉蓮花箇箇空 | 但念彌陀千萬遍 |

불구환생극락중 정토접인대도사 무량수여래불
不久還生極樂中 淨土接引大導師 無量壽如來佛

나모 아미타불 나모 아미타불(시간에 따라 염불한다.)
南無 阿彌陀佛 南無 阿彌陀佛


## 〈극락장엄찬 極樂莊嚴讚〉[374]

미타원행광무변(나모아미타불)
彌陀願行廣無邊(南無阿彌陀佛)

비제군생보진령(나모아미타불)
悲濟群生普盡怜(南無阿彌陀佛)

총욕화련귀본국(나모아미타불)
總欲化令歸本國

중생죄업공무연(나모아미타불)
衆生罪業共無緣

관음보살대자비(나모아미타불)
觀音菩薩大慈悲

능어고해현희기(나모아미타불)
能於苦海現希奇

자금신상삼십이(나모아미타불)
紫金身相三十二

정대미타존중시(나모아미타불)
頂戴彌陀尊重時

세지보살심난사(나모아미타불)
勢至菩薩甚難思

자금신상등무휴(나모아미타불)
紫金身相等無虧

정상보병광현조(나모아미타불)
頂上寶瓶光顯照

보수염불왕생기(나모아미타불)
普收念佛往生機

자경왕석숙연심(나모아미타불)
自慶往昔宿緣深

득우미타정교음(나모아미타불)
得遇彌陀淨敎音

집지명호무휴식(나모아미타불)
執持名號無休息

보진임종신자금(나모아미타불)
報盡臨終身紫金

아상자탄고정근(나모아미타불)
我常自嘆苦精勤

희문무상법청진(나모아미타불)
希聞無上法淸眞

수공무명시투난(나모아미타불)
須共無明時鬪亂

서당파멸취금신(나모아미타불)
誓當破滅取金身

일념응신왕보성(나모아미타불)
一念凝神往寶城

육통기의학신경(나모아미타불)
六通起意學身輕

족답천엽연화상(나모아미타불)
足踏千葉蓮花上

명월마니수하행(나모아미타불)
明月魔尼樹下行

미타정찰심정미(나모아미타불)
彌陀淨刹甚精微

피처사바인개지(나모아미타불)
彼處娑婆人豈知

광겁침륜어고해(나모아미타불)
曠劫沈淪於苦海

하년득우왕생시(나모아미타불)
何年得遇往生時

극락보국무쇠변(나모아미타불)
極樂寶國無衰變

벽옥루대천자연(나모아미타불)
碧玉樓臺天自然

마니명월유리수(나모아미타불)
磨尼明月琉璃水

광조지대진가령(나모아미타불)
光照池臺眞可怜

극락보계심희기(나모아미타불)
極樂寶界甚希奇

보위명생래불지(나모아미타불)
寶爲名生來不知

금일희우미타호(나모아미타불)
今日喜遇彌陀號

돈사사바거자희(나모아미타불)
頓捨娑婆去者稀

미타보계부사의(나모아미타불)
彌陀寶界不思議

유탄사바거자희(나모아미타불)
唯嘆娑婆去者稀

아비지옥인명왕(나모아미타불)
阿鼻地獄人名往

일타하년경출시(나모아미타불)
一墮何年更出時

귀거래우귀거래(나모아미타불)
歸去來又歸去來

염부오탁족진애(나모아미타불)
閻浮五濁足塵埃

불여서방쾌락처(나모아미타불)
不如西方快樂處

도피화대수의개(나모아미타불)
到彼花臺隨意開

편관삼계함개고(나모아미타불)
遍觀三界咸皆苦

범부탐착사경영(나모아미타불)
凡夫耽着事輕盈

욕해업풍파랑고(나모아미타불)
欲海業風波浪鼓

출몰하증유잠정(나모아미타불)
出沒何曾有暫停

침륜악취경다겁(나모아미타불)
沈淪惡趣經多劫

시왕인천일도행(나모아미타불)
時往人天一度行

치탐애취탐제유(나모아미타불)
癡貪愛取貪諸有

육도윤회사부생(나모아미타불)
六道輪迴死復生

상생비상환래하(나모아미타불)
上生非相還來下

수입연소만장갱(나모아미타불)
隨入然燒萬丈坑

검수분신심담쇄(나모아미타불)
劍樹分身心膽碎

나감발설철리경(나모아미타불)
那堪拔舌鐵犁耕

금일지성귀명례(나모아미타불)
今日至誠歸命禮

미타양족세간명(나모아미타불)
彌陀兩足世間明

유원자비수섭수(나모아미타불)
唯願慈悲垂攝受

호광섭수득개맹(나모아미타불)
毫光攝受得開萌

칭명염불성상속(나모아미타불)
稱名念佛聲相續

능어피국상교앙(나모아미타불)
能於彼國常翹仰

염불일성일화불(나모아미타불)
念佛一聲一化佛

염불천성천화불(나모아미타불)
念佛千聲千化佛

일일상칭일만불(나모아미타불)
一日常稱一萬佛

유리위지영지청(나모아미타불)
琉璃爲地映池靑

동성지인궁자고(나모아미타불)
東城之人窮子苦

중생염불막호의(나모아미타불)
衆生念佛莫狐疑

매월과공천만편(나모아미타불)
每月課功千萬遍

보대루각심정미(나모아미타불)
寶臺樓閣甚精微

노력회심다염불(나모아미타불)
努力迴心多念佛

칠보화대성중경(나모아미타불)
七寶花臺聖衆擎

임종역정불친영(나모아미타불)
臨終亦定佛親迎

개종구출생홍련(나모아미타불)
皆從口出生紅蓮

가부정좌재오전(나모아미타불)
跏趺正坐在吾前

계불고저출범천(나모아미타불)
計佛高低出梵天

염념수심지보성(나모아미타불)
念念須心至寶城

약생극락수주영(나모아미타불)
若生極樂樹珠瓔

결정서방칠보연(나모아미타불)
決定西方七寶淵

회원미타조이지(나모아미타불)
迴願彌陀早已知

도피서방응자지(나모아미타불)
到彼西方應自知

연화대상공위기(나모아미타불)
蓮花臺上共爲期

546

청정지리보연대(나모아미타불)
淸淨池裏寶蓮臺

자주외외금색소(나모아미타불)
慈主巍巍金色笑

미타정토심난사(나모아미타불)
彌陀淨土甚難思

상사운중개랑일(나모아미타불)
狀似雲中開浪日

서방자주심외외(나모아미타불)
西方慈主甚巍巍

백보합위천척수(나모아미타불)
百寶合爲千尺樹

홍란완전요지유(나모아미타불)
鴻鸞宛轉遶池遊

소관공중위범향(나모아미타불)
簫管空中爲梵響

지대루활교능장(나모아미타불)
池臺樓閣巧能粧

벽수항류어옥수(나모아미타불)
碧水恒流於玉樹

칠보연화출수래(나모아미타불)
七寶蓮花出水來

정찰향림영일개(나모아미타불)
淨刹香林映日開

진수염불왕생래(나모아미타불)
盡收念佛往生來

구자심중막치의(나모아미타불)
求者心中莫致疑

초연독좌보연시(나모아미타불)
超然獨坐寶蓮時

탁오우인개득지(나모아미타불)
濁惡愚人豈得知

마니명월조금지(나모아미타불)
摩尼明月照金池

제천가찬심청유(나모아미타불)
諸天歌讚甚淸幽

문자함동법성류(나모아미타불)
聞者咸同法性流

주진보수자성행(나모아미타불)
珠珍寶樹自成行

경가엽리방금광(나모아미타불)
瓊珂葉裏放金光

분온함담정능개(나모아미타불)
氛氳菡萏正能開

과공작의유인진(나모아미타불)
課功作意由人進

염불다자자금대(나모아미타불)
念佛多者紫金臺

염불지인구원왕(나모아미타불)
念佛之人求願往

직지서방칠보연(나모아미타불)
直至西方七寶淵

석가자심편법계(나모아미타불)
釋迦慈心遍法界

준동함식보개령(나모아미타불)
蠢動含識普皆怜

의욕화령개해탈(나모아미타불)
意欲化令皆解脫

중생죄업공무연(나모아미타불)
衆生罪業共無緣

소이총교귀정토(나모아미타불)
所以總敎歸淨土

미타숙석유연인(나모아미타불)
彌陀宿昔有緣因

비단사바인독왕(나모아미타불)
非但娑婆人獨往

타방거자역무변(나모아미타불)
他方去者亦無邊

미타섭화무염정(나모아미타불)
彌陀攝化無厭定

비심상요세간행(나모아미타불)
悲心常遶世間行

단유경성능염불(나모아미타불)
但有傾誠能念佛

호광직조목전명(나모아미타불)
毫光直照目前明

시방세계미진중(나모아미타불)
十方世界微塵衆

동시명진원개생(나모아미타불)
同時命盡願皆生

계피중생심락욕(나모아미타불)
計彼衆生心樂欲

분신편포일시영(나모아미타불)
分身遍布一時迎

관피미타여권속(나모아미타불)
觀彼彌陀與眷屬

구어낭겁식홍인(나모아미타불)
久於曩劫植洪因

548

범성등개동상호(나모아미타불)
凡聖等皆同相好

인천일종자금신(나모아미타불)
人天一種紫金身

보수보루비보각(나모아미타불)
寶樹寶樓飛寶閣

보연보사보성연(나모아미타불)
寶淵寶沙寶成蓮

지급허공현성만(나모아미타불)
地及虛空賢聖滿

화중총시화생자(나모아미타불)
花中總是化生子

미타도성경십겁(나모아미타불)
彌陀道成經十劫

중생개원왕서방(나모아미타불)
衆生皆願往西方

보살성문비산수(나모아미타불)
菩薩聲聞非算數

오통현자기능량(나모아미타불)
五通賢者豈能量

피국인거불퇴지(나모아미타불)
彼國人居不退地

영초생사단무상(나모아미타불)
永超生死斷無常

구품화개수조탈(나모아미타불)
九品花開隨早脫

단연취증역하방(나모아미타불)
端然取證亦何妨

보살도성개위물(나모아미타불)
菩薩道成皆爲物

중생미숙도성난(나모아미타불)
衆生未熟道成難

위시화연두솔주(나모아미타불)
爲是化緣兜率住

시시향하제심관(나모아미타불)
時時向下諦心觀

인년팔만방성도(나모아미타불)
人年八萬方成道

삼회봉연증열반(나모아미타불)
三會逢緣證涅槃

구공회심생정토(나모아미타불)
具共迴心生淨土

임시수의왕래간(나모아미타불)
臨時隨意往來看

시방삼계항사불(나모아미타불)
十方三界恒沙佛

공덕원만등무하(나모아미타불)
功德圓滿等無瑕

보국장엄개일종(나모아미타불)
寶國莊嚴皆一種

요어극락공자차(나모아미타불)
要於極樂共咨嗟

단유문명개전왕(나모아미타불)
但有聞名皆顚往

정명해탈득비사(나모아미타불)
定名解脫得非賖

여래불멸귀원적(나모아미타불)
如來不滅歸圓寂

견행사리편삼천(나모아미타불)
遣行舍利遍三千

보탑부도건형상(나모아미타불)
寶塔浮圖建形象

예념향분백화전(나모아미타불)
禮念香焚百和煎

보살묘행수무량(나모아미타불)
菩薩妙行雖無量

당지염불최위선(나모아미타불)
當知念佛最爲先

승차인연생정토(나모아미타불)
乘此因緣生淨土

수유즉지세존전(나모아미타불)
須臾卽至世尊前

삼장미언진성교(나모아미타불)
三藏微言眞聖教

난봉난과역난봉(나모아미타불)
難逢難過亦難逢

동경항사하겁수(나모아미타불)
動經恒沙河劫數

지유서방정토문(나모아미타불)
知有西方淨土門

일념수심출생사(나모아미타불)
一念須心出生死

종신불퇴불영혼(나모아미타불)
終身不退佛迎魂

관음구섭다편변(나모아미타불)
觀音救攝多便便

신통변화실난사(나모아미타불)
神通變化實難思

550

혹부전신성정각(나모아미타불)
或復轉身成正覺

혹위시자현사자(나모아미타불)
或爲侍者現師資

중생락욕심비일(나모아미타불)
衆生樂欲心非一

수연육도응시의(나모아미타불)
隨緣六道應時宜

권유총장귀정토(나모아미타불)
勸喩總將歸淨土

함령견불증무위(나모아미타불)
咸令見佛證無爲

세지주재미타국(나모아미타불)
勢至住在彌陀國

보득무비자금신(나모아미타불)
報得無比紫金身

위도중생래차계(나모아미타불)
爲度衆生來此界

현형동차세간인(나모아미타불)
現形同此世間人

영민화택소연고(나모아미타불)
怜愍火宅燒然苦

수연육도강구견(나모아미타불)
隨緣六道强勾牽

송향서방안은지(나모아미타불)
送向西方安隱地

견어생사단인연(나모아미타불)
遣於生死斷因緣

서방정토제현성(나모아미타불)
西方淨土諸賢聖

신통자재갱무과(나모아미타불)
神通自在更無過

일념상수유불찰(나모아미타불)
一念相隨遊佛刹

범경겁수기항하(나모아미타불)
凡經劫數幾恒河

시방세계개공양(나모아미타불)
十方世界皆供養

동시설법일시청(나모아미타불)
同時說法一時聽

미진세계항사불(나모아미타불)
微塵世界恒沙佛

육통신용기지명(나모아미타불)
六通神用豈知名

문피미타안락국(나모아미타불)
聞彼彌陀安樂國

총개갈앙치정녕(나모아미타불)
總皆渴仰致丁寧

황급범부유랑자(나모아미타불)
況及凡夫流浪者

불구해탈출진영(나모아미타불)
不求解脫出塵榮

시방삼세성간중(나모아미타불)
十方三世聲間衆

궁겁산수기능지(나모아미타불)
窮劫算數豈能知

제불여래방편화(나모아미타불)
諸佛如來方便化

함령지과단탐치(나모아미타불)
咸令至果斷貪癡

지시서방안락국(나모아미타불)
指示西方安樂國

문명개한왕생지(나모아미타불)
聞名皆恨往生遲

해탈지인개원락(나모아미타불)
解脫之人皆願樂

범부불거욕하위(나모아미타불)
凡夫不去欲何爲

관피미타극락계(나모아미타불)
觀彼彌陀極樂界

광대관평중보성(나모아미타불)
廣大寬平衆寶城

사십팔원장엄기(나모아미타불)
四十八願莊嚴起

초제불찰최위정(나모아미타불)
超諸佛刹最爲精

본국타방대해중(나모아미타불)
本國他方大海衆

궁겁산수불지명(나모아미타불)
窮劫算數不知名

보권귀서동피회(나모아미타불)
普勸歸西同彼會

항사삼매자연성(나모아미타불)
恒沙三昧自然成

무생보국영무상(나모아미타불)
無生寶國永無常

일일보류무수광(나모아미타불)
一一寶流無數光

552

행자수심상대목(나모아미타불)
行者須心常對目

승신용약입서방(나모아미타불)
勝神踴躍入西方

보담보색보광비(나모아미타불)
寶潭寶色寶光飛

일일광성무수대(나모아미타불)
一一光成無數臺

대중보루천만억(나모아미타불)
臺中寶樓千萬億

대측백억보당위(나모아미타불)
臺側百億寶幢圍

보수보림제보수(나모아미타불)
寶樹寶林諸寶樹

보화보엽보근경(나모아미타불)
寶花寶葉寶根莖

혹유천보분림이(나모아미타불)
或有千寶分林異

혹유백보공성행(나모아미타불)
或有百寶共成行

행행상당엽상차(나모아미타불)
行行相當葉相次

색각부동광역연(나모아미타불)
色各不同光亦然

등량제고삼십만(나모아미타불)
等量齊高三十萬

지엽상촉설무인(나모아미타불)
枝葉相觸說無因

보하보안보금사(나모아미타불)
寶河寶岸寶金沙

보엽보거보련화(나모아미타불)
寶葉寶渠寶蓮花

십이유순개정등(나모아미타불)
十二由旬皆正等

보라보망보란차(나모아미타불)
寶羅寶網寶欄遮

덕수분류심보수(나모아미타불)
德水分流尋寶樹

간파도락증포백(나모아미타불)
間波睹樂證怖怕

기어유연동행자(나모아미타불)
寄語有緣同行者

노력번미환본가(나모아미타불)
努力翻迷還本家

미타본원화왕좌(나모아미타불)　　일체중보이위성(나모아미타불)
彌陀本願花王坐　　　　　　一切衆寶以爲城

대상사당장보만(나모아미타불)　　미타독좌현진형(나모아미타불)
臺上四幢張寶漫　　　　　　彌陀獨坐顯眞形

미타신심편법계(나모아미타불)　　영현중생심상중(나모아미타불)
彌陀身心遍法界　　　　　　影現衆生心想中

시고권여상관찰(나모아미타불)　　의심기상표진용(나모아미타불)
是故勸汝常觀察　　　　　　依心起想表眞容

보용보형임화좌(나모아미타불)　　심개견파국장엄(나모아미타불)
寶容寶形臨花坐　　　　　　心開見波國莊嚴

보수삼신화편만(나모아미타불)　　풍령낙향여문동(나모아미타불)
寶樹三身花遍滿　　　　　　風鈴樂響與文同

미타신색여금산(나모아미타불)　　상호광명조시방(나모아미타불)
彌陀身色如金山　　　　　　相好光明照十方

유유염불몽광섭(나모아미타불)　　당지본원최위강(나모아미타불)
唯有念佛蒙光攝　　　　　　當知本願最爲强

시방여래서설증(나모아미타불)　　전칭명호지서방(나모아미타불)
十方如來舒舌證　　　　　　專稱名號至西方

도피화간미묘법(나모아미타불)　　십지원행자연창(나모아미타불)
到彼花間微妙法　　　　　　十地願行自然彰

법계경요여전봉(나모아미타불)　　화불운집만허공(나모아미타불)
法界傾遙如轉蓬　　　　　　化佛雲集滿虛空

보권유연상억념(나모아미타불)
普勸有緣常憶念

영절포태증육통(나모아미타불)
永絶胞胎證六通

정좌가부입삼매(나모아미타불)
正座跏趺入三昧

상심래심지서방(나모아미타불)
想心來心至西方

도견미타극락계(나모아미타불)
睹見彌陀極樂界

지상허공칠보장(나모아미타불)
地上虛空七寶莊

미타신량극무변(나모아미타불)
彌陀身量極無邊

중권중생관소신(나모아미타불)
重勸衆生觀小身

장육팔척수기현(나모아미타불)
丈六八尺隨機現

광등시보화전진(나모아미타불)
光等示報化前眞

상배상행상근인(나모아미타불)
上輩上行上根人

구생정토등탐진(나모아미타불)
求生淨土等貪嗔

취행차별분삼품(나모아미타불)
就行差別分三品

오문상속조삼인(나모아미타불)
五門相續助三因

일일칠일전정진(나모아미타불)
一日七日專精進

필명승대출육진(나모아미타불)
畢命乘臺出六塵

경재난봉금득우(나모아미타불)
慶哉難逢今得遇

영증무위법성신(나모아미타불)
永證無爲法性身

중배중행중근인(나모아미타불)
中輩中行中根人

일일재계처금련(나모아미타불)
一日齋戒處金蓮

효양부모교회향(나모아미타불)
孝養父母敎迴向

위설서방쾌락인(나모아미타불)
爲說西方快樂因

불여성문중래집(나모아미타불)
佛與聲聞衆來集

직도미타화좌변(나모아미타불)
直到彌陀花座邊

백보화롱경칠일(나모아미타불)
百寶花籠經七日

삼품연개증소진(나모아미타불)
三品蓮開證小眞

하배하행하근인(나모아미타불)
下輩下行下根人

십악오역등탐진(나모아미타불)
十惡五逆等貪嗔

사중투승방정법(나모아미타불)
四重偸僧謗正法

미증참괴회전건(나모아미타불)
未曾慚愧悔前愆

종일고상개운집(나모아미타불)
終日苦相皆雲集

지옥맹화죄인전(나모아미타불)
地獄猛火罪人前

홀우왕생선지식(나모아미타불)
忽遇往生善知識

급권전칭피불명(나모아미타불)
急勸專稱彼佛名

화불보살심성도(나모아미타불)
化佛菩薩尋聲到

염일경심입보련(나모아미타불)
念一頃心入寶蓮

삼화장중개다겁(나모아미타불)
三花障重開多劫

우시시발보리인(나모아미타불)
于時始發菩提因

낙하제사난사의(나모아미타불)
樂何諦事難思議

무우보살위동학(나모아미타불)
無遇菩薩爲同學

성해여래진시사(나모아미타불)
性海如來盡是師

갈문반야절사장(나모아미타불)
渴聞般若絶思漿

염복무생즉단기(나모아미타불)
念服無生卽斷飢

일체장엄개법설(나모아미타불)
一切莊嚴皆法說

556

무심영납자연지(나모아미타불)
無心領納自然知

팔배응신회일지(나모아미타불)
八背凝神會一枝

관음대성여의피(나모아미타불)
觀音大聖與衣披

수유수기호무위(나모아미타불)
須臾授記號無爲

미타주재자금루(나모아미타불)
彌陀住在紫金樓

일념타방문묘법(나모아미타불)
一念他方聞妙法

비차고해실증다(나모아미타불)
悲嗟苦海實增多

주야경심상주상(나모아미타불)
晝夜傾心常住想

염부예아불감정(나모아미타불)
閻浮穢惡不堪停

급수전심념피불(나모아미타불)
急手專心念彼佛

극락문중칠보연(나모아미타불)
極樂門中七寶淵

칠각화지수의입(나모아미타불)
七覺花池隨意入

미타심수목신정(나모아미타불)
彌陀心水沐身頂

욕연승공유법계(나모아미타불)
欲然勝空遊法界

여차도요쾌락처(나모아미타불)
如此道遙快樂處

시방보살성인유(나모아미타불)
十方菩薩聖人遊

장사고해갱하우(나모아미타불)
長辭苦海更何憂

유수지의념미타(나모아미타불)
唯須志意念彌陀

임종일념출사파(나모아미타불)
臨終一念出娑婆

위유연소만장갱(나모아미타불)
爲有然燒萬丈坑

미타보계오무생(나모아미타불)
彌陀寶界悟無生

화개연색자금휘(나모아미타불)
花開蓮色紫金暉

잠염미타등보대(나모아미타불)    수유불각증무위(나모아미타불)
暫念彌陀登寶臺    須臾不覺證無爲

벽옥루전칠보대(나모아미타불)    제천동자경래간(나모아미타불)
碧玉樓前七寶臺    諸天童子競來看

지득금화공양불(나모아미타불)    처처유언칭선재(나모아미타불)
持得金花供養佛    處處唯言稱善哉

미타주재보성루(나모아미타불)    경심염념향서구(나모아미타불)
彌陀住在寶城樓    傾心念念向西求

도피삼명팔해탈(나모아미타불)    장사오탁갱하우(나모아미타불)
到彼三明八解脫    長辭五濁更何憂

나모 서방정토 극락세계 외외아미타불 안용자금영 신상
南無 西方淨土 極樂世界 巍巍阿彌陀佛 顔容紫金英 身相

삼십이 조족하안평 자호팔십종 광요상조명 범음초삼천
三十二 爪足下安平 姿好八十種 光曜常照明 梵音超三千

묘향애난성 외외아미타불 국토심청명 실순황금색 무사악
妙響哀鸞聲 巍巍阿彌陀佛 國土甚淸明 悉純黃金色 無四惡

인명 지수류상주 보수오음성 가탄무상고 문개득무생 외
人名 池水流相注 寶樹五音聲 歌歎無常苦 聞皆得無生 巍

외아미타불 중선왕중영 국토묘안락 무불원왕생 불여보살
巍阿彌陀佛 衆善王中英 國土妙安樂 無不願往生 佛與菩薩

중 번비구왕영 홀연칠보연 연화중장성 외외아미타불 위
衆 飜飛俱往迎 忽然七寶淵 蓮花中長成 巍巍阿彌陀佛 威

558

덕묘무려 구체진금색 광요시방토 기문득도우 영발생사고
德妙無侶 軀體眞金色 光耀十方土 其聞得覩遇 永拔生死苦

계수접인대도사 무량수여래불 나모 아미타불 나모 보현
稽首接引大導師 無量壽如來拂 南無 阿彌陀佛 南無 普賢

보살 나모 묘덕보살 나모 미륵보살 나모 현호보살 나모
菩薩 南無 妙德菩薩 南無 彌勒菩薩 南無 賢護菩薩 南無

선사의보살 나모 신혜보살 나모 공무보살 나모 신통화
善思議菩薩 南無 信慧菩薩 南無 空無菩薩 南無 神通華

보살 나모 광영보살 나모 혜상보살 나모 지당보살 나모
菩薩 南無 光英菩薩 南無 慧上菩薩 南無 智幢菩薩 南無

적근보살 나모 원혜보살 나모 향상보살 나모 보영보살
寂根菩薩 南無 願慧菩薩 南無 香象菩薩 南無 寶英菩薩

나모 중주보살 나모 제행보살 나모 해탈보살마하살[375]
南無 中住菩薩 南無 制行菩薩 南無 解脫菩薩摩訶薩

원공법계제중생 동입미타대원해 구품도중생 아금서귀의
願共法界諸衆生 同入彌陀大願海 九品度衆生 我今誓歸依

참회삼업죄 지심회향인 왕생극락국 원아임욕명종시 진제
懺悔三業罪 至心回向因 往生極樂國 願我臨欲命終時 盡除

일체제장애 면견피불아미타 즉득왕생안락찰 원이차공덕
一切諸障碍 面見彼佛阿彌陀 卽得往生安樂刹 願以此功德

보급어일체 아등여중생 당생극락국 동견무량수 개공성불도
普及於一切 我等與衆生 當生極樂國 同見無量壽 皆空成佛道

(초재부터 6재까지는 여기에서 마치고, 49재와 천도재 등은 봉송편부터 집전한
다.)


〈봉송게 奉送偈〉

원아금차 지극지정성 ○○재지신 설향단전 봉송재자
願我今此 至極之精誠 ○○齋之辰 設香壇前 奉送齋者

(주소) 행효 ○○복위 소천망 ○○영가 영가위주 상서선망
　　　 行孝 ○○伏爲 所薦亡 ○○靈駕 靈駕爲主 上逝先亡

광겁부모 다생사장 누세종친 제형숙백 자매질손 원근친족
廣劫父母 多生師長 累世宗親 弟兄叔伯 姉妹姪孫 遠近親簇

일체권속 등 각 열위열명영가 차도량내외 동상동하 유주무주
一切眷屬 等 各 列位列名靈駕 此道場內外 同上同下 有主無主

운집고혼 제불자등 각열위열명영가
雲集孤魂 諸佛子等 各列位列名靈駕

아금지주차색화 가지원성청정고 일화공양아여래
我今持呪此色花 加持願成淸淨故 一花供養我如來

수화각귀청정토 대비복지무연주 산화보산시방거
受花却歸淸淨土 大悲福智無緣主 散花普散十方去

일체현성진귀공 산화보원귀래로 아이여래삼밀문
一切賢聖盡歸空 散花普願歸來路 我以如來三密門

이작상묘이익경 유원극락정토주 보살연각성문등
已作上妙利益竟 惟願極樂淨土住 菩薩燕閣聲聞等

극락세계제권속 망령고혼계유정 지옥아귀급방생
極樂世界諸眷屬 亡靈孤魂泊有情 地獄餓鬼及傍生

함원신심득자재 빙사승선획청량 총희구득불퇴전
咸願身心得自在 憑斯勝善獲淸凉 摠希俱得不退轉

아어타일건도량 불위본서환래부
我於他日建道場 不違本誓還來赴

(위패, 사진 등을 들고 부처님 앞을 향하여 선다.)

산화락(3번)
散花落


〈봉송진언 奉送眞言〉

옴 바즈라 모크사 무(3번)


〈보회향게 普迴向偈〉

현세지중 미증보리간 원무내외 장난악연 등 항상우봉
現世之中 未證菩提間 願無內外 障難惡緣 等 恒常遇逢

최묘선지식 소수선사 행원속성취[376]
最妙善知識 所修善事 行願速成就

옴 스마라 스마라 비마나 사라 마하 차크라 바 훔(3번)

확탕풍요천지괴 요요장재백운간 일성휘파금성벽
鑊湯風搖天地壞 寥寥長在白雲間 一聲揮破金城壁

단향불전칠보산
但向佛前七寶山

자귀의불당원중생　체해대도발무상의　자귀의법당원중생
自歸依佛當願衆生　體解大道發無上意　自歸依法當願衆生

심입경장지혜여해　자귀의승당원중생　통리대중일체무애
深入經藏智慧如海　自歸依僧當願衆生　統理大衆一切無礙

나모　대성인로왕보살
南無　大聖引路王菩薩

나모　대성인로왕보살
南無　大聖引路王菩薩

나모　대성인로왕보살마하살
南無　大聖引路王菩薩摩訶薩

〈법성게 法性偈〉(위패 등을 모시고 소대로 이동한다)

법성원융무이상　제법부동본래적　무명무상절일체
法性圓融無二相　諸法不動本來寂　無名無相絶一切

증지소지비여경　진성심심극미묘　불수자성수연성
證智所知非餘境　眞性甚深極微妙　不守自性隨緣成

일중일체다중일　일즉일체다즉일　일미진중함시방
一中一切多中一　一卽一切多卽一　一微塵中含十方

일체진중역여시　무량원겁즉일념　일념즉시무량겁
一切塵中亦如是　無量遠劫卽一念　一念卽是無量劫

562

구세십세호상즉　잉불잡란격별성　초발심시변정각
九世十世互相卽　仍不雜亂隔別成　初發心時便正覺

생사열반상공화　이사명연무분별　십불보현대인경
生死涅槃常共和　理事冥然無分別　十佛普賢大人境

능인해인삼매중　번출여의부사의　우보익생만허공
能仁海印三昧中　繁出如意不思議　雨寶益生滿虛空

중생수기득이익　시고행자환본제　파식망상필부득
衆生隨器得利益　是故行者還本際　叵息妄想必不得

무연선교착여의　귀가수분득자량　이다라니무진보
無緣善巧捉如意　歸家隨分得資糧　以陀羅尼無盡寶

장엄법계실보전　궁좌실제중도상　구래부동명위불
莊嚴法界實寶殿　窮坐實際中道床　舊來不動名爲佛

〈소대의례 燒臺儀禮〉

금차 지극지정성　○○재지신 봉송재자 (주소) 행효
今此 至極至精誠　○○齋之辰 奉送齋者　　　行孝

○○ 복위 소천망　○○영가 금일 영가위주 상세선망 광겁
○○ 伏爲 疏薦亡　○○靈駕 今日 靈駕爲主 上世先亡 曠劫

부모 다생사장 누대종친 원근친족 일체권속 등 각 열위열명
父母 多生師長 累代宗親 遠近親族 一切眷屬 等 各 列位列名

영가 차도량내외 동상동하 유주무주 애혼제불자 등 각 열위
靈駕 此道場內外 洞上洞下 有主無主 哀魂諸佛子 等 各 列位

## 열명영가
列名靈駕

상래시식공덕 이망연야 불리망연야 불리망연즉 차청반야
上來施食功德 離妄緣耶 不離妄緣耶 不離妄緣則 且聽般若

육근게송 말후일게 지심제청
六根偈頌 末後一偈 至心諦廳

### 〈육근찬 六根讚〉377)

| 조견심공요세간 | 견지안근상청정 | 색계원래본시공 |
|---|---|---|
| 照見心空了世間 | 見智眼根常清淨 | 色界元來本是空 |

| 색성본래무장애 | 무래무거시진종 | 관견이근상청정 |
|---|---|---|
| 色性本來無障礙 | 無來無去是眞宗 | 觀見耳根常清淨 |

| 성계원래본시공 | 성성본래무장애 | 무래무거시진종 |
|---|---|---|
| 聲界元來本是空 | 聲性本來無障礙 | 無來無去是眞宗 |

| 관견비근상청정 | 향계원래본시공 | 향성본래무장애 |
|---|---|---|
| 觀見鼻根常清淨 | 香界元來本是空 | 香性本來無障礙 |

| 무래무거시진종 | 관견설근상청정 | 미계원래본시공 |
|---|---|---|
| 無來無去是眞宗 | 觀見舌根常清淨 | 味界元來本是空 |

| 미성본래무장애 | 무래무거시진종 | 관견신근상청정 |
|---|---|---|
| 味性本來無障礙 | 無來無去是眞宗 | 觀見身根常清淨 |

| 색계원래본시공 | 색성본래무장애 | 무래무거시진종 |
|---|---|---|
| 色界元來本是空 | 色性本來無障礙 | 無來無去是眞宗 |

관견의근상청정 법계원래본시공 법성본래무장애
觀見意根常淸淨 法界元來本是空 法性本來無障礙


〈소물진언 燒物眞言〉(위패와 옷 등을 태운다)

홈 바즈라 카르사야 홈(3번)


〈봉송진언 奉送眞言〉

옴 비크사야 홈 아(3번)


〈아미타불근본진언 阿彌陀佛本身眞言〉

나모 라트나 트라야야 나마 아르야 아미타아바야 타타가타야
아라하테 삼먁삼부다야 타다탸 옴 아므르테 아므르토드 바베
아므르타 삼바베 아므르타 가르베 아므르타 시데 아므르타
테자스 아므르타 비크란테 아므르타 비크란타 가미니 아므르
타 가가나 키르티카레 아므르타 둔두비 스바레 사르바르타
사다네 사르바 카르마 크레샤 크사얌 카레 스바하(3번)


〈전생정토진언 轉生淨土眞言〉

옴 라트네 라트네 라트나 삼바비 라트나 키라니 라트나 마라
비슈데 수다야 사르바 파나 홈 트라 타(3번)[378]

## 〈왕생진언 往生眞言〉

나모 부다야 나모 다르마야 나모 삼가야 나모 아미타바야
타타가타야 타댜타 아므르토드 바베 아므르타 시담 바베 아므
르타 비크란테 아므르타 비크란타 가미니 가가나 키르타 카레
스바하(3번)[379]

나모 대성인로왕보살마하살(3번)
南無 大聖引路王菩薩摩訶薩

나모 극락정토무량수여래불(3번)
南無 極樂淨土無量壽如來佛

나모 극락정토회상제보살회해성중(3번)
南無 極樂淨土會上諸藏菩會海聖衆

아금지주차색화 가지원성청정고 유원고혼계유정
我今持呪此色花 加持願成淸淨故 惟願孤魂泊有情

지옥아귀급방생 함원신심득자재 빙사승선획청량
地獄餓鬼及傍生 咸願身心得自在 憑斯勝善獲淸凉

총희구득불퇴전 아어타일건도량 불위본서환래부
摠希俱得不退轉 我於他日建道場 不違本誓還來赴

1) 『大寶積經』(大正藏 11), p.630상.

2) 『釋迦降生禮讚文』(卍續藏經 74), p.610하.

3) 『釋迦如來涅槃禮讚文』(大正藏 46), p.963하.

4) 『一切如來大祕密王未曾有最上微妙大曼拏羅經』(大正藏 18), p.558하.

5) 『金剛頂蓮華部心念誦儀軌』(大正藏 18), p.300중.

6) 『八大菩薩曼茶羅經』(大正藏 20), p.676상.

7) 『藥師如來觀行儀軌法』(大正藏 19), p.23중.

8) 『極樂願文』(大正藏 19), p.81하.

9) 『大毘盧遮那成佛神變加持經』(大正藏 18), p.45중.

10) 『藥師如來觀行儀軌法』(大正藏 19), p.23상 ; 『藥量壽如來觀行供養儀軌』(大正藏 19), p.67
중 ; 『金剛頂經瑜伽文殊師利菩薩供養儀軌』(大正藏 19), p.717중 ; 『佛說大摩里支菩薩經』
(大正藏 19), p.276하.

11) 『堅牢地天儀軌』(大正藏 21), p.354하.

12) 『大毘盧遮那成佛神變加持經』(大正藏 18), p.16상 ; 『胎藏梵字眞言』(大正藏 18), p.166하.

13) 『大毘盧遮那成佛神變加持經』(大正藏 18), p.24중.

14) 『大毘盧遮那成佛神變加持經蓮華胎藏菩提幢標幟普通眞言藏廣大成就瑜伽』(大正藏 18),
p.114하 ; 『北方毘沙門多聞寶藏天王神妙陀羅尼別行儀軌』(大正藏 21), p.230하.

15) 『大毘盧遮那成佛神變加持經』(大正藏 18), p.5상 ; 『胎藏梵字眞言』(大正藏 18), p.164하.

16) 『大毘盧遮那成佛神變加持經蓮華胎藏菩提幢標幟普通眞言藏廣大成就瑜伽』(大正藏 18),

p.146상.

17) 『胎藏梵字眞言』(大正藏 18), p.164하.

18) 『佛說祕密三昧大敎王經』(大正藏 18), p.446상.

19) 『金剛頂蓮華部心念誦儀軌』(大正藏 18), p.303하.

20) 『大毘盧遮那經廣大儀軌』(大正藏 18), p.94상.

21) 『藥師如來觀行儀軌法』(大正藏 19), p.23상 ;『無量壽如來觀行供養儀軌』(大正藏 19), p.68상.

22) 『聖者文殊師利發菩提心願文』(大正藏 20), p.940상.

23) 『大日經持誦次第儀軌』(大正藏 18), p.183하.

24) 『大毘盧遮那成佛神變加持經』(大正藏 18), p.146상 ;『大日經持誦次第儀軌』(大正藏 20), p.181상.

25) 『大毘盧遮那成佛神變加持經』(大正藏 18), p.146상 ;『阿閦如來念誦供養法』(大正藏 19), p.16상 ;『大日如來劍印』(大正藏 18), p.119하.

26) 『金剛頂蓮華部心念誦儀軌』(大正藏 18), p.300상 ;『金剛頂一切如來眞實攝大乘現證大敎王經』(大正藏 18), p.311하 ;『藥師如來觀行儀軌法』(大正藏 19), p.23중 ;『觀自在菩薩如意輪念誦儀軌』(大正藏 18), p.204상.

27) 『百千印陀羅尼經』(大正藏 21), p.886상 ;『菩提場莊嚴陀羅尼經』(大正藏 18), p.674중.

28) 『大日經持誦次第儀軌』(大正藏 18), p.184하.

29) 『大毘盧遮那成佛神變加持經』(大正藏 18), p.49중.

30) 『大日經持誦次第儀軌』(大正藏 18), p.184하.

31) 『大日經持誦次第儀軌』(大正藏 18), p.184하.

32) 『大毘盧遮那成佛神變加持經』(大正藏 18), p.45중.

33) 『大毘盧遮那成佛神變加持經』(大正藏 18), p.46중 ; 大毘盧遮那經廣大儀軌』(大正藏 19), p.181중.

34) 『藥師琉璃光王七佛本願功德經念誦儀軌供養法』(大正藏 19), p.43상 ;『藥師七佛供養儀軌如意王經』(大正藏 19), p.61하.

35) 『守護國界主陀羅尼經』(大正藏 19), p.529하 ;『佛說迴向輪經』(大正藏 19), p.578상.

36) 『大毘盧遮那成佛神變加持經蓮華胎藏菩提幢標幟普通眞言藏廣大成就瑜伽』(大正藏 18), p.151중.

37) 『守護國界主陀羅尼經』(大正藏 19), p.529하 ;『佛說迴向輪經』(大正藏 19), p.578상.

38) 『蓮華部心念誦儀軌』(大正藏 18), p.323상.

39) 『大毘盧遮那成佛神變加持經』(大正藏 18), p.15상 ;『大毘盧遮那經廣大儀軌』(大正藏 19),

p.105상 ;『大日如來劍印』(大正藏 18), p.166상.

40) 『大毘盧遮那成佛神變加持經』(大正藏 18), p.50상.

41) 『觀自在菩薩如意輪念誦儀軌』(大正藏 20), p.205상.

42) 『金剛頂蓮華部心念誦儀軌』(大正藏 18), p.300상 ;『大悲心陀羅尼修行念誦略儀』(大正藏 20), p.127상 ;『觀自在菩薩如意輪念誦儀軌』(大正藏 20), p.204상.

43) 『請觀世音菩薩消伏毒害陀羅尼呪經』(大正藏 20), p.37하.

44) 『金剛頂蓮華部心念誦儀軌』(大正藏 18), p.300중 ;『觀自在菩薩如意輪念誦儀軌』(大正藏 20), p.204상.

45) 『金剛頂瑜伽中略出念誦經』(大正藏 18), p.249상.

46) 『大毘盧遮那佛說要略念誦經』(大正藏 18), p.62중.

47) 『不空羂索神變眞言經』(大正藏 20), p.396하.

48) 『佛說一切如來眞實攝大乘現證三昧大教王經』(大正藏 18), p.399중.

49) 『佛說地藏菩薩陀羅尼經』(大正藏 20), p.656하.

50) 『金剛頂瑜伽中略出念誦經』(大正藏 18), p.241하 ;『尊勝佛頂脩瑜伽法儀軌』(大正藏 19), p.370상.

51) 『佛說地藏菩薩陀羅尼經』(大正藏 20), p.656중.

52) 『佛說地藏菩薩陀羅尼經』(大正藏 20), p.657상.

53) 『金剛頂瑜伽中略出念誦經』(大正藏 18), p.249상.

54) 『大毘盧遮那佛說要略念誦經』(大正藏 18), p.62중.

55) 『佛說地藏菩薩陀羅尼經』(大正藏 20), p.657중.

56) 『藥師瑠璃光如來消災除難念誦儀軌』(大正藏 21), p.21하.

57) 『藥師如來觀行儀軌法』(大正藏 19), p.25중.

58) 『藥師如來觀行儀軌法』(大正藏 19), p.23중 ;『藥師七佛供養儀軌如意王經』(大正藏 19), p.49중.

59) 『藥師琉璃光王七佛本願功德經念誦儀軌供養法』(大正藏 19), p.42상.

60) 『藥師七佛供養儀軌如意王經』(大正藏 19), p.62중.

61) 『大毘盧遮那佛說要略念誦經』(大正藏 18), p.62중.

62) 『藥師七佛供養儀軌如意王經』(大正藏 19), p.49상.

63) 『極樂願文』(大正藏 19), p.81하.

64) 『無量壽如來觀行供養儀軌』(大正藏 19), p.69중.

65) 『佛說無量壽佛化身大忿迅俱摩羅金剛念誦瑜伽儀軌法』(大正藏 21), p.130중.

66) 『不空羂索神變眞言經』(大正藏 20), p.285상.

67) 『大毘盧遮那佛說要略念誦經』(大正藏 18), p.62중.

68) 『極樂願文』(大正藏 19), p.80하.

69) 『聖者文殊師利發菩提心願文』(大正藏 20), p.940상.

70) 『大毘盧遮那成佛神變加持經』(大正藏 18), p.146상 ; 『大日經持誦次第儀軌』(大正藏 20), p.181상.

71) 『大毘盧遮那成佛神變加持經』(大正藏 18), p.45중.

72) 『藥師琉璃光王七佛本願功德經念誦儀軌供養法』(大正藏 19), p.43상 ; 『藥師七佛供養儀軌如意王經』(大正藏 19), p.61하.

73) 『藥師七佛供養儀軌如意王經』(大正藏 19), p.49상.

74) 『北方毘沙門多聞寶藏天王神妙陀羅尼別行儀軌』(大正藏 21), p.230하.

75) 『北方毘沙門多聞寶藏天王神妙陀羅尼別行儀軌』(大正藏 21), p.230하.

76) 『文殊師利寶藏陀羅尼經』(大正藏 20), p.804상.

77) 『吽迦陀野儀軌』(大正藏 22), p.233상.

78) 『菩提場所說一字頂輪王經』(大正藏 19), p.215상.

79) 『佛說寶藏神大明曼拏羅儀軌經』(大正藏 21), p.348하 ; 『佛說聖寶藏神儀軌經』(大正藏 21), p.349하.

80) 『守護國界主陀羅尼經』(大正藏 19), p.526상.

81) 『北方毘沙門多聞寶藏天王神妙陀羅尼別行儀軌』(大正藏 21), p.231상.

82) 『北方毘沙門多聞寶藏天王神妙陀羅尼別行儀軌』(大正藏 21), p.231상.

83) 『阿吒薄俱元帥大將上佛陀羅尼經修行儀軌(大正藏 21), p.190하.

84) 『北方毘沙門多聞寶藏天王神妙陀羅尼別行儀軌』(大正藏 21), p.231상.

85) 『吽迦陀野儀軌』(大正藏 21), p.237하.

86) 『建立曼荼羅護摩儀軌』(大正藏 18), p.933상.

87) 『大毘盧遮那成佛神變加持經』(大正藏 18), p.49하.

88) 『佛說大孔雀呪王經』(大正藏 19), p.641중.

89) 『大毘盧遮那成佛神變加持經』(大正藏 18), p.49중 ; 『大日經持誦次第儀軌』(大正藏 18), p.184하.

90) 『佛說百佛名經』(大正藏 14), p.354중.

91) 『佛說百佛名經』(大正藏 14), p.354하.

92) 『大毘盧遮那成佛神變加持經』(大正藏 18), p.90중.

570

93) 『大毘盧遮那成佛神變加持經』(大正藏 18), p.62중.

94) 『大毘盧遮那成佛神變加持經』(大正藏 18), p.46하 ; 『大毘盧遮那經廣大儀軌』(大正藏 18), p.91중 ; 『大日經持誦次第儀軌』(大正藏 18), p.182상.

95) 『大毘盧遮那成佛神變加持經』(大正藏 18), p.49하.

96) 『大毘盧遮那佛說要略念誦經』(大正藏 18), p.57하.

97) 『大毘盧遮那成佛神變加持經』(大正藏 18), p.51하 ; 『大毘盧遮那經廣大儀軌』(大正藏 18), p.183중.

98) 『金剛頂蓮華部心念誦儀軌』(大正藏 18), p.300상.

99) 『藥師七佛供養儀軌如意王經』(大正藏 19), p.62중.

100) 『觀自在菩薩隨心呪經』(大正藏 20), p.458중.

101) 『大寶積經』(大正藏 11), p.215중.

102) 『大毘盧遮那成佛神變加持經』(大正藏 18), p.15중 ; 『胎藏梵字眞言』(大正藏 18), p.166하.

103) 『大毘盧遮那成佛神變加持經』(大正藏 18), p.15중 ; 『胎藏梵字眞言』(大正藏 18), p.166하.

104) 『五百羅漢尊號』(乾隆藏 161), p.816상.

105) 『十六大羅漢因果識見頌』(卍續藏經 2), p.891상.

106) 『大毘盧遮那成佛神變加持經』(大正藏 18), p.23중.

107) 『唐梵翻對字音般若波羅蜜多心經』(大正藏 8), p.851중.

108) 『梵本般若波羅蜜多心經』(房山石經 27), p.493상.

109) 『梵本般若波羅蜜多心經』(房山石經 27), p.430상.

110) 『青頸大悲觀自在菩陀羅尼』(房山石經 28), p.100상 ; 『千手千眼觀自在菩薩廣大圓滿無礙大悲心陀羅尼呪本』(大正藏 20), p.138상 ; 『青頸觀自在菩薩心陀羅尼經』(大正藏 20), p.489상 ; 『大慈大悲救苦觀世音自在王菩薩廣大圓滿無礙自在青頸大悲心陀羅尼』(大正藏 20), p.498하 ; 『大慈大悲救苦觀世音自在王菩薩廣大圓滿無礙自在青頸大悲心陀羅尼』(大正藏 20), p.500중.

111) 『聖觀自在菩薩廣大圓滿無礙大悲心大陀羅尼』(房山石經 28), p.111중 ; 『千手千眼觀世音菩薩廣大圓滿無礙大悲心陀羅尼經』(大正藏 20), p.107중 ; 『千手千眼觀世音菩薩大悲心陀羅尼』(大正藏 20), p.116중.

112) 『聖觀自在菩薩成就一切事業脫衆病難隨心願陀羅尼』(房山石經 28), p.151중.

113) 『聖觀自在菩薩一百八名經』(大正藏 20), p.69중.

114) 『一切如來白傘蓋大佛頂陀羅尼』(房山石經 27), p.390상 ; 『一切如來白傘蓋大佛頂陀羅尼』(房山石經 27), p.500상 ; 『大佛頂大陀羅尼』(大正藏 19), p.102하 ; 『大佛頂如來放光悉怛多鉢怛囉陀羅尼』(大正藏 19), p.100상 ; 『大佛頂如來密因修證了義諸菩薩萬行首楞嚴經』(大正藏 19), p.134하.

115) 『七俱胝准提大身陁羅尼』(房山石經 28), p.45상.

116) 『佛說七俱胝佛母准提大明陀羅尼經』(大正藏 20), p.173상 ;『七俱胝佛母所說准提陀羅尼經』
(大正藏 20), p.178하 ;『佛說七俱胝佛母心大准提陀羅尼經』(大正藏 20), p.185상 ;『七佛俱
胝佛母心大准提陀羅尼法』(大正藏 20), p.186중.

117) 『如意輪陀羅尼經』(大正藏 20), p.188하 ;『觀世音菩薩祕密藏如意輪陀羅尼神呪經』(大正藏
20), p.197하.

118) 『十一面觀自在菩薩心密言念誦儀軌經』(大正藏 20), p.140하 ;『十一面神呪心經』(大正藏 20),
p.153상.

119) 『不空羂索自在王陁羅尼』(房山石經 28), p.116중.

120) 『聖觀自在菩薩大力威德馬首明王大心陁羅尼』(房山石經 28), p.88상 ;『馬頭觀音心陀羅尼』
(大正藏 20), p.170상.

121) 『多羅菩薩除業障陁羅尼』(房山石經 28), p.94중.

122) 『讚揚聖德多羅菩薩一百八名經』(大正藏 20), p.475상.

123) 『地藏菩薩陁羅尼』(房山石經 28), p.165상 ;『佛說地藏菩薩陀羅尼經』(大正藏 20), p.659중 ;
『大方廣十輪經』(大正藏 13), p.685중 ;『大乘大集地藏十輪經』(大正藏 13), p.726중.

124) 『地藏菩薩廣大心陁羅尼』(房山石經 28), p.166상.

125) 『金剛界大神變千鉢聖曼殊室利童眞大菩薩一百八名陁羅尼』(房山石經 28), p.76중 ;『大乘瑜
伽金剛性海曼殊室利千臂千鉢大教王經』(大正藏 20), p.736중.

126) 『文殊師利最勝根本心王陁羅尼』(房山石經 28), p.76중 ;『大乘瑜伽金剛性海曼殊室利千臂千
鉢大教王經』(大正藏 20), p.736하.

127) 『普賢菩薩法界心陁羅尼』(房山石經 28), p.83상 ;『佛說普賢菩薩陀羅尼經』(大正藏 20),
p.542상.

128) 『普賢菩薩根本陁羅尼』(房山石經 28), p.82상.

129) 『藥師瑠璃光如來陁羅尼』(房山石經 28), p.36상 ;『藥師琉璃光七佛本願功德經』(大正藏 14,
p.411중 ;『藥師琉璃光如來消災除難念誦儀軌』(大正藏 19), p.21하.

130) 『佛說如來定力瑠璃光陁羅尼』(房山石經 28), p.36중.

131) 『佛說觀藥王藥上二菩薩經』(大正藏 20), p.661중.

132) 『佛說觀藥王藥上二菩薩經』(大正藏 20), p.661하.

133) 『無量壽如來觀行供養儀軌』(大正藏 19), p.71중 ;『拔一切業障根本得生淨土神呪』(大正藏
12), p.351하.

134) 『藥師琉璃光七佛本願功德經』(大正藏 14), p.417중.

135) 『藥師琉璃光七佛本願功德經』(大正藏 14), p.417하.

136) 『陀羅尼集經』(大正藏 18), p.799중 ; 『藥師瑠璃光如來大陀羅尼』(房山石經 28), p.36상.

137) 『寶星陀羅尼經』(大正藏 13), p.657상.

138) 『妙吉祥平等祕密最上觀門大敎王經』(大正藏 20), p.929상.

139) 『金光明最勝王經』(大正藏 16), p.434상.

140) 『毘沙門天王經』(大正藏 21), p.215중 ; 『毘沙門儀軌』(大正藏 21), p.228하.

141) 『毘沙門天王經』(大正藏 21), p.216하 ; 『毘沙門儀軌』(大正藏 21), p.229상.

142) 『阿吒薄俱元帥大將上佛陀羅尼經修行儀軌』(大正藏 21), p.181하 ; 『北方毘沙門多聞寶藏天
王神妙陀羅尼別行儀軌』(大正藏 21), p.231하 ; 『吽迦陀野儀軌』(大正藏 21), p.237하.

143) 『阿吒薄俱元帥大將上佛陀羅尼經修行儀軌』(大正藏 21), p.188중.

144) 『阿吒婆拘鬼神大將上佛陀羅尼經』(大正藏 21), p.181하 ; 『阿吒薄俱元帥大將上佛陀羅尼經
修行儀軌』(大正藏 21), p.201하.

145) 『佛說守護大千國土經』(大正藏 19), p.593상.

146) 『吽迦陀野儀軌』(大正藏 21), p.244상.

147) 『佛說一切如來眞實攝大乘現證三昧大敎王經』(大正藏 18), p.391하.

148) 『作法龜鑑』(韓佛全 10), p.567상.

149) 『持誦金剛經靈驗功德記』(大正藏 85), p.159하.

150) 『妙吉祥平等祕密最上觀門大敎王經』(大正藏 20), p.905중.

151) 『佛說無能勝大明王陀羅尼經』(大正藏 21), p.172상.

152) 『作法龜鑑』(韓佛全 10), p.567중.

153) 『作法龜鑑』(韓佛全 10), p.568하.

154) 『佛說寶藏神大明曼拏羅儀軌經』(大正藏 21), p.348하.

155) 『作法龜鑑』(韓佛全 10), p.568하.

156) 『大輪金剛修行悉地成就及供養法』(大正藏 21), p.167하.

157) 『受菩提心戒儀』(大正藏 18), p.940중 ; 『阿閦如來念誦供養法』(大正藏 19), p.17하 ; 『勝軍不
動明王四十八使者祕密成就儀軌』(大正藏 21), p.35중 ; 『大輪金剛修行悉地成就及供養法』(大
正藏 21), p.167하.

158) 『一切如來大祕密王未曾有最上微妙大曼拏羅經』(大正藏 18), p.558중.

159) 『佛說熾盛光大威德消災吉祥陀羅尼經』(大正藏 19), p.338상, 『說大威德金輪佛頂熾盛光如來
消除一切災難陀羅尼經』(大正藏 19), p.338하.

160) 『吽迦陀野儀軌』(大正藏 21), p.235중.

161) 『作法龜鑑』(韓佛全 10), p.569상.

162) 『五種梵音集』(韓佛全 12), p.181중 ;『作法龜鑑』(韓佛全 10), p.583중.

163) 『天地冥陽水陸齋儀梵音刪補集』(韓佛全 11), p.494중.

164) 『五種梵音集』(韓佛全 12), p.180상 ;『天地冥陽水陸齋儀梵音刪補集』(韓佛全 11), p.494하.

165) 『佛說一切如來眞實攝大乘現證三昧大敎王經』(大正藏 18), p.399중.

166) 『蘇悉地羯羅供養法』(大正藏 18), p.717상.

167) 『蘇悉地羯羅供養法』(大正藏 18), p.717상.

168) 『蘇悉地羯羅供養法』(大正藏 18), p.717상.

169) 『佛說戒德香經』(大正藏 2), p.507하.

170) 『天地冥陽水陸齋儀梵音刪補集』(韓佛全 11), p.484중.

171) 『法界聖凡水陸大齋普利道場性相通論』(卍續藏經 74), p.832중.

172) 『法界聖凡水陸大齋普利道場性相通論』(卍續藏經 74), p.832하.

173) 『蘇悉地羯囉經』(大正藏 18), p.683상.

174) 『法界聖凡水陸勝會修齋儀軌』(卍續藏經 74), p.789상.

175) 『大毘盧遮那成佛神變加持經』(大正藏 18), p.49하 ;『大日經持誦次第儀軌』(大正藏 18), p.184상.

176) 『大毘盧遮那成佛神變加持經』(大正藏 18), p.49하 ;『大日經持誦次第儀軌』(大正藏 18), p.184상.

177) 『大毘盧遮那成佛神變加持經』(大正藏 18), p.49하 ;『大日經持誦次第儀軌』(大正藏 18), p.184상.

178) 『大毘盧遮那成佛神變加持經』(大正藏 18), p.50중,『大日經持誦次第儀軌』(大正藏 18), p.97상 ;『胎藏梵字眞言』(大正藏 18), p.165상.

179) 『大毘盧遮那成佛神變加持經』(大正藏 18), p.50중,『大日經持誦次第儀軌』(大正藏 18), p.97상 ;『胎藏梵字眞言』(大正藏 18), p.165상.

180) 『大毘盧遮那成佛神變加持經』(大正藏 18), p.50중,『大日經持誦次第儀軌』(大正藏 18), p.97상 ;『胎藏梵字眞言』(大正藏 18), p.165상.

181) 『大毘盧遮那成佛神變加持經』(大正藏 18), p.50중,『大日經持誦次第儀軌』(大正藏 18), p.97상 ;『胎藏梵字眞言』(大正藏 18), p.165상.

182) 『天地冥陽水陸齋儀梵音刪補集』(韓佛全 11), p.494하.

183) 『大毘盧遮那成佛神變加持經』(大正藏 18), p.46하 ;『大毘盧遮那經廣大儀軌』(大正藏 18), p.91중.

184) 『諸佛境界攝眞實經』(大正藏 18), p.275상.

185) 『諸佛境界攝眞實經』(大正藏 18), p.275상.

186) 『金剛頂蓮華部心念誦儀軌』(大正藏 18), p.299중 ; 『蓮華部心念誦儀軌』(大正藏 18), p.322
중 ; 『佛頂尊勝陀羅尼眞言』(大正藏 19), p.390중.

187) 『金剛頂蓮華部心念誦儀軌』(大正藏 18), p.299중 ; 『蓮華部心念誦儀軌』(大正藏 18), p.322
중 ; 『佛頂尊勝陀羅尼眞言』(大正藏 19), p.390중.

188) 『金剛頂蓮華部心念誦儀軌』(大正藏 18), p.299하 ; 『蓮華部心念誦儀軌』(大正藏 18), p.322
하 ; 『佛頂尊勝陀羅尼眞言』(大正藏 19), p.390하.

189) 『金剛頂蓮華部心念誦儀軌』(大正藏 18), p.299하 ; 『蓮華部心念誦儀軌』(大正藏 18), p.322
하 ; 『佛頂尊勝陀羅尼眞言』(大正藏 19), p.390하.

190) 『金剛頂蓮華部心念誦儀軌』(大正藏 18), p.299하 ; 『蓮華部心念誦儀軌』(大正藏 18), p.322하.

191) 『金剛頂蓮華部心念誦儀軌』(大正藏 18), p.299하 ; 『蓮華部心念誦儀軌』(大正藏 18), p.322하.

192) 『天地冥陽水陸齋儀梵音刪補集』(韓佛全 11), p.494하.

193) 『不空羂索神變眞言經』(大正藏 20), p.240상 ; 『佛說不空羂索陀羅尼儀軌經』(大正藏 20),
p.442하.

194) 『大毘盧遮那成佛神變加持經』(大正藏 18), p.49중 ; 『大毘盧遮那經廣大儀軌』(大正藏 18),
p.184상 ; 『菩提場莊嚴陀羅尼經』(大正藏 19), p.674하.

195) 『佛說一切如來安像三昧儀軌經』(大正藏 21), p.934상.

196) 『藥師七佛供養儀軌如意王經』(大正藏 19), p.51하.

197) 『佛說一切如來安像三昧儀軌經』(大正藏 21), p.934상.

198) 『阿闍梨大曼荼攞灌頂儀軌』(大正藏 18), p.191상.

199) 『佛說一切如來安像三昧儀軌經』(大正藏 21), p.934상.

200) 『佛說一切如來安像三昧儀軌經』(大正藏 21), p.934상.

201) 『佛說一切如來安像三昧儀軌經』(大正藏 21), p.934중.

202) 『佛說一切如來安像三昧儀軌經』(大正藏 21), p.934중.

203) 『佛說一切如來安像三昧儀軌經』(大正藏 21), p.934중.

204) 『佛說一切如來安像三昧儀軌經』(大正藏 21), p.934중.

205) 『佛說一切如來安像三昧儀軌經』(大正藏 21), p.934중.

206) 『佛說一切如來安像三昧儀軌經』(大正藏 21), p.934중.

207) 『佛說一切如來安像三昧儀軌經』(大正藏 21), p.934중.

208) 『佛說一切如來安像三昧儀軌經』(大正藏 21), p.934중.

209) 『佛說一切如來安像三昧儀軌經』(大正藏 21), p.934하.

210) 『佛說一切如來安像三昧儀軌經』(大正藏 21), p.934하.

211) 『佛說妙吉祥最勝根本大教經』(大正藏 21), p.83상.

212) 『佛說一切如來安像三昧儀軌經』(大正藏 21), p.934하.

213) 『佛說一切如來安像三昧儀軌經』(大正藏 21), p.934하.

214) 『佛說一切如來安像三昧儀軌經』(大正藏 21), p.934하.

215) 『佛說一切如來安像三昧儀軌經』(大正藏 21), p.934하.

216) 『佛說一切如來安像三昧儀軌經』(大正藏 21), p.934하.

217) 『佛說一切如來安像三昧儀軌經』(大正藏 21), p.935상.

218) 『佛說一切如來安像三昧儀軌經』(大正藏 21), p.935상.

219) 『佛說一切如來安像三昧儀軌經』(大正藏 21), p.935상.

220) 『作法龜鑑』(韓佛全 10), p.560중.

221) 『大日如來劍印』(大正藏 18), p.200하 ;『瑜伽集要救阿難陀羅尼焰口軌儀經』(大正藏 21), p.470중 ;『瑜伽集要焰口施食儀』(大正藏 21), p.476하.

222) 『作法龜鑑』(韓佛全 10), p.560하.

223) 『瑜伽集要救阿難陀羅尼焰口軌儀經』(大正藏 21), p.470중 ;『瑜伽集要焰口施食儀』(大正藏 21), p.477상.

224) 『法界聖凡水陸大齋普利道場性相通論』(卍續藏經 74), p.808하.

225) 『釋門家禮抄』(韓佛全 8), p.283하 ;『作法龜鑑』(韓佛全 10), p.601상 ;『天地冥陽水陸齋儀梵音刪補集』(韓佛全 11), p.519상.

226) 『大寶廣博樓閣善住祕密陀羅尼經』(大正藏 19), p.627상 ;『寶樓閣經梵字眞言』(大正藏 20), p.635중.

227) 『蘇悉地羯羅供養法』(大正藏 18), p.699상 ;『阿閦如來念誦供養法』(大正藏 19), p.17하 ;『藥師儀軌一具』(大正藏 19), p.31하.

228) 『五種梵音集』(韓佛全 12), p.165중 ;『天地冥陽水陸齋儀梵音刪補集』(韓佛全 11), p.473중.

229) 『作法龜鑑』(韓佛全 10), p.588중 ;『天地冥陽水陸齋儀梵音刪補集』(韓佛全 11), p.473중.

230) 『金剛頂瑜伽中略出念誦經』(大正藏 18), p.224중.

231) 『金剛頂瑜伽中略出念誦經』(大正藏 18), p.224하.

232) 『金剛頂瑜伽中略出念誦經』(大正藏 18), p.225상.

233) 『蘇悉地羯囉經』(大正藏 18), p.667상.

234) 『牟梨曼陀羅呪經』(大正藏 19), p.659하.

235) 『不空羂索神變眞言經』(大正藏 20), p.356하.

236) 『不空羂索神變眞言經』(大正藏 20), p.329하.

237) 『大寶廣博樓閣善住祕密陀羅尼經』(大正藏 19), p.626중 ;『寶樓閣經梵字眞言』(大正藏 20),
p.634하.

238) 『菩提場莊嚴陀羅尼經』(大正藏 19), p.674하.

239) 『歷代法寶記』(大正藏 51), p.193중.

240) 『作法龜鑑』(韓佛全 10), p.562중.

241) 『施諸餓鬼飮食及水法』(大正藏 21), p.467중 ;『瑜伽集要救阿難陀羅尼焰口軌儀經』(大正藏
21), p.470하 ;『瑜伽集要焰口施食儀』(大正藏 21), p.477하.

242) 『五種梵音集』(韓佛全 12), p.177상 ;『作法龜鑑』(韓佛全 10), p.561하 ;『天地冥陽水陸齋儀
梵音刪補集』(韓佛全 11), p.519상.

243) 『瑜伽集要救阿難陀羅尼焰口軌儀經』(大正藏 21), p.470중 ;『瑜伽集要焰口施食儀』(大正藏
21), p.477상.

244) 『瑜伽集要救阿難陀羅尼焰口軌儀經』(大正藏 21), p.470중 ;『瑜伽集要焰口施食儀』(大正藏
21), p.477중.

245) 『瑜伽集要救阿難陀羅尼焰口軌儀經』(大正藏 21), p.470하 ;『瑜伽集要焰口施食儀』(大正藏
21), p.477하.

246) 『瑜伽集要救阿難陀羅尼焰口軌儀經』(大正藏 21), p.470하 ;『瑜伽集要焰口施食儀』(大正藏
21), p.477하.

247) 『瑜伽集要救阿難陀羅尼焰口軌儀經』(大正藏 21), p.470하 ;『瑜伽集要焰口施食儀』(大正藏
21), p.478상.

248) 『瑜伽集要救阿難陀羅尼焰口軌儀經』(大正藏 21), p.470하 ;『瑜伽集要焰口施食儀』(大正藏
21), p.478상.

249) 『作法龜鑑』(韓佛全 10), p.564상 ;『天地冥陽水陸齋儀梵音刪補集』(韓佛全 11), p.481하.

250) 『瑜伽集要救阿難陀羅尼焰口軌儀經』(大正藏 21), p.471중 ;『瑜伽集要焰口施食儀』(大正藏
21), p.480상.

251) 『大毘盧遮那佛眼修行儀軌』(大正藏 19), p.413상 ;『瑜伽集要救阿難陀羅尼焰口軌儀經』(大
正藏 21), p.471중 ;『瑜伽集要焰口施食儀』(大正藏 21), p.480상.

252) 『焰羅王供行法次第』(大正藏 21), p.375하 ;『瑜伽集要焰口施食儀』(大正藏 21), p.480상.

253) 『大日如來劍印』(大正藏 18), p.196상 ;『金剛頂經瑜伽觀自在王如來修行法』(大正藏 19),
p.79중 ;『佛頂尊勝陀羅尼念誦儀軌法』(大正藏 19), p.368상 ;『金剛王菩薩祕密念誦儀軌』
(大正藏 20), p.575상 ;『瑜伽集要救阿難陀羅尼焰口軌儀經』(大正藏 21), p.472상 ;『瑜伽集
要焰口施食儀』(大正藏 21), p.480하.

254) 『佛說大乘觀想曼拏羅淨諸惡趣經』(大正藏 19), p.95상.

255) 『拔一切業障根本得生淨土神呪』(大正藏 12), p.351하 ; 『阿彌陀佛說呪』(大正藏 12), p.352상.

256) 『佛說無量壽經』(大正藏 12), p.26하.

257) 『天地冥陽水陸齋儀梵音刪補集』(韓佛全 11), p.475하.

258) 『佛說無量壽佛化身大忿迅俱摩羅金剛念誦瑜伽儀軌法』(大正藏 21), p.132하.

259) 『瑜伽集要焰口施食儀』(大正藏 21), p.482중.

260) 『佛說迴向輪經』(大正藏 19), p.578상.

261) 『僧家禮儀文』(韓佛全 8), p.401상 ; 『五種梵音集』(韓佛全 12), p.182중.

262) 『佛說如意輪蓮華心如來修行觀門儀』(大正藏 21), p.222상.

263) 『金剛頂瑜伽護摩儀軌』(大正藏 18), p.919상.

264) 『淸珠集』(韓佛全 11), p.755상.

265) 『釋門家禮抄』(韓佛全 8), p.282중.

266) 『釋門家禮抄』(韓佛全 8), p.280하 ; 『僧家禮儀文』(韓佛全 8), p.399하.

267) 『瑜伽集要救阿難陀羅尼焰口軌儀經』(大正藏 21), p.470하 ; 『瑜伽集要焰口施食儀』(大正藏 21), p.477하.

268) 『佛說大乘觀想曼拏羅淨諸惡趣經』(大正藏 19), p.95상.

269) 『拔一切業障根本得生淨土神呪』(大正藏 12), p.351하 ; 『阿彌陀佛說呪』(大正藏 12), p.352 상.

270) 『僧家禮儀文』(韓佛全 8), p.401하.

271) 『僧家禮儀文』(韓佛全 8), p.402상.

272) 『僧家禮儀文』(韓佛全 8), p.402상.

273) 『僧家禮儀文』(韓佛全 8), p.402중.

274) 『僧家禮儀文』(韓佛全 8), p.402중.

275) 『僧家禮儀文』(韓佛全 8), p.402중.

276) 『僧家禮儀文』(韓佛全 8), p.402중.

277) 『僧家禮儀文』(韓佛全 8), p.402하.

278) 『五種梵音集』(韓佛全 12), p.183중.

279) 『僧家禮儀文』(韓佛全 8), p.403상 ; 『五種梵音集』( 12), p.183중.

280) 『僧家禮儀文』(韓佛全 8), p.402하 ; 『作法龜鑑』(韓佛全 10), p.597하 ; 『五種梵音集』(韓佛全 12), p.183중.

281) 『五種梵音集』(韓佛全 12), p.183하.

282) 『釋門家禮抄』(韓佛全 8), p.287중 ; 『釋門喪儀抄』(韓佛全 8), p.242중.

283) 『作法龜鑑』(韓佛全 10), p.562중.

284) 『佛說大乘觀想曼拏羅淨諸惡趣經』(大正藏 19), p.95상.

285) 『拔一切業障根本得生淨土神呪』(大正藏 12), p.351하 ; 『阿彌陀佛說呪』(大正藏 12), p.352상.

286) 『僧家禮儀文』(韓佛全 8), p.403상 ; 『五種梵音集』(韓佛全 12), p.184중.

287) 『說禪儀』(韓佛全 7), p.738상 ; 『作法龜鑑』(韓佛全 10), p.589하 ; 『五種梵音集』(韓佛全 12), p.179하.

288) 『釋門家禮抄』(韓佛全 8), p.280중 ; 『僧家禮儀文』(韓佛全 8), p.398상 ; 『作法龜鑑』(韓佛全 10), p.598상.

289) 『僧家禮儀文』(韓佛全 8), p.398중.

290) 『僧家禮儀文』(韓佛全 8), p.400상.

291) 『釋門家禮抄』(韓佛全 8), p.287중 ; 『僧家禮儀文』(韓佛全 8), p.399상 ; 『作法龜鑑』(韓佛全 10), p.599상.

292) 『五種梵音集』(韓佛全 12), p.184하.

293) 『僧家禮儀文』(韓佛全 8), p.403상 ; 『五種梵音集』(韓佛全 12), p.185중 ; 『作法龜鑑』(韓佛全 10), p.599중.

294) 『懶翁和尙語錄』(韓佛全 6), p.727중 ; 『僧家禮儀文』(韓佛全 8), p.403상, 『五種梵音集』(韓佛全 12), p.185중.

295) 『釋門家禮抄』(韓佛全 8), p.282중 ; 『僧家禮儀文』(韓佛全 8), p.399하 ; 『作法龜鑑』(韓佛全 10), p.600상.

296) 『僧家禮儀文』(韓佛全 8), p.403중 ; 『作法龜鑑』(韓佛全 10), p.600상.

297) 『僧家禮儀文』(韓佛全 8), p.403중 ; 『作法龜鑑』(韓佛全 10), p.600중.

298) 『僧家禮儀文』(韓佛全 8), p.403중 ; 『作法龜鑑』(韓佛全書 10), p.600중.

299) 『僧家禮儀文』(韓佛全 8), p.403중 ; 『作法龜鑑』(韓佛全 10), p.600중.

300) 『僧家禮儀文』(韓佛全 8), p.403하 ; 『作法龜鑑』(韓佛全 10), p.600하.

301) 『金剛藥叉瞋怒王息災大威神驗念誦儀軌』(大正藏 21), p.99상.

302) 『瑜伽集要焰口施食儀』(大正藏 21), p.480하.

303) 『法界聖凡水陸勝會修齋儀軌』(卍續藏經 74), p.784중.

304) 『法界聖凡水陸勝會修齋儀軌』(卍續藏經 74), p.784중.

305) 『法界聖凡水陸勝會修齋儀軌』(卍續藏經 74), p.784하.

306) 『法界聖凡水陸勝會修齋儀軌』(卍續藏經 74), p.784하.

307) 『法界聖凡水陸勝會修齋儀軌』(卍續藏經 74), p.784상.

308) 『法界聖凡水陸勝會修齋儀軌』(卍續藏經 74), p.785상；『法界聖凡水陸大齋普利道場性相通論』(卍續藏經 74), p.832상.

309) 『穢跡金剛說神通大滿陀羅尼法術靈要門』(大正藏 21), p.158중；『穢跡金剛禁百變法經』(大正藏 21), p.161중,

310) 『甘露軍茶利菩薩供養念誦成就儀軌』(大正藏 21), p.48상.

311) 『千手千眼觀世音菩薩姥陀羅尼身經』(大正藏 21), p.99상.

312) 『焰羅王供行法次第』(大正藏 21), p.375중.

313) 『蘇悉地羯囉經』(大正藏 18), p.645중.

314) 『法界聖凡水陸大齋普利道場性相通論』(卍續藏經 74), p.832중.

315) 『蘇悉地羯囉經』(大正藏 18), p.607하；『蘇悉地羯羅供養法』(大正藏 18), p.697상；『奇特最勝金輪佛頂念誦儀軌法要』(大正藏 19), p.191상；『大虛空藏菩薩念誦法』(大正藏 20), p.603중.

316) 『法界聖凡水陸大齋普利道場性相通論』(卍續藏經 74), p.832하.

317) 『蘇悉地羯囉經』(大正藏 18), p.645하.

318) 『法界聖凡水陸大齋普利道場性相通論』(卍續藏經 74), p.832하.

319) 『法界聖凡水陸勝會修齋儀軌』(卍續藏經 74), p.786중.

320) 『法界聖凡水陸大齋普利道場性相通論』(卍續藏經 74), p.833중.

321) 『不空羂索毘盧遮那佛大灌頂光眞言』(大正藏 19), p.606중；『不空羂索神變眞言經』(大正藏 20), p.384하.

322) 『法界聖凡水陸勝會修齋儀軌』(卍續藏經 74), p.787중.

323) 『瑜伽集要焰口施食儀』(大正藏 21), p.483하.

324) 『大日如來劍印』(大正藏 18), p.200하；『瑜伽集要救阿難陀羅尼焰口軌儀經』(大正藏 21), p.470중；『瑜伽集要焰口施食儀』(大正藏 21), p.476하.

325) 『瑜伽燄口註集纂要儀軌』(卍續藏經 59), p.326상；『法界聖凡水陸勝會修齋儀軌』(卍續藏經 74), p.787중.

326) 『修設瑜伽集要施食壇儀』(卍續藏經 59), p.254중；『修習瑜伽集要施食壇儀』(卍續藏經 59), p.303상；『瑜伽燄口註集纂要儀軌』(卍續藏經 59), p.326중.

327) 『修設瑜伽集要施食壇儀』(卍續藏經 59), p.254중；『修習瑜伽集要施食壇儀』(卍續藏經 59), p.303상；『瑜伽燄口註集纂要儀軌』(卍續藏經 59), p.326중.

328) 『修習瑜伽集要施食壇儀』(卍續藏經 59), p.303중；『瑜伽燄口註集纂要儀軌』(卍續藏經 59),

p.326하.

329) 『瑜伽燄口註集纂要儀軌』(卍續藏經 59), p.327상.

330) 『修習瑜伽集要施食壇儀』(卍續藏經 59), p.303하 ; 『瑜伽燄口註集纂要儀軌』(卍續藏經 59), p.327중.

331) 『修習瑜伽集要施食壇儀』(卍續藏經 59), p.303하 ; 『瑜伽燄口註集纂要儀軌』(卍續藏經 59), p.327중.

332) 『瑜伽燄口註集纂要儀軌』(卍續藏經 59), p.327하.

333) 『修設瑜伽集要施食壇儀』(卍續藏經 59), p.255상 ; 『修習瑜伽集要施食壇儀』(卍續藏經 59), p.304중 ; 『瑜伽燄口註集纂要儀軌』(卍續藏經 59), p.328중.

334) 『修習瑜伽集要施食壇儀』(卍續藏經 59), p.304중 ; 『瑜伽燄口註集纂要儀軌』(卍續藏經 59), p.328하.

335) 『金剛頂蓮華部心念誦儀軌』(大正藏 18), p.299중 ; 『蓮華部心念誦儀軌』(大正藏 18), p.322중.

336) 『修習瑜伽集要施食壇儀』(卍續藏經 59), p.304하 ; 『瑜伽燄口註集纂要儀軌』(卍續藏經 59), p.329상.

337) 『瑜伽集要焰口施食儀』(大正藏 21), p.484상.

338) 『修設瑜伽集要施食壇儀』(卍續藏經 59), p.257하 ; 『修習瑜伽集要施食壇儀』(卍續藏經 59), p.308중 ; 『瑜伽燄口註集纂要儀軌』(卍續藏經 59), p.333상.

339) 『瑜伽集要焰口施食儀』(大正藏 21), p.474상.

340) 『瑜伽燄口註集纂要儀軌』(卍續藏經 59), p.323하.

341) 『修設瑜伽集要施食壇儀』(卍續藏經 59), p.258상 ; 『修習瑜伽集要施食壇儀』(卍續藏經 59), p.308중 ; 『瑜伽燄口註集纂要儀軌』(卍續藏經 59), p.334상.

342) 『修習瑜伽集要施食壇儀』(卍續藏經 59), p.304상 ; 『瑜伽燄口註集纂要儀軌』(卍續藏經 59), p.334중.

343) 『法界聖凡水陸勝會修齋儀軌』(卍續藏經 74), p.786중.

344) 『修設瑜伽集要施食壇儀』(卍續藏經 59), p.258하 ; 『瑜伽燄口註集纂要儀軌』(卍續藏經 59), p.334하.

345) 『修設瑜伽集要施食壇儀』(卍續藏經 59), p.263중 ; 『瑜伽燄口註集纂要儀軌』(卍續藏經 59), p.340하.

346) 『瑜伽燄口註集纂要儀軌』(卍續藏經 59), p.339중.

347) 『法界聖凡水陸勝會修齋儀軌』(卍續藏經 74), p.808상.

348) 『修設瑜伽集要施食壇儀』(卍續藏經 59), p.259중 ; 『瑜伽燄口註集纂要儀軌』(卍續藏經 59),

p.310중.

349) 『慈氏菩薩略修愈誐念誦法』(大正藏 20), p.593중 ; 『瑜伽集要焰口施食儀』(大正藏 20), p.475
하 ; 『佛說無量壽佛化身大忿迅俱摩羅金剛念誦瑜伽儀軌法』(大正藏 20), p.131중.

350) 『修習瑜伽集要施食壇儀』(卍續藏經 59), p.304중 ; 『瑜伽燄口註集纂要儀軌』(卍續藏經 59),
p.328중.

351) 『法界聖凡水陸勝會修齋儀軌』(卍續藏經 74), p.804하.

352) 『法界聖凡水陸勝會修齋儀軌』(卍續藏經 74), p.804하.

353) 『法界聖凡水陸勝會修齋儀軌』(卍續藏經 74), p.807상.

354) 『佛說救拔焰口餓鬼陀羅尼經』(大正藏 21), p.465상.

355) 『瑜伽集要救阿難陀羅尼焰口軌儀經』(大正藏 21), p.470하 ; 『瑜伽集要焰口施食儀』(大正藏
21), p.478상 ; 『佛說施餓鬼甘露味大陀羅尼經』(大正藏 21), p.85하.

356) 『法界聖凡水陸勝會修齋儀軌』(卍續藏經 74), p.807상.

357) 『根本說一切有部尼陀那目得迦』(大正藏 24), p.443상 ; 『南海寄歸內法傳』(大正藏 54), p.209
상 ; 『釋氏要覽』(大正藏 54), p.274하.

358) 『法界聖凡水陸勝會修齋儀軌』(卍續藏經 74), p.813중.

359) 『瑜伽集要救阿難陀羅尼焰口軌儀經』(大正藏 21), p.470하 ; 『瑜伽集要焰口施食儀』(大正藏
21), p.477하.

360) 『十八契印』(大正藏 18), p.783중.

361) 『天地冥陽水陸齋儀梵音刪補集』(韓佛全 11), p.499중.

362) 『瑜伽集要施食儀軌』(卍續藏經 59), p.265상 ; 『修設瑜伽集要施食壇儀註』(卍續藏經 59),
p.294상 ; 『修設瑜伽集要施食壇儀』(卍續藏經 59), p.317중 ; 『瑜伽燄口註集纂要儀軌』(卍續
藏經 59), p.342하.

363) 『瑜伽集要施食儀軌』(卍續藏經 59), p.267상 ; 『修設瑜伽集要施食壇儀註』(卍續藏經 59),
p.296중 ; 『修設瑜伽集要施食壇儀』(卍續藏經 59), p.319하 ; 『瑜伽燄口註集纂要儀軌』(卍續
藏經 59), p.345중.

364) 『瑜伽燄口註集纂要儀軌』(卍續藏經 59), p.345중.

365) 『淨土五會念佛誦經觀行儀』(大正藏 85), p.1246중.

366) 『淨土五會念佛誦經觀行儀』(大正藏 85), p.1246중.

367) 『瑜伽集要施食儀軌』(卍續藏經 59), p.268상.

368) 『瑜伽集要救阿難陀羅尼焰口軌儀經』(大正藏 21), p.472상 ; 『瑜伽集要焰口施食儀』(大正藏
21), p.480하.

369) 『佛頂尊勝陀羅尼經』(大正藏 19), p.352상 ; 『佛說佛頂尊勝陀羅尼經』(大正藏 19), p.362중 ;

『佛頂尊勝陀羅尼念誦儀軌法』(大正藏 21), p.365상;『尊勝佛頂脩瑜伽法儀軌』(大正藏 19), p.377상;『佛頂尊勝陀羅尼』(大正藏 19), p.384중;『加句靈驗佛頂尊勝陀羅尼記』(大正藏 21), p.387중;『佛頂尊勝陀羅尼注義』(大正藏 21), p.388중;『佛頂尊勝陀羅尼眞言』(大正藏 19), p.389중.

370) 『尊勝佛頂脩瑜伽法儀軌』(大正藏 19), p.373중.

371) 『淨土五會念佛略法事儀讚』(大正藏 47), p.478상.

372) 『淨土五會念佛誦經觀行儀』(大正藏 85), p.1259중.

373) 『淨土五會念佛誦經觀行儀』(大正藏 85), p.1259중.

374) 『淨土五會念佛誦經觀行儀』(大正藏 85), p.1260중.

375) 『佛說無量壽經』(大正藏 12), p.26하.

376) 『瑜伽集要焰口施食儀』(大正藏 21), p.482중.

377) 『佛說如意輪蓮華心如來修行觀門儀』(大正藏 21), p.222상.

378) 『佛說大乘觀想曼拏羅淨諸惡趣經』(大正藏 19), p.95상.

379) 『拔一切業障根本得生淨土神呪』(大正藏 12), p.351하;『阿彌陀佛說呪』(大正藏 12), p.352상.

# 찬집撰集을 마치면서

초고의 탈고를 마치고서 앞뜰을 바라보니 매화의 꽃잎이 하얀 눈처럼 흩날리고 있어 봄빛이 완연하게 다가왔음을 느끼게 된다. 지난 가을에 문헌을 다시 검토하면서 시작하였던 찬집이 마무리를 향하여 나아가고 있다. 계곡을 따라서 몰아치던 겨울바람과 육체를 괴롭히던 번민의 시간이 주마등처럼 뇌리를 스쳐가는데, 지금은 쌓였던 마음의 번민을 떠나보낼 때이다.

금생에 발원하였던 번역과 찬집의 시간은 발원의 무게가 단순하게 허공을 향하여 손을 젓는 것과는 다른 것이라고 보여주었던 시간이다. 한걸음을 나아가고자 손길로 문헌을 검토하고 새롭게 연구하면서 걸어왔던 6년의 열정은 부처님께는 부끄럽지 않은 일상이었고 작은 노력일지라도 마음에서 정법에 가까이 다가갈 수 있으리라.

이십여 년의 사문으로서의 수행과정에서 여러 장애를 만났던 시절, 번민으로 주저앉을 수도 있었으나 지금처럼 서 있을 수 있었던 것은 불보살님들의 무한한 가피와 승가의 은혜, 신도님들의 애정과 정성이었으리라. 지나왔던 시간을 돌이켜 보니 어리석음을 인연하여 여러 허물을 지었고, 어긋난 도리를 행하였던 나 자신을 바라보면서 무지와 고뇌를 참회하고 맑고 밝은 발원을 일으켜야 할 시점이다.

세간에서 하나의 몸짓과 한마디의 말과 하나의 관념에서 지어가는 업력은 목적과 방향을 추구하면서 나아가는 경향이 있으므로, 여러 유정有情들은 끊임없는

생멸의 과정과 변화 속에서 표류하면서 새로운 장애를 마주치게 된다. 따라서 불보살의 가피가 없다면 장야長夜에 여러 장애를 마주하여 많은 번민이 삶을 압박할 것이다. 스스로도 30년이 넘게 의지하였던 아라한들께 어리석은 중생에게 무한한 가피를 베풀어주시라고 얼마나 많이 발원하였던가?

산자락은 봄을 알리고자 여러 꽃망울과 새파란 새싹들이 하루를 보내면서 서로가 경쟁하고 있다. 주어진 삶의 공간이 매우 협소한 나무들도 이처럼 역동적인데 삶의 공간이 넓은 인간은 어떠하랴! 불보살께 의지하였고 많은 가피를 통하여 의궤의 찬집을 마쳐가는 나의 모습을 바라보면서 이러한 찬집을 통한 공덕을 법계에 회향하고자 불보살들과 연각과 성문, 팔부신중들께 발원드린다.

"이 불사에 동참하신 대중들은 스스로가 발원에 차별이 있을지라도 현세에서 여러 이익이 충만하게 하시고, 삼재三災를 마주하는 유정들은 원만하게 장애의 파도를 넘어가게 하시며, 고인이 되신 영가들은 극락정토에 왕생하도록 접인하시어, 찬집을 통한 사문의 간절한 발원이 법계에 회향되게 하십시오."

찬집의 과정에서 스스로 관점에서는 많은 시간과 열정을 쏟아부었으나, 여전히 부족함을 느끼면서 더욱 수승殊勝한 의궤가 찬집되기를 기대한다. 찬집을 마친다면 예전과 같은 소소한 일상으로 돌아가는 것을 기대하고 있으나 많은 시간이 필요할 것이다. 오늘도 이렇듯이 서 있으면서 사문의 길을 나아갈 수 있도록 뒷받침을 해주셨던 스승님들, 오랜 시간을 할애하며 건강을 돌봐주시는 천병태 원장님과 의사분들, 죽림선원의 신도님들께 감사의 말씀을 전하면서 불보살들의 가호가 항상 넘쳐나기를 발원하면서 감사의 글을 마친다.

불기 2565년(2021) 4월에
서봉산 자락의 죽림불교문화연구원에서 사문 보운이 삼가 적다.

## 출판에 도움을 주신 분들

범해(丘), 설안(尼), 지은(尼), 지정(尼),
강석호, 박혜경, 강동구, 강현구, 심희석, 김계화, 심규형,
심준범, 허완봉, 허남욱, 허다은, 김상호, 김명자, 정소윤,
정희경, 이향숙, 이윤승, 권태임, 허 민, 허 승, 윤서진,
권령아, 김성도, 김도연, 우경석, 황미정, 오치훈, 오치효,
김문수, 고장환, 고재형, 채두석, 채수학, 왕용호, 임은경,
임무석, 하명춘, 조수민, 조윤준, 이종원, 이재환, 홍순학,
홍기표, 이수빈, 손영덕, 오해정, 손영상, 이지은, 강선주,
김수현, 진승현, 진주현, 진석현, 홍태의

심기순 靈駕, 허만인 靈駕, 임덕순 靈駕, 이성무 靈駕,
김순례 靈駕, 남용술 靈駕, 문애자 靈駕, 손선호 靈駕,
권영준 靈駕, 유순이 靈駕, 김재학 靈駕, 김순희 靈駕,
김하윤 靈駕, 강경수 靈駕, 정영호 靈駕, 홍용학 靈駕,
이정심 靈駕, 홍하표 靈駕, 박기진 靈駕, 송재일 靈駕,
박복녀 靈駕, 윤병종 靈駕

## 釋 普雲(宋法燁)

대한불교조계종 제2교구 본사 용주사에서 출가하였고, 문학박사이다. 중앙승가대학교에서 율장과 아비달마 등을 강의하였고, 현재는 대한불교조계종 교육아사리(계율)이고, 제방의 율원 등에도 출강하고 있다.

논저 | 논문으로 「율장을 통해 본 주불전의 장엄과 기능에 대한 재해석」 등 다수이고, 저술로는 의례집인 『신편 승가의범』이 있다. 번역서로 『십송율』, 『보살계본소』, 『근본설일체유부비나야약사』, 『근본설일체유부비나야파승사』, 『근본설일체유부비나야잡사』(상·하), 『근본설일체유부비나야』, 『근본설일체유부필추니비나야』, 『근본설일체유부백일갈마 외』, 『안락집』(상·하) 등이 있다.

## 僧伽儀軌 승가의궤

釋 普雲 纂

2021년 5월 31일  초판 1쇄 발행

펴낸이·오일주
펴낸곳·도서출판 혜안
등록번호·제22-471호
등록일자·1993년 7월 30일

주   소·⑨ 04052 서울시 마포구 와우산로 35길3(서교동) 102호
전   화·3141-3711~2 / 팩시밀리·3141-3710
E-Mail·hyeanpub@hanmail.net

ISBN 978-89-8494-661-3  03220

값 40,000 원